Madagascar, l'impossible développement ?

En finir avec la haine latente et l'immaturité pour décoller et éviter le chaos qui nous attend !

Océan Indien/Études

Cette collection rassemble les essais généraux, études et travaux universitaires concernant les îles de l'océan Indien : Les Comores, l'Ile Maurice, Madagascar, La Réunion, les Seychelles…).

NB. Les œuvres littéraires issues de la même zone géographique sont publiées dans notre collection Lettres de l'océan Indien.

Déjà parus

Rian'aina RAZAFIMANDIMBY RABARIHOELA, *Antananarivo, la circulation automobile et ses enjeux. Étude socio-anthropologique*, 2024.
André RASOLO, *Regards sur la vie politique de Madagascar. De 1960 à 2020*, 2023.
Saïd Ali MOHAMED, *Une oasis dans le désert des Comores. Histoire et refondation citoyenne,* 2021.
Ali Madi DJOUMOI, *Les Comores. Un pays pour deux États,* 2019.
Rajendra PARATIAN, *Maurice : intellectuels et champs intellectuels*, 2019.
Delamour MABA DALI, *Assimilation et départemen-talisation des Outremers : la République en échec*, 2016.
Toibibou ALI MOHAMED, *Culture intellectuelle et colonisation aux Comores*, 2016.
Ali Madi DJOUMOI, *La jeunesse étudiante et l'indépendance des Comores,* 2015
André SAURA, *Le colonel Ratsimandrava héros tragique du nationalisme malgache,* 2015.
Saïd Ahmed Saïd ABDILLAH, *Les Comores, pour une indépendance financière et monétaire de l'archipel,* 2014.

Freddie MAHAZOASY

Madagascar, l'impossible développement ?

En finir avec la haine latente et l'immaturité pour décoller et éviter le chaos qui nous attend !

Préface de Jean-Max RAKOTOMAMONJY

L'Harmattan

5-7, rue de l'École-Polytechnique, 75005 Paris

http://www.editions-harmattan.fr

ISBN : 978-2-336-48937-7
EAN : 9782336489377

"De profundis, clamavi ad te, Domine[1]" (Psaumes, 130)

« L'Afrique écrira sa propre histoire et elle sera, au nord et au sud du Sahara, une histoire de gloire et de dignité ». (Patrice Lumumba, septembre 1960)

« Sans indépendance économique, notre indépendance politique est absolument sans valeur », (Kwame Nkrumah, 1963).

Throughout history, bad economic ideas have led to misery for millions, while good economic ideas have been fundamental to prosperity, (Eric D. Beinhocker, 2006)

---

[1] Des profondeurs, je crie vers toi, Seigneur.

Aux mémoires de mon Père, Ernest, de Stella, notre petite étoile, et de Nadine Ramaroson,

A Maman Paulette,

A Héloïse, et à mes Survivants,

Ce livre est dédié à tous les Malgaches, ainsi qu'à toutes les personnes ayant, volontairement ou par accident, arrimé leurs destins et ceux de leurs descendants, à celui de la Grande Ile.

Abréviations

AFD	Agence Française de Développement
AGOA	African Growth Opportunity Act
AIIB	Asian Infrastructures Investment Bank
APE	Accord de Partenariat Economique
AZES	Autorité de Régulation des Zones Économiques Spéciales
BAD (AfDB)	Banque Africaine pour le Développement (African Development Bank)
BCM/BFM	Banque Centrale de Madagascar/Banky Foiben'i Madagasikara
BM	Banque Mondiale
BRI	Belt and Road Initiative (Initiative « Ceinture et Routes »)
BRICS	Brésil, Russie, Inde, Chine, Afrique du Sud
BRICSAM	BRICS + Mexique
CEA	Commission Economique pour l'Afrique
CENI	Commission Electorale Nationale Indépendante
CNUCED	Conférence des Nations-Unies pour le Commerce et le Développement
COFACE	Compagnie Française d'Assurance pour le Commerce Extérieur
COMESA	Common Market of Eastern and Southern Africa (Marché Commun de l'Afrique Orientale et Australe)
COP	Conference Of Parties (Conférence Des Parties)

CSBF	Conseil Supérieur des Banques et des Finances
DCPE	Document Cadre de Politique Économique
DG	Directeur Général
DSRP	Document de Stratégie de Réduction de la Pauvreté
EIES	Etude d'Impacts Environnemental et Social
ERP	European Recovery Program, ou « Plan Marshall »
ERT	Evolutionary Return Time, ou Temps de Retour sur l'Évolution.
EXIM Bank	Export and Import Bank (Banque d'Exportation et d'Importation)
FED	Fonds Européens pour le Développement
FFI	Flux Financiers Illicites
FFKM	Fiombonan'ny Fiangonana Kristianina eto Madagasikara (Plate-forme Œcuménique des Eglises Chrétiennes de Madagascar)
FMI/IMF	Fonds Monétaire International/International Monetary Fund
FPI	Foreign Portfolio Investments
G20	Groupe des Vingt Pays les plus Industrialisés du Monde
GCI	Global Competitiveness Index (Indice Mondial de la Compétitivité)
GdM	Gouvernement de Madagascar
GEL	Groupement des Exportateurs de Litchis
HCC	Haute Cour Constitutionnelle
IA	Intelligence Artificielle
IATA	International Air Transport Association (Association Internationale du Transport Aérien)
IBRD / BIRD	International Bank for Reconstruction and Development / Banque Internationale pour la Reconstruction et le Développement
IDA	International Development Agency, ou Agence de Développement International, du Groupe de la BM
IDE	Investissements Directs Étrangers

IDH	Indice de Développement Humain, (établi par le PNUD)
IFC	International Finance Corporation
IHSM	Institut Halieutique et des Sciences de la Mer
INN	Pêche Illégale, Non-reportée, et Non-règlementée
INQ	Infrastructure Nationale de la Qualité
IPC	Indice de Perception de la Corruption
JIRAMA	Jiro sy Rano Malagasy (Eau et Electricité de Madagascar)
KfW	Kreditanstalt für Wiederaufbau (Institut de Crédit de Reconstruction)
KYC	Know Your Customer
LGIM	Loi sur les Grands Investissements Miniers
MAP	Madagascar Action Plan
MECIE	Mise En Compatibilité des Investissements avec l'Environnement
MID	Marché Interbancaire de Devises
MIGA	Mutual Investment Guarantee Agency ou Agence de Garantie Mutuelle d'Investissements), du Groupe de la Banque Mondiale
ML/FT	Money Laundering/ Financing of Terrorism
NIC	Newly Industrialized Countries (Pays Nouvellement Industrialisés : BRICSAM + Argentine, Corée du Sud, Philippines, Singapour, Taiwan, Thaïlande, et Turquie)
OCDE	Organisation de Coopération et de Développement Économiques
ODD	Objectifs de Développement Durable (des Nations-Unies)
ODM	Objectifs de Développement du Millénaire (des Nations-Unies)
OMAPI	Office Malgache de la Propriété Intellectuelle
OMC	Organisation Mondiale du Commerce

ONU	Organisation des Nations-Unies
ONUDC	Office des Nations Unies contre la Drogue et les Crimes
ONUDI	Organisation des Nations Unies pour le Développement Industriel
PGES	Plan de Gestion Environnementale et Sociale
PGF / TFP	Productivité Globale des Facteurs / Total Factor Productivity
PIB	Produit Intérieur Brut
PMA/LDC	Pays les Moins Avancés/ Least Developed Countries
PNQ	Politique Nationale de la Qualité
PNUD	Programme des Nations-Unies pour le Développement
PPA	Parité de Pouvoir d'Achat
PRESAN	Programme Régional de Sécurité Alimentaire et Nutritionnel
PPP ou 3P	Partenariat Public-Privé
PTF	Partenaires Techniques et Financiers
PUDé/ PUDi	Plan d'Urbanisme de Détail/ Plan d'Urbanisme Directeur
PVD	Pays en Voie de Développement
RM	Repoblikan'i Madagasikara (République de Madagascar)
RNA	Réseaux de Neurones Artificiels
SADC	Southern Africa Development Community (Communauté de Développement de l'Afrique Australe)
SALT	Strategic Arms Limitation Talks
SECREN	Société d'Etudes, de Construction et de Réparation Navales
SG	Secrétaire Général
SIM	Syndicat des Industries de Madagascar
SMP/PMC	Société Militaire Privée / Private Military Corporation
TIC	Technologies de l'Information et de la Communication

UA	Union Africaine
UE	Union Européenne
USAID	US Agency for International Development
USD	US Dollars ou Dollars Américains
USGS	US Geological Survey
WEF / FEM	World Economic Forum / Forum Économique Mondial
WHR	World Happiness Report (Rapport Mondial sur le Bonheur)
WIPO/ OMPI	World Intellectual Property Organization/ Organisation Mondiale de la Propriété Intellectuelle
ZDHT / HTDZ	Zone de Développement de Hautes Technologies / High Tech Development Zones ou ZES de 4ème génération.
ZEE	Zone Economique Exclusive
ZES/SEZ	Zones Économiques Spéciales/Special Economic Zones
ZFI/EPZ	Zones Franches Industrielles/Export Processing Zones
ZLECAf	Zone de Libre-Échange Continental Africaine

Remerciements

Tellement de personnes méritent mes remerciements, que j'aurai, sûrement, du mal à les distribuer convenablement. Je suis sûr, cependant, que tous ceux qui m'ont soutenu durant les années d'efforts qui ont menées à cet ouvrage, se reconnaîtront. Je tiens à mentionner particulièrement ma mère qui n'a eu de cesse de me soutenir et de m'encourager dès ma plus tendre enfance comme durant mes années universitaires, que ce soit à Madagascar, en France, ou aux Etats-Unis. Elle, et mon Père, du vivant de celui-ci, nous ont appris, à moi et à ma fratrie, à observer l'humilité et à faire grandir en nous le sentiment de l'impérativité de servir la société, de toutes nos forces mentales. Je dois beaucoup à mon épouse Marie-Héloïse et à mes enfants, Yannick, Aly Raza, Dylane, Axel et Elton, aussi, pour leur constante présence, eux qui ont dû endurer mes longues absences, durant lesquels j'étais soit en voyage professionnel, soit sur mes lieux de travail, soit, parfois, tout simplement, enfermé dans mon bureau, lorsque ce n'est dans mes pensées ! Je me sens tellement endetté, également, vis-à-vis de mes frères José, Roger, Nestor, et Victor, ainsi que mes sœurs Claudia et Urania pour leurs analyses sociales, économiques et politiques, et leur passion pour le développement de Madagascar. Ma gratitude va aussi à l'endroit de Jean-Max Rakotomamonjy, ancien président de l'Assemblée Nationale, qui fut plus, pour moi, un grand frère qu'un patron, durant mon mandat de député, et qui a bien voulu prendre la peine de préfacer le présent ouvrage. Que Jean-Pierre Laisoa, alias « Jaovato », trouve également, ici, mes remerciements les plus fraternels pour ses analyses perspicaces et pragmatiques relatives à la société malgache, durant ces longues soirées que nous passâmes à discuter du futur de Madagascar. Un grand merci à Melisa Caïd et à son défunt père Daël, dont le profond sens pratique a fortement influencé cet ouvrage. Je tiens, ensuite, à lancer un grand coucou à mes grands amis du Djamà, à Diego, et, notamment, à François et à Mbark Abdallah, l'ami des trente ans. Je n'oublie pas Daniel Joannes, avec qui j'ai eu des discussions qui ont influencé cet ouvrage. Je ne peux me permettre d'ignorer les pertinentes remarques et l'indéfectible soutien d'Eric Beantanana de son épouse Onja, et de Mamy Ravelomanana, ancien Président de l'Université d'Antananarivo, qui fut, également, mon directeur de thèse de doctorat.

Je suis, aussi, redevable de tous les patrons que j'ai servis dans ma carrière au sein de l'administration, dans le privé, ou au sein d'institutions, qui m'ont fait confiance, m'ont donné une chance et m'ont tous communiqué, à un moment donné, leur passion, et, sans doute, un peu, aussi, de leurs immenses talents. J'en nommerai quelques-uns, tout en m'excusant, d'avance, pour les noms que j'ai pu, involontairement, omettre : Jacques Vestraete (Directeur de l'ONG

Cordama, à Antsiranana), Pr. Totohasina (PC, ENS de l'Université d'Antsiranana), Zasy Lucien (alors Maire de la Commune Urbaine d'Antsiranana), McGordon Ranaivo-Arivelo (DIR de l'ANGAP à Antsiranana), Raymond Rakotonindrina (DG de l'ANGAP), Baptiste-Noël Randrianandianina (DG de l'ANGAP), Jean-Robert Estimé (Directeur du Projet LDI de l'USAID), Zaza Ramandimbiarison (DG de l'AGETIPA, puis Vice-Premier Ministre en Charge des Programmes Economiques), Olivier Sahobisoa Andrianarisoa (Ministre du Commerce), Mejamirado Razafimihary (Ministre de l'Industrie, du Commerce et du Développement du Secteur Privé), Herintsalama Rajaonarivelo (DG de la société MDP), Harison Randriarimanana (Ministre du Commerce), Ivohasina Razafimahefa (Ministre de l'Economie, du Commerce et de l'Industrie), Richard Fienena (Ministre de l'Industrie), Jean Gabriel Randrianarison (SG du Ministère en charge de l'Economie et de l'Industrie), le Général de Division Camille Vital (Premier Ministre), Pierrot Jocelyn Rajaonarivelo (Président du Parti MDM), Jean-Max Rakotomamonjy (Président de l'Assemblée Nationale), Jean-Marie Rasoamparany, Josie Dominique, Paulin Bezafy et Eléonore Soanarivola (doyens successifs de la Faculté DEGSP, à l'Université d'Antsiranana).

Je tiens, aussi, à remercier : 1°) les bloggeurs du site Facebook « Découvertes géographiques des Îles Comores » pour leur autorisation à publier la carte des ZEE des Iles de l'Océan Indien, et, 2°) le Pr. Roberto Foa, de Harvard University, pour son autorisation à citer ses travaux sur la cohésion sociale. Enfin, je remercie d'avance les lecteurs attentifs qui voudraient bien m'envoyer leurs commentaires ou critiques. Cet ouvrage, évidemment imparfait, malgré tous les soins dont il a été l'objet durant sa conception, ne pourra que s'améliorer grâce à leurs précieux retours !

Glossaire

Les quelques concepts et définitions qui suivent seront usités tout le long du présent ouvrage. D'autres termes techniques, cependant, seront définis au moment même de leur utilisation.

Capital Humain

Cette expression décrit les ressources humaines ayant, soit atteint un niveau universitaire, soit dotées d'un niveau poussé d'expériences. Elle désigne également l'ensemble des savoir-faire nécessaires, au moins à l'opérationnalisation des technologies. On utilisera aussi le terme « facteur humain », pouvant être contextuel ou sectoriel.

Connaissances

De façon générique, les termes « Connaissances » et « Facteurs Intellectuels » désignent, indistinctement, la technologie ou le capital humain. Le terme « facteur techno-humain » désignera une combinaison des deux facteurs.

Flux Financiers Illicites (FFI)

Le terme FFI désigne tout fond généré, transféré et utilisé illégalement. Celui-ci est, en général, issu d'activités criminelles (trafics d'armes ou de drogue, trafics humains incluant le proxénétisme…) ou d'activités commerciales légales incluant une dimension criminelle, dans leur motivation (cas d'abus de pouvoir se manifestant, souvent, lors d'attributions de marchés publics, sous forme de commissions), ou dans le processus de leurs transferts.

PPA (Parité de Pouvoir d'Achat)

Le dollar international Geary–Khamis, ou PPA, est une monnaie fictive conçue en 1958, puis développée à partir de 1970 au sein des Nations-Unies, et tenant compte des disparités de pouvoir d'achat entre diverses économies, et permettant, de ce fait, une comparaison plus appropriée entre des économies dans le temps comme dans l'espace, ce que ne saurait faire avec exactitude le recours exclusif aux taux de changes entre monnaies domestiques. Je n'y aurai cependant que très peu recours, au sein du présent ouvrage, et le signalerai explicitement, dans les rares fois où ce sera le cas.

Productivité Globale des Facteurs ou (PGF)

Ce terme décrit la qualité, notamment technologique, du contexte national, régional ou international, dans lequel s'effectue la production.

Ressources Stratégiques

Nous désignons par ce terme toutes les filières susceptibles de générer, sur une période d'au moins 10 années, un revenu annuel supérieur ou égal à 1 MM de USD.

Dans le cas de Madagascar, nous pouvons citer, comme « ressources stratégiques », les ressources minières (l'or, les métaux et terres rares, les pierres précieuses), pétrolières, mais, également, celles, non-minières, telles les ressources aquacoles et halieutiques, dont la filière holothurie, ou foncières.

Technologies et hyper-technologisation

Le terme « technologies » désignera, dans le cadre de cet ouvrage, l'ensemble des équipements rendant possible la production de biens et de services (dimension sectorielle), et la construction d'infrastructures (dimension contextuelle) d'une grande qualité et avec efficience. Dans le cadre de cet ouvrage, traitant essentiellement le cas des pays dénués de capacité de recherche, ces technologies sont exogènes, et font appel à des innovations importées âgées de moins de 10 années. Dans un pays doté de capacités de recherche, la technologie, alors endogène, se mesure, selon Romer, par le nombre de chercheurs disponibles.

Le terme « hyper-technologisation » fait référence à la tendance mondiale actuelle à l'accélération de la densification technologique du milieu humain.

Sommaire

ABREVIATIONS 7

REMERCIEMENTS 13

GLOSSAIRE 15

PRÉFACE 23

INTRODUCTION 25

PARTIE I 33

PROBLÉMATIQUE DE LA PAUVRETÉ EXTRÊME, ET SURVOL DES THEORIES ET CONCEPTS LIES A LA CROISSANCE ÉCONOMIQUE 33

CHAPITRE 1 34
« CONNAIS TON ENNEMI ET CONNAIS-TOI TOI-MEME… » : SYMPTOMATOLOGIES QUALITATIVE ET QUANTITATIVE DE LA PAUVRETE EXTREME A MADAGASCAR 34
1.1. Typologie de la pauvreté 34
1.2. Des indicateurs qui s'affolent 35
1.3. Le groupe de la honte 38
1.4. Le scénario manquant du développement 39
1.5. Madagascar, un pays désespéré sur un continent sans espoir ? 40
1.6. Les origines d'un désastre 42
CHAPITRE 2 46
APERÇUS HISTORIQUE ET THEORIQUE SUR LA CROISSANCE ET LA PAUVRETE EXTREME A MADAGASCAR 46
2.1. Le Produit Intérieur Brut (PIB) 46
2.2. Le taux de croissance du PIB 47
2.3. Quelques éléments de la théorie de la croissance économique 47
2.4. Le consensus de Washington 50
2.5. Croissance et quelques paramètres macro-économiques 51
2.6. La théorie de l'avantage comparatif de Ricardo 52
2.7. Nouvelles orientations des théories du commerce international 52
2.8. Indice de cohésion sociale et croissance économique 53
2.9. Croissance économique à Madagascar 53
2.10. Notion de compétitivité 55
2.11. Notion de convergence 56
2.12. Notion d'entropie 57
2.13. La théorie du Grand Filtre de Hanson et l'échelle de Kardashev 59
2.14. Trappe à pauvreté et inaccessibilité du progrès 59
2.15. Les phases de développement, selon Rostow et Gerschenkron 64
2.16. Choix d'un modèle 64
2.17. Une utilisation du taux de croissance économique : La loi d'Okun 66
2.18. Économie et théorie de la complexité 66
2.19. Croissance et développement 68
2.20. Outils mathématiques de l'économie 69

CHAPITRE 3 70
CONCEVOIR, PUIS METTRE EN ŒUVRE, UNE STRATEGIE DE GUERRE CONTRE LA PAUVRETE 70
3.1. Principe de la condition initiale *70*
3.2. Les nécessaires et fondamentales qualités stratégique et tactique des hauts décideurs : capacités de vision, de leadership et de management *72*
3.3. Les nécessaires qualités de la société, en général *76*
3.4. Le rôle stratégique des alliés *76*

PARTIE II 79

PRINCIPAUX FACTEURS AFFECTANT LA CROISSANCE ÉCONOMIQUE À MADAGASCAR 79

CHAPITRE 4 81
UN FACTEUR FONDAMENTALEMENT DEFAVORABLE A LA CROISSANCE : LA DIVISION NATIONALE 81
FACTEURS INTERNES GÉNÉRANT LA DIVISION NATIONALE *82*
4.1. Facteur historique : la haine latente séculaire *82*
4.2. Ethnisme et politique : un mélange détonnant... .... *87*
4.3. Sources économiques des tensions ethniques *89*
4.4. La fracture culturo-émotionnelle *95*
4.5. La fragmentation politique *96*
4.6. Différences physico-morphologiques et division nationale *99*
4.7. L'effacement, progressif, des repères *100*
4.8. Le silence des... élites *101*
4.9. Soyez riches, et cachez-vous ! *102*
4.10. Dimension psychologique du problème de la division nationale *102*
4.11. La dimension religieuse de la division nationale *103*
4.12. Le phénomène de l'apatridie *104*
UN FACTEUR EXTERNE GÉNÉRANT LA DIVISION NATIONALE *105*
4.13. Ces étrangers qui gèrent notre économie, pendant que nos opérateurs s'entretuent ! *105*
LE CRUCIAL DÉFI DE L'ÉDIFICATION NATIONALE *108*
4.14. Quelques exemples de processus réussis d'unification nationale *108*
4.15. Comprendre ce qu'est une Nation *110*
4.16. Mettre fin à un fléau national diffus, généralisé, et persistant *110*
4.17. Un peuple unique à Madagascar : Faits, et appel à l'action *111*
CHAPITRE 5 116
AUTRES FACTEURS AFFECTANT LA CROISSANCE 116
5.1. Faiblesse du stock de facteurs techno-humains *116*
5.2. L'accumulation du retard industriel *130*
5.3. L'alarmante non-conformité infrastructurelle *132*
5.4. Caractère archaïque et inadapté du secteur financier *142*
5.5. La faiblesse du volume du marché extérieur *146*
5.6. Instabilité politique et faiblesses institutionnelles *147*

5.7. Illusion de démocratie 148
5.8. Corruption, blanchiment et Etat de non-droit 155
5.9. L'angoissante poussée démographique 163
5.10. L'expansion du secteur informel 164
5.11. Les inégalités économiques 166
5.12. Conservatisme, freins et biais culturels : peur du futur, résistance au changement, et crainte de l'étranger ! 169
5.13. A nos actes (économiques) manqués ! 175
5.14. Facteurs psychologiques générant le sous-développement 176
5.15. Conception du temps et échec développemental malgache 176
5.16. La méprise religieuse 178
5.17. L'obscurantisme, un facteur de non-croissance 179
5.18. La catastrophique déchéance environnementale 180
5.19. L'instabilité des facteurs macro-économiques 182
5.20. La dépréciation 185
5.21. La prévalence de la pauvreté extrême 185
5.22. L'insécurité physique 186
5.23. Non-prise en compte du capital immatériel 187
5.24. L'immobilisme de l'armée face aux défis du développement 187
5. 25. La fausse décentralisation 188
5.26. Complexité, entropie et croissance 189

PARTIE III MADAGASCAR ET LE CONTEXTE INTERNATIONAL 191

CHAPITRE 6 192
CONTEXTES ECONOMIQUES ET GEOPOLITIQUE 192
6.1. Madagascar et le Continent Africain 192
6.2. Multipolarisation, et néo-émergence économique dans le Monde 199
6.3. Madagascar dans l'économie mondiale 202
CHAPITRE 7 220
LE MONDE 4.0, UN CONTEXTE TECHNOLOGIQUE MONDIAL EN TURBO-MUTATION 220
7.1. Le domaine des Réseaux de Neurones Artificiels (RNA) 221
7.2. Le domaine des mines 222
7.3. Le domaine de l'agriculture 223
7.4. Révolution industrielle et transition énergétique 224
7.5. Les plus récentes technologies dans le domaine de l'aquaculture 225
7.6. La révolution de la blockchain 226
7.7. Technologies en matière de construction navale 226
CHAPITRE 8 227
LA NON-NUISANCE A L'HUMANITE, OU LA FORCE DES PAYS FAIBLES 227
8.1 Nuisance environnementale 227
8.2. Nuisance socio-humaine 234
8.3. Nuisance militaire (Global Peace Index) 239
8.4. Nuisance économico-financière 243
8.5. Retour synthétique sur la non-nuisance à l'humanité 244

PARTIE IV **245**

RISQUES LIÉS À L' « OPTION ZÉRO » **245**

CHAPITRE 9 246
RISQUES ECONOMIQUES ET DEFIS GEOPOLITIQUES LIES AUX RESSOURCES 246
9.1. Division nationale et déclin de productivité *246*
9.2. Division nationale et détérioration du climat des affaires *247*
9.3. Explosion des trafics illicites et du pillage des ressources nationales *247*
9.4. La poubelle de l'humanité *249*
9.5. La bombe démographique *250*
9.6. Le chaos urbain *250*
CHAPITRE 10 252
RISQUES DE CRISES ETHNICO-POLITIQUES 252
10.1. Analyse des cas de quelques nations *252*
10.2. Risque de crise politique *254*
10.3. Risque aigu de déflagration ethnique *254*
CHAPITRE 11 257
RISQUES DE TROUBLES SOCIAUX 257
11.1. La trappe sécuritaire *257*
11.2. L'émigration massive *257*
11.3. Les déplacements internes massifs *258*
11.4. La montée de l'influence islamiste *258*

PARTIE V **259**

OCÉAN INDIEN, ZONE DE COMBATS **259**

CHAPITRE 12 260
FACTEURS DE CROISSANCE ET CONDITIONS INITIALES 260
12.1. Rappel des facteurs de croissance *260*
12.2. Les 3 conditions initiales nécessaires *261*
CHAPITRE 13 264
LE PILIER DE LA STRATEGIE DE DEFENSE, DE CONTRE-ATTAQUE ET DE CROISSANCE ECONOMIQUE DU PAYS : LES RESSOURCES STRATEGIQUES 264
13.1. Définitions et premières propriétés *264*
13.2. Instruments de valorisation *265*
13.3. Succincts rappels sur les ressources non-renouvelables *265*
13.4. Ressources stratégiques minières *266*
13.5. Ressources stratégiques non-minières *271*
13.6. Les secteurs et filières prioritaires *275*
13.7. Tableau récapitulatif des ressources stratégiqueset des filières prioritaires *285*
13.8. Utilisation des ressources stratégiques pour s'extraire de la trappe à pauvreté *290*
13.9. Quelques remarques fondamentales *290*

CHAPITRE 14 292
LA DEFENSE : LES GRANDES URGENCES 292
14.1. Urgences sociales *292*
14.2. Urgences environnementales *294*
14.3. Urgences techno-humaine et scientifique *294*
14.4. Urgences commerciales *295*
14.5. Urgences à dimension stratégique *296*
CHAPITRE 15 298
CONTRE-OFFENSIVE : CONSTRUCTION DE LA COMPETITIVITE A L'ECHELLE NATIONALE, PUIS REGIONALE 298
15.1. Réflexions générales, et débats sur la compétitivité *298*
15.2. Le concept de la compétitivité et notre modèle de croissance *300*
15.3. Etudes benchmarking de performances en matière de compétitivité *302*
15.4. Construire la compétitivité de Madagascar et le préparer à la guerre économique *305*
15.5. De l'intégration économique à la Grande Convergence *307*
CHAPITRE 16 318
« ... EUSSIEZ-VOUS CENT GUERRES A SOUTENIR, CENT FOIS VOUS SEREZ VICTORIEUX » : LES GRANDS COMBATS DU RENOUVEAU 318
16.1. Les chantiers de la connaissance et de l'ouverture d'esprit *318*
16.2. Les chantiers de la rationalité, du sérieux, et de l'optimisation *319*
16.3. La culture du défi *320*
CONCLUSION 325
ANNEXE I : BIBLIOGRAPHIE 327
ANNEXE II : WEBOGRAPHIE 336
LISTE DES TABLEAUX 341
LISTE DES FIGURES 341
LISTE DES IMAGES 342

PRÉFACE

Pour Madagascar, comme pour plusieurs pays anciennement colonisés, les premières années d'indépendance furent autant porteuses d'allégresses que d'espoirs et constituent aussi d'immenses boulevards d'opportunités. A notre grande déception, ces dernières ont, malencontreusement, échappé à la perspicacité des décideurs politiques successifs, qui en ont profité pour élever, comme mode de gouvernance, le tâtonnement économique, politique et social sous plusieurs formes.
Depuis plusieurs siècles, des contradictions, voire des conflits, certains latents, et/ou d'autres manifestes et violents, ont jalonné l'histoire du peuple de Madagascar. A ces paramètres s'ajoutent, les influences de l'environnement ainsi que l'impact de la géopolitique.
Des fractures internes, ferments de la chute de la première République considérée comme période néocoloniale, en passant par la 2ème République, qui correspond à la déferlante des Mouvements de Libération Nationale, reviennent à la surface avec des configurations différentes et plutôt brutales, réduisant à néant, à chaque fois, les semblants d'avancées acquises.
Ces mêmes constats s'appliquent et demeurent valables, successivement, pour les 3ème et 4ème républiques, toutes pleines de promesses qui s'évanouirent prestement, et, aujourd'hui encore, peinent toujours à installer une croissance économique substantielle et durable. Entretemps, cependant, plusieurs pays africains, dont l'Ile Maurice, le Gabon et le Botswana, surent tirer leur épingle du jeu, et, se firent, progressivement, une place au soleil des pays émergents. Et l'on peut se poser des questions sur les raisons qui poussèrent Madagascar, riche tant de ses ressources stratégiques que de l'énergie de sa jeunesse, ainsi que de ses élites, à ne jamais vouloir s'inspirer des mirifiques parcours de ces « dragons » africains. L'analyse approfondie de la trajectoire de ces pays, ainsi que l'étude des différentes théories de croissance, auxquelles il procéda durant la préparation de sa thèse, amenèrent Freddie à déduire, que sortir Madagascar de sa situation précaire, s'il est clair que ce n'est point œuvre aisée, n'en relève, pas moins, du domaine du possible.
Ceci fit que l'ouvrage ne fusse pas, exclusivement, une liste de lamentations classiques sur le cas malgacho-africain, mais présente des propositions de voies, souvent pragmatiques, parfois ambitieuses, à explorer pour se rapprocher de la lumière. Au fil de nos discussions, il finit par communiquer son enthousiasme, au vu des performances des pays de l'Afrique gagnante, mais, aussi, parfois, ses frustrations, par rapport aux difficultés de Madagascar à aligner des résultats économiques comparables.

Le fait que l'effort ***d'édification nationale*** soit au centre, et constitue même un des piliers de la stratégie de croissance économique du pays, n'est pas chose inattendue, quoiqu'elle ait, désormais, été établie, cette fois-ci, à l'aide d'arguments techniques bien structurés, rapportés dans le présent travail.
Cette ***construction nationale*** fut souhaitée par tous ceux qui se sont battus, et, qui plus est, par ceux qui ont versé leur sang, pour l'indépendance de ce pays et ainsi que tous ceux qui en eurent la charge, bien que tous reconnaissent qu'il s'agisse d'un chantier particulièrement ardu, nécessitant un élan collectif massif sans précédent. A l'image de cette ferveur historique qui porta, pour la première fois, en 2019, l'équipe nationale de football au pinacle, lors de la Coupe d'Afrique des Nations (CAN), et les explosions d'allégresse qui suivirent chaque victoire du Barea jusqu'en quart de finale. A l'image, également, de la joie populaire immense qui accompagna les exploits de la même équipe nationale en demi-finale du Championnat d'Afrique des Nations (CHAN), face au Sénégal, au début de l'année 2023.
Qui d'autre que Freddie, qui a des racines dans pratiquement toutes les provinces de Madagascar, en effet, sera le mieux indiqué pour écrire, qu'il n'est guère de salut hors de ***l'unification nationale*** ?
Je me réjouis du fait que ce projet scriptural, que j'ai vu évoluer des années durant, soit, enfin, aujourd'hui, parvenu à maturation. Contrairement à ce que peut laisser penser son titre, cet ouvrage est un véritable hymne à la gloire du décollage, imminent, d'un pays auquel l'auteur croit profondément : le sien !
Tout ce que je puisse souhaiter, est que d'autres réagissent, soit en mettant en œuvre ces idées, fruits d'années de recherches passionnées, soit en prenant également leurs plumes, afin d'enrichir un débat si fondamental, non seulement pour Madagascar, mais également pour le continent africain tout entier !

Antananarivo, le 12 juin 2025.

RAKOTOMAMONJY Jean Max
Ancien Président de l'Assemblée Nationales de MADAGASCAR (2014-2019)
Ancien Président de l'Assemblée Parlementaire de la Francophonie (2016-2019)

Introduction

« Hiadana sy ho finaritra, E, sambatra tokoa izahay[1] ! » (Extrait de l'hymne national malgache).

A l'évocation du mot « Madagascar », l'on a, en tête, d'abord, un ciel bleu, de somptueuses plages sablonneuses bordées de cocotiers, à perte de vue, ainsi qu'une biodiversité unique, dotée d'un taux d'endémicité hors-normes, un véritable sanctuaire de la nature, bref, un tableau idyllique. Certains voyaient, aussi, à une époque, un peuple pacifique, habitant l'Île Heureuse ». Lorsqu'on prend, cependant, la peine d'écorner ce vernis étincelant et bon enfant, l'on manque de suffoquer face au contraste qu'apportent le dénuement extrême, la déplorable qualité de l'habitat, l'insécurité, l'état de délabrement des infrastructures physiques et sociales, léguées, souvent, par l'époque coloniale, ou par l'administration de la 1ère République, et vestiges d'un passé glorieux définitivement révolu ! Lorsqu'on va plus loin dans l'analyse des données statistiques disponibles, on frémit d'horreur en voyant le minuscule taux d'accès à l'eau potable, l'insignifiant revenu quotidien par tête de 75% de la population, l'hallucinant taux de mortalité infantile, ainsi que la famine qui sévit. Le verdict, au final, est sans appel : Madagascar est, bel et bien, aujourd'hui, un Etat failli ! Le World Happiness Report[2] (2024), se basant sur six critères (le revenu, la santé, l'existence de personnes sur qui pouvoir compter, la sensation de liberté, la générosité et l'absence de corruption), accorde à la Grande Ile un score de 4,01 sur 10, et nous classe 127ème sur 137 pays étudiés, confirme que le Peuple malgache est un peuple malheureux, vivant une réalité qui s'éloigne, chaque jour davantage, de la vision évoquée par son hymne national. S'impose, alors, à l'esprit, la question : « Comment en est-on arrivé à cet inqualifiable gâchis ? ».

Madagascar, à l'heure du bilan : Etat des lieux de la pauvreté

Le 26 juin 1960, ce fut un Président Philibert Tsiranana, enthousiaste et empreint d'optimisme, qui affirma : « Notre Etat, libre et indépendant, conscient de ses responsabilités, conscient aussi de sa vitalité et de ses virtualités, se range, aujourd'hui, librement, et en toute connaissance de cause, aux côtés des autres Etats libres, dans la Communauté, pour le meilleur, comme pour le pire, et pour le progrès de la civilisation ». Cette déclaration, pourtant hautement porteuse d'espoir, promettait de faire, enfin, exister et évoluer le pays et ses citoyens, dans le concert des nations… Je désire, ici, attirer l'attention du lecteur sur un point fondamental : en cette année 2024,

---

[1] Et nous serons heureux.

[2] Rapport Mondial sur le Bonheur.

Madagascar a été indépendante, autrement dit, libre d'entreprendre tout ce que bon lui semblait, aussi longtemps qu'elle a vécu sous le joug colonial ! Le bilan de 64 années d'indépendance, comparé à celui du pays sur un même laps de temps, sous la colonisation, laisse songeur, car le revenu par habitant est, aujourd'hui, inférieur, pratiquement de moitié, à ce qu'il était à l'époque coloniale (voir Figure 1). Il est, donc, légitime de se demander ce que les Malgaches ont fait de leurs 64 années d'indépendance, lorsqu'on sait que des aînés sont tombés sur le champ d'honneur, et ont fermé, jadis, les yeux, sur l'espérance de voir leurs descendants respirer, un jour, l'air de la liberté, s'affranchir de la chaîne portée, trop longtemps, au cou et à la cheville, et du statut d'esclave et de colonisé ? L'indépendance, une fois conquise, le devoir de chacun n'était-il pas de se libérer, également, comme le dit Nkrumah, de la mortelle et honteuse étreinte de la pauvreté ? Que vaut donc l'indépendance s'il n'advient un destin loin de celui de damné, porteur du bonnet d'âne économique ?

L'odyssée vers le chaos !

Afin d'apporter une réponse à ces questions, examinons le graphique suivant.

Figure 1 : Historique, sur la période allant de 1960 à 2020, du PIB par habitant de Madagascar (en dollars US constants de 2015).

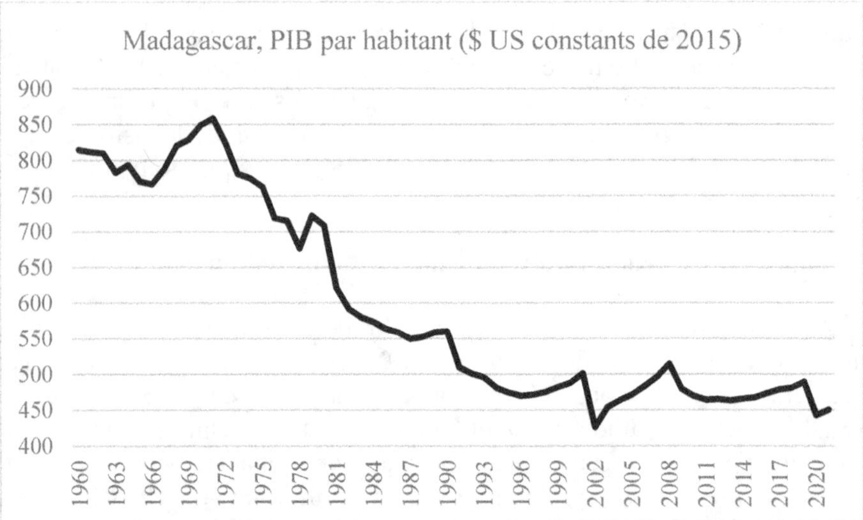

Source : Auteur, d'après les données issues de la Banque Mondiale.

La courbe ci-dessus nous donne un historique du PIB/habitant, sur la période allant de l'indépendance à l'année 2020, évalué en dollars US constants de

2015[1]. Il saute aux yeux que le revenu par habitant à Madagascar n'a, depuis la période précédant l'indépendance, cessé de croître jusqu'en 1972, année correspondant à un maximum, soit 850 dollars US constants de 2015, et a, depuis, décru, inexorablement, pratiquement de moitié. Bien connue des économistes malgaches dont elle questionne jusqu'à la raison d'être, cette courbe est la mesure, éblouissante, de leur impuissance à influer sur les décisions et les événements économiques à Madagascar. Jones et Vollrath (2013) leur donnent la réplique, et prévoient que la valeur actuelle du PIB par habitant de Madagascar, qu'ils qualifient de « cas de croissance désastreuse », diminuera encore de moitié dans les quatre siècles à venir. N'étant pas de nature aussi optimiste, je conjecture que si on le laisse s'appauvrir à la même vitesse, le pays divisera à nouveau par deux son PIB actuel par habitant dans moins de cinquante ans, soit avant 2075. Lorsqu'on sait que le PIB/habitant de la Terre à l'ère préindustrielle, soit au début du XVIIIème siècle, fut, encore, d'environ 200 dollars US de 2010, on peut, sans difficulté, deviner ce qui attend notre descendance s'il n'advient, dans l'immédiat, à la tête de l'Etat, une forme, sérieuse, de prise de conscience, destinée à implémenter, de façon rigoureuse et dans les meilleurs délais, les correctifs qui s'imposent ! Si la configuration des paramètres économiques n'est, déjà, point élogieuse, le regard que pose le reste du monde sur l'île-continent laisse plus dubitatif, encore. Ainsi, Soprano slame, férocement, sur Madagascar et « ses montagnes d'ordures »[2], ayant acquis, aujourd'hui, une triste notoriété par le truchement des actions humanitaires du Père Pedro, qui, à l'instar de Sœur Térésa, jadis, à Calcutta, symbolise, d'abord et avant tout, le profond échec de tout un Peuple, et surtout, de ses dirigeants et hauts responsables successifs, qui n'ont guère, du moins, pour certains, trouvé mieux que d'oser, sans regret, mettre, qui, leurs incompétences, qui, leurs inconsciences, qui, leurs ambitions démesurées, qui, leurs âpretés aux gains, et, enfin, qui, leurs hésitations et leurs apathies, au service de la destruction nationale, perspective semblant, aujourd'hui, inéluctable ! Aussi offusquant soit-elle, cette affirmation de Soprano est illustrée par le caractère poignant et révulsif de l'image ci-dessous, qu'on espérait ne plus voir, en 2025, et qui pourrait bien, malheureusement, s'intituler « des chiens, des ordures, et des hommes ! » … Cette image constitue un des meilleurs indicateurs de la gravité de la situation prévalant dans le pays, et hurle à nos oreilles le fait que l'odyssée vers le chaos, entamée depuis 1972, prendra bientôt fin, dans une réalité apocalyptique qu'aucun scénariste politique ne fut en mesure de prédire !

---

[1] J'ai délibérément, ici, choisi de ne pas recourir systématiquement aux dollars internationaux de Geary-Khamis 1990 (ou PPA) afin de mettre tout un chacun face à ses responsabilités, sans édulcorant.

[2] Soprano *feat.* Blacko, « Ferme les yeux et imagine-toi », 2007.

De l'espoir ardent qui, pourtant, animait tout un peuple, et de la vision idyllique tsirananienne de ce qu'il allait advenir d'un Madagascar, enfin indépendant, il y a de cela 64 années, il ne subsiste, désormais, que l'inqualifiable horreur d'un destin de fouilleurs de poubelles !

Image 1 : Scène devenue chose courante en zones urbaines, à Madagascar.

Source : Auteur.

De même, Air Madagascar, la compagnie aérienne malgache, jadis un des fleurons de l'industrie nationale a fini par sombrer corps et biens, après avoir subi les effets conjugués des ravages socio-économiques du SARS Cov-2 et de quelques erreurs bien humaines. De plus, le pays s'est fait une réputation dans le groupe de ceux où les insécurités physique et juridique, ainsi que l'instabilité institutionnelle règnent en maîtres, et la COFACE le classe, aujourd'hui encore, dans sa liste rouge des « pays à hauts risques » que cette institution déconseille fortement, donc, à tout investisseur, de fréquenter !

Le but de cet ouvrage est de faire le point sur notre situation socio-économique, d'identifier, de comprendre et de dénoncer les principaux facteurs générateurs de pauvreté ainsi que leurs modes fonctionnels respectifs et, enfin, de proposer des voies susceptibles d'inspirer les décideurs du Madagascar d'aujourd'hui et de demain, en matière de stratégies de croissance et de développement, considération faite du contexte national et international. Je garde à l'esprit le fait que mettre un terme à la vrille « désintégratrice » dans laquelle se trouve, actuellement, engagée l'économie du pays relève, pratiquement, de l'impossible et exige des sacrifices que très peu de hauts dirigeants dans le Monde et encore moins à Madagascar, seraient prêts à consentir de leur propre gré !

A vrai dire, j'ai déjà pu établir, dans ce qui constitua un des piliers de ma thèse de doctorat, qu'il était possible, quoiqu'extrêmement difficile, de sauver ce pays, et ce, dans le cadre de la mise en œuvre d'un processus dit de « convergence conditionnelle » au sein d'un « club de convergence » constitué d'un petit nombre de pays d'Afrique australe et de l'Océan Indien, mais il faut reconnaître que, au fil du temps, les portes salvatrices que constituent les dernières voies de recours, se verrouillent, malheureusement, les unes après les autres. Le présent livre reprend donc, naturellement, une grande partie des idées étayées dans la thèse en question. Cependant, il fallut aussi se rendre rapidement compte que les difficultés que connaît ce pays dépassent, largement, le pur champ économique, mais prennent plutôt leurs racines dans des thèmes ayant trait à de multiples domaines, allant de la psychologie à l'histoire et la politique, en passant par l'anthropologie, la sociologie, la géopolitique et la philosophie, sans oublier la science de la stratégie ! Il a, en effet, fallu aller plus loin que la simple adaptation aux cas malgache et africain, de concepts aujourd'hui reconnus internationalement dans le domaine des théories de la croissance économique appliquées à l'économie du développement. Il est en effet désormais largement reconnu par les chercheurs ayant analysé le contexte malgache que les difficultés que rencontre ce pays, pourtant bien loti en matière de ressources, résistent aux méthodes analytiques conventionnelles. Le Professeur Éric Mandrara, de la mention « Economie » au sein de la Faculté d'Economie, de Gestion et de Sociologie de l'Université d'Antananarivo, à travers ses critiques de l'analyse économique « mainstream » a toujours souligné que l'essentiel résidait moins dans le concept de croissance économique que dans ce qui la déclencha ! Il faisait alors allusion aux facteurs ayant provoqué, depuis des temps qui remontent au XIIIème siècle, le début de la dynamique marchande en Europe, qui amorça, par la suite, au XIXème siècle, le phénomène dit de « la Grande Divergence ». Ainsi, quelques années plus tard, il a bien fallu se rendre à l'évidence que, si le déclenchement de cette dynamique n'eut lieu ni à Madagascar, ni sur le continent africain, c'est que les conditions ardues que celle-ci exige, ne s'y sont pas trouvées réunies. Cet ouvrage est le fruit de ces questionnements de bon nombre de Malgaches, à propos de ce qui les empêche d'éprouver, collectivement, la soif de changement et de progrès. Pourtant, un certain nombre de facteurs favorables, comme la relance de la croissance de l'économie mondiale, après avoir subi les chocs de la crise des « subprimes » en 2008, puis celui de la Covid-19, en 2020, le nouveau contexte économique et géopolitique forgé par les grandes puissances comme par les nations émergentes, et, bien entendu, les inestimables ressources stratégiques dont dispose le pays, la tendance à l'intégration de l'économie aux niveaux régional et mondial, et, enfin, l'émergence des technologies 4.0, et de stratégies d'organisation en matière d'accélération de la croissance économique, font, malgré le conflit russo-ukrainien, qu'il soit encore possible de faire progresser Madagascar, pour peu qu'existe au niveau, tant des dirigeants que d'une masse critique de cadres, une volonté d'accéder au changement, et de générer une bien meilleure trajectoire pour son économie. S'il m'est permis de citer Sun Tzu (500 Av. J.C.), un brillant philosophe de la guerre, devenu, par la suite, général de l'armée chinoise, je dirai que « la guerre[1] est d'une importance vitale pour l'Etat ; elle est une question de vie et de mort ; la perte ou la conservation de la nation en dépendent ; il est impérieux de bien la régler ». Ce à quoi Sénèque ajoute : « dans la guerre, il n'y a pas de prix pour le 2ème » ! Autrement dit, l'initiation, puis l'intensification du combat sans merci contre l'ennemi mortel que constitue la pauvreté extrême, constitue ce qui nous évitera, à coup sûr, l'autodestruction. La raison d'être de ce livre étant de proposer une voie vers la victoire sur la pauvreté à Madagascar, en particulier, et, en Afrique, en général, le recours, quand cela a été possible, à la transposition en économie politique du développement des préceptes de cet illustre et mythique stratège m'a paru indiqué. Car l'Afrique subsaharienne ne peut espérer goûter, un jour, au doux fruit de la croissance, que si elle réalise qu'elle est sur un véritable champ de bataille sur lequel la pauvreté, qui fait, chaque année, des milliers de victimes, notamment parmi ses plus jeunes citoyens, ne cesse de gagner du terrain. Le modèle, les analyses, l'argumentation et les recommandations évoqués dans cet ouvrage sont aisément applicables au cas de la plupart des économies d'Afrique subsaharienne que j'invite également à exorciser la tant méprisée « médiocrité noire ». Les thèmes abordés, comme le défaut d'acceptation, par certains, de l'existence du tribalisme, tout comme les termes que j'utilise peuvent, parfois, choquer, mais il s'agit là d'un mal nécessaire. Afin de pouvoir avancer et de tirer un trait définitif sur les chimères qui nous plombent les ailes, il a fallu les identifier et, surtout, les dénoncer, comme nous l'invite à le faire le Père Pedro (2017) ! Il ne s'agit même plus de sauver cette génération de concitoyens déjà condamnée ! Le but, ici, est de porter un témoignage dont on espère que les futures générations de Malgaches s'inspireront, afin d'éviter la gabegie et l'échec historiques qu'ont connus leurs prédécesseurs dont, d'ailleurs, *mea maxima culpa,* je fais partie ! J'ai tenu à aborder sans retenue et à décortiquer, sans inhibition, des thèmes qui font encore souffrir plus d'un citoyen de ce pays. S'il procède à un diagnostic sans fard et, d'ailleurs, non exhaustif, de la situation malgache, le présent ouvrage n'entend pas non plus constituer un mur de lamentations sur les malheurs de la Grande Île ou encore moins, de se prévaloir du malgacho-pessimisme habituel. Au contraire, il nous rappelle que la Grande Ile, une fois ses maux scientifiquement diagnostiqués puis traités et le point de déclenchement de la dynamique marchande atteint, sera, dans le futur, au vu du potentiel dont il dispose, en mesure d'amoindrir le fardeau social de sa population et, même, de jouer un rôle majeur dans l'économie de l'Océan

[1] Ici, contre la pauvreté.

Indien et, pourquoi pas, dans celui du Continent Noir. Le présent ouvrage n'est pas non plus une tribune de délation, bien que forte fut la tentation d'épingler les personnages ayant été en charge de la destinée du pays durant ces dernières années, et ayant clairement failli dans la réalisation de ce qu'ils se sont donnés, devant le peuple, comme mission. Cette approche n'est ni bonne ni utile. Ce serait en effet se renier et se mettre en totale incohérence avec les objectifs fondamentaux d'unification nationale que prône ce texte.

En abordant la problématique du sous-développement africain, Merten emboîte le pas à Mandrara, et invite tous les économistes à moins de certitudes dans leurs affirmations sur la pauvreté en Afrique, dont il est convaincu que l'existence est plutôt le fait des instruments utilisés pour la mesurer ! La prise en compte de ce genre de critique et la nécessaire humilité à laquelle invite l'objectivité scientifique, ont été à l'origine du recours à d'autres outils d'analyse, tels l'approche systémique.

Plan de l'ouvrage

La première partie traite de la problématique de la pauvreté. Y sont présentés, en détail, le concept de trappe à pauvreté et la théorie de l'économie de la pauvreté, le tout étant accompagné d'un survol des théories de la croissance économique et des concepts utiles dans l'analyse et l'interprétation des faits sociaux déterminants pour l'économie malgache. Cette partie permet au lecteur de découvrir les principales catégories de facteurs générant, stimulant ou freinant la croissance, et d'apprécier la difficulté inhérente au processus de croissance et au décollage économique, dans le contexte aggravant de l'extrême dénuement. Dans cette partie, est aussi présenté un modèle de croissance inspiré de celui de Solow, autour duquel seront construits tous les raisonnements de cet ouvrage. La 2nde partie traite des principaux facteurs nationaux défavorables à la croissance, en mettant un accent sur le caractère particulièrement nocif de la question multidimensionnelle de la « division nationale ». Cette partie liste les autres facteurs cités dans la récente littérature, tels que la pauvreté extrême, les trappes sécuritaire, technologique et infrastructurelle, sans oublier la corruption ou encore l'éloignement par rapport au front technologique. Enfin, y sont évoqués des facteurs internes moins courants issus de diverses disciplines, ainsi que des facteurs externes. La 3ème partie, quant à elle, place l'évolution économique de Madagascar dans le contexte mondial et les grands enjeux géopolitiques actuels, tels l'épineuse question des îles éparses, le casse-tête mahorais, le bourbier somalien, la guerre russo-ukrainienne, l'amplification de la fracture économique entre les pays les plus riches, et ceux les plus démunis, la montée des pays émergents et notamment de la Chine et de son projet « Initiative Ceintures et Routes », et des sujets comme le changement climatique, ainsi que la $4^{\text{ème}}$ révolution industrielle, tous susceptibles d'être reliés à la construction de la croissance à long terme et du paradigme développemental malgache. La partie IV rappelle le caractère impératif du développement, dont il est explicitement déclaré qu'il ne s'agit, en aucun cas, d'une option, mais bel et bien d'un impératif national. Elle analyse les impacts cataclysmiques multidimensionnels potentiels du choix de ne pas agir convenablement et de toute urgence, face aux effets pernicieux des phénomènes sociaux, économiques et environnementaux alarmants auxquels le pays est confronté. Tous les signaux ont actuellement viré au rouge, et il est évident que l'heure est à l'action. Enfin, la Vème et dernière partie met en exergue les forces et les opportunités sur lesquelles devrait s'appuyer le pays, en l'occurrence les ressources stratégiques et le processus d'accumulation de technologies qui devrait en découler. Sont abordés dans cette partie les urgences ainsi que les grands défis destinés à générer la Grande Convergence, dont la construction de sa compétitivité commerciale et de sa stratégie d'intégration régionale et continentale, qu'il doit impérativement surmonter, afin de pouvoir construire le Madagascar de demain.

PARTIE I

PROBLÉMATIQUE DE LA PAUVRETÉ EXTRÊME, ET SURVOL DES THEORIES ET CONCEPTS LIES A LA CROISSANCE ÉCONOMIQUE

« Connais ton ennemi et connais-toi toi-même ; eussiez-vous cent guerres à soutenir, cent fois vous serez victorieux. » (Sun Tzu, 500 Av. JC.)

La pauvreté extrême d'une nation constitue un problème multidimensionnel sérieux et particulièrement complexe, dont la gravité va bien au-delà, comme nous le découvrirons tout le long de cette partie, puis de cet ouvrage, de la pure dimension financière, ou même économique, qui est, souvent, l'unique dimension perçue, comprise, traitée et prise en charge avec plus ou moins de bonheur, par les dirigeants. Ce constat fondamental, qui explique en grande partie la situation d'échec amer dans laquelle se trouve le processus de développement de ce pays, orientera les propositions de solutions qui seront présentées plus tard. Le caractère sérieux et difficile du problème que nous pose la pauvreté exige du pays que soit construite une stratégie qui aille bien au-delà du tâtonnement ou de l'amateurisme habituel.

L'éradication de la pauvreté exige, ni plus ni moins, que l'élaboration d'une stratégie de guerre.

Chapitre 1

« Connais ton ennemi et connais-toi toi-même... » : Symptomatologies qualitative et quantitative de la pauvreté extrême à Madagascar

1.1. Typologie de la pauvreté

Si notre propos est de chercher à éradiquer cet insidieux et mortel ennemi multimillénaire de l'humanité qu'est la pauvreté, il importe, comme le suggère le légendaire stratège chinois, Sun Tzu, d'en savoir un peu plus sur le sujet. Qualitativement, une nation est dite « pauvre » lorsqu'on y observe la persistance, au sein d'une majorité de la population, d'une impression d'insuffisance, et de mal-être. La pauvreté d'un pays se perçoit, ainsi, à la mauvaise qualité du cadre de vie et des infrastructures publiques (routes, rues, écoles, centres de soin...), en milieux urbain et rural. L'Initiative d'Oxford sur la Pauvreté et le Développement Humain (2020) et le PNUD (2020) définissent la pauvreté multidimensionnelle comme étant l'insuffisance ou le manque d'accès durable aux biens, aux soins médicaux, à la préservation de la vie infantile, à la scolarité, à une nutrition de qualité, à l'eau potable, à l'énergie, aux combustibles de cuisson d'aliments, à l'assainissement, et au logement. La pauvreté, dont il est, ici, question, est appelée « pauvreté intégrée », commune à tous les pays à faibles revenus, et est à distinguer de la « pauvreté marginale » et de la « pauvreté disqualifiante » que connaissent les pays industrialisés (Wikipédia, 2021). Le Malgache typique, extrêmement pauvre, couvert de haillons, le visage hâlé par le soleil brûlant, vit, aujourd'hui, sans électricité, ni eau courante et, souvent même, ni accès à l'eau potable, et habite dans une hutte de chaume. Le cadre de vie dans lequel il évolue est, à peine, plus élaboré que celui de l'homme des cavernes, et son espérance de vie va, difficilement, au-delà des 50 années. Ses enfants, souvent victimes de viols et d'autres maltraitances physiques, se rendent à l'école, située à des kilomètres, les pieds nus, et marchent, avec résignation, sous la pluie diluvienne, comme sous le soleil de plomb. Dans certaines parties du pays, lui et sa famille acceptent de passer les nuits dans les forêts avoisinantes, afin de livrer leurs villages et leurs maigres biens au bon vouloir des pilleurs, qui, en général, ont la délicatesse d'annoncer au préalable, leurs passages ! Il ne marmonne pas, accepte, vaillamment, et sans broncher, tout fataliste qu'il est, le sort que « Dieu et les ancêtres lui ont réservé » ! Il ignore, bien évidemment, que des individus ont juré d'apporter un changement radical à tout ceci. Une fois élus, cependant, ces derniers se sont empressés d'oublier leurs promesses, comme ceux à qui ils les ont faites !

Quantitativement, le terme « pays pauvre » désigne, selon la BM, un pays où le revenu moyen par tête de la majorité des habitants est en dessous du seuil de 2,15 USD PPA par jour[1], ou encore, où le PIB moyen par habitant est situé en dessous de la barre fatidique des 1200 USD. Plusieurs indicateurs objectivement vérifiables permettent de décrire la situation de pauvreté d'un pays donné. En voici quelques-uns.

1.2. Des indicateurs qui s'affolent…

La pauvreté se définit, d'abord, par rapport à l'IDH du PNUD, alors inférieur ou égal à 0.5 sur 1. Cet indice composite, utilisé depuis 1990, rassemble trois critères, en l'occurrence le PIB/habitant, l'espérance de vie et le niveau d'éducation, mesuré à partir de 15 ans et plus. D'autres critères quantitatifs comme l'indice de compétitivité mondiale du WEF, ou la classification portant sur la qualité de l'environnement des affaires « Doing Business », établie par la BM, sont également reconnus et utilisés par les économistes. Des experts ont, également, utilisé comme indice de développement le taux de stress alimentaire, ou, même, de luminescence nationale, établi à partir de l'intensité lumineuse des zones urbaines perçues à partir de l'espace. Le tableau ci-après regroupe les différents scores réalisés par Madagascar par rapport à quelques-uns de ces critères. Comme le montre le tableau ci-dessous, la situation malgache est extrêmement inquiétante. De l'IDH au rang, dans le classement « Doing Business » de la BM, en passant par l'indice de perception de la corruption, qui nous place en-dessous de la barre de la moyenne africaine et de l'insécurité alimentaire, on assiste à un ballet ostentatoire de signaux d'alarme. Tous les indices associés aux indicateurs de développement sont éloquents, et nous annoncent la faillite totale de la politique économique appliquée dans le pays durant 64 années d'indépendance. Si la valeur de l'IDH de Madagascar a connu quelques améliorations depuis les années 1990, il faut noter que, pour l'année 2023, le score de 0,487 sur 1[2], tout comme le rang, de 177 sur 193 pays, sont repartis à la baisse. On notera qu'en matière d'éducation, le nombre moyen d'années que passe un Malgache à s'éduquer est de 4.6, ce qui représente le tiers de la performance du Suisse, issu du pays classé premier, et auquel fut attribuée, en 2023, la note de 0,967 sur 1 !

[1] Ce seuil caractérisant la pauvreté extrême, de 2,15 USD PPA, fut fixé par la Banque Mondiale en 2022. Il équivaut à 0,82 en USD constant de 2015, à Madagascar.

[2] La note moyenne en Afrique subsaharienne est de 0,549/1.

Tableau 1 : Valeurs, à Madagascar, de quelques indices de développement.

Nature de l'indice ou du rang	**Valeur, et/ou rang**
PIB par habitant en 2023 (Dollars constants 2015)	448,05 USD
IDH (2023)	Note : 0,487 et rang :177ème sur 193 pays
Rang dans le « Doing Business » (Année 2020)	Rang : 161ème sur 190 pays
Rang dans la valeur de l'Indice de Compétitivité Internationale du Forum Économique Mondial (2019)	Rang : 132ème sur 141
Indice de Perception de la Corruption en 2023 (Transparency International Initiative)	IPC : 25/100, et Rang : 145ème sur 180 pays
Indice de respect des droits de l'homme et de la démocratie (The Economist Intelligence Unit, 2024)	Note : 5,33 sur 10, et rang : 83 sur 167 pays
Indice Mondial de la Faim (Global Hunger Index, GHI) (2024)	Note : 36,3 sur 100 (situation alarmante), Rang : 124ème sur 127 pays
World Happiness Report (2025)	Note : 4,157 sur 10, Rang : 130ème sur 147 pays.

Source : Auteur, à partir de données du PNUD, du Doing Business (BM), WEF, Transparency International, The Economist Intelligence Unit, Indice Mondial de la Faim, WHR.

De même, le petit Suisse, naissant au même moment que le petit Malgache, qui a 1 chance sur 16 de décéder avant de fêter son premier anniversaire[1], vivra 19 années de plus que ce dernier, mais, surtout, bénéficiera, en moyenne, d'un revenu annuel 47 fois plus conséquent ! La BM (2024), dans son rapport sur l'évaluation de la pauvreté à Madagascar, a déclaré qu'en 2022, 75,2% de la population était extrêmement pauvre : 79,9% en milieu rural, et 55,5% en milieu urbain. Le passage au mois de juin 2025 du seuil de la pauvreté extrême à 3 USD ne pourra qu'aggraver encore ce pourcentage. Ceci me fait dire, souvent, et non sans en avoir le cœur lourd, que naître à Madagascar, aujourd'hui, constitue, pour un être humain, une véritable malédiction ! Le Malgache, s'il a la foi, n'en reproche pas moins au sort, chaque instant, d'avoir associé sa déjà, si éphémère, existence, à un endroit à l'extirpation duquel il consacrera toute son énergie ! Chaque ligne du présent travail est consacrée, évidemment, à la plus qu'incertaine tâche de me faire mentir ! En matière de démocratie, l'« Economist Intelligence Unit », ou EIU (2023), classe Madagascar, dans son « Index de Démocratie » pour l'année 2023, parmi les « régimes hybrides », et lui attribue la note de 5,25 sur 10, et le rang de 87 sur 167 pays. Cet index prend en considération 5 paramètres, en l'occurrence le fonctionnement du gouvernement, la participation citoyenne en politique, la

[1] Selon la Banque Mondiale, 43 462 enfants de moins de 1 an décédèrent durant l'année 2023, et ces chiffres connaissent, depuis 2012, une tendance haussière.

culture politique, la liberté civile prévalant et, enfin, la transparence et le pluralisme du processus électoral. Si le classement mondial de Madagascar est peu élogieux, il est cependant à noter que la note moyenne au niveau de la région Afrique subsaharienne est de 4,04, et est inférieure à la note moyenne globale, qui est de 5,29. Dans cette zone, Madagascar est classé 13ème sur 44 nations, zone en tête de laquelle se trouve l'Ile Maurice, classée 20ème mondial, et unique nation africaine à vivre dans une « démocratie totale », label qu'elle partage avec une vingtaine d'autres nations privilégiées dans le Monde. Madagascar gagne, entre le classement de 2021 et celui de 2022, 3 points au niveau de l'Afrique subsaharienne, amélioration due, essentiellement, à la transition démocratique ayant eu lieu, dans le pays, au début de l'année 2019. Cependant, par rapport au classement de l'année précédente, Madagascar perd deux places. En Afrique subsaharienne, l'Île Maurice est suivie par le Cap vert, le Botswana, l'Afrique du Sud et la Namibie. Sur les 5 critères pris en compte dans l'établissement du classement, Madagascar est mal noté sur le « fonctionnement du gouvernement », ayant trait à la transparence des procédures administratives, et sur la « liberté civile », beaucoup plus relative à la liberté d'expression et de manifestation. Nous verrons, plus loin, le rôle crucial que joue la démocratie dans l'instauration de la croissance économique à long terme, et pourquoi il est fondamental que l'on se batte, pour, constamment, améliorer ce score. De plus, à l'instar de toute l'Afrique subsaharienne, à l'exclusion de l'Afrique du Sud, le pays, vu du ciel, la nuit, est plongé dans une obscurité quasi-totale, qui constitue, en se référant au critère de luminescence évoqué plus haut, un indicateur de pauvreté, étant lié, directement, au manque d'accès à l'énergie, de la population, à la fois cause et conséquence de la pauvreté de la population et de l'Etat. Une des conséquences logiques de cette obscurité quasi-nationale est l'existence de l'insécurité, pratiquement sur l'étendue du territoire. En période de saison sèche, les seules lumières visibles de l'espace sont celles, rougeoyantes, qu'émettent les feux de brousse, destructeurs du patrimoine forestier, et, donc, de la faune et de la flore, souvent, endémiques. Pour épiloguer sur les classements internationaux de Madagascar, nous examinerons l'indice, quelque peu inhabituel, de la « puissance des passeports », établi par la société Henley & Partners, à partir des données de l'IATA. Celui-ci classe chaque passeport selon le nombre de pays qu'il permet de visiter sans visa, ou qui lui accordent un visa à l'arrivée. Ainsi, le passeport malgache permet, en 2025, d'entrer sans visa, ou de se faire octroyer un visa à l'arrivée, dans, seulement, 69 pays, tandis qu'un passeport mauricien, par exemple, permet à son détenteur d'être admis dans 141 pays, et le passeport des Emirats Arabes Unis, classé numéro Un mondial, permet d'entrer, pratiquement comme chez soi, dans 179 des 198 pays analysés (Passport index, 2025). Lorsque vous êtes malgache, et donc fortement suspecté de « délit de d'infortune » et d' « absence de garantie de retour », vous êtes, plutôt, invité à rester, sagement, chez vous, si ce n'est à garnir, sans garantie de pouvoir effectuer de voyage, des heures durant, les longues queues s'étirant devant certaines représentations diplomatiques et consulaires de la capitale, tandis que, pratiquement, tous les pays que compte la Planète, Madagascar y compris, s'arrachent, littéralement, le dubaïote, l'européen, le singapourien et le britannique ! Ceci ne fait que confirmer la froide affirmation suivante, attribuée au suisse Christian H. Kälin, Président et fondateur de Henley & Partners : « La citoyenneté est une loterie très injuste » !

1.3. Le groupe de la honte

Madagascar appartient au groupe, très peu élogieux, des « Pays les Moins Avancés » de la Planète, ou PMA. Les Nations-Unies, qui reconnaissent, depuis 1971, l'existence de ce « groupe des pays les plus pauvres et les plus faibles », classe, dans ce groupe des « sous-doués » du développement, 46 pays, dont 33 sont localisés sur le Continent Noir, 8 en Asie, 1 dans les Caraïbes, et 4 dans le Pacifique. Ainsi, l'Europe et le continent américain, à l'exclusion de Haïti, ne comptent pas de PMA ! Les PMA comptent plus de 880 millions d'habitants (environ 13 % de la population mondiale), mais contribuent pour 1,3% au PIB mondial, et pour 0,9 % au commerce international. Ils sont caractérisés par un faible revenu[1], un faible IDH, et par un niveau élevé de vulnérabilité (PMA, 2022). Pire, avec ses 448 Dollars Américains constants de 2015 de PIB/habitant, Madagascar occupa, en 2023, le quatrième rang dans le classement des pays les plus démunis de la Planète, derrière le Burundi, l'Afghanistan et la République Centrafricaine. Si le Burundi et la Centrafrique furent ravagés par la 2ème Guerre du Congo, qui fit, selon Onana (2023)[2], plus de 10 millions de morts, entre 1998 et 2003, et l'Afghanistan, objet de graves instabilités, les raisons de la déchéance économique malgache, elles, sont beaucoup plus mystérieuses ! Il est encore plus incompréhensible que Madagascar ait pu, en termes de performances économiques, être supplanté par la Somalie, théâtre depuis 1991, d'une guerre fratricide qui l'a, littéralement, pulvérisé.

Contribuer à lever le voile sur le mystère entourant cette véritable tragédie constitue un des modestes objectifs du présent ouvrage.

---

[1] Soit, selon le critère des Nations Unies, en termes de revenus, un PIB par habitant situé à moins de 1200 USD courants (exprimé en dollar de 2022, donc, sensiblement égal à la valeur exprimée en dollar de 2015).

[2] Wikipédia affirme que les pertes en vie humaines, selon les sources, vont de 183 000 à 5,4 millions.

Tableau 2 : Liste des 5 pays les plus pauvres au Monde (« Bottom five »), en 2023.

Pays	PIB/hab. USD 2015	Rev. /hab. / jour
Somalie	465	1,27
Madagascar	448	1,23
République centrafricaine	398	1,09
Afghanistan	380	1,04
Burundi	254	0,69

Source : Auteur, d'après les données de la Banque Mondiale.

En effet, d'après la BM, « l'extrême pauvreté a connu un recul rapide à l'échelle mondiale, car, selon ses dernières estimations, le nombre d'habitants vivant dans l'extrême pauvreté, est passé de 1,9 milliard en 1990 à, environ, 735 millions, en 2015. Cependant, l'extrême pauvreté continue de progresser en Afrique subsaharienne, qui abritait, en 2015, plus de la moitié de la population mondiale vivant avec un revenu quotidien inférieur au seuil critique. Les projections indiquent que cette région concentrera en, 2050, près de 90 % des personnes vivant dans l'extrême pauvreté » (BM Blogs, 2020). Il y a, donc, lieu de comprendre que les Malgaches ne font pas partie des 1,2 milliards, environ, de personnes ayant pu se libérer des griffes de l'extrême pauvreté durant cette période considérée. Du point de vue de la sécurité alimentaire, la situation est classée « alarmante » par le Global Hunger Index, dans son rapport de 2023. Le pays, où le taux d'incidence de la faim est supérieur à 50%, est classé 124 sur 125 pays, et reçoit le misérable score de 41 sur 100. En effet, bien que le Sud du pays soit, en permanence, sous les feux de la rampe, pratiquement toutes les populations des 24 régions de Madagascar souffrent, en fait, des effets désastreux de l'insécurité alimentaire.

1.4. Le scénario manquant du développement

Si les prospectivistes internationaux conjecturent sur la contribution croissante des pays émergents à l'économie mondiale, ceux-ci ne voient guère d'évolution probante du côté des PMA, dont ils évoquent d'ailleurs à peine l'existence ! Ainsi, la CIA pense que de plus en plus d'instabilités vont secouer les pays à faibles revenus et dotés de populations jeunes (CIA, 2021). Ceci est d'autant plus probable dans les pays où une forte proportion de la jeunesse est peu éduquée, désœuvrée et frustrée. Aux dirigeants de ces pays de comprendre que sans efforts de leur part, visant à changer le cours de leur histoire économique, ils demeureront, longtemps encore, sous le joug du sous-développement, loin des yeux, comme des cœurs, des nations les plus prospères de la Planète.

1.5. Madagascar, un pays désespéré sur un continent sans espoir ?

> *« It began to look as though the world might just give up on the entire continent... These acts are not exclusively African—brutality, despotism and corruption exist everywhere—but African societies, for reasons buried in their cultures, seem especially susceptible to them » (The Economist, 2000)*[1].

La revue « The Economist », titra, de façon provocatrice, dans sa livraison du 11 Mai 2000 : « A Hopeless Africa[2] ». D'après cet article, traitant, plus précisément, le cas sierra-léonais, le point de non-retour en matière de sous-développement a été atteint en Afrique, et qu'il était désormais normal de s'en trouver désespéré, et d'émettre de sérieux doutes, quant à son avenir économique. Ledit article, écrit avec une plume à la fois triste et exaspérée, choqua à l'époque et secoue encore, aujourd'hui, en Afrique, notamment, de par son affirmation que le despotisme et la corruption étaient « plutôt inhérents à la culture africaine » ! Face à ce genre de réflexions, l'Afrique subsaharienne gagnerait à tirer des leçons des critiques que génère la déplorable image qu'elle projette sur le Monde. Plus tard, il y eut, la fameuse sortie verbale sur l'Afrique et Haïti de Donald Trump. Ces remarques, qui donnent raison au titre prophétique du livre de René Dumont (« L'Afrique noire est mal partie » !), écrit en 1962, constituent des signaux alarmants. Lorsqu'on considère les moqueries ciblant les étudiants malgaches à Madagascar comme à l'étranger, déstabilisés par le retard du paiement, par leur gouvernement, de leurs bourses d'études, on comprend que l'Afrique elle-même semble, à présent, s'être mise à s'esclaffer de ses propres turpitudes ! D'où la nécessité d'élaborer un diagnostic, même imparfait, de la situation économique et sociale du pays.

---

[1] *Il commence à sembler que le Monde désespère à propos du continent tout entier... L'Afrique n'a point l'exclusivité de ces actes – la violence, le despotisme et la corruption existent partout ailleurs – mais, la société africaine, pour des raisons enfouies dans sa culture, semble spécialement y être plus encline.*

[2] L'Afrique, un continent sans espoir.

Tableau 2 : Situation selon le seuil de pauvreté de 1,90 USD/ par jour[1].

Région	Taux de pauvreté (%)		Nombre de pauvres (millions)	
	2013	2015	2013	2015
Asie de l'Est et Pacifique	3,6	2,3	73,1	47,2
Europe et Asie centrale	1,6	1,5	7,7	7,1
Amérique latine et Caraïbes	4,6	4,1	28,0	25,9
Moyen-Orient et Afrique du Nord	2,6	5,0	9,5	18,6
Asie du Sud	16,2	12,4	274,5	216,4
Afrique subsaharienne	42,5	41,1	405,1	413,3
Reste du Monde	0,6	0,2	6,4	7,3
Total mondial	11,2	10,0	804,2	735,9

Source: Poverty and shared prosperity 2018: Piecing together the poverty Puzzle[2].

Le tableau ci-dessus rassemble les estimations des taux de pauvreté en 2013 et 2015, à l'échelle mondiale et dans les différentes régions du monde. Un examen rapide de celui-ci nous permet de constater, tout d'abord, que le nombre de pauvres a diminué presque dans toutes les régions du monde, sauf en Afrique subsaharienne, en Afrique du Nord et au Moyen-Orient. On remarque, ensuite, que l'Afrique subsaharienne est, désormais, l'épicentre mondial de la pauvreté extrême, rôle que jouait l'Asie, il y a de cela 30 ans. La BM précise, à ce propos, que, pratiquement, la moitié des personnes les plus pauvres de cette région résident désormais dans 5 pays : le Nigeria, la Tanzanie, la RDC, l'Ethiopie et… Madagascar ! S'il y eut une augmentation du nombre de pauvres dans la région Moyen-Orient et Afrique du Nord, cela est attribuable aux conflits en Syrie et au Yémen, ainsi qu'à l'instabilité politique et militaire en Libye. De même, le Nigeria, la RDC et l'Ethiopie sont des lieux de conflits larvés ou ouverts. Ceci, une fois de plus, nous interroge sur les raisons véritables du séjour prolongé de Madagascar dans le groupe de la honte…

[1] *En PPA 2011.*

[2] *Rapport 2018 sur la pauvreté et la prospérité partagée : « compléter le puzzle de la pauvreté ».*

Figure 2 : Pourcentage de la population pauvre disposant de moins de 1,90 par jour (USD PPA 2011).

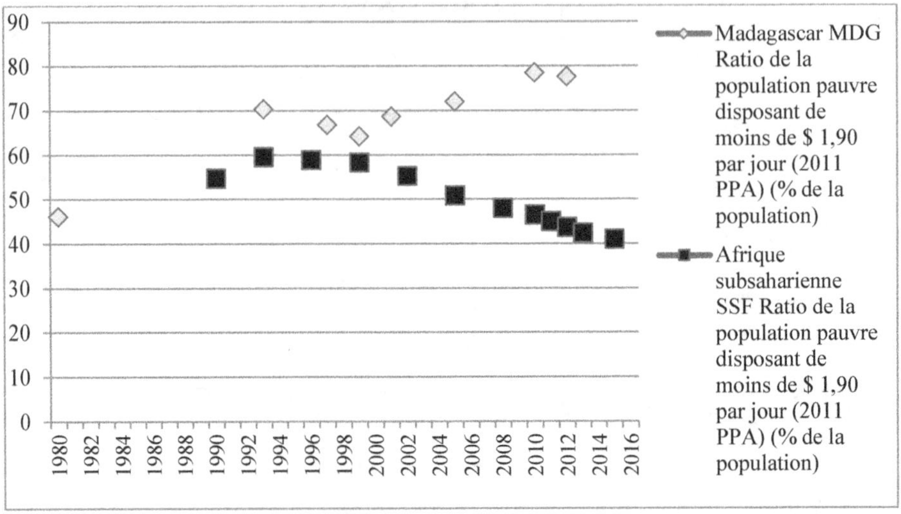

Source : Auteur, d'après les données de la Banque Mondiale.

Pour le cas particulier de Madagascar, le graphique ci-dessus nous montre l'évolution de la proportion de la population vivant sous le seuil de la pauvreté estimé, internationalement à 1,90 USD PPA de 2011 également. Il est frappant de voir que la proportion de la population malgache vivant sous ce seuil n'a jamais cessé d'augmenter jusqu'au début des années 90, avant d'amorcer un fléchissement jusqu'au début des années 2000. De là, la courbe repart à la hausse jusqu'à atteindre le pic actuel, en 2024, de 75,2%, tandis que la proportion de pauvres extrêmes n'a cessé de baisser en Afrique subsaharienne, et a atteint la valeur de 40%, soit, pratiquement la moitié du taux d'incidence de la pauvreté à Madagascar.

1.6. Les origines d'un désastre

> *« Si l'Afrique est pauvre, c'est parce que ses leaders ont opté pour qu'il en soit ainsi » (Mills, 2014).*

Pour expliquer ce bilan accablant d'un demi-siècle de gâchis, à Madagascar et en Afrique subsaharienne, plus d'un, comme Mills, s'accordent sur l'existence d'un « mal africain ». Pour expliquer ce phénomène, finalement séculaire, voire millénaire, chacun y va de sa version ! Ainsi, Montesquieu (1748), dans son ouvrage « De l'esprit des lois », avançait, déjà, que la chaleur observée sous les tropiques « énervait la force et le courage des hommes ». Il va même plus loin, en ajoutant que cet état des choses, facteur d'affaiblissement, permit aux autres nations de réduire à l'état d'esclaves les peuples de ces pays chauds. Adji (2009), lui, annonce que l'Afrique est malade de son être, avant d'ajouter que « le mal africain » est « un agrégat de souffrances variées et de complexes diversifiés, subies et, souvent, inhibées par les peuples d'Afrique, et du fait d'envahisseurs mieux armés et peu scrupuleux, et par auto-flagellation ». Zélé et Hocque (2020), eux, avancent que l'« état de sous-développement actuel du continent est dû, essentiellement, à l'héritage culturel africain, et que l'héritage mental du monde africain, fait de magie, de croyances diverses et variées, de tribalisme, etc., ne l'a pas préparé au monde moderne ». Face à cette affirmation, il y a lieu, cependant, de remarquer, comme le souligne Fabre d'Olivet (1822, 2009), que toutes les civilisations eurent à passer par une dimension instinctive faite de sentiments et de sensations, puis par une dimension anémique, faite d'entendement et de raison, avant de parvenir à la dimension spirituelle finale, faite d'assentiment, d'intelligence et de sagacité. Dans la civilisation européenne, ce processus se manifesta par le passage par la Renaissance, mettant, progressivement, fin à l'ère de l'instinct et de l'irrationnel, puis par le siècle des Lumières, ayant, *crescendo*, mis en exergue la raison, puis l'intelligence. La question réside donc dans la non-réalisation, à ce jour, d'un processus identique chez d'autres civilisations, notamment africaines, victimes d'un blocage pervers les maintenant prisonnières de la pauvreté et de la frustration. Certains analystes avancent que les instabilités socio-politiques, les effets de l'esclavage et de la colonisation sont les principales sources du non-développement du continent, 60 années après l'octroi des indépendances. Les choses sont bien plus compliquées. Derrière ce qui, souvent, est décrié comme étant le paradoxe africain, et, plus particulièrement, malgache, évoqué par Razafindrakoto *et al.* (2017), se cachent des réalités multidimensionnelles qu'il importe, plus que jamais, de soumettre à la lumière du jour.

A mon sens, l'Afrique est victime, souvent, d'un excès de résilience mentale, et, parfois, de la clémence climatique. Cette résilience lui a permis, bien qu'en étant le berceau de l'humanité, de ne se contenter, à travers son histoire, que du minimum, tant technologique, que sociétalo-institutionnelle. Le terme « clémence climatique », décrit tout ce que la nature lui a offert comme « low hanging fruits[1] » ! C'est ce à quoi se réfère Museveni (2000), lorsqu'il affirme : « Une des raisons (du retard africain), pourrait être notre climat, qui est tellement confortable. En Europe, le climat est si hostile qu'il y a toujours été impératif, pour les individus, d'être sérieux pour pouvoir survivre ; ils eurent, de ce fait, à se battre contre la nature plus activement, tandis que chez nous, les personnes peuvent aller où elles veulent, même tout nus, sans avoir à craindre de mourir des effets d'une telle exposition ». Ce qu'avance cet ancien chef d'Etat ougandais, est, particulièrement, avéré, dans le cas malgache, où 80% de la population acceptent, aujourd'hui encore, de vivre, sans broncher, dans de précaires habitats faits de fétus de paille, de terre glaise

[1] Fruits pendant bas.

ou de tôles de zinc. Ces cases primaires, objets d'une particulière affection des météores, ont la fâcheuse caractéristique d'être regardées avec beaucoup d'indifférence, si ce n'est avec un profond mépris, par les seigneurs qui se sont succédés à la tête du pays. Pendant que l'africain résiste aux douloureuses morsures d'une existence frugale, et se laisse vivre dans l'élémentaire, voire l'inacceptable, sous un climat clément, sans chercher à optimiser sa condition de vie, ceux, évoluant sous d'autres cieux, se sont, par contre, évertués à compenser leur manque de résilience face à des conditions de vie plus hostiles, par d'innovantes réponses sociétales, organisationnelles, institutionnelles et technologiques de plus en plus sophistiquées. S'est ainsi créée une divergence évolutive grandissante, ayant, *in fine,* placé le Continent Noir au plus bas de la chaîne alimentaire géopolitique, ce qui a permis, entre autres, la destruction de la civilisation égyptienne par Alexandre le Grand, le phénomène d'une indicible ignominie que constitue la traite des noirs, et puis, plus tard, l'avènement de l'abjecte colonisation. Ces deux drames historiques, tout comme la corruption, la prévalence de l'état de non-droit, les guerres civiles et interétatiques, le totalitarisme, l'insécurité, les inégalités et les échecs macro-économiques qui gangrènent nos sociétés sont, de ce fait, juste des symptômes, et non le mal lui-même. Bien qu'il soit légitime de penser que les symptômes se soient, peu à peu, mués en pathologies, également, et méritant qu'on les combatte activement, le fait d'ignorer, systématiquement, les vraies causes du mal africain a engendré une prise en charge non-adaptée, et, donc, une perpétuation de l'extrême arriération du continent… Posons-nous, à présent, la question quant à l'absence de l'Afrique du train de la révolution industrielle. Ce phénomène constitue, en effet, une étape fondamentale et sans précédent dans le processus de l'évolution de l'humanité. Celui-ci, ayant eu lieu au XIXème siècle, est le fruit d'un long processus ayant débuté 5 à 10 000 ans plus tôt, lorsque l'homme cessa de vivre de la cueillette, de la chasse et de la pêche, et se mit à produire et à s'agglomérer dans des endroits fixes, amorçant, ainsi, le processus d'urbanisation. D'après Bairoch (1992), en 50 ans, l'humanité effectua un bond plus important qu'en plus de 50 siècles : le niveau de vie fut multiplié par 15, et le volume du commerce extérieur par 200. Ce regroupement géographique fut le reflet d'une complexification progressive de la société, alors objet d'une autocatalyse. La tendance à l'apaisement, et, donc, à la néguentropie de la société, engendra l'amélioration de l'environnement de la production, qui en fut, alors, décuplée. L'Afrique, en proie à d'incessantes guerres tribales et, donc, plutôt, à une tendance à la décohésion, rata cette fenêtre d'urbanisation, et fut la victime du phénomène mondial d'auto-sélection, donc de prédation, qui succéda à celui d'autocatalyse. Cette prédation fut, d'abord, caractérisée par l'avènement de la traite orientale et, plus particulièrement arabe, de personnes et surtout de Noirs, datant de l'Antiquité tardive, i.e. du IIIème siècle, ayant duré 13 siècles, suivie de la traite occidentale, comprenant la traite en droiture et le commerce triangulaire, qui s'étala, elle, du XVIème au XIXème siècle. (Wikipédia, Traite des êtres humains, 2023). Le sort du Continent Noir fut, ensuite, définitivement scellé par la conférence de Berlin, en 1884, lorsque les grandes puissances d'alors se partagèrent les territoires de cette grande absente. Les solutions que prône, pour le cas malgache, le présent texte, tiendront, de ce fait, compte, de la nécessité de résorber cette divergence initiale, en l'occurrence l'arriération humano-technologique, tant sur le plan sectoriel que contextuel, ainsi que ses conséquences. Comme nous le verrons au chapitre 3, les facteurs responsables de ce désastre économique que connaît le pays sont d'ordres, essentiellement internes mais aussi, parfois, externes.

Chapitre 2

Aperçus historique et théorique sur la croissance et la pauvreté extrême à Madagascar

Ce chapitre a pour objectif de permettre à tout un chacun de comprendre la problématique générale de la pauvreté, et de se familiariser avec l'état de l'art de la croissance économique. Ceci aidera à une meilleure compréhension de la démarche adoptée le long de l'exposé. Nous nous intéresserons activement à la croissance économique, un des plus puissants principes actifs de l'antidote à la pauvreté, l'autre étant l'intelligente redistribution des fruits de celle-ci.

2.1. Le Produit Intérieur Brut (PIB)

Le PIB est un indicateur quantifiant la richesse nationale créée, chaque année, par l'ensemble des acteurs économiques. Il inclut les dépenses de consommation des ménages, les investissements, les dépenses publiques et, enfin, la différence entre les exportations et les importations. Bien que des auteurs, tels Allen (2014), affirment qu'il n'est pas une mesure satisfaisante du bien-être, puisqu'il néglige des facteurs, comme la santé, l'espérance de vie et le niveau d'éducation, et que l'absence de données, relatives, par exemple, au secteur informel, le rend parfois difficile à calculer avec précision, il demeure, à ce jour, la référence pour évaluer, dans le temps, comme dans l'espace, le niveau de vie atteint par une société. Pour le cas de Madagascar, dont le PIB, en 2023, fut estimé à environ 15,5 Milliards de USD courants, la répartition sectorielle de la production de richesses est comme ci-après d'après les données de l'INSTAT, datant de 2020 : secteur primaire, 23,6%, secteur secondaire, 12,8%, et secteur tertiaire, 63,5%. Lorsqu'on sait qu'un peu moins de 80% des Malgaches travaillent dans le secteur primaire, on constate que nous avons affaire à une structure économique instable, commune à tous les pays pauvres, conforme, d'ailleurs, au principe des 20/80 de Pareto[1]. On note aussi le poids, insignifiant, du secteur secondaire, témoignant du caractère sous-industrialisé du pays, malgré l'importance de la demande en produits manufacturés des 30 millions de consommateurs nationaux. Ceci explique le déficit chronique de la balance commerciale, et, donc, de la balance de paiement, d'une économie comptant lourdement sur les importations pour satisfaire la demande nationale en produits manufacturés, ce qui a pour effet de fragiliser la monnaie nationale. Enfin, le secteur tertiaire, dédié aux services, malgré le nombre insuffisant de personnes actives, est le secteur doté de la plus grande part dans le PIB national, démontrant ainsi le poids de la haute qualification.

---

[1] 80% environ de la richesse du pays est produite par 20% de la population, et *vice-versa.*

2.2. Le taux de croissance du PIB

Le taux avec lequel cette richesse augmente chaque année est appelé « taux de croissance économique ». Selon Perroux (1981), cette croissance correspond à l'augmentation soutenue, pendant une ou plusieurs périodes longues, d'un indicateur de dimension, pour une nation, généralement le produit global net en termes réels.

2.3. Quelques éléments de la théorie de la croissance économique

La problématique de la croissance soutenue à long terme, a, de tout temps, constitué un des principaux centres d'intérêt des économistes. Celle-ci apparaît comme étant un processus reposant sur la volonté permanente, de l'ensemble des acteurs économiques (autorités nationales et locales, ménages, opérateurs économiques, PTF…) à s'investir durablement dans le progrès. Les décisions portant sur les orientations sociétales et la politique économique jouent, ainsi, un rôle de premier plan, et, particulièrement, dans le cas des pays ayant accusé un retard important. Je citerai, dans ce qui suit, quelques éléments fondamentaux de la théorie de la croissance ayant une application en économie du développement. On notera que la croissance, dans le monde, est restée insignifiante durant plusieurs siècles, *i.e.* de l'Empire romain au début du XIIIème siècle. Elle connut, ensuite, une accélération au niveau d'un groupe de nations, en tête desquelles se trouvait la Grande-Bretagne, au milieu du XIXème siècle, qui vit l'avènement de la Révolution Industrielle, accélération attribuable à la conjonction de plusieurs facteurs, dont le développement substantiel de la recherche et des innovations technologiques, l'amélioration des compétences de la main d'œuvre, et la présence à profusion du charbon, élément-clé du moteur à vapeur, qui permit l'explosion de la production industrielle, et le développement du transport massif des biens par voies ferroviaire et maritime. Adam Smith, en 1776, posa, avec David Hume, les fondations de l'économie politique, et constata le gain de productivité qu'engendrait la « division du travail », concept d'intensification de la production, qui enfanta, par la suite, celui de « Taylorisme[1] », en sidérurgie, du « Fordisme[2]» et du « Toyotisme[3] », dans l'industrie automobile. Il souligna, de plus, que l'élément tracteur de toute économie est l'égoïsme de l'investisseur, maximisant ses profits tout en satisfaisant les besoins d'un

---

[1] De l'ingénieur américain Frederick Winslow Taylor (1856-1915), qui prôna une « organisation scientifique du travail » (Wikipédia).

[2] Du nom de l'inventeur du concept, prolongeant celui du taylorisme, l'homme d'affaires américain Henry Ford (1863-1947). (Wikipédia)

[3] Forme d'organisation du travail mis au point par l'ingénieur japonais Taiichi Ono, et mise en application par Toyota en 1962. (Wikipédia)

marché s'autorégulant sous l'effet d'une « main invisible »[1]. Nous devons, par la suite, à Malthus, en 1798, l'affirmation selon laquelle « la croissance géométrique, de la population constitue un frein à la croissance économique », lequel est obtenu par le réinvestissement du surplus qui disparaît en cas d'une forte expansion démographique, comme cela est courant, aujourd'hui encore, dans les pays en développement. Suivit ensuite la théorie de Ricardo (1817), qui, le premier, évoqua la notion d'avantage comparatif[2] et des bienfaits économiques générés par l'intensification des échanges commerciaux internationaux. Pour Ricardo, la croissance se heurte au rendement décroissant de la terre, ce qui fait de lui la première personne, à avoir entrevu le phénomène de stationnarité, à terme, de l'économie, anticipant ainsi, avec un siècle et demi d'avance, sur ce qui allait devenir le modèle de croissance néo-classique de Solow et de Swan. Ces penseurs fondèrent l'approche classique de la théorie de la croissance économique. Les travaux de Kondratiev, père de la vision cyclique, à long terme, des affaires, dans le monde capitaliste, furent approfondis par Schumpeter, qui évoqua, dès 1912, dans son ouvrage intitulé « Théorie de l'évolution économique », le rôle crucial des « grappes d'innovations » dans la relance d'un cycle économique caractérisé par l'instabilité de la croissance, et généré par la succession de phases d'expansion (montée des nouveaux produits) et de contraction (obsolescence des anciens produits, motivant la recherche de nouveaux produits, et amenant l'économie dans une nouvelle phase ascendante) (Segerstrom, 1988). Schumpeter mit l'accent sur le fait que l'émergence de produits nouveaux, l'introduction d'une nouvelle méthode de production, se font au détriment des anciens produits et des processus de production devenus obsolètes, d'où le concept de « création destructive ».

Il y eut, par la suite, un renouveau des théories. Kaldor, en 1956, fait de l'épargne une variable d'ajustement, le taux d'épargne variant en fonction de la répartition des revenus. La même année, Robert Solow et Trevor Swan conçurent leur modèle, utilisant la formule de Cobb-Douglas, $Y=K^{\alpha}L^{1-\alpha}$, tel que $0 < \alpha < 1$, où « K » et « L », respectivement le capital physique et la force de travail, sont les deux facteurs de production, et l'équation d'accumulation du capital, $\dot{K}=sAK-\delta K$, où « s » est le taux d'épargne et « δ », le taux de dépréciation. Dans ce modèle, le progrès technique exogène est qualifié de "manne tombée du ciel". L'on peut toujours, selon Solow, substituer du travail par du capital et inversement. A terme, cependant, l'économie convergera vers une situation stationnaire. Dans ce cas, la prolongation de la durée de la

---

[1] Cette croissance atteignit son apogée lors de la période d'après-guerre, dite des « trente glorieuses », pour, par la suite se stabiliser à partir des deux chocs pétroliers successifs.

[2] Capacité d'un pays à produire en plus grande quantité et à meilleure qualité, à meilleur prix : cette capacité, qui est « naturelle », est principalement due à des facteurs physiques (climats, abondance des terres fertiles et de la main d'œuvre…), ou culturelles.

croissance de l'économie est tributaire de deux catégories de facteurs. La première est constituée du taux d'épargne, un facteur favorable à la croissance, en parfaite cohérence avec les affirmations de Kaldor, tandis que la seconde comprend le taux de dépréciation et le taux de croissance démographique, qui y sont, tous les deux, hostiles, faisant que l'économie aboutisse systématiquement à une situation de stationnarité, conformément aux prévisions de Malthus et de Ricardo. Une nouvelle approche de ce modèle, que j'ai élaborée, établit qu'en présence de progrès technique et, éventuellement, du capital humain, la stationnarité devient juste un cas particulier, pouvant, de ce fait, être évité. Ainsi, dans le cas de la réalisation d'une condition nécessaire et suffisante, qui est que le taux de croissance techno-humaine soit égale à la somme du taux de croissance démographique et du taux de dépréciation, l'économie croît indéfiniment, du moins jusqu'à ce que le rapport de force entre les deux catégories de facteurs soit modifié, une fois que l'apport exogène de technologies et de capital humain faiblit (Mahazoasy, 2023). J'ai procédé, avec Takidy, à une vérification empirique de cette nouvelle approche, en traitant le cas du Brésil, qui, dans les années 1950, eut fortement recours à la technologie française pour construire la série de barrages hydro-électriques qui allaient constituer le socle de sa stratégie de croissance à long terme (Mahazoasy & Takidy, 2024). Cette dépendance vis-à-vis de l'apport exogène de facteurs technologiques et humains, non-adaptée aux nations développées évoluant dans le voisinage immédiat du front technologique mondial, bien que suffisante pour les nations en développement, constitue une des limites du modèle de Solow, et a motivé la recherche d'autres modèles dits « endogènes » de croissance, permettant la génération d'une croissance positive auto-entretenue à long terme. Ces modèles endogènes se sont avérés être plus aptes à expliquer, formellement, le redémarrage de la croissance dans l'Europe d'après-guerre, tout comme le phénomène de l'émergence économique qualifiée de « miraculeuse » des pays du sud-est asiatique, et, plus récemment, celui des BRICS. Ces modèles expliquent également la forte croissance, aux Etats-Unis, à partir des années 1960, vu que ceux-ci ont misé sur une forte intensification de l'innovation technologique, améliorant ainsi leur productivité. Au cours des années 1990, le Danemark, la Suède et la Finlande connurent un régime de croissance exceptionnelle tirée par les TIC. Face à l'inégalité grandissante entre la situation économique des pays riches, du Nord, et des pays pauvres, du Sud[1], l'on observa, dans les années 1980, un regain général d'intérêt pour la théorie de la croissance, initialement amorcé surtout par la théorie romérienne de la croissance endogène, caractérisée essentiellement par son rendement d'échelle non-décroissant, grâce à la non-rivalité des idées. Romer, en 1986, innova, en effet, en rendant endogène le modèle de production, grâce à la

---

[1] Environ 48% des habitants de la Planète vit aujourd'hui dans la misère la plus extrême (McArthur, 2013).

considération, en particulier, du travail consacré à la recherche et à l'innovation technologique, qu'il considère comme étant un facteur de production dans une fonction de type Cobb-Douglas. Le modèle romérien, réfutant toute idée de convergence *de facto*, remet l'Etat face à ses responsabilités, et exige de celui-ci une réelle volonté politique visant à instaurer une dynamique de croissance économique, de relance de l'éducation et de la recherche, de stimulation de l'innovation en milieu entrepreneurial, et, enfin, de protection de la propriété intellectuelle, garante de la juste rétribution de l'inventeur. Lucas (1988), un autre père de l'approche endogène de la croissance, mit l'accent sur l'importance du capital humain, c'est-à-dire l'ensemble des qualifications d'un individu, qui sont des facteurs de production cumulables. Ce caractère productif, et surtout cumulatif, conduit à en faire un « capital », se renforçant à travers la formation technique, et susceptible de se transmettre d'une génération à l'autre. Barro (1990), qui ferme le trio des fondateurs de la théorie de la croissance endogène, puis Easterly (1990), soulignèrent, afin de générer et maintenir une croissance à long terme et des externalités[1] significatives, la nécessité, pour l'Etat, d'investir dans la mise en place d'infrastructures, mettant ainsi en exergue le poids du capital public dans la stimulation de la production du secteur privé.

2.4. Le consensus de Washington

Dans la foulée de la chute de l'empire soviétique, l'économiste américain John Williamson, de la Banque Mondiale, publia, en 1989, un article prônant l'adoption d'une approche plus libérale de la politique macroéconomique au sein des pays pauvres fortement endettés, notamment d'Amérique latine, en proie à des difficultés inextricables, à travers la mise en œuvre d'un paquet de réformes. Cet article préconise, pour ces pays, l'adoption d'une stricte discipline fiscale et budgétaire, la réorientation des investissements publics vers des secteurs à forts retours sur les investissements, l'adoption de réformes fiscales (baisse des taxes, et plutôt augmentation de l'assiette fiscale de base), la stabilité monétaire, la privatisation de la production, l'adoption de taux de change compétitifs, la libéralisation des échanges extérieurs, la libéralisation de la circulation financière et, notamment, de l'entrée des IDE, la sécurisation des droits de propriété (notamment intellectuelle). Connu sous l'appellation de « Consensus de Washington », l'ensemble de ces réformes fit sensation dans le monde sous-développé, mais également dans celui des experts en économie du développement. Cet article, considéré comme étant fondateur du mouvement dit « néo-libéral », influença grandement les décideurs de Bretton Woods dans les années 90, mais fut, cependant, par la suite, l'objet de moult critiques de la part d'éminents économistes, notamment de Stiglitz

---

[1] Nous définirons une externalité comme étant un effet obtenu sans cession d'équivalent économique.

(1995), de Rodrik (2003), et, enfin, d'Easterly (2010). Lesdites critiques se basent, essentiellement, sur les faits que la libéralisation générale ne peut s'appliquer systématiquement aux pays les plus pauvres. Elles soulignent, également, le fait que des mesures macroéconomiques parfaites ne sont pas toujours adaptées aux réalités d'un monde imparfait ! Soulignons, cependant, que cet article, s'il fut caractérisé par des échecs à répétition dans le cadre de son application, n'en rencontra pas moins, de succès significatifs dans les pays d'Asie. Sans tout autant prôner une application immédiate de l'ensemble des points préconisés par l'article, et sans vouloir chercher à verser dans un phénomène de mode, je pense qu'à terme, tout pays recherchant la croissance et la compétitivité doit passer par la mise en œuvre de ces mesures, destinées à l'établissement de plus de discipline fiscale, à faciliter la circulation des capitaux, ou, encore, à mieux protéger les propriétés notamment intellectuelles. Rechercher l'équilibre est, cependant, une nécessité, au vu de l'approche prônée par le modèle de croissance endogène, réhabilitant, en adéquation avec la vision keynésienne, la légitimité de l'action étatique.

2.5. Croissance et quelques paramètres macro-économiques

Il est intéressant de connaître l'impact des paramètres macroéconomiques sur la croissance, dans la mesure où ceux-ci sont tributaires en général de la qualité de la politique économique d'un Etat. Nous voyons, ici, quelques effets que prévoit la théorie. Pour ce qui est de la dette, Barro (1979) affirme qu'elle affecte négativement la croissance, à travers un renforcement intolérable de la fiscalité sur les opérateurs. Le taux de couverture du PIB par la dette extérieure de Madagascar ayant été estimé, en 2021, à, environ, 53% (REF, 2021), la capacité d'endettement du pays commence, donc, à se rétrécir sérieusement. Pour financer son développement, le pays doit, donc, explorer d'autres voies que celle de s'endetter davantage. Quant à la fiscalité, on peut la résumer par les propos qui suivent d'Aujean et Lorenzi (2011) : « L'objectif premier, en quelque sorte interne, d'une fiscalité n'est pas d'être juste, ou de combler un déficit, mais d'être « rentable », de donner les moyens à l'Etat de mener à bien sa politique. Pour y parvenir, il doit résoudre une équation mathématiquement simple mais économiquement et politiquement complexe ». La plupart des auteurs s'accordent à penser qu'une fiscalité lourde affecte négativement la croissance économique. Il est, cependant, des exceptions, puisque Aujean et Lorenzi (2011) nous signalent, également, l'existence au niveau de certaines nations, d'une corrélation positive entre un durcissement de la fiscalité et la croissance économique. Ensuite, la politique monétaire, dont le taux de change constitue un élément central, est cruciale dans un contexte de développement du commerce international, et d'un afflux massif d'IDE. Ainsi, certains pays, tels la Chine, pratiquent une politique de sous-évaluation de la monnaie nationale pour stimuler leurs exportations. Cette thèse est notamment défendue par Rodrik (2008) qui affirme qu'une sous-évaluation de la monnaie domestique est source de croissance pour les économies en voie de développement, et souligne, cependant, qu'un taux de change réel mal géré peut s'avérer désastreux pour l'économie. Une trop grande flexibilité du taux de change, en effet, est synonyme de manque de prévisibilité des agrégats macroéconomiques et constitue une gêne, notamment, pour les opérateurs spécialisés dans le commerce international. Bien que les mécanismes engendrant la croissance économique à partir de la dépréciation du taux de change réel soient encore l'objet de débats, il est communément accepté qu'une baisse du taux de change provoque une accumulation de capital générée par une augmentation du taux d'épargne. Lorsqu'on considère, cependant, le cas de l'Ariary, dont la valeur courante, vis-à-vis du Dollar US, fut divisée par 4 en 20 ans, dénotant ainsi un dévissage catastrophique, on peut dire que l'on est tombé dans le cas pour lequel Rodrik a émis une mise en garde formelle. Un opérateur national s'endettant, à long terme, en USD, sur le marché financier international se doit, donc, de rembourser son emprunt, selon la durée, avec trois ou quatre fois plus d'Ariary, hors intérêt, et est, de ce fait, défavorisé, comparé à son concurrent investissant dans un pays doté d'une monnaie plus stable.

2.6. La théorie de l'avantage comparatif de Ricardo

David Ricardo est un homme d'affaires, plus précisément un agent de change, s'étant converti dans l'économie et dans la politique. Il apporta, à travers l'introduction de la notion d'avantages comparatifs, une précision sur le concept d'avantages absolus, inventé par Adam Smith. Un pays, dit-il, a intérêt à se consacrer à la production d'un bien donné et sa commercialisation internationale, une fois que le coût d'opportunité de la production d'un bien domestique est inférieur à celui du même bien fabriqué à l'étranger. On dit, alors, que le pays domestique « possède un avantage comparatif dans la production de ce bien ». La technologie, source de productivité, est un facteur dotant une nation d'un avantage comparatif qu'octroie, dans le cas d'un pays pauvre, la faiblesse des salaires locaux. La théorie de Ricardo démontre, d'une part, que les pays n'ont pas à se spécialiser dans la production de tous les biens et, d'autre part, que deux pays qui échangent des biens et des services et l'économie mondiale, en tirent des retombées positives.

2.7. Nouvelles orientations des théories du commerce international

L'approche endogène des modèles de croissance économique, n'est pas sans avoir d'influences sur les théories du commerce international. En effet, les théories classiques de Ricardo et néo-classique de Hecksher-Ohlin-Samuelson (HOS), basés essentiellement sur les avantages comparatifs et la concurrence parfaite, cèdent, désormais, la place aux nouvelles approches du commerce international basées sur le facteur technologique, la différentiation et les rendements d'échelle croissants (Rainelli, 2001).

2.8. Indice de cohésion sociale et croissance économique

Pour Arnim *et al* (2017), la cohésion sociale est considérée comme étant un concept tridimensionnel, basé sur **l'inégalité, la confiance et l'identité**. L'inégalité se réfère à l'impartialité du gouvernement dans la gestion des intérêts des différents groupes, tandis que la confiance sociale est en relation avec la crédibilité accordée par différents groupes à leur gouvernement, aux institutions étatiques ou à d'autres groupes. Enfin, l'identité, fondamentale pour les pays multi-ethniques, se réfère au degré d'adhésion de chaque groupe au creuset identitaire national. Une des principales thèses soutenues dans cet ouvrage, et de plus en plus admise de nos jours, est que le défaut de « cohésion sociale », autrement dit la persistance de tensions ethniques, religieuses, économiques et politiques, que j'appellerai, plutôt, « cohésion nationale », est une des causes fondamentales du retard économique actuel accusé par le pays. Les recherches effectuées par Foa (2010) sur 155 pays ont, en effet, démontré que l'existence d'une bonne connexion sociale réduit les coûts des transactions économiques et permet aux différents acteurs économiques de plus et mieux coopérer. Il établit également une corrélation positive entre la valeur du PIB/habitant et du niveau de l'indice de cohésion sociale. Dans le classement mondial établi par ce chercheur de Harvard, Madagascar occupe le 69ème rang sur 155, et se voit attribuer la faible note de 4,90 sur 10. La cohésion que prônent les Malgaches, à travers leurs proverbes, ne fait, malheureusement, plus, dans le pays, l'objet d'une mise en œuvre tangible. Ce principe est le fondement même du précepte classique d'Adam Smith, de l'adoption de la « division du travail » comme source du caractère illimité de la productivité. Plus loin, nous verrons que l'application, à un niveau supranational, de ce précepte, à travers la création de clusters d'intégration, est une forme efficace de la mise en œuvre du principe de cohésion.

2.9. Croissance économique à Madagascar

L'évolution en dent de scie de la croissance de Madagascar durant les premières cinquante années d'indépendance explique bien l'instabilité de notre économie. Lorsqu'on sait que pour décoller du fond, un pays doit avoir une croissance soutenue durant une longue période, à l'instar de l'historique de croissance des pays comme le Brésil, ayant connu plus de 10% de croissance, pratiquement depuis la 2ème guerre mondiale, on comprend pourquoi il en est advenu autrement pour Madagascar. Les choses ont, pourtant, plutôt bien commencé pour la Grande Ile, qui connaît, à partir de son indépendance, une croissance régulière. La première chute importante de cette croissance correspond aux événements de 1972, et de façon générale, on dénote l'apparition d'une forte contraction durant chaque période difficile qu'a traversée le pays. En 1973, le pays subit de plein fouet, l'effet conjugué des événements de 1972 et du premier choc pétrolier, ayant mis, d'ailleurs, un terme définitif à la longue période des « trente glorieuses ». En 1980-1981, le monde subit le 2ème choc pétrolier, tandis que, quelques années après la vague de nationalisation, le pays commença à ressentir les effets néfastes de la chute des investissements français, dans les secteurs industriels et financiers. Pris à la gorge, l'Amiral Ratsiraka, aux commandes du pays, fit, alors, appel, à l'aune de son second mandat, aux institutions de Bretton Woods, et initia le processus d'ajustement structurel, ayant inclus la vague de privatisation, qui fit, alors, repartir la croissance économique, mais dont l'insupportable coût social conduira aux premières contestations généralisées, puis à sa chute, au début des années 1990. Les pics négatifs de 1992, de 2002 et de 2009 correspondent aux crises politiques successives durant ces années.

Figure 3 : Évolution de la croissance économique de Madagascar durant les cinquante premières années d'indépendance.

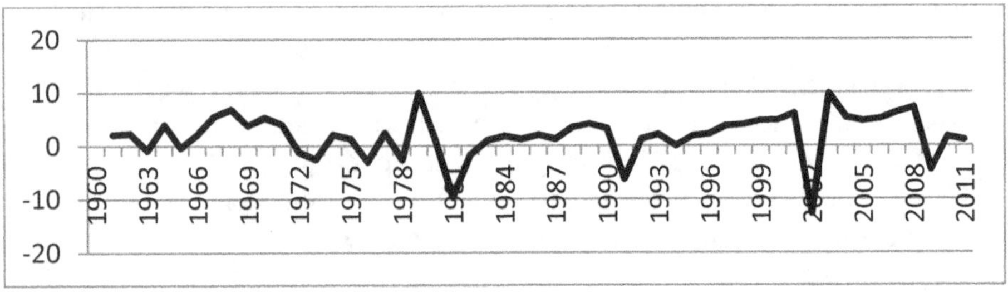

Source : Auteur, d'après les données du FMI.

On note cependant la présence de remontée, et de pics positifs, qui correspondent, pour l'année 1979, au début de l'adoption d'une politique d'investissements à outrance, pour 1990, à l'avènement des zones franches industrielles, première et timide expérience malgache en matière de ZES, et, enfin, pour l'année 2003, à la normalisation progressive de la situation économique, fortement malmenée par les effets de la crise politique de 2002, et ce, grâce, essentiellement, à l'appui financier des PTF, dont la BM. L'année 2008 vit l'arrivée massive des grands investissements miniers dont le groupe Sherritt, qui a investi, dans le pays, plus de 7 MM de USD[1], dans le cadre de la réalisation de son projet d'extraction de minerais de Nickel et de Cobalt sur le site d'Ambatovy. Cette inconsistance de la croissance a, malheureusement, induit un éternel recommencement pour l'économie, qui a, de ce fait, du mal à se construire. Les quelques indicateurs de développement contenus dans la partie intitulée « caractéristiques économiques de Madagascar » sont consistants avec la gravité, du cas malgache. En effet, si, en 30 ans, des pays comme l'Ethiopie, l'Ile Maurice, le Rwanda, ou le Mozambique ont augmenté de 199,5%, 143,7%, 124,1% et de 160,8% leurs PIB/habitant respectifs, celui de Madagascar a régressé de 18,5%, passant de 559,7 USD en 1990, à 456,1

[1] Source : Un haut responsable du groupe.

USD en 2020, l'économie malgache ne s'étant toujours pas relevée des effets cumulés des crises socio-politiques de 1991-1992, de 2002 et de 2009. Pourtant, il y a 30 ans, l'Ethiopie et le Mozambique sortaient à peine, respectivement, des affres de la famine et de la guerre civile ! La nation rwandaise, en 1994, a traversé l'horreur, mais a su trouver, en elle, les ressorts nécessaires à sa sortie du chaos.

2.10. Notion de compétitivité

Aiginger (1998) qui signale que le concept de compétitivité internationale est un des concepts les plus débattus en économie, définit celle-ci comme étant la capacité, dépendant des ressources disponibles, comme la technologie et les capitaux physique et humain, à produire et à vendre suffisamment de biens et de services dans le monde. La WEF (2011), pour constituer le Global Competitiveness Index (GCI)[1], un indice composite résultant de trois paramètres (perception des leaders sociaux et économiques, enquêtes sur les entreprises, et indicateurs du « Doing Business[2] » de la BM), définit la compétitivité nationale comme étant « l'ensemble des institutions, des politiques, et des facteurs déterminant le niveau de la productivité d'un pays », ce qui est conforme au modèle de base adopté dans le présent ouvrage. Il définit également la compétitivité internationale d'une nation comme étant la capacité de celle-ci à se démarquer économiquement d'une autre, afin de s'assurer d'une intense croissance économique à long terme. Dans son rapport de l'année 2012, cette institution renchérit et affirme qu'il ne pouvait se concevoir de prospérité économique à long terme sans de très hauts niveaux de compétitivité (WEF, 2012). De même, Torun (2007) définit la compétitivité nationale comme étant « l'ensemble des facteurs, institutions, politiques déterminant le niveau de productivité d'un pays. Augmenter la productivité, *i.e.* faire un meilleur usage des facteurs et des ressources disponibles, est la force sous-tendant le retour sur l'investissement, qui à son tour, détermine le taux de croissance agrégé d'une économie. De ce fait, une économie plus compétitive sera plus à même de croître plus rapidement à moyen et long terme ». Dans le présent ouvrage, on définit la compétitivité d'un pays comme étant la mesure de sa capacité à mobiliser la totalité des agents stratégiques et économiques (Administration, Institutions, Opérateurs économiques, Investisseurs domestiques, régionaux et internationaux, PTF, Enseignants, Chercheurs,...) en vue d'optimiser la qualité de ses environnements contextuel et sectoriel, pour répondre aux exigences de l'amélioration de l'avantage comparatif du pays, et l'augmentation de la production du secteur privé, en général, et des exportations de biens et de

[1] Indice Mondial de Compétitivité.

[2] Le « Doing Business » est un classement annuellement établi par la Banque Mondiale dans plus de 144 pays et analyse la facilité de la création d'entreprises et la pratique des affaires.

services en particulier, et ce, dans une logique de complexité économique, et donc de diversification et d'ubiquité, et de densité technologique.

2.11. Notion de convergence

On dit qu'un pays, moins riche, converge vers un autre, plus riche, lorsque le PIB/habitant du premier rattrape, en valeur, dans un laps de temps fini, celui du second. La notion de convergence, particulièrement étudiée dans la littérature dédiée à la croissance, est fondamentale, en économie de développement (Aghion et Howitt, 2009). Solow a conjecturé, à tort, que le processus de rattrapage des pays riches par les pays à faibles revenus était un phénomène « automatique ». Il est, à présent, clair, que celui-ci est, un processus très improbable, sinon impossible, s'il n'est profondément voulu, intelligemment planifié et intensément soutenu, dans sa mise en œuvre, par les dirigeants. Cette approche solowienne ne prit, en effet, pas suffisamment en considération le mode de génération de la technologie. Cette approche fut améliorée par l'approche endogène de la croissance prônée par Romer. Nous parlerons d'*intra-convergence* lorsque nous évoquerons la convergence s'instaurant entre des régions d'un même pays, et d'*inter-convergence*, lorsqu'il s'agit de décrire la convergence entre les économies de deux ou plusieurs nations différentes (Mahazoasy, 2015). Cette notion, semblant, pourtant, plutôt intuitive, fut l'objet de développements théoriques approfondis. La revue de la littérature dédiée à l'étude de la convergence permet de synthétiser, en quelques points, les principales propriétés de ce concept. Serranito (2010), étudiant le concept dans l'analyse d'un groupe de pays, affirme que « l'hypothèse de la convergence est acceptée si une corrélation négative est estimée entre le taux de croissance moyen et le revenu initial ». Dans ce cas, on dit qu'on se situe dans un contexte de convergence absolue. De plus, les facteurs « technologies » et « capital humain » sont fondamentaux pour accélérer le processus de convergence d'un pays pauvre vers d'autres, plus riches. Il importe aussi, pour avoir une convergence entre deux économies, que les capitaux, les technologies, le savoir-faire, les biens, les services et les informations puissent circuler rapidement et sans aucune contrainte. C'est ce qui advient lorsqu'il se crée, comme dans un groupe d'intégration économique, en parfaite ligne avec le concept de la division, à l'échelle internationale, du travail, des clusters de production agricoles et industriels, et des établissements financiers transnationaux. Dans ce cas, on se trouve dans un cas de convergence conditionnelle. L'homogénéité économique au vu de l'accessibilité totale aux technologies de l'information et de la communication, n'exige pas la libre circulation, entre des pays différents, des personnes, mais, aussi, facilite les échanges internationaux au point de faire évoluer le modèle gravitationnel, vu la disparition des frictions créés par la distance physique entre les producteurs et les consommateurs. La conséquence directe de ce qui précède est que la politique de décentralisation et de fluidité des activités économiques, générant une uniformisation des facteurs contextuels et sectoriels, induit un phénomène d'intra-convergence de croissance, et, donc, un développement généralisé et équilibré au sein d'une même nation. Ceci se situe dans la parfaite ligne des résultats obtenus par Barro et Sala-i-Martin (1992) dans l'étude de la convergence entre les économies de plusieurs États des Etats-Unis. Pour le cas qui nous intéresse, en l'occurrence la convergence susceptible d'advenir entre Madagascar et les autres nations émergentes ou développées, nous parlerons de convergence conditionnelle, ne pouvant s'amorcer que si certaines conditions préalables, ou initiales, étaient remplies. Lesdites conditions porteront, alors, sur la progressive mutation contextuelle, et, donc, administrative, juridique, infrastructurelle et institutionnelle, à Madagascar, mais aussi sectorielle. Nous aborderons à nouveau, ce sujet, plus loin.

2.12. Notion d'entropie

2.12.1. Définition

L'entropie est un concept issu de la thermodynamique, inventé, en 1865, par le physicien allemand Rudolf Clausius, désignant le degré de désordre prévalant au sein d'un système, et quantifiant la mobilité des éléments composant celui-ci. Un paramètre « entropigène » est un paramètre ayant tendance à créer et à favoriser l'entropie, et les termes « entropicide » ou « néguentropique » sont des adjectifs qualifiant un paramètre doté de propriétés contraires.

2.12.2. Principales propriétés

L'entropie est une fonction d'état *extensive*, variant avec le nombre d'éléments composant le système. De plus, elle est dotée de la propriété dite d'*additivité*, c'est-à-dire que l'entropie d'un ensemble de sous-systèmes est la somme des entropies des sous-systèmes. Dans le cas particulier d'un *système isolé*, la variation d'entropie est toujours positive ou nulle, ce qui signifie que l'entropie, dans ce cas, aura toujours tendance à augmenter. Si le 1er principe de la thermodynamique stipule que l'énergie et la quantité de matière reste constante dans un système isolé, le 2ème principe, dit « de Carnot », lui, affirme, que, dans le cas général, la variation de l'entropie d'un système est la somme de l'entropie échangée, que nous appellerons « exo-entropie », et, de celle, générée par le système, ou entropie créée, que nous appellerons « endo-entropie ». Dans le cas général, autrement dit, dans un *système ouvert*, la variation de l'entropie est susceptible d'être négative. On parle, à ce moment-là, de la prévalence d'une « néguentropie ». L'évolution de l'entropie d'un système est *irréversible*, dans le sens où ramener un système à son état initial nécessite plus d'efforts, d'énergie et de temps, qu'il n'en a fallu pour provoquer ledit changement. Ainsi, laisser se briser sur le sol, un verre, est beaucoup plus aisé que de ramasser les bouts épars, et les fondre, afin de reconstituer, même approximativement, l'objet initial. Enfin, l'état d'entropie **maximale**, correspondant à une situation de « ***chaos*** », est une situation d'équilibre, **ayant tendance à durer, voire à se perpétuer** !

2.12.3. Applications sociales, environnementales et économiques

Ce concept, capital, constitue une des clés de compréhension des phénomènes sociaux. Ce concept fut introduit, pour la première fois, en économie, en 1970, par Georgescu-Roengen (1970), qui évoqua alors, en sus de l'entropie environnementale, l' « entropie sociale ». Selon lui, les distorsions socio-économiques, telle la persistance d'un manque de bonne gouvernance, de démocratie, d'égalité socio-économique, de sécurité, de stabilité socio-politique, de respect de l'état de droit et de l'environnement, et des libertés fondamentales, etc..., constituent des facteurs, « dégradant l'ordre, et induisant le chaos ». Kyriazis (2005), lui, prône le cheminement vers le système idéal, à faible entropie, que constitue la démocratie directe identique à celle de la Grèce antique, excluant toute forme de concentration de pouvoirs entre les mains d'une minorité. Le modèle politique suisse de démocratie directe, caractérisé par la tenue fréquente de « votations », et situé aux antipodes du chaos, est celui qui se rapproche, le plus, de ce mode de fonctionnement étatique. De plus, en 1923, le physicien hongrois Szilard, père du concept de chaîne à réaction nucléaire, démontra l'existence d'un lien entre l'information et l'entropie. Ce concept fut, plus tard, complété par un autre physicien, Landauer, qui affirma l'existence d'un phénomène quantique provoquant une augmentation subite d'entropie lors de la disparition d'un bit d'information. Cette découverte en physique implique, en économie, que l'adoption de la transparence par exemple, dans la gestion des affaires de l'Etat, a, pour effet, de diminuer toute forme d'entropie, et, donc, de distorsion, ce qui induit une amélioration de la qualité du PGF, et, favorise, ainsi, la productivité et la croissance. Ceci fait dire, également, à Cockshott (2010), qu'un système économique ou technologique est à faible entropie lorsqu'elle contient un volume important d'informations, et est, donc, « évolué » ou « sophistiqué ». De façon générale, la prévalence d'une organisation et d'une canalisation optimale des énergies pour la réalisation d'objectifs précis, et la réalisation d'innovations technologiques, correspondrait à une baisse de l'entropie. Il apparaît, de ce fait, que l'entropie socio-économique, diminue, mécaniquement, la croissance économique, et la minimisation de l'entropie devient, ainsi, une des conditions nécessaires à la convergence, tout comme à la diminution de l'intensité de la pauvreté. Une première conséquence fondamentale de ce qui précède est que, en économie, la minimisation entropique est non seulement une fin, mais, aussi, un moyen. Une seconde, toute aussi importante, est que l'instauration d'une croissance économique est indissociable de la prévalence d'une bonne qualité scientifique, sociale, juridique, philosophique, éthique, historique, politique et culturelle, donc une faiblesse de l'entropie prévalant au sein de l'environnement dans lequel s'opère le processus productif. Enfin, le caractère « irréversible » de l'évolution entropique s'observe, également, en sciences économiques, dans la facilité qu'ont certains pays à se retrouver dans une situation chaotique, dont il y a peu de chance qu'ils en réchappent. C'est la situation que vivent les PMA, prisonniers de la trappe à pauvreté, qui correspond, au final, à une « trappe entropique ».

2.12.4. Les 12 règles de Peterson

Jordan Peterson, professeur émérite de psychologie à l'Université de Toronto et à l'Université de Harvard, écrivit, en 2018, un ouvrage de développement personnel intitulé « Les 12 Règles pour une Vie, Un Antidote au Chaos ». Les 12 règles édictées par cet auteur dans cet ouvrage, bien que destinées à faciliter la vie de l'individu en société, et à lui éviter de devenir un facteur de chaos, s'appliquent, parfaitement, au cas d'une nation. Nous aurons recours, plus loin, à une de ses règles, en l'occurrence à celle relative à l'« auto-empathie ».

2.13. La théorie du Grand Filtre de Hanson et l'échelle de Kardashev

En 1998, le physicien, mathématicien et économiste américain, Robin Hanson (2022), affirma que toute civilisation finit par être confrontée aux limites que lui imposent la structure de ses paramètres internes, qui peuvent, d'ailleurs, être les sources de sa propre destruction. Le physicien russe Nikolaï Kardashev (1964), lui, avait établi, 3 niveaux d'une civilisation[1], définis par son niveau de consommation d'énergie, et celui de sa technologie. Le passage d'un niveau de Kardashev à un autre suppose donc que soient franchis, avec succès, les Grands Filtres successifs. Une traduction économique, qui nous est utile dans le cadre du présent ouvrage, de ces concepts provenant de l'astrophysique, serait que le passage d'un niveau de développement à un autre exige une victoire sur chaque palier successif de disponibilités énergétique et technologique.

2.14. Trappe à pauvreté et inaccessibilité du progrès

« Mba tsofy rano izahay Zanahary mba, Ho tafarina, Fa tafahitsoka anaty ny hantsana lalina, Tsy mahita andro mihiratra ô... O Gasikarako ô, Fa loza Inona 'ty nahazo ô! »[2](in « Tsofy Rano », Feo Gasy, 1996).

Madagascar se trouve plongé dans la « trappe à pauvreté », ou « piège de la pauvreté », un phénomène économique caractérisé par la quasi-impossibilité pour le PIB/habitant d'un pays de croître au-delà d'un certain seuil situé à un niveau extrêmement bas. Le groupe malgache « Feo Gasy », dirigé par Éric

---

[1] D'autres astrophysiciens, ont ajouté, depuis, 5 niveaux supplémentaires à cette échelle initiale.

[2] « Bénis-nous Mon Dieu, afin que nous puissions nous redresser, car nous nous nous sommes abîmés dans un profond précipice, et ne voyant point la lueur du jour, O Madagascar, Mais quel malheur t'est-il, donc, arrivé ? »

Manana, chante, d'ailleurs, non sans dépit, que le pays est tombé dans un profond précipice ! Matsuyama (2008) définit ce phénomène comme étant « une condition auto-entretenue dans laquelle une économie, happée par un cercle vicieux, souffre d'un sous-développement persistant ». Le piège de la pauvreté est un phénomène de non-croissance, attirant dans ses profondeurs, toute nation prise à défaut dans les imperfections de sa stratégie de croissance à long terme. Il est, de ce fait, quasi impossible à une nation de s'en extirper sans une stratégie bien établie et une volonté politique, hors-du commun, des dirigeants. De Rivero (2010), pessimiste, déclare, même, que le terme « développement » est un mythe au service des théoriciens et des politiciens, et que les pays pauvres, dotés d'une économie « non-viable » et plombée par une démographie galopante et par une impossibilité de satisfaire, à long terme, un marché extérieur volumineux, devraient se contenter de mettre en œuvre une stratégie, non de développement, mais, plutôt, de survie. Ceci est, en tout point, conforme à la logique darwino-spencerienne, prévoyant la disparition des moins adaptés, mais ce n'est, cependant, pas une raison, non plus, de faire ses adieux aux armes ! Sur un plan théorique, il y a lieu de se rappeler que, selon le modèle néo-classique de Solow, abordé précédemment, le PIB/habitant a tendance à croître avec le capital investi par tête, puis à évoluer vers un état stationnaire, c'est-à-dire de non-croissance. Le niveau maximum qu'atteint, alors, la valeur du PIB/habitant, est proportionnel au taux d'épargne, et inversement proportionnel à la somme du taux de dépréciation et du taux de croissance démographique. Pour les pays pauvres, dotés d'un taux de croissance démographique et d'un taux de dépréciation importants, ce maximum du PIB/habitant est atteint pour une valeur, même encore faible, du capital investi par tête. Sans une augmentation significative du taux de l'épargne ou une diminution du taux de dépréciation et du taux de croissance démographique, le PIB/habitant du pays est susceptible de demeurer majoré par cette valeur maximale. D'où le recours au terme « piège », ou « trappe ». Après celui de l'accès à la nourriture et à l'eau potable, le défi auquel tout pays pauvre doit faire face est celui de l'extraction de ce piège.

<u>Figure 4</u>: Graphique de comparaison entre le PIB par habitant en 1960 et en 2019, en USD constant de 2010, des pays du Monde.

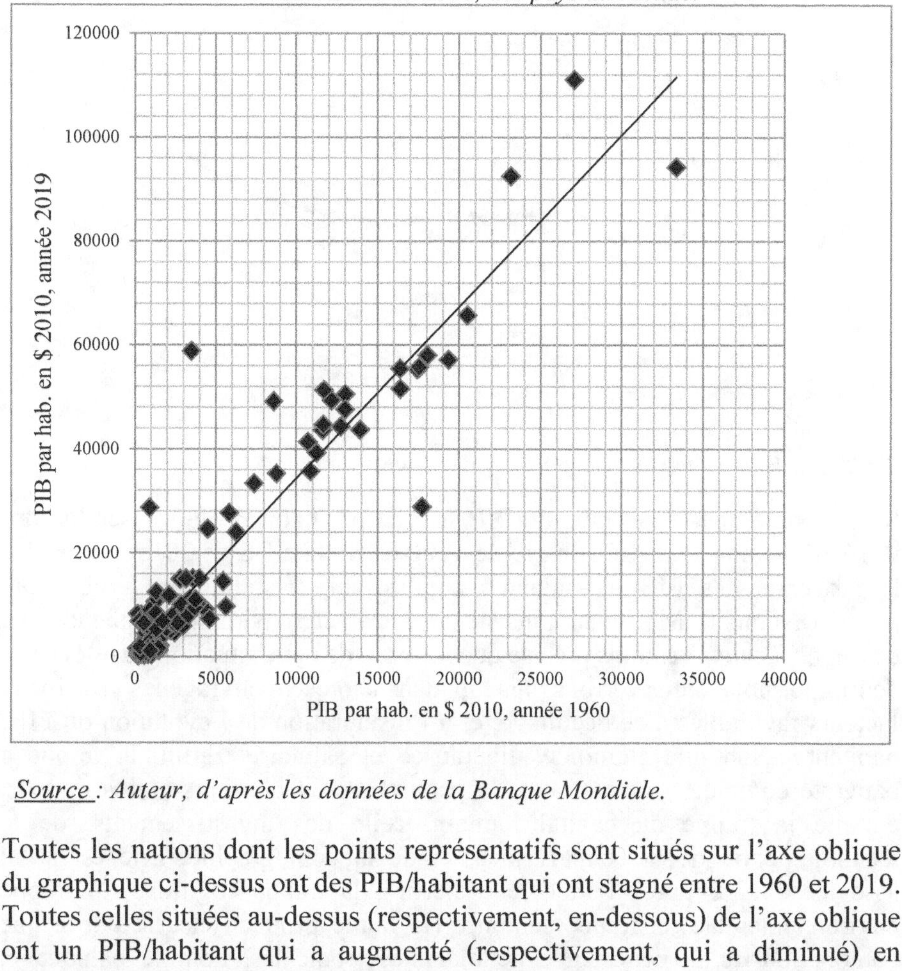

<u>Source</u> : Auteur, d'après les données de la Banque Mondiale.

Toutes les nations dont les points représentatifs sont situés sur l'axe oblique du graphique ci-dessus ont des PIB/habitant qui ont stagné entre 1960 et 2019. Toutes celles situées au-dessus (respectivement, en-dessous) de l'axe oblique ont un PIB/habitant qui a augmenté (respectivement, qui a diminué) en soixante années. La Corée du Sud a vu son PIB/habitant passer de 1300 USD, en 1960, à 27 000 USD, en 2019, soit 20 fois plus ! Il en est de même pour Singapour, dont le PIB/habitant fut multiplié par 60 dans la même période, et vaut, aujourd'hui, environ 60 000 USD ! Enfin, le nuage de points situé dans le voisinage immédiat de l'origine du repère, et donc au bas de l'axe oblique, représente le groupe des pays dont le PIB/habitant a peu évolué en 60 années, et, se situant, donc, dans le piège à pauvreté. Pour le cas de Madagascar, il y eut carrément une érosion de plus de 40% de la valeur du PIB/habitant, alors qu'en Afrique subsaharienne, la valeur moyenne du PIB/habitant a augmenté d'un rapport de 1,5 en moyenne. La figure ci-après montre l'évolution, depuis 1978, de la moyenne du PIB/habitant, en USD de 2015, des PMA.

Figure 5 : Courbe de l'évolution entre 1978 et 2020 de la moyenne des PIB par habitant des PMA.

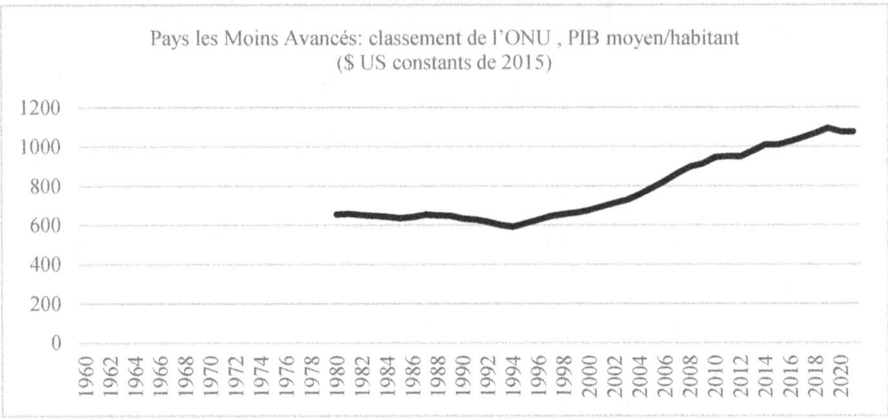

Source : Auteur, à partir des données de la Banque Mondiale.

Il est visible que les valeurs du PIB moyen par habitant de l'ensemble des PMA n'a jamais dépassé la barre de 1200 en dollars US de 2015, barre dont la moyenne des PIB a tendance, aujourd'hui, à s'éloigner, à nouveau, progressivement. Matsuyama insiste sur le caractère pérenne du phénomène de trappe à pauvreté, mais précise que la sortie de cette situation ne relève pas de l'impossible. Nous verrons plus loin dans le présent ouvrage les principaux facteurs favorables à ce décollage, et à l'instauration de l'évolution du PIB/habitant, selon une sigmoïde[1] libératrice et salutaire. Enfin, la trappe à pauvreté coïncide, souvent, avec la persistance de plusieurs autres trappes, comme la trappe du capital humain, celle des investissements, de la technologie ou de la connaissance, et de la démographie. Elle est aussi associée à la trappe du modèle d'inertie[2], la trappe cognitive, la trappe environnementale, la trappe sanitaire (la faible productivité est due à une conjonction de la persistance de maladies tropicales, dont le paludisme, reconnue comme étant centrées en Afrique, et de l'insuffisance, à la fois qualitative et quantitative, des infrastructures de soins), et, enfin, la trappe sociale[3]. De façon analogue, des auteurs, tels Sachs *et al*, avancent également les raisons suivantes pour expliquer l'existence de la trappe à pauvreté : - Le

---

[1] Courbe en S.

[2] Le sous-développement est, ici, modélisé comme étant un jeu statique d'équilibres complémentaires Pareto dominé ; la faible capacité des joueurs à adapter leur stratégie est, ainsi, assimilée à la pauvreté des pays sous-développés. La pauvreté, à son tour, réduit la marge de manœuvre du pays en question (Matsuyama, 2008).

[3] Ravallion insiste sur le fait que si la pauvreté démunit les acteurs économiques, la vulnérabilité sociale constitue également un frein, voire un blocage, important à la croissance économique (Ravallion, 2013).

coût élevé des transports, qui provoque une situation d'isolement de l'Afrique par rapport à ses principaux marchés ; - La faible productivité agricole, souvent due à l'aridité et l'infertilité des sols, et à des techniques agricoles obsolètes ; - Les réalités géopolitiques hasardeuses : ayant commencé par la traite des esclaves pour, par la suite, continuer à travers les effets pervers de la colonisation, de la néo-colonisation et des barrières tarifaires et non-tarifaires, du point de vue du commerce international ; - La faiblesse de la diffusion technologique, qui induit la prévalence d'une « trappe technologique », évoqué plus haut (Sachs *et al*, 2004). Toutes ces trappes se réfèrent, en présence de technologies et de capital humain, aux paramètres précédemment évoqués (le taux de croissance technologique, le taux de croissance du capital humain, le taux d'épargne, le taux de dépréciation, et le taux de croissance démographique), qui constituent donc, selon le modèle de Solow, les verrous quasi-inviolables de la trappe à pauvreté. Cependant, comme le notent Azariadis et Starchuski (2004), la modification de ces paramètres ne peut s'opérer, sans que soient remplies, au sein du pays, des conditions portant sur les dimensions politiques, institutionnelles et socio-normatives. Ces auteurs soulignent, d'ailleurs, que la pauvreté d'aujourd'hui entraînera celle de demain ! Ayant identifié ces facteurs, nous serons en mesure, plus loin, d'émettre quelques propositions visant à modifier ces trois paramètres fondamentaux. En matière d'économie du développement, le concept de piège à pauvreté est d'une importance capitale, ce qui explique l'intensité du débat qui l'entoure. D'après Sindzingre (2006), les pourfendeurs du phénomène ont tendance à l'accepter, lorsque l'on évoque l'existence de trappe institutionnelle ou politique. Toujours d'après cette auteure, des études réalisées au FMI reconnaissent, implicitement, l'existence de ces mécanismes de trappe, pudiquement désignés par le terme « asymétrie » : asymétrie entre les récessions et les expansions qui ne les compensent pas ; asymétrie des fluctuations des prix, les hausses étant plus brèves que les baisses ; asymétrie entre secteurs, les récessions affectant le secteur manufacturier et l'investissement, les reprises étant dues à l'expansion du commerce international. Pour ma part, le graphique qui précède ne laisse pas l'ombre d'un doute quant à la présence effective d'un plafond emprisonnant, sur le plan économique, certains pays, confrontés, apparemment, à un Grand Filtre, au sens de Hanson. Outre l'aide extérieure, prônée par les institutions de Brettons Woods, il nous faut trouver la voie menant vers l'instauration d'une forte croissance. Ceci peut être réalisé grâce au recours aux ressources propres « stratégiques », qui seront mobilisées afin de renforcer la compétitivité des nations à faibles revenus. Je préconise, en conséquence, que les pays pauvres, pour s'extraire définitivement de la trappe à pauvreté, mettent en place une stratégie **holistique à faible entropie, et non seulement sectorielle** initiée par le Gouvernement, et mettant l'accent sur la mobilisation de la matière grise au niveau régional, dans une approche intégrative, qui renforcera par la suite, à travers un effet de convergence, les institutions et les tissus économiques et technologiques nationaux, le tout, toujours, sous l'impulsion d'un gouvernement déterminé. Pour le cas de Madagascar, j'avais (Mahazoasy, 2015) fait une simulation lui permettant de s'extraire de la trappe à pauvreté sur une période de 5 années, mais avec une forte mobilisation, en faveur du développement technologique, en recourant aux ressources stratégiques nationales. Ces dernières, bien que susceptibles d'augmenter les revenus, ne garantissent pas une croissance stable sur une longue durée, sans l'amélioration du contexte, objet du chapitre qui suit.

2.15. Les phases de développement, selon Rostow et Gerschenkron

Rostow évoque la gradualité, en six phases, de l'évolution de la croissance et du développement, en établissant un parallélisme avec le phénomène dit « de la Grande divergence » ayant marqué l'économie anglaise, puis européenne, au XIXème siècle.

Cette évolution commence par la phase de la société traditionnelle, donc agricole, caractérisée par des rendements décroissants et une démographie galopante, puis par celles de pré-décollage et de décollage, qui correspondent à une progressive intensification du développement technologique. Elle continue, par la suite, par l'augmentation du poids, dans le PIB, du secteur secondaire, puis débouche sur la maturité, la société de consommation et la recherche de la qualité.

Dans un modèle concurrent et complémentaire, Gerchenkron, quant à lui, évoque, dans ses étapes de développement, le renforcement progressif de l'épargne, permettant notamment des investissements dans les infrastructures.

Au Brésil, par exemple, la stratégie d'industrialisation fut basée sur la substitution à l'importation, tournée vers le marché domestique, avant de s'orienter vers les exportations.

On notera que les modèles développés par ces deux auteurs sont conformes en tout point aux prévisions du modèle de Solow, et peuvent être, sous une forme accélérée[1], transposés sur le continent africain.

2.16. Choix d'un modèle

2.16.1. Définition du modèle

Le modèle que nous retiendrons se présente comme suit : $Y=(PGF)K^{\alpha}L^{1-\alpha}$, tel que $0\leq\alpha\leq1$, K et L représentant, respectivement, le capital et le travail. Nous identifierons, dans le chapitre 4, les facteurs affectant la PGF.

---

[1] Rostow affirme que le passage de la phase de décollage à celle de la maturité nécessite au moins 60 ans !

2.16.2. Précisions sur les facteurs contextuels

Si le terme contextuel PGF, à l'exclusion de sa dimension technologique, est passé sous silence dans les économies développées, au vu de la qualité quasi-optimale de l'environnement des affaires y prévalant, celui-ci est de prime importance pour les pays en développement. Nous convenons de désigner la 1ère catégorie de variables par le terme « facteurs sectoriels », et la 2nde par « facteurs contextuels[1] ». Les tailles, immenses, de ces 2 chantiers rendent quasi-impossible le décollage économique d'un pays pauvre.

2.16.3. Caractère non-adapté d'un plan du type « Marshall »

Le facteur humain, sectoriel ou contextuel, dont la construction requiert de longues années, constitue l'immense différence entre l'Europe d'après-guerre, et les PMA, dotés, d'une population sous-éduquée, sous-alimentée, et mal soignée, auxquels il n'est donc pas pensable d'appliquer un plan de reconstruction de type « Marshall ». L'« European Recovery Programs »[2] (ERP), initié par l'administration Truman en 1947, et mis en œuvre de 1948 à 1952, d'un coût de 15 MM USD de l'époque, finança les infrastructures physiques en Europe, mais n'eut aucunement à financer la réhabilitation d'un capital humain demeuré intact.

2.16.4. PGF et convergence

La convergence conditionnelle entre deux économies G_i *et* G_j est le résultat d'une homogénéisation simultanée des facteurs sectoriels et contextuels.

<u>*Figure 6 :*</u> *Phénomène d'homogénéisation simultanée.*

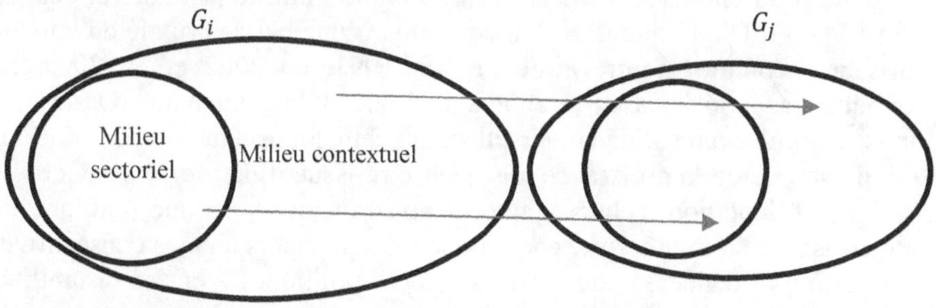

<u>*Source*</u> *: Auteur.*

Une grande partie du présent ouvrage sera consacrée à l'identification et à l'étude du comportement des facteurs sectoriels et contextuels, face aux défis de la croissance économique et de la compétitivité.

[1] Pouvant être des facteurs contextuels locaux, nationaux, régionaux ou internationaux.

[2] Programme de reconstruction européenne.

2.17. Une utilisation du taux de croissance économique : La loi d'Okun

En 1962, Arthur Okun établit, à partir de statistiques, une relation linéaire entre la valeur de la croissance économique et celui du taux de chômage : Variation du chômage = - $\frac{1}{2}$(Taux de croissance–3). Le facteur - $\frac{1}{2}$ est le « coefficient d'Okun », variant selon les économies. Donc, par exemple, une croissance économique d'une valeur de 10% est susceptible de diminuer de 3,5% le taux de chômage d'un pays, chaque année.

Figure 7 : Evolutions du taux de croissance du PIB et du taux de chômage (1991-2023)

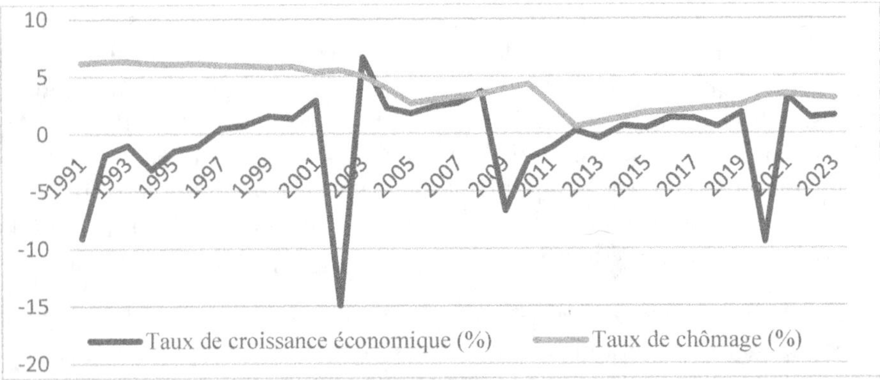

Source : Auteur, d'après les données de la Banque Mondiale.

L'évolution du chômage à Madagascar, comme l'atteste la figure ci-dessus, obéit à la loi d'Okun, même si l'on constate qu'une baisse brutale du taux de croissance, comme montré ci-dessus, en 1991, en 2002 et en 2009, ne provoqua pas une hausse du chômage d'une même intensité. Désormais admise comme étant valide universellement, cette loi peut avoir des variations selon la source de la croissance, qui peut être issue d'une forte productivité due à une orientation technologique. Il apparaît, donc, qu'une politique de forte croissance à long terme, correspondant à plusieurs années consécutives de gestion, dénuées de crises socio-politiques et d'instabilités institutionnelles, de l'économie, induira une forte réduction du taux de chômage. La loi d'Okun place, donc, l'incessante quête d'une croissance économique intense au cœur même de la politique de l'emploi.

2.18. Économie et théorie de la complexité

Les différents concepts issus de la théorie de la croissance abordés dans ce chapitre sont, en général, modélisés par des équations, supposant donc la persistance d'une situation d'équilibres dans l'économie, à travers une logique *déductive*. Ceci constitue, au fait, juste une approximation des phénomènes régissant la société. Le souci d'objectivité nous amène, à plus d'ouverture d'esprit, et à la prise en compte de paramètres instables et de modèles non-linéaires. Nous introduisons donc, ci-dessous, la notion de « complexité », qui fut l'objet d'un regain d'intérêt chez les économistes, notamment, depuis la crise économique et financière de 2008.

2.18.1. Définition et premières propriétés

Arthur (2015), décrit le terme « complexité » comme étant le caractère d'un **système** dont les composantes **interagissent localement**, et, donc, sans agencement centralisé, et de façon **non-linéaire**[1]. Cet auteur souligne qu'il en ressort une trame globale qui, à son tour, à travers un phénomène dit de « rétroaction », ou de « feedback », agit sur chaque composante et en détermine le futur, dans une logique *inductive*. Chaque composante agit sur elle-même, et sur divers niveaux du système, y compris au niveau de la trame globale, mettant, ainsi, en place, une « causalité circulaire », ou « boucle interactive ». L'étude d'un système complexe, nous dit De Rosnay (2007), se fait à l'aide d'une approche systémique, plutôt que par l'analyse au sens cartésien, nécessitant un découpage, élément par élément, du système étudié. Ainsi, tout système complexe est susceptible de connaître une phase d'« autocatalyse », au cours de laquelle il y a intensification des interactions, suivie de celle d'« auto-sélection », où le système se met dans une posture de conquête. Cet auteur souligne, enfin, que l'augmentation de la complexité biologique et humaine d'un système, et, par conséquent, la baisse de l'entropie, naît de l'organisation et de la multiplication des interactions entre les composantes, et des régulations par les échanges d'informations.

2.18.2. Applications à l'économie

La complexité d'un système peut être accentuée, grâce à l'innovation technologique et à la densification informationnelle. Les modifications ciblées, de quelques composantes, sont, en effet, susceptibles d'influer sur la structure de l'ensemble du système. Donc, la théorie de la complexité nous permet de voir un système économique comme étant un ensemble d'agents interagissant, dans le but d'optimiser leurs gains respectifs, comme l'a décrit Adam Smith. Le niveau de développement d'une nation reflète, de ce fait, la qualité des interactions existantes entre les différents agents, dénotant ainsi l'efficacité de l'action de la « main invisible » smithienne sur chaque agent, lequel se trouve, à son tour, soit soutenu, soit handicapé. De plus, l'intensification technologique de la production au niveau de la nation apporte un phénomène d'autocatalyse, engendrant, comme annoncé précédemment, celui d'auto-sélection, donc de conquête de marchés et de richesses extérieures. Tout ceci se passe, alors, dans une logique d'hyper complexité, constituée du système national de production, se trouvant, lui-même, imbriqué

---

[1] La non-linéarité se manifeste par le caractère aléatoire, et, donc, probabiliste, des interactions.

dans un autre, plus étendu, du système multilatéral régional, puis international, d'échanges. Ainsi, l'organisation, l'intensification et la multiplication des interactions entre les acteurs économiques annulent toute certitude, quant au caractère définitif et irréversible de la déchéance de toute nation à faibles revenus. Par conséquent, à la question que pose le titre du présent ouvrage, nous sommes, désormais, en mesure de répondre que l'éventualité du développement, un jour, de la Grande Ile n'est pas à exclure, malgré l'assourdissant et déroutant discours des indicateurs. Le concept de complexité économique sur lequel travaille le Growth Lab. du Centre du Développement International de la Harvard University, qui classe, en 2020, Madagascar, à la 104ème place sur 133 pays, pour ce qui est de son « Indice de Complexité[1] Économique », peut se définir, en cohérence avec la nouvelle approche du commerce international, comme étant une mesure de la quantité de savoir qu'une société, en vue d'instaurer une différenciation, mobilise dans la production des biens et des services qu'elle exporte. Deux concepts, ici, ont un aspect fondamental, en l'occurrence celui de « diversité », qui est la quantité de catégories de biens et de services présents dans le panier d'exportation d'un pays donné, et celui d'« ubiquité », correspondant au nombre de pays produisant le même bien ou service. Les revenus perçus par un pays augmentent avec la diversité, assurant une imposante étendue de son marché extérieur, et la forte densité technologique, garante d'une faible ubiquité et d'une forte productivité, et, donc, d'un coût unitaire et d'un coût d'opportunité minimaux, dans une logique de fusion complexo-ricardienne.

2.19. Croissance et développement

> *« In order to develop a country, you need more than just good intentions[2] » (Bhagwati et Panagaryia, 2013).*

La croissance est un concept à ne pas confondre avec le développement, mais n'en est pas moins la nécessaire source. Le développement se mesure, plus, par l'IDH du PNUD. Il appartient, cependant, aux hauts décideurs, supposés être matures et empathiques, comme le préconise Marek (2022), qui affirme que « diriger, c'est aimer », de transformer toute croissance en développement, grâce, notamment, à une redistribution intelligente, conforme aux préceptes de justice de Rawls. La focalisation du gouvernement d'Indira Gandhi sur la croissance, associée à un effort de redistribution, qui se traduisit par la réalisation de réformes visant à assister les plus démunis, auxquels il fut attribué l'accès au foncier et à l'emploi, est ce qui, selon Bhagwati et Panagaryia (2013), a permis à la démocratie indienne de faire la différence en matière de développement. Ces auteurs affirment, par ailleurs, que le développement issu, exclusivement, d'une politique de redistribution, « n'est

---

[1] https://atlas.cid.harvard.edu/countries/136

[2] Pour développer un pays il faut plus que juste de bonnes intentions.

qu'un mythe, en absence de croissance économique à long terme ». Ainsi, la Chine est-elle devenue ce qu'elle est grâce à une croissance annuelle de 10% entre 1980 et 1996, puis de 7 à 8%, par la suite (Merchasin, 2004). Nous évoquions, déjà, également, le cas du Brésil qui ne connut, pratiquement, depuis la fin de la 2nde guerre mondiale, que des taux de croissance annuels supérieurs à 10%. Cet ouvrage est basé sur la recherche d'un taux élevé de croissance, sachant que son atteinte, puis son maintien, nécessaire quoique non suffisant, se doit d'être l'objectif premier, difficile, du dirigeant. C'est ce que les pays d'Afrique subsaharienne, n'ont jamais été en mesure d'instaurer, faute de volonté, de compétences, ou, peut-être, malheureusement, de chance !

2.20. Outils mathématiques de l'économie

Il découle de ce qui précède que le recours à une analyse systémique complexe revient à effectuer une approche inductive, ce qui revient à dire que le présent et le futur, sont, tous les deux, déterminés par les valeurs passées des variables. La méthode déductive est une approche différente. Ici, une situation présente, ou future, représentée par une fonction, est créée par les valeurs présentes, ou respectivement futures, des variables définissant la fonction. Bien qu'il puisse y avoir des exceptions, les modèles mathématiques sont basés, généralement, sur cette seconde approche. D'éventuelles incertitudes, voire erreurs, dans leur utilisation sont, essentiellement, dues à l'omission involontaire de variables déterminantes, dans les calculs. Cela ne saurait, en aucun cas, justifier le rejet des modèles mathématiques de l'économie. Ainsi, la crise des subprimes, par exemple, ne put être entrevue par les équations de la plupart des économistes, vu qu'il ne fut jamais envisagé la possibilité que certaines banques iraient jusqu'à commercialiser une quantité astronomique de titres toxiques adossés à des hypothèses exagérément optimistes. Les sciences économiques gagneront en précision une fois qu'elles seront en mesure d'identifier en totalité, et de mieux mesurer les variables déterminant une situation donnée. Le recours aux mathématiques permet la mise en œuvre d'un raisonnement déductif rigoureux dans l'évaluation de certaines fonctions, et, lorsque le temps « *t* » fait partie des variables, la prévision des valeurs futures de ces fonctions définissant l'économie (PIB, PIB/habitant...). Enfin, la puissance croissante des ordinateurs, allié à la capacité d'accumulation et de stockage des *big data* permettent la construction de modèles numériques simulant de façon précise des phénomènes socio-économiques contextuels et sectoriels, y compris ceux semblant présenter un caractère aléatoire.

Chapitre 3

Concevoir, puis mettre en œuvre, une stratégie de guerre contre la pauvreté

La pauvreté, qui continue à faire des ravages dans le pays, est, nous l'avons vu, un ennemi mortel, dont la destruction nécessite la conception, scrupuleuse, puis la mise en œuvre d'une stratégie sérieuse. La victoire, dans une guerre contre un ennemi aussi redoutable, ne s'obtient pas en écrivant des plans d'actions sur un coin de table, ou en agissant en dilettante. Elle a besoin de l'implication, totale, coordonnée, d'experts reconnus dans leurs domaines respectifs, dotés d'un pragmatisme et d'un professionnalisme, à toute épreuve. Nous définirons le mot « stratégie », des mots grecs « stratos » (armée) et « ageîn » (conduire), comme étant un terme militaire désignant une suite réfléchie, logique et cohérente d'actions et de comportements, destinée à mener vers un objectif précis, qui, dans le cas d'une guerre, est la victoire. Afin d'appréhender le sens profond de ce terme, étudions les quelques éléments suivants, hautement déterminants, lors de l'élaboration d'une stratégie. En science de la stratégie, deux phases principales se rencontrant, également, dans tous jeux de stratégie sont fondamentales : la phase initiale, plutôt statique, et celle de combats, qui est, elle, dynamique.

3.1. Principe de la condition initiale

« Afin de mener un pays d'un état inférieur de barbarisme vers une situation de degré d'opulence suprême, il ne faut, ni plus, ni moins, que de la paix, des impôts viables, ainsi qu'une administration tolérable de la justice » (Adam Smith, 1776).

"As far as the LDCs are concerned, it is probably fair to say that at least a crude sort of 'justice' prevails in the economic policy realm. Countries that have run their economies following the policy tenets of the professionals have, on the whole, reaped good fruit from the effort; likewise, those that have flown in the face of these tenets have had to pay the price."[1] (Arnold C. Harberger, 1985).

Dans le jeu du solitaire, si chère aux malgaches et aux visiteurs de la Grande Île, qui est beaucoup plus qu'un simple objet de décoration, certaines configurations initiales ne permettent pas de résoudre le casse-tête. De telles parties, obtenues, par exemple, en ôtant, en premier, la boule située au centre du plateau, sont dites « irrésolvables ». Dans ce cas précis, quelle que soit

---

[1] Pour ce qui est des PMA, il est probablement légitime de dire qu'il prévaut une sorte de « justice » cruelle dans le monde de la politique économique. Les pays ayant géré leurs économies selon les règles de politique prônés par les professionnels ont globalement récolté les fruits mûrs de leurs efforts ; de même, ceux qui ont péché face à ces principes ont eu à en payer le prix.

l'habileté du joueur, celui-ci ne parviendra **jamais** à la situation du solitaire, consistant en la subsistance, en fin de jeu, d'une boule unique sur le plateau.

3.1.1. Les conditions initiales dans des conflits

Une mauvaise appréciation de ce formatage initial a, parfois, conduit, dans l'histoire, à des débâcles militaires de grande ampleur. Ainsi, Nisset (2020), en évoquant les causes fondamentales de la défaite française de 1940, affirme que la déclaration de la guerre à l'Allemagne, le 03 septembre 1939, à l'issue du Blitzkrieg du IIIème Reich, fut une erreur fatale, au vu des paramètres initiaux extrêmement défavorables, comme le déséquilibre démographique, le retard en matière d'équipements militaires aériens, et la défection belge, ayant opté pour la neutralité. L'existence d'un formatage irrésolvable, caractérisé par un manque de motivation des troupes qui allaient se battre pour des raisons purement idéologiques, ainsi qu'une méconnaissance des réalités politiques prévalant sur place, fut également responsable, selon l'historien Bernard de Trégodé (2021), de la cinglante débâcle américaine au Vietnam, pays où, à partir de 1965, les Etats-Unis déployèrent des centaines de milliers de soldats, ainsi que des moyens militaires pharaoniques. Les stratèges américains ont, cependant, mal apprécié la situation, et ont négligé les paramètres évoqués ci-dessus par De Trégodé, qui menèrent droit vers ce retrait, peu glorieux, en 1975, des « boys », qui essuyèrent plus de 58 000 pertes dans leurs rangs.

3.1.2. Les premières erreurs, après les indépendances

Lorsque le Général De Gaulle accorda leurs indépendances aux Etats africains au début des années 60, il savait qu'il libérait des Etats dotés de configurations économiques initiales irrésolvables et munit, en vue de pallier ces déficiences, ces derniers, de conseillers expatriés français, dont ceux-ci se débarrassèrent, quelques années plus tard, au nom de la sacro-sainte « inaliénable souveraineté nationale » ! Pour Madagascar, cette mise à l'écart des expatriés français, qualifiés de « néo-colonialistes » débuta en 1972. Dépourvus, pour la plupart, de capitaux humain, financier, et technologique, et, bien sûr, pratiquement, sans environnement des affaires favorables, notamment infrastructurels, ces Etats africains en question eurent tôt fait, après des décennies d'errance et d'infructueuses tentatives d'extirpation du piège de la pauvreté, et, surtout, après avoir été sérieusement ébranlés par les chocs pétroliers successifs, de se précipiter, dans tous les sens du terme, vers la France et de solliciter activement (de leur propre chef !), l'assistance, supposée salvatrice, cette fois-ci, de l'ancienne puissance coloniale, ravalant, au nom de la « realpolitik », toute forme de fierté nationale ! Ainsi, si la France, jadis reniée, fut appelée à fournir des enseignants coopérants, elle est aussi, aujourd'hui, le premier contributeur aux appuis budgétaires, couvrant 50% des besoins en matière de fonctionnement, et, donc, notamment, au paiement des salaires des fonctionnaires de l'Etat malgache, et 80% des besoins en investissements publics ! L'Histoire nous dira si le rapprochement actuel de certains Etats Africains francophones avec la Russie produira les effets escomptés !

3.1.3. Sun Tzu et les conditions initiales

"Celui qui sait quand il peut combattre et quand il ne peut pas, celui-là sera victorieux" (Sun Tzu)

Le stratège Sun Tzu, dans son ouvrage multiséculaire, « L'Art de la Guerre », souligne bien que dans ces conditions défavorables qu'il importe de soigneusement identifier, le meneur des troupes doit s'abstenir d'engager le combat. Il doit plutôt s'évertuer à construire les conditions initiales favorables, au lieu de préparer le combat à proprement dit. Ce constat préliminaire, dans le cadre de l'élaboration de la stratégie de développement à Madagascar, invite les décideurs du pays à s'orienter préalablement vers l'élaboration d'un état initial favorable, défini par de réelles réformes, parfois forcées, en matière de la qualité de l'environnement des affaires. Cette approche aura pour effet de créer une externalité positive décuplant les effets induits de chaque dollar introduit dans l'économie, par le commerce international, ou par les IDE. Le présent ouvrage est parsemé des conditions que j'estime indispensables au décollage économique de Madagascar, et de biens de pays d'Afrique, et qui nécessitent plus de volonté politique que de moyens financiers.

3.2. Les nécessaires et fondamentales qualités stratégique et tactique des hauts décideurs : capacités de vision, de leadership et de management

« La victoire appartient au plus persévérant » (Napoléon Bonaparte)

Des conditions initiales favorables à la victoire, si difficile soit leur mise en place, ne garantissent, en aucun cas, cependant, la victoire. Loin de là ! Celles-ci, en effet, si elles constituent des conditions nécessaires, sont loin d'être suffisantes. Les qualités cognitives du décideur principal et de ses lieutenants sont fortement mises à contribution, durant la phase tactique, pour que la victoire, se traduisant, ici, par l'atteinte des objectifs, puisse être, réellement, au rendez-vous, et ce, dans un laps de temps « raisonnable »[1]. L'histoire n'est pas avare d'exemples de conflits où un formatage initial pourtant favorable aboutit, quand même, à un désastre militaire. Ainsi, la Rome antique, connue pour la stricte organisation de son armée et sa domination de tout le bassin méditerranéen, et même au-delà, connut, également, des défaites retentissantes. Nous citerons la défaite romaine, en 390 av. JC., durant la bataille de l'Allia, face à une armée gauloise menée par Brennus, et pire encore, la bataille des fourches caudines, en 321 av. JC., à Samnium, où

[1] Ce terme se réfère, à mon sens, au plus, à la durée de vie des stratèges ayant élaboré le plan d'action. Au Soudan, John Garang, qui lutta pour l'avènement de la partition du pays, et de la création du Soudan du Sud, mit en œuvre une stratégie gagnante, mais, cependant, ne vit pas l'issue de la seconde guerre civile, 21 ans plus tard, et qui, pourtant, lui fut favorable !

40 000 légionnaires, soit 8 légions, furent humiliés par les Samnites. Nous évoquerons, enfin, les batailles, durant la guerre punique, gagnées, toujours face aux tout-puissants romains, par Hannibal « le barbare ». Bien que puissamment équipée et bien entraînée, l'armée romaine, donc en configuration initiale plus que favorable, fut malmenée par des hordes de combattants se battant, souvent, de façon plutôt désordonnée et non-conventionnelle. Une armée, même dotée de puissance, d'un sens aigu de la discipline, ainsi que d'une stratégie de qualité, lorsqu'elle manque de capacité d'adaptation, peut être vaincue par une autre, moins impressionnante, mais plus flexible et moins prévisible. Il est attendu, nous dit Sun-Tzu, du meneur des troupes, qu'il analyse bien, au cours de la phase préalable dite de « planification », le lieu où se déroulera le combat, afin, qu'une fois celui-ci engagé, il soit situé sur un lieu plus élevé que celui où se trouve l'adversaire. Il lui faut aussi s'informer soigneusement de la stratégie que s'apprête à mettre en œuvre l'adversaire : ses atouts, le moral de ses troupes, les armes dont il dispose sont autant de paramètres à bien maîtriser. Il doit se préparer à frapper de toutes ses forces, donc avec des troupes bien motivées, et avec précision, là où l'adversaire s'attend le moins, et avec la vitesse de l'éclair. Il est, enfin, surtout, impératif qu'il s'adapte, constamment, à la dynamique du combat, c'est-à-dire à la stratégie, connue ou imprévue, déroulée par l'ennemi (Sun-Tzu, -500). Comme le dit Mc Arthur, « une armée de moutons menée par un lion est plus redoutable qu'une armée de lions menée par un mouton ». Cet adage met l'accent, sans exagération, sur l'importance des capacités cognitives du leader pour faire face aux différentes phases d'une confrontation, et place le poids de la responsabilité de l'échec, comme les lauriers du succès, respectivement sur les épaules et la tête du chef, qui a intérêt, dans un combat aussi complexe que celui qui consiste à extraire un pays du piège de la pauvreté, à être, ni plus ni moins, qu'un véritable lion à cinq pattes ! L'histoire économique du Madagascar indépendant est jalonnée, comme évoqué précédemment, d'échecs cinglants, comme le démontre la chute constante de son PIB/habitant depuis 1972. Cela, malheureusement, confirme un verdict glacial comprenant deux points principaux, qui sont le caractère irrésolvable de la configuration initiale de notre économie, et, aussi, le caractère inadapté de la qualité des hauts décideurs, ainsi que celui des stratégies qu'ils ont déployées, par rapport aux très complexes exigences de la quasi-impossible victoire contre la pauvreté. Par contraste par rapport à la stratégie de croissance élaborée et déployée par des pays à fortes compétitivités internationales comme l'Île Maurice ou le Botswana, celle adoptée par Madagascar n'a pas pris en compte le caractère impératif de la mise en place des conditions initiales favorables, incluant l'unification du pays. Elle n'a pas pris en compte, non plus, la nécessité de bâtir une stratégie de croissance intelligente et résiliente, intégrant la nature et l'évolution des paramètres nationaux et internationaux. Enfin, le pays n'a pas intégré, à ce jour, le fait que des conditions initiales favorables, ainsi que la conception

d'une excellente stratégie ne le dédouane aucunement de la nécessité de trouver les moyens de hisser, à sa tête, les dirigeants idoines, froidement déterminés à sortir, quoiqu'il leur en coûte, le pays, des ornières.

3.2.1. Capacité de vision

« Là où il n'est aucune vision, les peuples périront » (Proverbes : 29, 18)

La vision stratégique est faite de ce vers quoi devrait tendre la société. C'est sa puissante lumière qui, dans un pays, éclaire et guide les réflexions et les efforts de chacun. Elle symbolise la volonté profonde du dirigeant à apporter le changement, et à faire converger la nation vers un meilleur-être général. Enfin, elle est une construction condensée de l'esprit des dirigeants, et constitue le fondement de leurs futures instructions. Dans le sens du présent travail, la vision du dirigeant est le socle sur lequel reposera la qualité du contexte au sein duquel se déroulera la production.

3.2.2. Leadership

Le leadership est la capacité à convaincre des esprits, parfois rebelles, d'un peuple, et à les rassembler, les mobiliser et les entraîner, dans leur totalité, vers les objectifs découlant de la vision, tels Alexandre le Grand, galvanisant son armée face à celui du roi assyrien, Darius III. Le leadership, ou, mieux encore, le « servant leadership », est, donc, l'invitation du dirigeant, bienveillant, empreint d'humilité, et situé aux antipodes de toute forme de mépris et d'arrogance à l'endroit de la population, et muni, plutôt d'une connexion émotionnelle avec cette dernière, afin que celle-ci participe, activement, à la construction d'un contexte hautement favorable à l'optimisation de la production sectorielle elle-même. Le « servant leadership » est l'attitude qu'adopte le leader qui comprend qu'il n'est, malgré les incessantes logorrhées de ses intarissables thuriféraires, ni Dieu le Père, ni un empereur, mais, tout simplement, un élément essentiel d'un système économique complexe, un authentique patriote au service des intérêts supérieurs du pays, et, qui, de ce fait, se donne la peine d'accueillir, au pied de l'avion, l'investisseur qui s'apprête à injecter des dizaines, voire des centaines, de millions de dollars dans l'économie du pays, au lieu de l'attendre dans son bureau, et, prétextant le volume important de ses occupations, de ne lui accorder que quelques misérables minutes !

3.2.3. Capacité managériale

Le management, est la capacité à construire, puis à mettre en œuvre, une planification spatio-temporelle stratégique dictée par la vision, et à mettre les ressources humaines, financières, et matérielles idoines, ainsi que les indicateurs objectivement vérifiables, au service de la réalisation de celle-ci, et ce, en intégrant, de tout temps, les caractéristiques de l'environnement interne, comme externe, au pays. J'insiste sur cette aptitude, composée d'humilité, de rigueur, d'autorité, d'assertivité et du sens de la néguentropie, que doivent avoir les leaders d'un pays, à mobiliser, dans un esprit pragmatique, les experts nationaux, de prime abord, et de la population, dans son ensemble, ensuite, autour d'un projet de société fiable, ambitieux, à faible entropie, favorable à la production et propice à la division du travail, projet appelé, par la suite, à se décliner en politiques sectorielles tenant compte, notamment, des ressources, disponibles dans le pays, et qu'il s'engage à gérer de façon intègre et responsable.

3.2.4. Effets des 3 qualités

Ces trois qualités, en l'occurrence la capacité de vision, le sens du leadership, et la capacité managériale, constituent les caractéristiques minimales indispensables à tout dirigeant réellement désireux d'apporter un changement véritable dans son pays, démontrant, ainsi, qu'il, ou elle, constitue une solution, et non un problème. Ce sont elles qui permirent au Premier Ministre Lee Kwan Yew, très connu pour sa rigueur et son engagement contre la corruption, de procéder à la miraculeuse transformation, entre 1959 et 1990, d'une Singapour, pourtant dénuée de ressource naturelle. Ce sont elles, également, qui permirent à Son Altesse Royale Rachid Ben Saïd Al Maktoum, Émir de Dubaï, de provoquer, durant ses 32 années de règne (allant de 1958 à sa mort en 1990), le prodigieux phénomène que l'on connaît, aujourd'hui. De même, le père du miracle économique taïwanais, fondé sur les « Trois Principes du Peuple » (démocratie libérale, nationalisme, justice sociale), le Dr. Sun Yat-Sen, utilisa ces qualités dans la mise en œuvre de son idéologie économique officielle. Enfin, ce sont elles qui furent à l'origine du miracle sud-coréen, sous la présidence du Général Park Chung-Hee, auteur des « Plans Quinquennaux de Développement Économique » successifs, depuis son accession au pouvoir en 1961. En Afrique, ces qualités sont reconnues comme ayant permis à Sérétsé Khama Ian Khama, ayant présidé le Botswana du 1er avril 2008 au 31 mars 2018, de faire de ce pays, grâce à l'instauration d'une forte croissance tractée par les exportations de diamant et de viande bovine, une des économies les plus compétitives et les moins corrompues du Continent Noir. Elles furent, enfin, à l'origine de la remarquable ascension économique du Rwanda de Paul Kagamé. Tant que ces trois qualités, que je pense fondamentales, ne se trouvent pas réunies dans les dirigeants des institutions et des différentes collectivités de Madagascar, celui-ci ne doit, en aucun cas, rêver de forte croissance, et doit se résigner à prolonger son séjour en terres obscures ! Cependant, le dirigeant, aussi brillant stratège qu'il soit, doit, obligatoirement, s'entourer d'éléments pragmatiques, qui seront chargés de compter les points marqués, émettront des doutes dans les situations d'excès d'optimisme, remonteront les avis de la rue et, surtout, feront office de gardiens du temps !

3.3. Les nécessaires qualités de la société, en général

Les qualités sus-énumérées ne doivent pas être l'apanage du secteur public seul. Le secteur privé, bénéficiaire direct des efforts fournis par l'Etat, notamment dans l'amélioration des facteurs contextuels, se doit, également, de faire montre de dynamisme, et, ceci, en s'érigeant en force de propositions, comme le font le GEM, le SIM, la FIVMPAMA, ou les chambres consulaires mises en place et actives dans les 24 régions du pays. Les personnalités du monde des affaires doivent se démarquer, et avancer leurs propositions, adaptées aux réalités de terrain, à l'instar de ce que font dans leurs secteurs et pays respectifs, comme Aliko Dangoté au Nigéria, n'hésitant pas à donner son avis sur les orientations stratégiques de son pays, ou encore Elon Musk, l'homme le plus riche de la Planète, orientant, désormais, la politique spatiale américaine. Enfin, la société civile, *i.e.* les universitaires, les médias, les leaders religieux et les associations de consommateurs, doivent, également, mobiliser la société. Nous verrons, plus loin, comment des pays d'Afrique saisirent, avec succès, les opportunités qui leur fut offertes, quand Madagascar persistait dans de stériles débats idéologiques et des crises socio-politiques. Ce qui suit est une contribution à l'effort d'identification des paramètres les plus pertinents à prendre en compte, à l'image des affirmations de Smith et de Harberger, pour obtenir un formatage initial favorable pour le pays.

3.4. Le rôle stratégique des alliés

« We have no allies, we are lost[1] !» Uhtred de Bebbanburg, in « The Last Kingdom, Seven Kings Must Die » (Bazalgette, 2023)

Une guerre ne se gagne que rarement seul. Les victoires dans les guerres qu'a connues l'humanité, des Guerres Médiques aux deux Guerres Mondiales, en passant par les Guerres Puniques et la Guerre des Cent Ans, se sont obtenues grâce à de judicieux jeux d'alliances militaires. Un allié est un pays ou une entité, qui a quelque chose à perdre, si jamais on perd la guerre. Le taux de convergence des intérêts déterminera le degré d'engagement de l'allié dans le combat. De même, le partenaire sera d'autant plus efficace qu'il est intégré dans la phase initiale de conception de la stratégie de combat, ce qui lui permet de visualiser l'étendue de ses intérêts présents et à venir. Lao Tseu disait d'ailleurs que « deux esprits se concertant en valent trois » ! Madagascar, bénéficie, certes, dans le conflit qui l'oppose à l'extrême pauvreté, d'appuis de la part des PTF, mais qui n'émanent pas d'une stratégie mondiale concertée et planifiée dans le temps, et dans laquelle le rôle de chaque nation, et de chaque entité, en matière de fourniture de moyens matériels, humains et financiers, est précise. De plus, ces alliés, sont, souvent, plus poussés par des cas de conscience, que par de réelles convergences d'intérêts. L'allié de Madagascar, c'est aussi le groupe de pays acceptant de commercer librement

[1] Nous n'avons pas d'alliés, nous sommes perdus !

et à grande échelle avec lui, ou de lui envoyer massivement des investisseurs et de la technologie. Madagascar, a, de ce fait, à élaborer une stratégie de diplomatie développementale claire, dont il assurera la maîtrise de l'implémentation, dans laquelle ses alliés, comme ses partenaires institutionnels, qui auront à garder les yeux rivés sur la victoire et non sur la guerre, auront à se prononcer. Enfin, l'allié ne doit pas être juste celui qu'on blâme lorsqu'on perd une bataille. L'allié est celui envers lequel on est reconnaissant lorsqu'on a gagné sa guerre et un des facteurs de qualité que l'on a alignés sur le champ de bataille, en sus des autres facteurs fondamentaux que sont la stratégie, les combattants, les armes et l'intendance. On gagne une guerre parce qu'on est allé chercher sa victoire. On ne la perd pas, non plus, parce qu'on a choisi le mauvais allié

PARTIE II

PRINCIPAUX FACTEURS AFFECTANT LA CROISSANCE ÉCONOMIQUE À MADAGASCAR

"Les cliques, classes et institutions dirigeant le monde sous-développé mènent souvent une belle vie. Donc, pourquoi souhaiteraient-elles un quelconque changement ? Ce sont souvent des Etats et non réellement des nations" (Mills, 1963).

Ces affirmations, aussi dures que directes, de Mills, datant de 1963, ne font nullement allusion aux pays d'Afrique subsaharienne, comme on pourrait le penser, mais plutôt à certains pays d'Asie, en proie, à l'époque, aux exactions de pouvoirs particulièrement autoritaires. Il est, cependant, troublant de noter à quel point elles pourraient s'appliquer, aujourd'hui, aux réalités africaines… Ces affirmations, de plus, rappellent qu'il est de la responsabilité de la classe dirigeante, quelles que soient ces idées et idéologies, d'apporter le changement et le progrès à son peuple, et de s'armer en conséquence. Il est désormais clair qu'il importe que les gouvernements de ce pays œuvrent activement et urgemment dans le sens de la mobilisation immédiate de la population, et ce, jusqu'au niveau les plus basiques de notre société, en l'occurrence les fokontany. Une nation cesse d'en être une, lorsque s'est estompée la vision d'un avenir commun. Au vu de ce qui précède, les facteurs qui affectent négativement l'économie en développement qu'est celle de Madagascar, et la croissance économique, sont nombreux, et font, aujourd'hui encore, l'objet de recherches et de débats passionnés, comme le démontrent les travaux récents de Barro (1997), de Chirwa et d'Odhiambo (2016), et de Heshmati *et al* (2018). Ces obstacles, qui constituent le Grand Filtre hansonnien empêchant la Grande île d'accéder à un niveau supérieur de développement, peuvent être classés dans deux groupes différents. En effet, pour ce qui suit, nous nous conformerons, au modèle vu au paragraphe 13 du Chapitre 2, et posant la production comme étant le produit d'un facteur contextuel, déterminant la productivité, et d'un facteur de production. La première catégorie de facteurs détermine, a–t-on dit, le contexte, et comprend les facteurs institutionnels, où on trouve la cohésion nationale, l'histoire, la géographie, la politique fiscale, la politique monétaire, la capacité intellectuelle, ainsi que la volonté d'une masse critique de dirigeants politiques et administratifs à prendre leur responsabilité, et à mettre un terme à la situation de vulnérabilité du pays, la paix et la sécurité, la qualité du corpus législatif et le respect de l'état de droit, la démocratie et la liberté d'entreprendre et d'expression, la bonne gouvernance, la stabilité socio-politique et l'inégalité socio-économique. Parmi les facteurs contextuels, nous intégrerons également l'aide internationale, la politique environnementale, la démographie, la qualité et la quantité des infrastructures publiques (infrastructures énergétiques, infrastructures de transport - port - aéroport- voies ferrées, routes- de télécommunication), et la prédictibilité des paramètres macro-économiques, comme le taux d'inflation, le taux de change, le taux d'intérêt, la dette extérieure, l'équilibre budgétaire et le terme de l'échange,... La présence de la technologie dans ces différents facteurs constitue un fait déterminant : le leadership de l'Etat dans la recherche et l'innovation technologique, le niveau de sophistication et de performance des infrastructures notamment portuaire, aéroportuaire, énergétique et de télécommunication constitue également un facteur déterminant. Le progrès et la bonne maîtrise de ces différents paramètres aura pour effet principal de réduire l'entropie sociale dans le pays et facilitera grandement, comme nous l'avions précédemment évoqué, la croissance économique. Si la responsabilité de l'Etat et de la population, est, en général, plus engagée dans le premier groupe, celle du secteur privé devrait être plus engagée dans le second, qui comprend les facteurs directement liés à la production : le capital physique, le commerce international, les ressources naturelles, les investissements directs étrangers, les investissements indirects étrangers ou portefeuilles étrangers, qui sont des investissements s'opérant à travers l'achat de valeurs en bourse, la mise en place de zones ou de clusters de production industrielles, le recours à des équipements de production proches de la frontière technologique mondiale, tout comme des activités de recherche et développement en milieu entrepreneurial, ou en partenariat avec le milieu universitaire. Enfin, est à classer dans ce groupe de facteurs, le capital humain, correspondant à l'accessibilité à l'éducation de qualité, à l'enseignement supérieur et à la formation professionnelle, aux soins, à la nourriture décente et à l'eau potable. Cette partie sera consacrée à l'étude de certains de ces facteurs, en mettant bien en exergue le lien qui les relient à la croissance économique et au développement du pays. Nous accorderons une attention particulière aux facteurs distorsifs endo-entropiques, qu'il s'agit d'identifier d'abord, et de minimiser par la suite.

Chapitre 4

Un facteur fondamentalement défavorable à la croissance : La division nationale

« Zahay 'ty mba olombelogno ![1] » (Claritta d'Andrafenkogno, juillet 2023).

« I close my eyes and know there's peace, In a World so filled with hatred »[2] (In « Show Me the Way », Styx, 1990, A&M Records, INC.)

L'identification de façon, si possible, exhaustive, de l'ensemble des facteurs favorisant la persistance ou la disparition de la pauvreté et du sous-développement, puis leur annihilation, est, principalement, la raison d'être de l'économie du développement, tout comme celle du présent ouvrage. Comme l'affirment Justin Lin, ancien économiste en chef de la Banque Mondiale, et Célestin Monga, ancien économiste en chef de la BAD, les raisons souvent évoquées, pour expliquer le phénomène de la pauvreté, dans la littérature spécialisée, en l'occurrence la faiblesse des infrastructures, la quasi-inexistence du capital humain, l'insuffisance de l'épargne et des investissements étrangers et domestiques, le caractère insignifiant de la productivité, sont, plus, des symptômes du mal, plutôt que ses causes profondes » (Lin & Monga, 2018). Les vraies chaînes qui retiennent Madagascar prisonnières du piège de la pauvreté ne figurent, donc, pas, explicitement, dans les équations des économistes. Un paramètre, longtemps sous-estimé, en l'occurrence le défaut de « cohésion sociale », que je désignerai par l'appellation « division nationale », est, en effet, de plus en plus reconnu comme étant une des raisons principales empêchant l'Afrique subsaharienne, en général, et Madagascar, en particulier, de décoller. Les lignes qui suivent, bien que pouvant paraître choquantes, a pour but d'exposer, sans fard, les réalités profondes de ce pays, afin qu'on puisse, enfin, envisager la construction nationale. L'importance de la cohésion nationale, pour un pays, a, de tout temps, été reconnue. Ainsi, en évoquant le cas malgache, l'historienne Ramisandrazana Rakotosoa dénonce le caractère fragmentaire de notre société, et ce, pratiquement, depuis l'indépendance. De même, la persistance de la division nationale est synonyme d'absence de nation, tout simplement. « Bâtir la nation est l'affaire de tous » aime répéter Zaza Ramandimbiarison, ancien Vice-Premier Ministre de Madagascar, au début des années 2000. La notion d'appartenance à une nation se doit, en effet, de transcender tous clivages politique, ethnique ou religieux, mais, plutôt, relève

[1] « Nous sommes, quand même, aussi, des êtres humains ! ».

[2] « Je ferme les yeux, Et je sais qu'il y a une paix dans un Monde si empli de haine ».

de la volonté de valoriser et de mettre en exergue ce que nous avons tous en commun : notre histoire, récente ou lointaine, nos valeurs, notre culture, et, plus particulièrement, notre langue. Le concept de « nation », sur lequel nous reviendrons plus loin, se nourrit de la haute importance que chaque citoyen, qu'il soit de base ou dirigeant, lui accorde, de tout temps, dans son cœur et dans son esprit. Par contre, la reconnaissance de l'existence d'un lien direct entre cohésion nationale et croissance économique est un fait plutôt récent. Comme le souligne Mkandawire (1999), et conformément à ce qu'affirme Mills, toute nation aspirant à se diriger vers le progrès a besoin d'avoir un minimum de connexion sociale, un sentiment d'appartenance à quelque chose de commun. C'est particulièrement vrai, poursuit-il, pour les pays ayant subi le joug du colonialisme. En effet, le cheminement vers le développement, encore une fois, n'est point œuvre aisée, et nécessite une farouche détermination collective, symbolisée, de prime abord, par le profil des dirigeants auxquels le peuple décide de confier sa destinée. Le développement est, en effet, une guerre, menée sur un champ fait d'une forte cohésion nationale. Sun Tzu, d'ailleurs, insiste beaucoup sur la dimension intégratrice du rôle du meneur des troupes. Une fois, dit-il, que les troupes sont divisées, il est impossible de les rassembler à nouveau, et donc, de gagner la guerre (Sun Tzu, -500). Les facteurs à l'origine de la situation de division sont légion, et nous les regrouperont ci-dessous selon qu'ils soient d'origines internes ou externes.

FACTEURS INTERNES GÉNÉRANT LA DIVISION NATIONALE

4.1. Facteur historique : la haine latente séculaire

Konrad Adenauer définissait l'histoire comme étant « la liste de tout ce qu'il aurait fallu faire autrement ». Cette définition, toute ironique soit-elle, est particulièrement adaptée, hélas, pour décrire le cas malgache.

4.1.1. Quelques faits criants d'hier et d'aujourd'hui

A la fin des années quarante, Philibert Tsiranana, à l'instar d'autres membres de la petite communauté d'étudiants malgaches de l'époque, cofonda, à Paris, l'association des étudiants malgaches, ou AEM. Celle-ci regroupait, alors, des étudiants originaires des quatre coins de la Grande Ile. Cette structure ne tint pas longtemps sous cette forme pour des raisons essentiellement de différence ethnique. A la suite de querelles internes, les étudiants d'origine côtière provoquèrent un schisme, et formèrent l'Association des Etudiants Côtiers de Madagascar (AECM). Les étudiants originaires des Hauts-Plateaux, eux, continuèrent avec l'association initiale. Bien des années plus tard, dans le cadre d'une session de formations d'étudiants organisées par la Fondation allemande Friedrich Ebert Stiftung (FES), il fut demandé aux étudiants présents, durant un cours sur les stéréotypes, de se séparer en deux groupes, l'un constitué de Côtiers et l'autre de Merina. Il leur fut, par la suite, demandé de rédiger la liste de ce que chaque groupe ethnique reprochait à l'autre. Les réponses furent, plutôt, instructives : le groupe de Côtiers évoqua la condescendance et la soi-disant « malignité merina », tandis que le groupe constitué de Merina dénonça le caractère irrespectueux, voire trivial, des Côtiers ! Le plus étonnant dans cette anecdote est, avant tout, le fait que des étudiants du Madagascar du XXIème siècle acceptèrent de se prêter, sans préparation particulière, à cet exercice, portant sur un sujet aussi sensible... De même, il est courant de constater que, une fois désigné ou élu, un responsable, même dans les institutions les plus prestigieuses, recrute, prioritairement, des membres de sa communauté ethnique. A l'Assemblée Nationale, qui compte environ 200 employés, nous fûmes étonnés de constater, à notre arrivée en 2014, que seuls 6 employés étaient originaires de la province d'Antsiranana. Jean-Max Rakotomamonjy, alors président, eût tôt fait de rectifier les choses, et pratiqua, de façon explicite, une politique de discrimination positive, et priorisa les antsiranais dans le recrutement des nouveaux employés. Lorsque nous évacuâmes les lieux en 2019, nous étions parvenus à un effectif d'une trentaine de personnes !

Je tiens à exclure, en particulier, cependant, de la très longue, liste des inconditionnels de cette grave pratique discriminative, des personnalités tels que Zaza Ramandimbiarison qui est un des rares hommes d'Etat malgaches à avoir, très tôt, perçu le sérieux, que mérite le sujet, ainsi que l'ampleur des dégâts que celui-ci peut avoir sur le présent comme l'avenir du pays.

Rappelons aussi que, lors des événements de 2002, le Colonel Coutiti, à la tête d'une milice militaro-civile armée jusqu'aux dents, arrêta, dans la ville d'Antsiranana, un groupe de revendeurs ambulants originaires du centre du pays, qui étaient dans la parfaite incompréhension de ce qui leur arrivait, et les enchaîna sur les grilles du Palais du Gouvernorat de la Province. Ce fait, dont je fus personnellement témoin, tout comme d'autres Antsiranais, impuissants, fait partie des raisons qui m'ont poussé à la réflexion, et à rédiger le présent ouvrage, avant qu'il ne soit trop tard. S'il ne fut l'intervention de notables de la ville, comme Cassam Ali, aujourd'hui disparu, ces otages, auxquels il était reproché juste d'être originaires des hautes terres, et de se trouver dans une ville s'apprêtant à être prise d'assaut par une « armée de pacification » envoyée par celui qui allait devenir le président Ravalomanana, auraient tous péri desséchés. Cet acte désespéré de l'impétueux colonel, aujourd'hui disparu également, eut, cependant, lieu, aussi, pendant que des dizaines de fils du Nord, à peine capables de tenir un fusil correctement, se faisaient impitoyablement abattre, kalachnikov ou MAS-36 à la main, du côté d'Ambilomagôdra, à une centaine de kilomètres au sud d'Antsiranana, dans un contexte rappelant fortement, au souvenir de chacun, du déjà vécu et subi : la *pax merina* ! Enfin, bien que très peu compris, le récent cri de détresse de la petite Claritta, originaire d'Andrafenkogno, un village producteur de vanille, et ignoré, enclavé et abandonné de tous, est plus qu'explicite. Elle a, en effet, rappelé, dans son poème, que les habitants de la région SAVA, dans le Nord-Est de Madagascar, victimes de la chute du prix de la vanille, sont « aussi des êtres humains », méritant un minimum de considération !

Ces fantômes, que plus d'un croyaient enterrés définitivement dans les décharges de l'histoire, nous ont rattrapé, et continuent à hanter les travées de nos institutions et à polluer notre existence. De toute leur tristesse, ces anecdotes résument l'essentiel du drame malgache.

4.1.2. Les origines de la haine latente

La société malgache précoloniale fut caractérisée, comme partout en Afrique noire, par l'existence d'un fort multi-tribalisme. Selon Valette (1962), au début du XIXème siècle, ce qui allait devenir, plus tard, le tout-puissant royaume merina, non-encore structuré, subissait les effets conjugués des luttes intestines entre roitelets, et les rapines des royaumes alentours, en l'occurrence ceux des Bezanozano, des Sihanaka, des Betsileo et des Sakalava. A partir de 1787, les choses évoluèrent radicalement, avec l'émergence d'un certain Andrianampoinimerina, dont la lutte pour l'unification de l'Imerina fut un succès. Une fois cette première étape réussie, il commença à s'orienter vers les parties périphériques de l'île en se focalisant prioritairement sur les anciens agresseurs. Il s'attela au rattachement, dans un élan unificateur, au royaume merina, par la voie diplomatique, comme militaire, des autres régions de la Grande île, ainsi qu'à la mise en place des prémices d'une administration. A sa mort, en 1810, son fils Ilaidama, alors âgé de 17 ans, lui succéda, et prit le nom de règne de Radama 1er. Le royaume merina, alors le plus puissant et le mieux structuré, administrativement et militairement, se mit à accélérer le processus d'unification territoriale, dont Raison-Jourde et Randrianja (2002) affirment qu'il fut également accompagné du principe romain du *« divide ut imperes*[1] *»* afin d'augmenter ses chances de réussite. Toujours dans cette optique, il fut, cette fois, de plus en plus préconisé la voie des armes, désormais rendue possible par sa coopération militaire avec l'Empire britannique, au détriment de la voie diplomatique, si chère à son prédécesseur de père, après avoir signé, avec ce dernier, une première convention, le 23 Octobre 1817. L'Empire britannique, à travers cette convention, qui posa les bases d'une alliance militaire et diplomatique, sous couvert d'un traité d'abolition de la traite des noirs, élaboré en coulisses par le Gouverneur Farquhar de l'île Maurice, fut le premier pays au Monde à reconnaître, en conséquence, Radama 1er comme étant le monarque, non, uniquement, du royaume merina, mais de tout Madagascar, et l'approvisionna

[1] Diviser pour régner.

abondamment en armes et en outils technologiquement avancés, permettant ainsi au souverain merina, désireux de faire aboutir, sur fonds de lutte contre la traite négrière, l'ambition unificatrice de son père, d'asseoir son pouvoir sur l'ensemble de la Grande Ile. La 1ère convention, qui ne fut pas scrupuleusement appliquée, fut renforcée par une seconde, signée le 11 octobre 1820, encore plus favorable au souverain qui se vit, de plus, octroyer une indemnisation, mais d'abord, et surtout, des armes. A sa mort, en 1828, son épouse, Imavo, qui lui succéda, et qui prit comme nom de règne « Ranavalona 1ère », continua le processus unificateur, d'une façon souvent plus violente encore, processus supposément mis en place dans l'optique d'obliger tous les autres royaumes de Madagascar à se conformer au principe abolitionniste, et qui provoqua des plaies que le temps, malheureusement, est loin d'avoir entièrement cicatrisé. Cette conquête territoriale fut d'autant plus redoutable qu'elle bénéficia de l'appui technologique du brillant gascon Jean Laborde, qui foula, pour la première fois, les rives malgaches, en 1831, à l'âge de 26 ans. Celui-ci, dès les premiers jours de son arrivée, reçut, de la part de la souveraine, une commande de plusieurs dizaines de canons et de milliers de fusils, qui furent aussitôt livrés et utilisés dans l'impitoyable processus de la *pax merina* qui ne tarda pas à déferler sur une grande partie de l'île, selon le plan élaboré par l'Empire britannique, de contrecarrer les velléités d'annexion françaises. Ainsi, durant la prise de la partie septentrionale de la Grande Île, plus précisément dans l'Ankaragna, par exemple, des princes, ayant fait le choix de ne pas se livrer aux griffes de l'ennemi militairement supérieur, et en pleine guerre fratricide opposant Tsialagna I et Tsimisalogno, préférèrent se donner collectivement la mort, en se jetant dans les rivières souterraines avoisinant le palais princier d'Ambatoharagnana, et infestées de féroces *crocodylus niloticus*. Une des conséquences historiques de ces événements est que, certains sites sacrés sakalava, et, plus particulièrement, ces lieux de noyades princières, sont, aujourd'hui encore, « interdits d'accès » aux descendants des princes « coupables » ! Toujours, durant la campagne du Nord de Madagascar, le camp militaire merina d'Ambohimarina, situé sur les hauteurs de la Montagne d'Anôsiravo (ou « des Français »), fut le théâtre de l'élimination systématique de nombreux locaux récalcitrants, qui furent, par dizaines, précipités dans le vide. Chaque fait relatif à ces malheureux événements est resté vivace dans la mémoire collective locale. Cependant, des poches de résistance, situées notamment dans la partie austro-orientale de l'île subsistèrent. L'histoire retiendra que leurs habitants, armés uniquement de sagaies et de sabres, mirent en déroute un bataillon, chargé, en 1836, par Ranavalona 1ère, veuve de Radama 1er, et désormais aux affaires, de pacifier cette partie de l'île, et mené par le Général Ratsida, doté de 14 honneurs, qui y fut trucidé par les mains-mêmes du roi tanala, Tsiandraofa[1]. L'histoire a, tout autant, retenu la vaillante résistance des guerriers bara. Le dispositif mis

[1] Faits rapportés par les archives familiales, rédigées par Gaston Mahazoasy (1900 – 1967).

en place par l'alliance merino-britannique ne fit, cependant, pas long feu face aux coups de boutoir français (la première guerre franco-malgache, de 1883 à 1885, fut suivie par la seconde expédition française ayant eu lieu de 1894 à 1895), et finit par tomber, n'ayant pu aligner, parmi ses troupes, de combattants originaires des côtes, et n'ayant, de ce fait, pas trouvé, face à elle, une résistance comparable à celle opposée par les combattants éthiopiens, soudés à la perfection, à l'armée italienne, à Adoua. On se rappellera un des principes de Sun Tzu, qui insiste sur la nécessité d'avoir une cohésion parfaite des troupes avant chaque combat. A son arrivée, la future puissance coloniale, trouva, un pays non-unifié, et des combattants divisés, et fut accueillie, plutôt, en libérateur par une frange importante de la population des côtes, certes, mais, également, d'Antananarivo, où le Premier Ministre Rainilaiarivony, affaibli par trois décennies de règne sans partage, était au plus bas de sa popularité. Le 06 août 1896, la Grande île fut officiellement annexée à la France, qui posa, sur les querelles internes locales, une chape de plomb, et mit, du moins momentanément, terme aux débats ! Momentanément, d'abord, puisque la mission de « pacification et de développement agricole et industriel » forcés, assignée, à partir de 1897, au légendaire Général Joseph Gallieni, ne fut jamais de tout repos : des résistances s'organisèrent un peu partout dans le pays, durant toute la présence coloniale, et furent réprimées durement, comme le reconnut, sur son lit de mort, le Général[1]. Momentanément, ensuite, car, sentant l'affaiblissement progressif de la puissance coloniale, minée par les deux conflits mondiaux, vers la fin des années 40, les Malgaches, qui sentirent l'inéluctabilité de l'indépendance, commencèrent à faire montre de profonds désaccords internes, quant à leurs positions vis-à-vis de l'envahisseur, ainsi que leurs visions relatives au futur du pays. A cette époque, la course, à forte connotation ethnique, à la domination, symbolisée par la rude concurrence entre le PADESM, doté d'un leadership côtier, et le MDRM, à leadership merina, remonta, progressivement, des abîmes, et finit, hélas, par refaire surface !

4.1.3. L'ethnisme en Afrique

Si Tim Marshall (2018) affirme que le continent africain, une soixantaine d'années après la vague d'indépendances, est encore secoué par des spasmes ethniques, force est de constater que le problème, à Madagascar, continue, en profondeur, à être extrêmement vif. Lugan (2021), lui, affirme, même, que la persistance de mouvements terroristes dans certaines parties de l'Afrique

---

[1] Né à Saint-Béat (Haute-Garonne) en 1849, Joseph Gallieni fut nommé Gouverneur Général de Madagascar en septembre 1896, juste après avoir été promu Général de l'Infanterie coloniale. On lui reconnaît l'exécution, en huit années de présence en terres malgaches, de 500.000 à 700.000 personnes, selon les sources, soit un peu plus de 20% de la population ! Il est rapporté que sur son lit de mort, le général murmura avant de s'éteindre : « Madagascar, j'ai eu la main lourde... ».

occidentale est, essentiellement, due à la persistance de luttes ethniques. Le même auteur explique, d'ailleurs, de la même façon, le conflit prévalant actuellement dans la province du Cabo Delgado, au nord du Mozambique, entre le mouvement islamiste el-shebbab, devenue allié de circonstance de la population locale et des militants du parti d'opposition, la RENAMO, d'un côté, et le gouvernement, de l'autre (Lugan, 2015).

4.1.4. Les guerres larvées intra-côtières

Le problème ethnique est, d'ailleurs, d'autant plus sournois et pernicieux qu'il n'oppose point uniquement Merina et Côtiers. Il est présent, également, comme le démontre l'existence des tensions entre les Antakaragna de Nosy Be et les réfugiés Antandroy du kéré, ainsi que les affrontements épisodiques entre étudiants côtiers au sein des universités. On se souvient, également, des querelles ayant surgi entre le Président Tsiranana et son Vice-Président, André Resampa, et ayant secoué de toute part, jusqu'à sa pulvérisation, la supposée imprenable citadelle PSD d'alors.

Plus tard, il y eut la sempiternelle rivalité ayant caractérisé les relations entre l'Amiral Ratsiraka et le Pr. Zafy, et ayant, d'ailleurs, abouti à la chute du régime de l'Amiral, en 1993. Didier Ratsiraka œuvra, également, de toutes ses neurones, à partir de sa résidence de Neuilly-sur-Seine, pour faire chanceler le régime du Professeur, qui tomba, à son tour, le 05 septembre 1996, suite à une motion d'empêchement votée par les députés de sa propre majorité !

Il apparaît, explicitement ou implicitement, pratiquement dans tous les débats, politiques, historiques… Il explique le regroupement des personnes, dans des associations à caractère ethnique, et ce, sur l'étendue du territoire national. Des tensions existent, également, au cœur même de chaque ethnie, où rivalités et guerres de leadership sont légion. Des tensions existent entre les Betsimisaraka du Nord et ceux du Sud, et, tout autant, entre les originaires de la Province de Tuléar, ou entre les originaires de la région SAVA et ceux de la DIANA, appartenant, pourtant, à la même province d'Antsiranana.

Tous ces exemples nous racontent la même histoire, celle de la lente descente de la Grande Ile vers la destruction nationale et, donc, son impossibilité à s'extraire de la liste des Etats faillis.

Afin d'apprécier l'étendue des dégâts provoqués par ce véritable fléau national, étudions ses effets sur chaque facteur déterminant de la société malgache.

4.2. Ethnisme et politique : un mélange détonnant…

L'ethnisme est à l'origine des événements de 1973, ayant éclaté juste après la chute du Président Tsiranana, attribuée par les côtiers extrémistes, à un complot fomenté par des suprématistes merina. A Diego, ma ville d'origine, le jeune enfant que j'étais, alors, fut traumatisé par la vue des deux magasins qui furent incendiés par des « pro-Tsiranana » extrémistes, sous l'approbation silencieuse d'une bonne majorité de la population locale. Les deux grands magasins, en l'occurrence « Marie Ravao » et « Blaise & Christine », avaient eu, comme seul défaut, d'appartenir à des tananariviens, qui, pourtant, évoluaient, alors, aux antipodes de la politique. Ceux qui furent à l'origine de ces actes, et qui purgèrent des peines d'emprisonnement, sont, aujourd'hui encore, considérés comme étant des héros de la cause côtière !

Des événements similaires eurent lieu, à la même époque, à Toamasina, où des Merinas, souvent innocents, furent assassinés si tant est qu'ils n'étaient capables de prononcer, avec l'accent côtier, la phrase suivante : « Akôho lahy magnena ambinagnin'i Mananara » !

Le rejet de l'autre a, également, provoqué la tuerie de centaines de Comoriens[1], en 1976, à Mahajanga. Un drame qui mériterait que les plus hautes autorités de ce pays demandent le pardon de la communauté comorienne à Madagascar, en particulier, et celui du peuple comorien en général !

Arme ultime des régimes malgaches en phase de déconfiture, l'ethnisme a, de tout temps, largement généré, également, une forte division nationale. Il fut exacerbé, le 10 août 1991, lorsqu'un commando constitué d'Antandroy, armés de lance-pierres, fut mobilisé, pour attaquer la foule, marchant, pacifiquement, sur le palais présidentiel.

Il explique la mobilisation, et la fusion, en 2002 de toutes les factions politiques à Antsiranana, afin de s'opposer à ceux qui furent, alors, qualifiés d'« envahisseurs », diligentés par le Président Ravalomanana, comme cela fut évoqué ci-dessus. Les exactions de ces réservistes ont laissé des cicatrices qui ne se sont nullement refermées, n'en déplaise, encore une fois, aux chantres de la silenciation.

Mais l'ethnisme se manifeste, à l'époque contemporaine, sous d'autres formes plus sournoises. Ces viles considérations s'invitèrent, en effet, également, dans le débat politique en 2013, lorsqu'un proche du chef de la transition s'insurgea, pour des raisons purement ethniques, face à la désignation, par la majorité des congressistes, du Général Camille Vital, comme candidat du parti dominant aux élections présidentielles. Le Général fut, au final, et, à son corps défendant, sèchement écarté, et le reste fait, d'ores et déjà, partie de l'histoire[2] !

---

[1] Les sources disponibles citent des nombres allant de 500 à 2000 décès.

[2] Source : un membre de premier plan dudit parti.

4.3. Sources économiques des tensions ethniques

« Dans le bled (sur les Côtes), il n'y pas d'avenir… c'est le ghetto ! » (Fab's, Rappeur originaire de Mahajanga, et ayant fait le choix de s'installer à Antananarivo) (Gab Morrison, 2023).

« Lorsque personne, dans le monde, n'aime son prochain, il est naturel que le fort domine le faible…, que le riche se moque du pauvre, que l'honoré dédaigne l'humble, que le rusé trompe le simple » (Mozi, Philosophe Chinois, Vème S. avant notre ère).

L'inégalité flagrante des chances existant, dans le domaine économique, entre les populations des Hautes Terres de Madagascar, et celle des Côtes, plutôt laissées pour compte, constitue un des facteurs fondamentaux générant la tension ethnique dans le pays. Le décalage entre les taux d'incidence de la pauvreté extrême prévalant dans les régions est d'ailleurs explicite : 56% dans l'Analamanga, et 93% dans l'Androy ! Toute unification nationale semble impossible à envisager tant qu'il s'en trouvera des individus convaincus que certaines régions de ce pays devront, de tout temps, impérativement et par tous les moyens, conserver, sur le plan économique, une longueur d'avance sur d'autres. Les quelques cas qui suivent nous donnent, malheureusement, une idée de l'ampleur de ce phénomène navrant qui divise les Malgaches.

4.3.1. Inégalité budgétaire des régions

Au niveau de l'Etat nous citerons les fameuses ordonnances portant les numéros 73-013 et 73-014 prises par le Général de division Gabriel Ramanantsoa, vécues par les populations des régions côtières de Madagascar comme étant un véritable coup d'arrêt au développement équilibré des provinces. Ces ordonnances, que les présidents côtiers successifs n'eurent pas, non plus, le courage d'abroger, ou, du moins, toiletter, mirent, en effet, fin à la décentralisation budgétaire ayant prévalu lors de la 1ère République et ayant été la source de croissance dans les régions, ont longtemps symbolisé la fracture entre l'Etat central et les provinces périphériques. Ces ordonnances, qui ont, dans la foulée, remis en question la participation des chefs de province au Conseil de Gouvernement en tant que Secrétaires d'Etat, ont supprimé ce qui représentait un souci de maintien d'un niveau équilibré de développement dans le pays. Une simple vérification des données disponibles nous montre que 95% du budget national vont aux institutions centrales (fonctionnement et investissements), et les miettes restant de ce partage léonin, soient 5%, reviennent aux collectivités territoriales décentralisées, dont 1,5% aux 23 régions et 3,5% aux 1695 communes ! Aucune croissance ne peut se générer, de façon pérenne, au niveau des régions périphériques, dans une telle configuration contextuelle, violant, notamment, les hypothèses d'équi-répartition du théorème de Boucekkine-Camacho-Fabri, mais, d'abord, et, surtout, la Constitution, qui dispose, sans équivoque, sur le principe d'égalité des chances entre citoyens ! Si de tels déséquilibres persistent, il ne faut pas espérer de sitôt l'avènement de l'unification nationale, elle-même garante de la croissance pérenne de l'économie nationale.

D'autres thèmes économiques, constituent des facteurs de tensions, entre Malgaches, aujourd'hui.

4.3.2. Le projet Andrakaka

Le projet de hub industrialo-aéroportuaire et portuaire d'Andrakaka, pensée initialement, en 1996, par Zasy Lucien, alors Maire de la Commune Urbaine d'Antsiranana, et prévu être réalisé sur la presqu'île de Cap-Diego, située dans l'extrême-nord de Madagascar, et intéressant plus d'un partenaire financier d'envergure internationale, pourvut une occasion supplémentaire à l'indifférence ethnique de pointer son nez. En effet, prévoyant le développement d'un aéroport international, d'un port en eau profonde multiusage doté d'un quai de 5.000 mètres et d'une profondeur de 25 mètres, d'une zone industrielle, d'un *Business Park*, et de plusieurs centres de recherche et de formation, ce projet, dont j'ai été, personnellement, depuis l'année 2009, le porteur, et, potentiellement, générateur de plusieurs milliers d'emplois directs pour l'ensemble des jeunes Malgaches, a fait l'objet d'actions de lobbying de la part d'opérateurs tananariviens, convaincus que l'aéroport d'Ivato est, et se doit, de demeurer l'unique hub aérien international dans la Grande Ile. Plus tard, en 2016, un lobby Tamatavien se positionna, également, pour dissuader le régime d'alors, d'implémenter le même projet, afin que le port de Tamatave demeure « le seul port en eau profonde de grande envergure de Madagascar » [1]! Cette position, fortement inspirée par une logique de jeux de somme nulle, n'est aucunement fondée, bien évidemment, mais le mal est déjà fait et il est sérieux. Les pourfendeurs du projet, aussi haut soient-ils placés dans la hiérarchie décisionnelle du pays, n'ont pas, à ce jour, proposé une quelconque alternative, une fois qu'en ait été techniquement démontré la non-faisabilité.

Au Maroc, par exemple, il existe au moins 9 aéroports internationaux, en l'occurrence ceux de Rabat-Salé, de Casablanca-Mohamed V, d'Agadir-El Massira, de Marrakech-Menara, de Tanger-Boukhalef, d'Oujda, de Nador, de Fez, d'Ouarzazate, desservis par la compagnie aérienne nationale, Royal Air Maroc ainsi que, par de grande compagnies internationales comme Iberia, Emirates, Etihad Airways, Air France, Aeroflot Russian Airlines, KLM, easyJet, etc..., sans qu'aucune des régions ne sente que le développement des autres ne se ferait à son détriment !

De même, Dubaï, qui est le premier hub aéroportuaire des Emirats Arabes Unis (EAU), et numéro 4 mondial, tous passagers confondus, et, enfin,

---

[1] Source : Claude Andréas, en 2015.

numéro un mondial en ce qui concerne l'accueil de passagers étrangers, et desservi par les plus importantes compagnies aériennes du Monde, dépasse de loin, en volume de passagers et de fret, celui d'Abu Dhabi, la capitale politique et diplomatique des EAU, sans que cela ne gêne personne dans ce pays. Bien au contraire, le gouvernement de l'EAU soutient, au plus haut point, le développement de cette vocation spécifique de Dubaï, notamment à travers la mise en place du nouvel aérométropole d'Al Maktoum, dénommé « Dubai World Central », démontrant à quel point le succès économique, mondialement reconnu, de cet émirat, constitue, dans ce pays, une réelle source de fierté nationale !

Plus loin de nous encore, aux Etats-Unis, le premier hub aéroportuaire national, se trouvant également être le numéro Un au Monde, et par où transitent, annuellement, plus de 104 millions de passagers, ne se trouve ni à Washington, ni à New- York, et encore moins à Los Angeles, mais à Atlanta Hartsfield Jackson, en Géorgie, sans que cela ne soulève le moindre sarcasme de la part des habitants de San Francisco ou de Boston ! En effet, dans un Monde où, en 2023, 4.3 milliards de voyageurs ont pris l'avion, le bonheur et le succès sont à portée de main de qui se donne un minimum de peine pour s'organiser et se positionner en conséquence, avec sérieux ! On ne peut que féliciter le régime actuel qui a accepté que les études de faisabilité techniques et financières relatives à ce projet puissent, enfin, être amorcées. J'invite le gouvernement à avoir le courage politique de ne se focaliser que sur les aspects techniques et les opportunités économiques qu'offrent la mise en œuvre, à l'issue de la réalisation des études, ce genre de projet, méritant plus d'être multiplié, au vu des immenses potentialités présentes, que d'être freiné, voire éliminé ! La reprise des activités économiques dans le Monde et notamment dans le secteur du transport aérien constitue une opportunité que ce pays devrait saisir pour multiplier les partenariats dans la construction des infrastructures physiques d'envergure, tout en rectifiant certaines orientations entropigènes de l'Etat.

4.3.3. La longue ségrégation énergétique

Une autre inégalité entre les différentes zones de Madagascar fut, longtemps, symbolisée par le flagrant déséquilibre, en défaveur des populations des côtes, des prix du kilowatt-heure d'électricité. En effet, le prix de l'électricité, à Madagascar, est déterminé par la nature de la source utilisée par la société JIRAMA pour la produire. Comme il se trouve que sur la plupart des régions, l'énergie est d'origine thermique, le ménage, comme l'unité industrielle, se doit de payer au prix fort, c'est-à-dire à un prix excédant parfois le triple de ce que paie le ménage ou l'industriel antananarivien ! En tant que parlementaire élu dans le Nord, je me suis, plus d'une fois, inquiété de cet état des choses auprès des responsables de la société JIRAMA. On me répondit, en toute désinvolture, qu'il n'y avait « rien à faire » pour le moment, et qu'« il fallait patienter » ! Tout ceci étant lancé par de hauts responsables du secteur énergétique, comme si n'en dépendent pas les destins de millions de personnes, privées d'emplois et de vies décentes, faute d'investissements conséquents et comme si la fourniture d'énergie ne faisait pas partie des services publics dont l'accessibilité doit constituer la règle. Les Malgaches ont, de ce fait, longtemps, vécu dans une parfaite inégalité énergétique, comme l'illustre le drame vécu par la société textile Majungaise SOTEMA, qui dut mettre la clé sous le paillasson, étouffée par les montants, astronomiques, des factures d'électricité. On ne peut qu'apprécier que cette aberration fût, enfin, supprimée en 2021, tout en ayant l'amère conscience que cela ne ressuscitera pas la SOTEMA !

4.3.4. Mainmise sur les produits de rente

La structuration unipolaire de notre économie se manifeste également dans la forme d'exploitation actuelle de la filière vanille qui profite de moins en moins aux natifs des huit régions productrices (la Sava, la Diana, l'Analanjirofo, l'Atsinanana, l'Atsimo Atsinanana, la Vatovavy, la Fitovinany, l'Anosy), réduits à la juste appréciation du dur labeur de la mise en terre, de l'insémination florale, du gardiennage des plantes, de la collecte des gousses et de leur préparation. Ces derniers sont amenés, soit à « coopérer », tout en se contentant des maigres restes, soit à être marginalisés. Cette configuration de la filière a, d'ailleurs, conduit à sa totale décadence actuelle. Le même constat peut être étendu aux autres filières-phares actuelles des régions périphériques, en l'occurrence l'or et le litchi. En ce qui concerne le litchi, si le pays a une capacité de production annuelle de plus de 200 000 tonnes, seules 20 000 sont exportées, à partir de quotas parcimonieusement attribués par le GEL à de « chanceux » opérateurs triés sur les volets. 20 000 sont déversées sur le marché intérieur, et, le reste, donné, non sans un profond dépit, au bétail, ce qui est choquant pour un pays aussi pauvre, lorsqu'on sait que sur les étals des épiceries fines européennes, ce fruit délicat, en primeur, donc non-soufré, est proposé, chaque année, juste avant Noël, à, environ, 17 euros/kg !

J'évoque, en dernier lieu, le cas de la filière « bois de rose de Madagascar », ou *dalbergia maritima*, source de revenus substantiels pour les régions orientales de la Grande Île, devenue, depuis 2010, année où les premiers textes en interdisant, du moins officiellement, les exportations, une filière devenue à la fois souterraine, politique et … ethnique !

Le système d'octroi d'agrément appliqué aux filières « vanille » et « girofle », renforce, tristement, l'asservissement de l'homme et de la femme des Côtes. Il permet, en effet, de sélectionner les opérateurs à la fois politiquement et « ethniquement » corrects, institutionnalisant ainsi, *de facto,* des pratiques, condamnables, distorsives et entropigènes déplorables, dont nombreux, dans ce pays, pleurent déjà, les effets pervers !

4.3.5. Le Cotonnier « Tuléarois »

Les natifs des Hauts-Plateaux de Madagascar n'ont pas l'apanage de la transformation systématique de leur position politique en faveur économique bénéficiant, en priorité, aux membres de leur famille et de leur ethnie. En 2011, j'eus l'opportunité d'accueillir, à Madagascar, en tant que consultant en facilitation d'IDE, le groupe japonais Nitori associé au groupe Happytex, originaire de Shanghai. Ceci se fit grâce à une intermédiation, opérée entre ce groupe et moi, par mon ami, l'économiste Hery Ramiarison. Nous restructurâmes, ensemble, la filière cotonnière dans la partie septentrionale de Madagascar, après la déconfiture en 2009, du groupe HASYMA[1], alors propriété du groupe cotonnier français Géocoton. Nous appelâmes « Madagascar Standard Group », ou MSG, la filiale malgache de Happytex, qui allait reprendre, suite au rachat des dettes de Géocoton auprès de la Bank of Africa (BOA), et à la récupération d'une partie du personnel, impayé et abandonné, de ce groupe français, les activités de HASYMA dans les bassins du fleuve Mahavavy et de la rivière Mananjeba, où 9.000 familles vivent de cette filière. Le Ministre en charge de l'Economie et de l'Industrie de l'époque, tout originaire des côtes qu'il était, bizarrement, n'accorda jamais l'autorisation d'opération à la véritable bouée de sauvetage que constituait, pourtant, cette entreprise, qui fut plus tard, c'est-à-dire en 2014, déplacée à Toliara par le Premier Ministre, alors nouvellement nommé, et originaire, lui, de la Région Menabe, située au Nord-Ouest de la Province de Toliara. Sans le savoir, les deux personnages, pourtant respectables, et dotés, à l'époque, de responsabilités d'envergure nationale, venaient de franchir le Rubicon du « préférentialisme » ethnico-économique intra-côtier ! Ces inégalités, ou même, discriminations économiques, très peu dénoncées et décriées au grand jour, et néanmoins généreusement évoquées, sous cape, avec beaucoup de frustrations et de résignation, continuent à fracturer la société malgache dans son ensemble. Ces inégalités, quasi-permanentes, constituent le terreau idéal et inespéré des extrémistes de tout bord, et forment un des ferments de la décohésion nationale et, partant, de la déflagration ethnique se profilant à l'horizon. L'incursion du régionalisme, qui ne se cache même plus, dans la conception des stratégies de développement économique de ce pays, de surcroît avec une approche de jeu de somme nulle[2], constitue un phénomène qui dépasse l'entendement. La tension, même impalpable, bien qu'on en devine la présence, qu'est susceptible de générer ce genre de comportement s'apparentant plus à l'impérialisme économique, qu'à une approche raisonnée et inclusive du développement national, ne peut que laisser augurer et

---

[1] Hasy Malagasy, ou Coton Malgache.

[2] Alliant sa survie à la disparition de l'autre.

légitimer, dans le futur, malheureusement, sous ces cieux, des agissements revanchards incontrôlables, à relents ethniques. Si je suis absolument convaincu que le fameux « Agenda merina », que symbolise le tristement célèbre discours du Pasteur Andriamanjato au centre FIAP, à Paris en 1973[1], prônant l'asservissement progressif du côtier par sa destruction économique et par la limitation de son développement intellectuel, n'est, ni plus ni moins, qu'un mythe, le fait que la disparition de la SUMATEX (à Toliara), de l'HODIMA, de la SCIM (à Antsiranana), de la SOTEMA et de la FITIM (à Mahajanga), du CENIA et de la KAFEMA (à Ambanja), de la Pêcherie de Nosy Be (PNB), de la SIRAMA (à Nosy Be et à Brickaville), de la HASYMA (à Ambilobe)... et les graves difficultés, actuelles, de la SECREN (à Antsiranana), et de la filière Tourisme, pilier de l'économie des régions périphériques de la Grande Ile, soient traitées comme étant de mineures importances, ne font, hélas, que me démentir. Me démentent, de façon plus cinglante encore, l'inexistence d'opérateurs originaires des côtes dans le top 10 des plus grandes fortunes de Madagascar, tout comme le fait que le nombre de ces opérateurs disposant d'Un MM de Francs Malagasy, soit un peu plus de 40 000 USD, se comptent, désormais, sur les doigts des deux mains, quand on sait que le nombre d'hecto-millionnaires, voire de milliardaires en dollars US, dans le pays, est en train d'exploser ! Plus éloquent encore, la situation qui précède est également corrélée avec l'inexistence de candidats côtiers dans le quinté de tête au premier tour des élections présidentielles de 2018[2] !

4.3.6. Flagrante main basse sur les institutions-clés

Plus d'un se plaignent, actuellement, du fait que des ministères ou institutions, gérant, en général, d'importants budgets, constituent la chasse gardée d'une seule province, au vu et au su de tous. Sont, alors, souvent cités : le Ministère en charge des Finances, la Banque Centrale de Madagascar, la société d'Assurance « Aro », ainsi que sa filiale « Fiaro », la SONAPAR (Société Nationale de Participation) et la KRAOMA (Kraomita Malagasy), etc... Symétriquement, les sociétés les moins prospères, dont la SECREN, sont, volontiers, laissées entre les mains de cadres côtiers abandonnés par l'Etat, puis accusés, par la suite, d'incompétence !

Il faut noter que la SONAPAR, qui, tout en étant une structure financière étatique, propriété de tous les contribuables, n'a, pratiquement, jamais financé de projet en terre côtière ! Je l'appris à mes dépends lorsque je vis, en 2013, que le dossier technico-financier destiné, déjà, à ce moment-là, à sauver du

---

[1] Ce dernier, durant son intervention, se dressa contre la mise en place d'universités dans les zones côtières de Madagascar, afin d'« éviter les troubles et les contestations ».

[2] Le meilleur candidat côtier, en l'occurrence Tabera Ramanantsoa, candidat du Parti « Kintana », fut positionné à la... septième place !

naufrage, la société SECREN, évoquée *supra*, spécialisée dans la construction navale, dont je présidais le conseil d'administration, fut rejeté par cette institution, sans aucune autre forme de procès. Le malheur de cette unité industrielle, qui est, pourtant, une société d'Etat, aujourd'hui en cessation de paiement, est d'être, quelque peu, « trop excentrée » géographiquement, du moins au goût de certains ! Cette anecdote est d'autant plus troublante qu'une grande société PRIVEE tananarivienne put bénéficier des largesses de cette structure de financement, qui lui versa, dans le cadre de son « rachat » par l'Etat, plus de 150 MM d'Ariary, soit 37,5 Millions de USD, tandis qu'au chantier naval, PUBLIC, jadis source de fierté nationale, il fut refusé un emprunt, remboursable, de 5 millions de USD, au point que les employés sont, désormais, réduits à mendier dans les rues de la ville d'Antsiranana !

4.4. La fracture culturo-émotionnelle

Les Malgaches, selon leurs régions d'origine, sont régis par des codes culturels identiques, bien qu'il existe quelques nuances. La langue, tout d'abord, bien que commune, a des consonances locales marquées et un volume assez réduit de vocabulaire spécifique à chaque région. Cela ne nous dédouane pas de la nécessité de construire, dans le futur, la langue nationale commune.

De même, si le culte des ancêtres constitue une valeur commune, seules quelques régions de Madagascar pratiquent, par exemple, le rite du retournement des morts, ou le « famadihana ».

Sur un plan psycho-émotionnel, le côtier est souvent un peu plus spontané, quand le natif des hauts-plateaux est plus subtil, et plus réservé. La fragmentation culturelle se retrouve également dans les goûts musicaux, chaque région possédant ses artistes préférés que d'autres régions peuvent rejeter. Très peu d'artistes, quoiqu'il faille reconnaître qu'ils existent, font l'unanimité.

Aujourd'hui encore, toutes les ethnies ont, en commun, le réflexe communautariste, et sont regroupés autour de chefs de clans, les « Sojabe » ou « Olobe », qui portent, dans certaines contrées, le titre de « prince », ou, même, souvent, d'Ampanjaka (roi) ! Les castes sont encore bien présentes, et la défense de leurs intérêts passe, souvent, avant celui du pays tout entier. L'exercice élaboré et réalisé par la fondation allemande FES, évoqué précédemment, est hautement révélateur de l'existence d'un schisme culturel, enfoui, pour le moment, au plus profond de chacun, et qui appelle à la mobilisation, ainsi qu'à la réflexion.

Par contre, si les prouesses de l'équipe nationale du football, le Barea, durant la phase finale du CAN ont fait vibrer, en 2019, l'ensemble des Malgaches, dans un intense élan émotionnel commun, les libérant ainsi d'une frustration accumulée durant des décennies de défaites footballistiques, comme économiques, il faut aussi reconnaître, en contraste, que le phénomène de la famine dans le Sud, ou le naufrage du « MS Francia III », au large de Soanierana-Ivongo, le 20 Décembre 2021, ayant fait 85 victimes, furent vite escamotés dans l'opinion publique. Pour ce qui est de ce dernier drame, à part l'instauration, par décret présidentiel, de la journée de deuil national, observée le 23 Décembre 2021, aucun culte à la mémoire des victimes, à ma connaissance, ne fut célébré sur le territoire national. La même absence d'émotion entoura l'incendie provoqué par des brigands à Ambolotarakely, dans le district d'Ankazobe, le 29 juillet 2022, au cours duquel périrent brûlés vifs 32 personnes, dont 15 enfants mineurs. Même scénario à Iabohazo, dans le district de Farafangana, où une dizaine de personnes, dont 7 enfants, périrent dans un horrible massacre. Dans n'importe quel pays au Monde, de tels drames incluant des enfants dans la liste des victimes auraient provoqué une émotion collective, et laissé une trace durable dans les esprits[1]. Pas à Madagascar : pendant qu'à Ambolotarakely, dans le Centre du pays, on pleurait ses morts, à Nosy Be, dans le Nord, se déroulait, dans la liesse générale et la totale insouciance, et avec la participation de hautes personnalités de l'Etat, le festival musical « Sômarôho[2] » … Cette absence de vibration commune, dans l'épreuve et la douleur, mesure le fossé, immense, qui nous sépare de l'avènement d'une véritable nation unifiée, et, donc, du développement.

4.5. La fragmentation politique

A Madagascar, plus que n'importe où ailleurs dans le Monde, la pratique politique est liée à la passion, et se rapproche plus du fanatisme renfermé, destructeur, que de la tolérance ouverte, constructive. Pourtant, j'estime que lorsqu'on aspire à accéder aux plus hautes fonctions de l'Etat, il est préférable d'être armé d'une profonde compassion à l'endroit de ses compatriotes, et d'une inébranlable volonté d'apporter et d'organiser le sursaut salvateur, plutôt que d'un trouble flagrant d'altérité, et d'une implacable et glaciale haine pour ceux qui se sont érigés en adversaires politiques.

Durant l'époque précédant la colonisation, nous l'avions vu, la férocité fut déjà le maître-mot apte à décrire les réalités dans la Grande Ile. Une fois l'indépendance acquise, le pays eut droit à un répit d'une dizaine d'années. Le sang se mit à couler à nouveau à partir de 1971, lors de l'insurrection dans le Sud, menée par le leader nationaliste Monja Jaona. La politique fut à l'origine de l'assassinat, le 11 février 1975, du président d'alors, le Colonel Richard

---

[1]La France entière, par exemple, pleure encore Grégory plus de 40 ans après son odieux assassinat, et est encore sous le choc, suite à la disparition en 2023, du petit Emile.

[2] Littéralement, *carpe diem.*

Ratsimandrava, puis, par la suite, de la mort suspecte lors d'un accident d'avion, en mai 1986, du Ministre de la Défense, le Contre-Amiral Sibon Guy[1], de la disparition de centaines de personnes le 10 août 1991, et durant toute la période trouble qui suivit. La politique sévit, une fois de plus, en 2002, à Ambilomagôdra, dans le district d'Ambilobe, où des corps inanimés ont, longtemps, jonché le sol, dans les forêts avoisinant la RN6, et alimenté les oiseaux de proie. Elle fut, enfin, à l'origine du carnage du 07 février 2009, et sans nul doute, continuera à, encore, faire des victimes, dans le futur !

4.5.1. Mort à l'autre !

La politique, à Madagascar, est d'abord fondée sur la haine et le mépris de l'autre, et n'est aucunement inspirée par le sens du partage au sein d'une patrie à défendre. Il n'est, de plus, que quête de réalisation de petites ambitions personnelles et caresses, sans mesure, d'égos, au détriment de l'édification et du développement national. Les périodes de campagnes électorales offrent une occasion aux politiciens, alors sous les feux de la rampe, d'attiser les tensions sociales et de diviser profondément le pays. A Madagascar, la politique est, au final, identique à celle pratiquée dans tous les pays pauvres de la Planète, notamment africains, c'est-à-dire liée à une inégalité d'accès aux opportunités économiques, tout en étant synonyme de confrontations verbales et, dans certains cas, d'affrontements physiques violents. Les politiciens d'obédiences différentes se haïssent et perdent de vue le fait qu'ils ont fini par haïr leurs propres compatriotes, qu'ils ont, pourtant, promis de servir et respecter ! A l'Assemblée Nationale, structurée à l'image même du pays, j'ai été, personnellement, témoin de propos et de comportements, censés être politiques, y compris de parlementaires issus de mon propre camp, dépassant l'entendement, et m'ayant convaincu de la dimension purement fictive du fameux « *Fihavanana malagasy* », synonyme, pourtant, d'entraide et de solidarité. Cette haine et ce mépris sont accentués et entretenus par d'autres facteurs, tels l'ethnisme, évoqué précédemment, et la pauvreté. L'ethnisme, car chacun appelle, avec une acuité variable, de ses vœux, que son ethnie se mette à dominer de façon durable, voire définitive, le pays ! La pauvreté, également, puisque dans un pays rongé par le chômage, la malnutrition et la famine, les postes politiques, qui sont une récompense, souvent sans lien aucun avec les aptitudes intellectuelles du concerné, constituent un puissant ascenseur et un raccourci social particulièrement efficace, permettant de s'octroyer une poignée de riz, un salaire, si ce n'est, dans les meilleurs des cas, une fortune ! L'adversaire politique est, de ce fait, avant tout, perçu comme étant un obstacle à la réalisation de ses objectifs personnels, familiaux et ethniques de survie et de ses ambitions de grandeur, qu'il s'agit de reléguer au plus bas de la chaîne alimentaire économique, la lutte contre la pauvreté extrême, le changement climatique et autres urgences sociales demeurant, au

[1] Source : Sabine Sibon, veuve du regretté Contre-Amiral.

final, les affaires, abstraites, d'intellectuels et autres idéalistes illuminés, en mal de meilleures occupations ! Pour préserver ses privilèges et une position dominante, chaque régime, lorsqu'il prépare des élections risquant, chaque fois, d'être houleux, est, tout à fait, capable d'envisager le pire pour ses opposants, tout compatriotes qu'ils soient ! Le politicien déchu (lire « privé des honneurs et privilèges qui lui sont dus ! »), exilé, demeuré libre, ou placé derrière les barreaux, dans le pays, ne nourrit pas vraiment de pensées amicales à l'endroit des tenants du pouvoir et, à moins d'avoir tiré le gros lot dans le régime précédent, passe son temps à mesurer les contours de son infortune, en attendant le rebond que générera la fin du cycle en cours, annonciatrice du cycle suivant, et, donc, de temps plus cléments, qu'il consacrera, probablement, à la rapine, et, surtout, à la vengeance ! Tous les maux et comportement hostiles des politiciens malgaches auraient pu amener au sourire, et presque à l'indifférence, si ce n'est que ce sont là, dans un contexte de total dénuement sans précédent et reconnu à l'échelle planétaire, du pays, des facteurs impactant son économie et hypothéquant, dangereusement, son avenir. Enfin, la culture de l'acceptation de l'alternance pacifique au pouvoir, bien que semblant être encore peu intériorisée par les dirigeants et les états-majors politiques, doit être instillée progressivement au sein du subconscient et l'ADN de chacun. Le danger qui guette le plus le pays, cependant, est la politisation de l'armée, qui est un fait qui se banalise progressivement. Si le fait n'est, finalement, pas nouveau, il prend, désormais, une ampleur sans précédent. S'il faut reconnaître que les hommes en uniformes se sont toujours efforcés de maintenir un minimum de cohésion, et ont toujours, durant les périodes de crises politiques qu'a traversées le pays, trouvé les voies ayant permis d'éviter toute forme d'affrontements armés directs, il n'en demeure pas moins que le spectre de la division de l'armée et de la perte de son indépendance, du fait de sa politisation à outrance, menace, plus que jamais, la stabilité et l'unicité du pays, et y mine, dans la foulée, sérieusement, la qualité du climat des affaires.

4.5.2. Les ravages d'Internet

Ce contexte, déjà, pas simple, est largement aggravé par l'utilisation, sans la moindre éthique, des NTIC. En effet, à l'image de ce qu'écrit David Doucet (2020), qui traite Internet de « machine à broyer », dans son ouvrage évoquant le cas français, « La haine en ligne », mensonges, diffamations, et insultes sont entrés dans les mœurs et le phénomène des réseaux sociaux, en général, et de Facebook, en particulier, pourtant conçue par son créateur, Mark Zuckerberg, pour rapprocher les hommes et les femmes du monde entier, est, aujourd'hui, usité comme un puissant véhicule ayant largement permis la banalisation des injures que stimule l'anonymat, comme support de diffusion d'idées politiques. Si la loi sur la cybercriminalité fut présentée par le gouvernement malgache et votée au parlement en 2016, ce fut, justement, dans le but de juguler ce phénomène incitant à toutes formes de haines, notamment politiques et tribales, condamnées bien entendu par la loi fondamentale. Mais, il faut se rendre à l'évidence, son effectivité et son efficacité restent encore à prouver, malgré les quelques interpellations et arrestations, ici et là, les moyens de l'Etat demeurant quelque peu limités, que ce soit pour mettre un frein à ce nouveau genre de délit ! Lorsqu'on lit ce qui s'écrit ou se dit à partir des comptes « fake » de Facebook, on comprend pourquoi ce pays est mûr et configuré pour l'autodestruction. Si le phénomène semble grave dans une France dotée d'une culture et d'une histoire séculaires, on imagine ses ravages dans un pays, comme Madagascar, qui cherche encore sa voie vers la lumière.

4.5.3. Des partis politiques en excès !

Enfin, le nombre de partis politiques, estimé, dans ce pays, à plus de 300, fait hurler de rire le Monde entier, et a, même, inspiré une boutade à un haut dirigeant chinois qui affirma, lors du voyage officiel du Président Hery Rajaonarimampianina en Chine, en 2018 : « et puisque vous êtes si aptes à produire des partis politiques, pourquoi, donc, n'en exporteriez-vous pas pour réduire le déficit de votre balance commerciale ? »[1]. Cette inflation, si elle révèle l'existence d'une volonté citoyenne de prendre part aux affaires nationales, dénote, surtout, une difficulté à se structurer et à s'allier de façon cohérente, afin d'atteindre des objectifs communs pour la cité. Ainsi, des groupes politiques défendant pourtant des orientations politiques identiques s'affrontent impitoyablement, révélant, ainsi, une profonde incompréhension de l'objet même de la chose politique, et la mise en avant de la personnalité du dirigeant, au détriment de ses idées sur la société.

4.6. Différences physico-morphologiques et division nationale

En sus des aspects culturels évoqués ci-dessus, les différences physiques entre côtiers et merina ont tendance à constituer un mur entre ces populations. Il n'est pas rare d'entendre des extrémistes merinas traiter les côtiers de « mainty » (nègres) ou, carrément, de « gidro » (lémuriens, ou singes), en se référant non seulement à la couleur, sombre, de leur peau, mais aussi à la nature, crépue, de leur chevelure. Le merina à la peau foncée, originaire des bas-quartiers, se faisant traiter, régulièrement, de « tambany » (ceux d'en-bas), ou de « mainty » (noir), a aussi sa part de qualificatif exotique ! Ce comportement vis-à-vis de la personne noire de peau fut d'ailleurs confirmée par le grave incident diplomatique que créa la remarque, déplacée, d'un journaliste d'une chaîne de télévision malgache sur la nature « foncée » de la peau des membres de la délégation rwandaise menée par le Président rwandais, Paul Kagamé, invité d'honneur de la cérémonie de célébration de la

[1] Boutade rapportée par un des membres de la délégation.

fête nationale malgache, le 26 juin 2019. La réponse du berger à la bergère ne se fit pas attendre :

« Je suis au courant des remarques racistes faites par les journalistes de la chaîne de télévision ... de Madagascar. Je suis aussi au courant des préjugés racistes que certains Malgaches éprouvent vis-à-vis de l'homme noir... ! Vous devriez arrêter avec votre complexe de supériorité ! Nous, les rwandais, nous sommes fiers de ce que nous sommes, le racisme et le tribalisme font partie du passé, on n'a pas besoin des Malgaches pour nous rappeler que nous sommes noirs. Depuis que vous avez la peau claire, vous ne faites que sombrer dans la misère extrême et la corruption. J'espère que le peuple malgache se réveillera un jour ! » (Source : Un proche du Président rwandais Paul Kagamé).

La sourde tension qui existe entre les Malgaches et les Comoriens puise, d'ailleurs, en grande partie, sa source, dans ces différences morphologiques, auxquelles s'ajoutent des différences culturelles ayant abouti au massacre de centaines de natifs de l'île-sœur en 1976, un dramatique événement qui attend, aujourd'hui encore, les excuses officielles et publiques d'un dirigeant malgache. D'après Bir (2020), cette condescendance vis-à-vis du noir, auquel sont rattachés des stéréotypes tenaces de paresse, d'infériorité intellectuelle et de malhonnêteté, proviendrait de l'ère de l'esclavagisme, au cours de laquelle il fut constaté que, pratiquement, sous tous les cieux, les vaincus, et donc les esclaves, étaient foncés, si ce n'est noirs, de peau ! Cette remarque de Bir nous instruit, donc, sur le fait qu'être noir, c'est d'abord être, dans l'esprit de certains, un vaincu et un perdant. Ceci est particulièrement vrai, de nos jours, dans la guerre du développement, que les non-noirs sont en train, tous, de gagner, hormis les quelques nations d'Asie et du Pacifique. Afin d'échapper à cette logique tangible de la discrimination physique, les côtiers ayant des ascendants européens ou asiatiques, donc dotés d'une peau plus claire et de cheveux plutôt lisses, ont tôt fait de se regrouper, en recourant à des critères purement physiques, au sein d'une association, celle des Métis de Madagascar, s'assurant à travers ce réflexe de repli ethnique, l'accès à des privilèges, surtout économiques, tels les emprunts bancaires ! Encore une fois, ce genre de faits, sources de grandes inégalités socio-économiques, et, donc, de profondes frustrations, et que ne dénoncent, ouvertement, qu'une minorité d'élites, lorsqu'elle est alliée aux autres dimensions de la division nationale évoquées ici, notamment politiques, non seulement, nous barre la route du progrès, mais nous prépare, également, à une sanglante déflagration !

4.7. L'effacement, progressif, des repères

Avant de procéder à leur triste besogne, les pirates de la route, à Madagascar prennent le soin d'effacer les chiffres peints sur les bornes kilométriques situées dans leur périmètre d'attaque. Ce rituel a, en fait, un objectif précis :

rendre le chauffeur, ainsi que les passagers du véhicule attaqué, plus vulnérables encore, psychologiquement, étant dans l'incapacité de se repérer dans l'espace et d'indiquer à qui que ce soit leur emplacement exact. Madagascar est, depuis des années, sous l'emprise, de pillards, nationaux et internationaux, qui œuvrent, en permanence, pour que la population perde de vue ses repères culturels et historiques, et, devienne, en conséquence, malléable et détroussable à souhait. Le phénomène, sordide, du vol des ossements humains, qui n'a, semble-t-il aucune motivation économique identifiée, n'a d'autres buts, que d'« effacer » physiquement les ancêtres, le « tanindrazana » (terre des ancêtres), auquel le Malgache est, ataviquement attaché, cessant, dès lors, de l'être. Le vol des bovidés, alors que le zébu constitue une référence sociale, culturelle et économique pour le Malgache, est également motivé par cette volonté de déconnecter la population, de ses racines. Le pays n'étant pas doté, aujourd'hui, d'une industrie culturelle fortement porteuse et protectrice de son patrimoine intangible, le pays est, donc, à la merci de la « soft power » internationale, qui, insidieusement, s'installe dans les esprits, et se met à servir de référence. De même, la banalisation du piratage des œuvres artistiques a des effets destructeurs sur le système national de productions musicale et cinématographique. Ceci constitue un autre facteur de déracinement du Malgache de ses valeurs traditionnelles historiques et culturelles. Ce processus destructeur des repères socio-culturels a besoin d'être compris, analysé, puis contré, sérieusement, afin de construire et de maintenir un ciment social reliant les Malgaches entre eux, fait d'histoire, de traditions et de valeurs communes, rendant la société apte à affronter les défis économiques que lui impose l'âpre situation d'extrême pauvreté.

4.8. Le silence des…élites

> *« Le monde ne sera pas détruit par ceux qui font le mal, mais par ceux qui les regardent, sans rien faire » (Albert Einstein).*

L'élite nationale, un des plus importants remparts face aux dangers de destruction d'un pays, préfère, aujourd'hui, se tenir loin des feux de la rampe, afin de ne pas s'exposer aux courroux des tenants du pouvoir. Si on dit que le silence est d'or, celui-ci en fait de simples rentiers d'acquis académiques et professionnels, contrairement à ce qui peut en être attendu. Ce qui a pour effet d'ouvrir un boulevard à la médiocrité qui génère et dirige la haine contre le lettré et le savant, qui, justement, ne s'organisent ni ne répliquent. Ce comportement des élites, constitue un des problèmes fondamentaux de ce pays, et est, sans aucun doute, à l'origine de la perpétuation de sa division et du phénomène de trappe du capital humain ! Il génère un retour progressif et durable vers l'obscurantisme, jetant, ainsi, aux oubliettes, toute chance de voir, un jour, les étoiles de la connaissance, et donc du progrès, poindre, puis briller, sur le pays tout entier. Dans un monde caractérisé par l'économie de la connaissance et de la technologie 4.0, est-il encore concevable que l'on s'offre l'indécent luxe de vivre en autruches irresponsables, et d'ignorer le regard, résigné, de notre peuple à genoux ? Il est temps de faire face à l'histoire et de taire, au profit du progrès humain, nos égoïstes guerres d'écoles de pensées. Celles-ci ont, trop longtemps, desservi notre peuple qui attend tant de nous. L'indépendance d'un pays, c'est aussi le droit et la liberté de faire valoir ses idées et ses connaissances, de se tenir debout, de retrousser ses manches, d'aller vers l'avant, et de choisir le progrès au détriment de l'attentisme et de la progressive dérive. Je prône le débat, sans abandonner l'idée que chacun, après tout, est libre, et responsable de son comportement. Il faut juste prendre conscience du fait que le silence, l'inaction, voire la compromission et la complicité, comme nous le rappelle Einstein, ont un lourd coût qu'il faudra bien payer, un jour. Le silence des élites est un silence coupable, et si la violence et le chaos demeurent des voies non-recommandables, la connaissance, transmise à travers l'éducation des masses, constitue l'unique espoir, pour ce pays, d'accéder, un jour, à l'éclairage salvateur, dans une société plongée, depuis des années, dans les ténèbres de l'obscurantisme et de l'ignorance extrêmes. Le renouveau et, surtout, l'unification malgaches, suite à plus d'un demi-siècle de descente aux enfers, ne peuvent se concevoir, sans la montée réelle de l'influence et la prise de responsabilité d'une masse critique de matières grises férues de rationalité et de progrès.

4.9. Soyez riches, et cachez-vous !

Les riches, d'ailleurs, se cachent pour vivre, et seules la misère et la détresse règnent en maître devant les médias. Les riches se cachent, tout simplement, pour être tranquilles, loin de la jalousie, et afin de ne pas être rejetés par la société, car être riche constitue, actuellement dans ce pays, à la lumière de l'inégalité rampante, presque un délit, au regard, frustré et revanchard, de ceux qu'on empêche, à travers l'institution de monopoles et de chasses-gardées, de progresser, et, parfois même, de respirer ! Cette situation a pour effet pervers d'instaurer une sérieuse tension sociale particulièrement entropigène dans le pays, tension susceptible d'aboutir, à terme, comme annoncé ci-dessus, à une explosion d'une grande ampleur, qui, si, jamais, elle advenait, constituerait, pour chacun de nous, un objet, mémorable, de profonds regrets.

4.10. Dimension psychologique du problème de la division nationale

Un ego personnel ou, pire, ethnique ou politique démesuré qu'accompagne un complexe de supériorité ou d'infériorité font que la logique d'affrontement s'installe rapidement lorsque les extrémistes des deux bords sont livrés à eux-mêmes, dans un contexte de grande faiblesse institutionnelle, et, donc, de sous-administration, patente, du territoire. La peur de perdre une position politique, ou des acquis socio-économiques avantageux, génèrent de façon ponctuelle, ou permanente, chez l'individu, ou une communauté, un réflexe que caractérise le trouble de l'altérité, qui suit la logique de la totale annihilation de l'autre, afin d'assurer sa propre survie. C'est ce trouble, perçu, non seulement chez les extrémistes, mais aussi chez des leaders politiques et communautaires, qui dicte l'intensité de la haine de l'autre. C'est ce même trouble qui détermine l'intensité de l'indifférence profonde et la froideur totale face à la quarantaine de milliers de décès, chez les enfants, chaque année, avant même que ceux-ci n'atteignent leur premier anniversaire, la froideur face à la famine, et, bref, l'absence quasi-absolue du besoin d'apporter, urgemment et sincèrement, un remède et le développement chez un peuple dont la destruction est, non seulement annoncée, mais, surtout, amorcée. Cette structure de perversion narcissique collective consistant à intimement associer son ascension et son succès au souhait de la perte de son prochain, à travers une froide logique de jeux à somme nulle, a dominé ce pays à travers ses plus de deux milles ans d'histoire. Si la guerre, comme nous le verrons plus loin, a, souvent, été, sous d'autres cieux, un facteur unificateur, au vu du fait que la recherche d'une paix durable soit l'objectif ultime, celle-ci fut, chez le Malgache, d'abord et toujours, une raison d'existence, faute d'avoir pu mener à terme le processus d'unification nationale. Le non-débat entourant ce sujet, à Madagascar, vient du fait que de nombreux penseurs, atteints d'une forme grave de « déni de la réalité » ou de « changement de paradigme », rejettent, collectivement, et inconsciemment, la pertinence du sujet. Ce déni, ou invisibilisation de la flagrante réalité, définit, pour paraphraser Jung (2012), l'ampleur de l'« ombre », hantant notre inconscient collectif. Celui-ci affirme, en effet, que l'« individuation », ou la recherche de la maîtrise de l'ombre, qui peut se révéler à nous de façon destructrice, le moment venu, est un des objectifs principaux de notre existence. S'ensuit, alors, un comportement de « contournement » intellectuel, tendant à couper court un débat, pourtant crucial, pour le développement du pays. Certains refusent les discussions par le truchement d'un mécanisme psychologique de défense dit « de projection », qui consiste à faire le procès des coupables qu'il a déjà désignés, qui n'est autre qu'autrui (le français, par excellence !), et jamais le « self », ou soi-même. A ceux-là, je demanderai de méditer sur la maxime suivante, que l'on doit à Publius Syrus, un ancien esclave romain d'origine syrienne, qui fut, sous Jules César, affranchi, eu égard ses exceptionnelles compétences intellectuelles : « Bis vincit qui se vincit in victoria[1] » ! Ce paradigme, basé sur le déni, montre ses limites lorsque ressurgissent, épisodiquement, et de façon souvent enflammée, les débats relatifs à l'approche non-équilibrée des symboles ethniques, comme le Rova de Manjakamiadana, ou les palais des différents royaumes provinciaux.

4.11. La dimension religieuse de la division nationale

Madagascar est un pays de foi, où cohabitent les adeptes de la religion traditionnelle, regroupant 50% de la population, les chrétiens, représentant

[1] Gagne deux fois, qui se surmonte victorieusement.

40% de la population, et les musulmans, composant 10% de la population. La constitution malgache garantit la liberté confessionnelle, ce qui, dans un contexte de détresse socio-économico-existentielle, a provoqué le pullulement de lieux de cultes de toutes sortes. La perceptible régression, cependant, du système cultuel classique, fait que s'y installe, désormais, également, un réseau sectaire de plus en plus florissant. On parle de l'existence de plus de deux cents mouvements religieux, dans la foulée de l'explosion actuelle du « God business », en pleine expansion sur le Continent Noir. La tentative électorale d'un de leurs leaders aux élections présidentielles de 2018 a montré que les objectifs ne sont, désormais, ni seulement spirituels et religieux, ni même, uniquement, économiques. Si le clivage chrétien/musulman n'est pas trop visible, du moins pour le moment, l'on assiste, par contre, à la montée d'un discours sectaire agressif ciblant les religions classiques les plus importantes, en l'occurrence le catholicisme romain et le protestantisme classique, tous affiliés au sein du FFKM. Il faut, cependant, noter que si le pays est, aujourd'hui, à l'écart des activités des intégristes islamistes, ce risque n'est pas du tout à écarter, au vu, notamment des activités des nouveaux groupes religieux se formant actuellement, et dont on rapporte la prégnance de préceptes rigoristes dans leurs discours, comme la promotion de la charia (Libération, 2017).

4.12. Le phénomène de l'apatridie

Le sujet ici abordé est un sujet particulièrement sensible à Madagascar mais doit tout de même être évoqué, vu son importance dans le processus de de génération de la croissance. Un grand nombre de personnes dont 20 000 indo-pakistanais vivant à Madagascar sont apatrides, et sont, de ce fait, privées de d'existence administrative, et, donc, de vie, tout court. Ces personnes sont des fantômes ne disposant d'aucun statut juridique, n'étant répertorié sur aucun registre d'état-civil ! Leurs progénitures ne peuvent, ni être déclarées, ni bénéficier d'un quelconque soin ou d'une éducation dans un établissement public. Cette situation qui prévaut, violant des instruments juridiques internationaux que le pays a ratifiés, dont la Déclaration Universelle des Droits de l'Homme, le Pacte International relatif aux Droits Civils et Politiques, la Convention sur l'élimination de toutes les formes de discrimination à l'égard des femmes, et la Convention sur les droits de l'Enfant, est, tout simplement, insoutenable. De plus, l'économie malgache se prive, ainsi, d'une part substantielle de ses ressources humaines, incapable de s'épanouir à la lumière du jour. Mais surtout, ce phénomène est un des symboles les plus significatifs de la persistance, dans ce pays, de la division nationale. Je fus sensibilisé par rapport à ce phénomène lors de communications effectuées à l'Assemblée Nationale de Madagascar par le UNHCR, qui milite pour l'éradication de ce phénomène dans le Monde. Mes tentatives, au sein de l'hémicycle, de soutenir des réformes au niveau du Code de la Nationalité se heurtèrent systématiquement, cependant, à un conservatisme de la part de mes pairs d'alors. Ces derniers argumentaient que le rejet était bilatéral, et que les communautés d'apatrides, comprenant un grand nombre d'indo-pakistanais, avaient aussi une grande part de responsabilité dans « l'inhomogénéité socio-ethnique » prévalant dans le pays. Quoiqu'il en soit, je prône, pour sauver la croissance, que soit signé le nouveau pacte du vivre-ensemble dans le pays, et devant comprendre l'intégration des communautés apatrides.

UN FACTEUR EXTERNE GÉNÉRANT LA DIVISION NATIONALE
La division nationale, dont je n'insisterai jamais assez sur son caractère nuisible au développement du pays, a, aussi, des origines externes. Parmi ceux-ci, on compte les actions des lobbyings étrangers, notamment économiques et politiques. Ceux-ci cherchent, pour la plupart, à préserver les intérêts de certaines multinationales, essentiellement en termes de parts de marchés et d'accès aux ressources stratégiques. Certains pays préservent également, de plus en plus ouvertement, à travers la manipulation d'instruments économiques, leurs intérêts à Madagascar. Ces lobbies fissurent l'unité nationale et constituent une source de conflits, ouverts ou latents. Peu gérées, les frustrations générées par les divers facteurs cités *supra* menacent, non seulement le processus de croissance et de développement, mais, mettent, également, en péril, l'existence même du pays.

4.13. Ces étrangers qui gèrent notre économie, pendant que nos opérateurs s'entretuent !

Une part importante de l'économie de Madagascar est, depuis, pratiquement, l'indépendance, entre les mains d'une minorité étrangère, et le phénomène s'est accéléré ces dernières années. Le pays accueille aujourd'hui, tout d'abord, de nouveaux investisseurs essentiellement d'origine chinoise, l'Empire du Milieu étant, d'ailleurs, devenu, depuis peu, le premier pays émetteur d'IDE à destination de Madagascar. Bien qu'il y ait régulièrement des frictions avec les communautés locales, symbolisées par la révolte contre des investisseurs chinois de Soamahamanina, ces investisseurs, créateurs d'emplois, ne sont pas les cibles privilégiées de critiques enflammées. Il est ici, question de la communauté indo-pakistanaise implantée sur le sol malgache depuis le XIXème siècle, et faisant partie de l'environnement social et économique. Si ce succès économique indéniable d'une minorité active, que l'on observe également en plusieurs autres endroits de l'Afrique subsaharienne, ou ailleurs, n'est pas l'apanage de ce pays, le phénomène est susceptible d'être une source de tensions et de divisions, vu le fait que ces communautés, selon la perception populaire, sont bénéficiaires de passe-droits auprès des autorités, et de facilités auprès des banques, inaccessibles aux opérateurs nationaux, dotés, sauf pour quelques exceptions, d'une signature économique illisible. Cette perception fut à l'origine de pogroms, connus également sous l'appellation d'« OPK[1]», visant les communautés indo-pakistanaises, notamment en 1988. A vrai dire, les choses sont bien plus compliquées. Selon Wiegel (2019), « le succès que connaissent, dans les pays en développement, les minorités, est du, essentiellement, au capital social dont ils disposent, en tant que communautés retranchées du reste de la société ». Concept multidimensionnel, ledit « capital social » comprend une culture commune intégrant le goût de l'entrepreneuriat et du travail intense, un rigoureux code de comportement, un réseau international fiable, et un accès, pratiquement illimité, à des ressources financières et techniques. Se contenter d'une analyse superficielle de cette situation peut amener à des choix politiques particulièrement hasardeux. Ainsi, Himbra (1994) rapporte que pour mettre un terme à l'inégalité de succès des opérateurs des minorités et du secteur privé national, le Kenya, dans les années 1970, procéda à une « africanisation » de son économie. Cette décision aboutit, à l'époque, à des résultats catastrophiques, qui durent être rectifiés rapidement, étant donné l'inexistence d'une chaîne de valeurs de compétences nationale apte à prendre efficacement le relais. Pour le cas de Madagascar, il faut avouer que cette situation cache mal des raisons situées en retrait de scène. En effet, l'économie malgache est, aujourd'hui, caractérisée par trois phénomènes.

Le premier est l'entrée, désormais, dans l'arène politique des opérateurs économiques, ère inaugurée, explicitement, par l'accès au pouvoir du Président Ravalomanana en 2002, symbole éloquent, mais, également, cause de la dérive ploutocratique de la pratique politique dans le pays. Ces opérateurs furent hissés au pouvoir par une population convaincue du fait que des personnes capables de transformer en or tout ce qu'ils touchaient seraient, tout autant, capables d'enrichir, ensuite, le pays. L'histoire nous apprit, par la suite, qu'un opérateur, une fois au pouvoir, n'est, surtout, pas partageur, et n'appuie aucunement le développement du secteur privé, principal moteur de la croissance !

Le second est une conséquence directe du premier : la concurrence entre opérateurs s'est, progressivement, muée en ce qui ressemble à une véritable lutte à mort économique, induite par une rapide multipolarisation politique du secteur productif, ayant pour effet pervers d'affaiblir les performances des acteurs économiques nationaux, tout en privant le pays des bienfaits de la division du travail. La destruction économique, comme l'illustre pleinement l'organisation du lundi noir, le 26 janvier 2009, jour de l'incendie des biens du groupe Tiko, est devenue l'implacable sanction économique contre un rival politique. Il importe de souligner aussi que l'avènement du Président

[1] Opération Karana, ou explosions sociales caractérisées par des activités de rétorsion contre la communauté indo-pakistanaise.

Rajoelina émana également de la martyrisation de ce dernier et du groupe Ramaroson par le régime Ravalomanana. Cet affrontement politique entre Malgaches s'opérant, tous les jours, à travers une guerre économique caractérisée par le mesquin et féroce maintien de l'opposition à l'écart de toute opportunité économique, fait des ravages sur toute l'étendue du territoire malgache, et, en dehors de toute fin, concertée, du phénomène, ceux qui ont la main, aujourd'hui, doivent s'attendre, en retour, à encaisser, lorsque l'heure sera venue de faire les comptes, les douloureux dividendes, autrement plus destructeurs encore, des graines à forte entropie qu'ils ont semées tout le long de leur règne politique. A ce qui précède s'ajoute la suspicion, puis le racket, dont est systématiquement l'objet, de la part des tenants du pouvoir, toute entreprise à trop forte progression, pourtant génératrice de croissance du PIB. Lorsque s'en mêlent jalousie, ethnisme et ostracisme politique, l'entreprise en question finit, en général, par abdiquer et disparaître, emportant dans sa mort des centaines d'emplois. Sans compter le fait que le temps passé à se quereller est autant de temps perdu, définitivement, pour des activités tractrices de croissance, comme l'innovation technologique, la révolution de l'industrie, et l'exportation de biens manufacturés.

Cet aspect des choses a généré le troisième phénomène, qui est la prévalence d'un champ économique, indiciblement libre, totalement cédé aux appétits aiguisés d'opérateurs en lesquels très peu de Malgaches se reconnaissent, qui se sont mis à bénéficier d'opportunités, y compris dans des secteurs hautement stratégiques, que jamais un opérateur malgache ne se verrait offrir, dans des conditions similaires, dans un pays étranger ! L'opportunisme s'est mué, petit à petit, en agression. La disparition progressive des chambres consulaires est, ainsi, due à la destruction massive d'un des outils ayant été fondamental pour le financement de leurs activités, comme les entrepôts, situés au sein des zones portuaires, ayant eu pour vocation d'accueillir les biens en souffrance dans les ports. Les surestaries dont devaient s'acquitter leurs propriétaires servirent à garnir les caisses de diverses CCI de Madagascar. La destruction ou la confiscation de ces outils, pourtant stratégiques pour la densification du réseau industriel et commercial national, dans la totale indifférence des autorités nationales, eurent un effet désastreux sur la vie des entreprises nationales existantes ou en devenir. Cette situation devrait être corrigé par l'instauration de règles claires d'égalité de traitement pour tous, excluant toute forme de monopoles, et d'une profonde volonté d'inclusion économique des opérateurs nationaux les moins fortunés, grâce à l'instauration d'un système d'accompagnement, constitué de centres de formation en Management et en Leadership, de banques de développement dotés de capitaux à risques couplés à des start-ups, le tout régi, durant les dix prochaines années, par le principe de discrimination positive en faveur des opérateurs nationaux. Symétriquement, cette volonté d'inclusion, constituant un vecteur de plus de cohésion nationale pour le pays, pourrait bénéficier à certains membres, apatrides, de ces communautés étrangères. C'est l'unique façon d'éviter de sombrer dans l'indicible chaos que provoquerait une énième OPK.

Enfin, les hautes autorités nationales sont parfois frustrées par l'interventionnisme exacerbé de certains responsables des PTF installés dans la capitale malgache. Ces remarques, souvent rendues visibles par les médias et les réseaux sociaux, sont l'objet d'une récupération systématique de la part de l'opposition, qui en fait les ogives de ses missiles politiques.

LE CRUCIAL DÉFI DE L'ÉDIFICATION NATIONALE

« L'unification sera le symbole d'un monde qui saura vivre sur Terre » (Sonia Lahsaini).

« Le Monde sera moins sombre le jour où chacun acceptera la lumière qui émane de l'autre ». (Stéphane Théri, Bribes de Mots).

Si Lugan (2015) affirme que le plus grand héritage de la colonisation française à Madagascar fut le processus d'unification territoriale et politique, il faut reconnaître que ledit processus, stratégique ingrédient de la dynamique de croissance, est loin d'être achevé.

Analysons, à présent, quelques processus d'unification, ayant valeur d'exemple.

4.14. Quelques exemples de processus réussis d'unification nationale

L'étape cruciale, dans l'histoire d'un pays, d'unification nationale, que doit parcourir, un jour, Madagascar, peut s'opérer, soit par la voie de la force, par celle de la négociation diplomatique et politique, à l'aide de transactions financières, ou, encore, en recourant à un mélange de ces trois instruments.

Nous évoquerons tout d'abord le cas du plus grand unificateur de l'histoire qu'est Temudjin, plus connu sous l'appellation de « Gengis Khan » (Souverain Universel). Celui-ci se mit, en 1184, à attaquer, puis à annexer, les tribus environnantes. Il fut, en 1189, promu « Khan des Mongols », par les chefs de guerre qui se sont ralliés à sa personne. En 1206, il acheva de transformer ce qui fut, au départ, la tribu mongole, en un immense empire s'étalant sur plus de 33 000 000 km², qu'il dota de lois, d'impôts, d'une administration et d'une armée puissante. Il s'en servit, par la suite, pour aller, en faisant, dans la foulée, plus de 40 millions de morts, à la conquête des pays environnants, dont la Chine (Gengis Khan, 2020).

Au Japon, ensuite, le processus d'unification de la nation, fut initié en 1541 par le daimyo (chef de guerre) Oda Nobunaga, durant une époque chaotique dénommée « Sengoku » (guerre des provinces). Nobunaga vit son élan unificateur brisé par un seppuku (suicide cérémonial) auquel il fut contraint par celui qui allait reprendre les rênes du processus d'unification, le daimyo

Toyotomi Hideyoshi. A la mort de celui-ci, le daimyo Tokugawa Ieyasu paracheva, toujours par la voie militaire, l'œuvre unificatrice, qui pacifia le Japon, après plus d'un siècle de tourments sanglants, et forgea, en grande partie, ce qu'est ce pays, aujourd'hui (Age of Samuraï, 2019).

En France, la mise en place de l'Etat-Nation fut collectivement perçue comme étant naturelle, et, impérieuse, juste après la révolution de 1789, puisqu'après la disparition du monarque, symbole de l'unité nationale, il fallut identifier de nouveaux facteurs de cohésion et d'égalité. Ce processus fut accentué sous le règne de Napoléon 1er, qui en fit une de ses priorités. Ainsi, la démonstration des disparités ethniques fut interdite, afin de laisser place à l'image d'une France unie sous les mêmes valeurs, conformément aux principes jacobins de souveraineté et d'unitarisme étatique.

De même, aux Etats-Unis, après la proclamation de l'indépendance, le 04 juillet 1776, et la mise en place de la constitution, le 04 mars 1789, la jeune nation, alors composée de treize États fondateurs, initia un processus d'expansion et d'intégration des territoires environnants, soit par l'achat (cas de la Louisiane française, en 1803, de la Floride, en 1819, de l'Oregon, en 1846, et de l'Alaska en 1867), ou par la guerre (cas du Texas et de la Californie, en 1848, ainsi que de différents territoires amérindiens –séminoles, creeks, cherokees, …), ou encore par une annexion pure et simple (cas de Hawaï, en 1898). La guerre dite « de sécession », qui éclata en 1861, dura 4 ans et fit 620 000 morts, fut, d'ailleurs, en fait, une « guerre d'unification ».

En Afrique, nous noterons le cas de l'Ethiopie, qui connut une période de guerre allant de 1852 à 1856, avant que les dirigeants, menés par Theodoros, qui, en 1855, devint l'Empereur Theodoros II, n'eurent décidé de mettre en place une convention entre les différentes régions qui la composent aujourd'hui, convention à l'issue de laquelle le pays connut une ère de paix, puis, de développement. Hormis la parenthèse d'une occupation italienne allant de 1936 à 1942, ce pays n'eut jamais à vivre sous le joug d'une puissance coloniale. On en comprend, donc, mieux, l'authenticité et la prospérité. L'Ethiopie a, également, de particulier, le fait qu'il mit en déroute, en mars 1896, lors de la bataille d'Adoua, l'armée italienne, après une année de combats menée par 100 000 soldats éthiopiens. Cette expérience collective, inédite, à l'époque, constitue, aujourd'hui encore, une immense source de fierté et un puissant ciment national, comme n'en dispose pas, malheureusement, un pays comme Madagascar.

Au Mozambique, la question fut, de tout temps, jugée fondamentale par le parti au pouvoir, le FRELIMO, qui affirme haut et fort : « Pour le bien de la Nation, l'ethnie doit mourir ». Celui-ci a, donc, compris qu'il est impératif que le particulier puisse se fondre dans le creuset commun.

Le cas sud-africain, enfin, est à connaître et à comprendre, par l'ensemble des nations d'Afrique. Si le pays, sous la domination boer, fut unifiée de force, dans un contexte douloureux, c'est une raison, basée sur des fondements politiques et économiques, qui l'amena, lors de la libération de Mandela, en 1989, à mettre en œuvre un processus subtil, fait de recherche de paix et de justice, fondé sur le pardon, recourant, ainsi, à des préceptes profondément enracinés dans la sagesse africaine, que l'on retrouve chez Renan. Ce processus fut, également, basé, à la demande de Mandela, sur le maintien intelligent des acquis socio-économiques, et, enfin, sur la volonté de créer un lien fort entre les citoyens de ce qui deviendra par la suite la nation « arc-en-ciel », qui a su maintenir et développer sa force de frappe économique.

4.15. Comprendre ce qu'est une Nation

Il est usuel de voir le terme « Nation » défini comme étant l'assemblage de valeurs et de langues communes, si ce n'est, également, de races et de religions. Renan (1997) transcende ces dimensions, et affirme :

> *« Une nation est une âme, un principe spirituel. Deux choses qui, à vrai dire, n'en font qu'une, constituent cette âme, ce principe spirituel. L'une est dans le passé, l'autre dans le présent. L'une est la possession en commun d'un riche legs de souvenirs ; l'autre est le consentement actuel, le désir de vivre ensemble, la volonté de continuer à faire valoir l'héritage qu'on a reçu indivis...*
> *Une nation est donc une grande solidarité, constituée par le sentiment des sacrifices qu'on a consentis, et de ceux qu'on est disposé à faire encore ».*

Il déclare, par la suite, que deux dimensions essentielles de la nation sont celles **du pardon et de l'oubli**.

D'après Baycroft et Hewitson (2006), celle-ci se nourrit de « l'égalité dans l'unité, ainsi que de victoires sur les ennemis communs ». L'ennemi commun faisant, aujourd'hui, des ravages, à Madagascar, étant l'extrême pauvreté, chaque étape tangible et déterminante orientée vers la victoire serait salutaire pour le renforcement de la nation, qui, en adéquation avec la logique communautaire évoquée par Max Weber, sera la source principale du renouveau économique.

4.16. Mettre fin à un fléau national diffus, généralisé, et persistant

> *« Until we learn to love one another, we'll never reach the promised land[1] », in « There's a Hole in the World Tonight », Eagles, 2001.*

Ce sujet étant tabou, à Madagascar, et ne faisant, de ce fait, l'objet de peu, sinon, d'aucun débat, chaque groupe ethnique le gère à sa façon, le politiquement correct exigeant un déni obtus, quasi-wokien, de l'existence du

---

[1] « Tant qu'on on n'aura appris à nous aimer les uns et les autres, nous n'atteindrons jamais le Terre Promise... »

problème, et que ceux qui l'abordent ne peuvent être que des extrémistes isolés ! Cette approche, relevant de l'irresponsabilité intellectuelle, n'est pas celle que je prône. J'emboîterai donc le pas à Anaclet Imbiki (2016), qui eut le courage d'évoquer le problème de la frustration ressentie par les cadres côtiers face à l'inéquitable répartition des portefeuilles ministériels au sein du premier Gouvernement de la IVème République, dirigé par le Premier Ministre Kolo, en 2014.

Ce problème, quoiqu'on dise, est la source d'une souffrance collective que nous avons laissée trop longtemps nous ruiner l'existence, et ronger les liens, déjà ténus, qui nous unissent. Ce problème est évoqué, ici, une fois encore, pour la simple raison qu'il constitue un des piliers du sous-développement économique malgache, et la source, demain, de la destruction de ce pays.

4.17. Un peuple unique à Madagascar : Faits, et appel à l'action

4.17.1. Les faits

Beaucoup, comme, de son vivant, le Pr. Zafy, dont je salue la mémoire, s'accordent à penser que trouver la voie vers l'unité nationale constitue le plus grand défi auquel la société malgache est confrontée dans les années à venir. Je nuance, cependant, les propos du professeur : nous parlons bien, ici, d'unification, et non de réconciliation, terme moins approprié dans le cas de Madagascar, qui n'a jamais connu, dans son histoire, de situation d'unification, dans le sens des expériences vécues par les pays évoqués précédemment. Le futur se construit, et doit être fondé sur une intelligente lecture et compréhension du passé, ainsi que sur une ferme volonté collective d'écrire un destin et une histoire communs. Les nations prospères le sont devenues grâce à la compréhension de la puissance de ce principe. L'approche unificatrice, consistant à améliorer notre score dans l'indicateur de Foa de cohésion sociale, et que je prône avec une conviction assumée, est celle, évitant à tout prix, toute forme de conflits meurtriers, à l'instar de ce que connurent le Japon durant l'ère du Sengoku, ou les Etats-Unis, durant la guerre de sécession. Nombre de facteurs militent en faveur de l'unification des Malgaches et justifient la mise en œuvre, sans plus tarder, d'une démarche intégratrice. Je me réfère, tout d'abord, aux analogies génétiques trouvées entre différentes ethnies. En effet, des recherches, recourant aux technologies les plus récentes de la biologie moléculaire, ont établi que les gènes malgaches comprennent tous, simultanément, des gènes bantus et austronésiens (Pierron *et al*, 2017). Ceci nous amène à une conclusion significative : selon le positionnement de son curseur génétique sur l'axe bantu/austronésien, un individu est typé plutôt africain, ou plutôt asiatique. Mais, dans tous les cas, un Côtier est toujours porteur de gènes merina, et le Merina est aussi, scientifiquement, à la fois, un Côtier ! Certaines recherches récentes évoquent même, désormais, l'existence du haplogroupe[1] M23[2] commun à tous les Malgaches, et démontrant, dans la foulée, les origines asiatiques des habitants de la Grande Île (Dubut *et al*, 2009). De plus, d'après Tofanelli *et al* (2009), les différentes ethnies malgaches ont en commun leur langue, appartenant à la branche malayo-polynésienne occidentale, et partageant 90% de son vocabulaire avec le Maanyan, une langue parlée dans la région de la rivière Barito, située dans l'île de Bornéo.

4.17.2. Appel au changement !

Malgré tout ce qui précède, il nous faut nous remémorer les dires de l'évolutionniste darwinien, Herbert Spencer (2009), qui déclare que les différences, même mineures, entre deux espèces ou même entre groupes d'individus de même espèce, appelées à cohabiter, peuvent être génératrices de conflits. Le rejet systématique des uns et des autres observées en terres malgaches depuis la nuit des temps, signe de l'existence d'une fragilité du tissu national, constitue, donc, un phénomène devant être à la fois reconnu, compris et combattu activement, au lieu d'être étouffé dans une dangereuse logique de silenciation.

A Spencer répond, cependant, Bonzon (1967), qui déclare que « deux groupes ethniques peuvent présenter des différences seulement quand ils sont en présence l'un de l'autre, et ne faire qu'un lorsqu'ils se définissent par rapport à un troisième ». Ce qui nous rappelle que les hostilités internes sont susceptibles de s'estomper, et de disparaître, à partir de la prise de conscience de l'existence du farouche adversaire commun qu'est la pauvreté. La réussite de l'incontournable processus de fusion nationale est la seule et unique démarche capable de nous prémunir de l'autodestruction nationale et du suicide collectif, qui nous guettent. Chaque Malgache, chaque région, est dépositaire d'un élément de la clé du développement du pays. Leur assemblage, bout à bout, mettra un terme à des décennies d'errance et d'incertitudes. Il fera jaillir, et mettra à l'œuvre, l'intelligence collective malgache, trop longtemps bridée et mise à mal par l'égoïsme et la maladresse d'une minorité politiquement et économiquement dominante. Il est impératif également de s'affranchir, au plus tôt, de la logique de la haine, et de procéder au **choix national MALAGASY**, au détriment du choix ethnique. Le pays souffre et s'appauvrit, d'avoir, trop longtemps, laissé de côté un de ses maux les plus douloureux. Il y a, donc, lieu de commencer par mettre en exergue les dénominateurs communs évoqués ci-dessus, tout en travaillant

[1] Selon Geneawiki (2022), le terme « haplogroupe » désigne un groupe humain descendant d'un ancêtre unique possédant des caractères génétiques héréditaires définis.

[2] L'existence du fameux gène M23 spécifique à tous les Malgaches constitue une confirmation de ce qui précède, même si l'approche biologique et génétique de la définition d'une nation est aussi, parfois, critiquée.

progressivement à éroder, à travers un débat national, les méfaits « fissionnistes » de l'histoire. Le renouveau dont Madagascar a, urgemment, besoin, n'est pas seulement politique et économique. Il est d'abord, et, surtout, ethnique : Il n'y a qu'un seul peuple malgache, unifié dans le sens du « Un » hégélien, et il importe d'éduquer en conséquence nos enfants.

J'appelle à opter pour une victoire sur la division nationale et pour l'adoption d'une approche collective dans l'élaboration de la vision nationale et des objectifs sociétaux. L'on ne peut espérer de progrès économique dans un contexte où toutes les ethnies constituent des factions immiscibles, prêtes à s'agresser au moindre écart sémantique ou comportemental. La division nationale doit céder la place à la guerre pour une victoire nationale. Cette essentielle mutation permettrait, non seulement, de résister, face aux élans phagocytaires des nations plus puissantes, mais, également, de fournir à la nation malgache, alors édifiée, les salutaires ressorts qui lui permettront de stimuler sa croissance. Elle mettrait, en effet, en route le processus de division du travail, si chère à Smith, à travers la mise en place de clusters nationaux de production, reliés par un réseau fiable d'infrastructures. Il importe de réécrire l'histoire du pays, et de mettre en exergue les mérites de toutes les principautés ethniques, appelées à composer le creuset national commun.

L'adoption, par exemple, de journées consacrées à chaque culture, de façon périodique, et à travers le pays, nous aidera à construire une nation forte et unie. Pourquoi, en effet, met-on en valeur le Rova de Manjakamiadana, lorsque sont tues l'histoire des Zomba Sakalava ou Antankaragna ? Et qu'attend-on pour réellement inventer la langue malgache acceptée par tous, intégrant les déclinaisons régionales, et qui sera enseignée aux générations futures ?

Des actes de sensibilisation devraient aussi cibler les politiciens qui devraient désormais éviter d'asseoir leurs argumentations et leurs actions politiques sur des idées ethniques. Ils ont, en effet, aussi, un rôle d'éducateurs de la société et doivent, en conséquence, respirer et vivre la logique de la construction nationale.

Je propose également que l'Etat légifère et interdise, du moins pour un temps, l'évocation des ethnies, à l'image de la décision prise par l'Inde d'interdire qu'il soit fait référence aux Dalits, ou Intouchables. Les associations à caractère ethniques doivent, donc, être suspendues, jusqu'à nouvel ordre. Il en est de même des « Ampanjaka », qui ne doivent disposer d'une quelconque aura politique, se superposant à ceux des institutions existantes, et définies par la Constitution. L'esprit républicain, pour pouvoir survivre et s'imposer, ne doit souffrir ni d'aucun doute, ni de la moindre gêne !

Il est urgent de raboter, également, les inégalités économiques entre régions en mettant en œuvre réellement et avec vigueur, des plans régionaux de développement, visant à faire de chaque chef-lieu de région, un technopôle générateur de forte croissance, construisant puis valorisant le capital humain local.

Le biais ethnique prévalant lors du recrutement dans les institutions, que mettrait en évidence un audit ethnique, doit être explicitement bannie des pratiques de ce pays.

Le pardon et l'oubli seront possibles, aussitôt que cesseront les pratiques discriminatoires ou les passe-droits ethniques du tout ordre. A la lumière d'une analyse de la critique situation économique existant, il est clair, désormais, qu'il n'est pas de « sous-malgaches », primaires, vils et méprisables, et encore moins de « super-malgaches », dotés de la science infuse, comme le sous-entendait le pamphlet « Valin-kitsaka[1] » ! Trois générations de Malgaches, toutes ethnies confondues, se sont, désormais, rendues coupables, devant l'histoire, du délit de non-assistance à pays en danger ! Nos orgueils individuels, et surtout ethniques, respectifs, nous ayant mis sur une orbite située bien en-deçà de la capacité requise pour changer ce pays, il est temps de remettre la balle au centre, et d'oser, enfin, écrire, ensemble, l'histoire d'un pays qui aura fait le choix de s'unir plutôt que de périr. Le Madagascar de demain existera avec tous les Malgaches, ou n'existera pas. Il est temps d'abattre tous les murs, notamment économiques, qui nous séparent, à travers l'amorce d'un processus de développement équilibré de la Grande Ile, qui commencera par le libre accès de tous les opérateurs malgaches à toutes les filières économiques, et à travers la construction de routes reliant Bekily à Bobasakoa, passant par Agnalalava, ou Belambo à Manja, et passant par Bialagnana !

Je propose, enfin, que soit valorisé politiquement et financièrement le CFM, qui devrait plutôt se dénommer « Filan-kevitra momba ny Fampitambaram-pirenena Malagasy[2] », et qui devra être la référence pour surveiller les ferments potentiels, endogènes ou exogènes, d'une déflagration ethnique, qui mettra en péril le développement de ce qui deviendra (enfin !) la Nation Malgache, à l'image de la Commission de la Vérité et de la Réconciliation sud-africaine. Il devrait pouvoir, à tout moment, agir en faveur de la disparition de biais ethnique dans l'attribution de postes dans l'administration publique. Il devrait, enfin, sensibiliser les uns et les autres sur l'importance de s'affranchir de ses devoirs fiscaux, la démocratie, la République et la Nation

---

[1] Riposte par rapport à une injustice.

[2] Conseil pour l'Unification Nationale Malgache.

n'octroyant pas que des droits, mais exigeant, d'abord et surtout, de chaque citoyen/ne qu'il/elle s'affranchisse de ses devoirs ! Le CFM doit, donc, concevoir, à l'issue d'une campagne générale de consultation, la Stratégie d'Unification Nationale, basé sur une valeur, chère à nos aïeux, en l'occurrence le « Fihavanana ». La stratégie en question, pilier de la construction nationale, et par la suite, de la croissance économique devra prévoir la conception, la négociation, puis la signature d'un Pacte de Tolérance entre les 23 ethnies du pays, pacte dont le CFM et l'Etat devront s'assurer du suivi de la mise en œuvre.

Car, il s'agit, là, de la première condition initiale qu'exige l'atteinte d'une victoire réelle contre la pauvreté.

Chapitre 5

Autres facteurs affectant la croissance

Voyons, à présent, quels sont les autres facteurs internes, comme le suggèrent Gillis *et al* (1998), susceptibles d'influer sur l'environnement économique et sur le secteur productif. Les facteurs étudiés ici reprennent et complètent les paramètres du canevas PESTEL qui analyse l'environnement extérieur d'une entreprise, qui est, ici, remplacée par le secteur productif national. Il est procédé à une adaptation à deux niveaux, en l'occurrence la prise en compte du contexte de pays extrêmement pauvres, dont le groupe PMA semble être la meilleure représentation, puis l'adaptation au contexte purement malgache.

5.1. Faiblesse du stock de facteurs techno-humains

« Mon peuple est détruit, parce qu'il lui manque la connaissance » (Osée : 4,6)

Qu'ils soient associés au milieu au sein duquel se déroule l'activité économique, où on les désignera par le terme « facteurs humains contextuels », ou au secteur productif, où on les désignera par le terme « facteurs humains sectoriels », les facteurs humains sont de première importance, et tiennent le sommet de la "hiérarchie des facteurs de croissance". Ainsi, Stiglitz et Greenwald (2017) affirment, même, que l'« accumulation de connaissances est plus importante que celle de richesses », et que « le manque de connaissance est la première raison expliquant l'arriération des pays en voie de développement ». Ce que ne contredit pas Davies (2019), qui affirme que les nations, ou communautés, qui se sont relevés après avoir vécu des conditions économiques et sociales extrêmes, en se référant, notamment, au cas d'Aceh, en Indonésie, après le tsunami de décembre 2004, et à celui du camp de réfugiés syriens, Zaatari, ont pu le faire, grâce à la présence d'un savoir-faire au sein des populations. On en déduit, surtout, lorsqu'on constate la vitesse avec laquelle, d'une part, l'Europe, après la 2ème Guerre Mondiale, a pu se relever, grâce au plan Marshall, et, d'autre part, le fabuleux retard économique accumulé par Madagascar, malgré les Milliards de Dollars US d'aides financières qu'il a reçues depuis son indépendance, que la connaissance et, plus particulièrement, le capital humain, sont les plus puissants facteurs de résilience face aux chocs stochastiques les plus dévastateurs pouvant survenir. Ils constituent aussi les facteurs permettant d'optimiser la qualité de la phase préparatoire de Rostow. Sans le capital humain, les injections de fonds ont, sur la croissance, un effet comparable à celui du mercurochrome sur une jambe de bois ! De plus, comme on le vit précédemment, les facteurs intellectuels accélèrent la convergence d'un pays vers le front technologique mondial, et, donc, décuplent le taux de croissance économique. Hery Rajaonarimampianina, alors Président de la République, lors d'une allocution, en 2014, fit une excellente analyse, lorsqu'il affirma que « la déficience du capital humain est l'un des handicaps majeurs de notre économie ». Il continua, alors : « cette grande déficience nous empêche de nous développer et d'acquérir notre indépendance économique, étant donné que 75% de notre population active ont un niveau d'éducation inférieur à celui du primaire ». Il posa par la suite la question : « comment peut-on développer le pays avec ce niveau de capital humain, où la majorité de la population se trouve obligée de n'entreprendre que des activités peu productives, ou de subsistance ». Cette analyse, une première, dans le genre, faite par un chef d'Etat malgache en exercice, résume les raisons du non-développement du pays et du Continent Noir.

De même, le régime actuellement en place à Madagascar a déclaré vouloir faire du développement du capital humain le pilier de sa stratégie de lutte contre la pauvreté.

L'insuffisance du facteur humain, qu'il soit contextuel ou sectoriel, ne provient, cependant pas, exclusivement, des déficiences directes de l'Etat. Il est, souvent, attribuable, plutôt, à un niveau élevé du taux d'élasticité de substitution entre les facteurs humains, technologiques, et financiers, *i.e.*, au fait, que, dans les pays sous-développés, un haut niveau de compétence ne se traduise pas systématiquement par un revenu élevé, par la maîtrise d'une technologie avancée, et, encore moins, par un positionnement social élevé. Démotivés, *de facto,* par le manque de considération prévalant, les cadres supérieurs cessent de se remettre en question et de se former, ne produisent pas de façon optimale, tout en se transformant progressivement en nids de frustration, et, pire, tendent, du moins en ce qui concerne les meilleurs, à s'exporter vers des cieux plus enclins à valoriser leur « compétitivité intellectuelle ». Il s'ensuit, alors, le fameux phénomène de fuite de cerveaux, comparable à celui de capitaux, particulièrement néfaste à la croissance. Je prône, cependant, la réalisation de réformes sérieuses, non seulement au niveau de la population, mais, également, au niveau des hauts décideurs, bâtisseurs de l'écosystème intellectuel national, vu que la technologie et le capital humain impactent positivement sur la croissance, augmentent le taux d'épargne, et réduisent le taux de dépréciation. Le défi de chaque PMA est de s'affranchir, au niveau humain, de l'ensemble des trappes (cognitive, psychologique, technologique, sanitaire…) évoquées dans la Partie I.

Analysons, à présent, les différentes dimensions du capital humain sur lesquelles il va falloir se pencher.

5.1.1. La nécessaire réorientation de la stratégie d'édification du stock de facteurs humains malgache

« Or, il ne faut jamais craindre qu'il y ait trop de sujets, trop de citoyens :
Vu qu'il n'y a richesse, ni force que d'hommes » (Jean Bodin, 1576)[1].

Décriée par le modèle néo-classique de croissance économique comme constituant un handicap important, la démographie galopante que connaît le pays est susceptible, moyennant, cependant, un effort intense et urgent à entreprendre en matière d'éducation, d'être transformée en un atout majeur, conformément à l'affirmation de Bodin. Adam Smith (1776), d'ailleurs, déclara, également, plus tard, que « pour pouvoir accumuler des richesses une nation se doit d'adopter le principe de la division du travail et de disposer de travailleurs habiles », mettant, ainsi, l'accent, déjà, sur l'importance de la qualité des facteurs humains pour développer une nation. On ne peut que saluer la naissance d'un projet de la BM consacré au développement du capital humain dans les PMA, et notamment à Madagascar, projet qui devrait bien cependant comprendre la subtile nuance entre travail (L) et capital humain (H), un facteur cumulable, ce qu'entrevit, déjà, Bodin.

5.1.1.1. L'éducation de base

5.1.1.1.1. Enseignement classique

L'éducation primaire et secondaire constitue le pilier de la formation intellectuelle d'un être humain. En effet, malgré le fait que l'enseignement, amenée par la London Missionary Society, fut introduite dans le royaume merina, selon la volonté du roi Radama 1er, dès Décembre 1820, après que le souverain lui-même, formé depuis trois années auparavant ait pris suffisamment d'avance, il faut reconnaître que, comme vu précédemment, le faible taux d'alphabétisme, à l'instar de la quasi-non-disponibilité des centres de soins, continue à tirer, vers le bas, la valeur de l'IDH national malgache. L'enseignement, même devenu, plus tard, obligatoire, a, en effet, de tout temps, été considéré par les parents, en général illettrés, comme étant un concurrent direct de la production. Le travail des enfants, jusqu'à ce jour, continue à être une bien triste réalité dans ce pays, et l'extrême pauvreté prévalant n'arrange pas les choses. Lors de la naissance d'un bébé, les parents sont félicités comme ayant mis au monde une future « porteuse d'eau », dans le cas d'une fille, ou un futur « ramasseur de bois de chauffe », dans le cas d'un garçon ! Deux anciens chefs d'Etat malgaches, Tsiranana et Zafy, furent, d'ailleurs, de jeunes travailleurs ruraux, avant d'intégrer, par la suite, le système scolaire. Selon les données de l'UNESCO, en date de 2018,

---

[1] *Bodin, Jean, « Les Six Livres de la République », 1576. Ce livre, traitant à la fois d'économie et de politique, est considéré comme étant l'ouvrage fondateur du Droit Constitutionnel, et a inspiré, notamment, Montesquieu.*

le taux de scolarisation en primaire fut de 95,6%, contre 27% en secondaire de base, ou en collège, à la suite d'un triage impitoyable. Lorsqu'on passe au niveau du lycée, il nous reste un taux de scolarisation de 13%. *In fine*, donc, sur 100 enfants naissant chaque année, 4 ne verront jamais la couleur de la moindre école, 69 sauront à peine lire et écrire, à l'issue de 5 années passées dans une école primaire, et n'auront pas leur certificat d'études primaires, et, de façon cumulée, 87 n'iront pas au lycée, et seront, donc, « rejetés dans la nature ». Ceux-ci auront passés entre 0 et 9 années sur les bancs de l'école, et évidemment, n'auront d'autres choix que d'occuper des « emplois pour enfants », prêts à les accueillir, les bras grands ouverts, dans le secteur informel, et qui aura pour rôle de les conduire, par la suite, vers l'extrême pauvreté, quoiqu'en disent, selon le projet Refesimandidy (2022), les différents documents de stratégie de développement élaborés par les dirigeants successifs, allant du livre bleu de Tsiranana au PEM de Rajoelina, en passant par le Livre Rouge de Ratsiraka, le DCPE[1] de Ratsirahonana, le DSRP[2] et le MAP de Ravalomanana, et le PND de Rajaonarimampianina. Ces réalités s'expliquent par une forte démotivation d'enseignants sous-payés et à peine formés, le déplorable état de santé des enfants, qui sont, de plus, malnutris, et, enfin, la catastrophique qualité des infrastructures et des équipements pédagogiques. Tout ceci s'explique, également, par le fait que, comme le révèlent les données de la BM, le GdM, pour l'éducation, dépensa, en 2019, environ 15 USD par habitant, contre 27 USD pour le Gouvernement du Rwanda, et 398 USD pour celui de l'Ile Maurice ! Il doit être mis un terme définitif à ce qui correspond à un flagrant manque de sérieux dans la gestion de l'édification du capital humain national. La qualité de l'enseignement classique, basé sur l'apprentissage des mathématiques, des langues, de l'histoire et des sciences naturelles, peut être optimisée grâce au recours aux TIC. Outre les connaissances classiques, il y a lieu, également, de sensibiliser l'élève malgache aux enjeux de la préservation de l'intégrité environnementale, en particulier, et ceux de la préservation du patrimoine commun, tangible ou intangible, en général. Ainsi, à la sortie de l'étape de l'éducation primaire et secondaire, le jeune Malgache devrait être un citoyen conscient et responsable, mais, également, adapté aux enjeux du contexte économique et technologique, et à ceux du secteur productif. Le programme d'enseignement classique dans le pays doit être revu en profondeur, afin de préparer les élèves à faire face aux fortes exigences des mutations technologiques et professionnelles du siècle naissant. Cela suppose, également, la mise en place d'un système de formation continue dédiée aux enseignants, et d'un système rigoureux d'inspection.

[1] Document Cadre de Politique Économique.

[2] Document de Stratégie de Réduction de la Pauvreté.

5.1.1.1.2. Soutien nutritionnel et appui sanitaire

La qualité de vie d'un être humain est tributaire de la qualité et de la quantité de son alimentation avant qu'il n'atteigne l'âge de cinq ans. Afin de mettre un terme simultanément aux trappes cognitives et sanitaires, il est impératif d'intégrer dans les centres de santé, qui sont à multiplier d'urgence, les centres de soutien nutritionnel pour les enfants. Le service de ces centres doit être à la fois gratuit et géographiquement proche de la population, ce qui en garantit l'accessibilité.

En matière de santé, les choses doivent aussi évoluer. Le nombre de médecins pour 1000 habitants à Madagascar, qui est de 0,18, est 10 fois moins important que la moyenne mondiale ! Ceci fait de la santé une denrée de luxe, et maintient le pays à des années-lumière de la prévalence d'un capital humain apte à provoquer une profonde transformation économique.

5.1.1.1.3. Efforts d'alphabétisation et d'éducation numérique

De même, les établissements scolaires devraient être, également des centres d'alphabétisation intégrant une dimension « TIC » qui permettra à chaque citoyen, où qu'il se trouve sur le territoire national, de se connecter. Les participants à ces formations doivent, non seulement, avoir un projet de vie, une fois, au moins, le niveau d'ouvrier spécialisé atteint, mais bénéficier, en sus, d'une indemnité journalière leur permettant de subvenir aux besoins de leur famille tout en en décuplant leurs capacités intellectuelles. Cet effort national de structuration de la chaîne de valeurs cognitive nationale doit aussi comporter une dimension consacrée à l'innovation et à l'augmentation de la capacité d'absorption technologique, à travers le renforcement des capacités de la population, notamment en milieu rural.

5.1.1.1.4. La formation professionnelle

Entre l'école primaire et la terminale, le taux de déperdition scolaire à Madagascar, comme évoqué précédemment, dépasse les 90%. Les enfants rejetés par le système sont alors happés par l'économie informelle, dans le meilleur des cas, et par le crime, au pire. Cette situation exige la mise en œuvre systématique de formations alternatives. Les centres formant des ouvriers agricoles spécialisés, à l'image du lycée agricole d'Ambanja sont encore largement insuffisants dans le pays. Pour ce qui est de la formation d'ouvriers spécialisés, le centre de formation de la SECREN, à Antsiranana, a, désormais, acquis de l'expérience qu'il est temps de valoriser. De même, le centre de formation maritime, sis à Mahajanga, devrait aussi essaimer dans toutes les régions littorales, tout comme les centres de formation en tourisme.

5.1.1.2. Dimension contextuelle du facteur humain

Comme évoqué précédemment, le contexte est fonction de plusieurs paramètres comme la qualité des institutions, ou l'inégalité. Il est, en effet, souligné par Heshmati *et al* (2018), qu'une mauvaise qualité de ces facteurs liés au contexte influe négativement sur la croissance. Il faut, de ce fait, former la population et les hauts décideurs, afin de se conformer à la qualité exigée par l'atteinte d'un niveau optimal de ces facteurs. Il faut également que chaque responsable œuvre de façon à ce que soit réduite la corruption, et que ne s'installe une forte inégalité entre citoyens, ou, pire encore, entre les régions. Il importe, de même, de sensibiliser le citoyen sur les droits et devoirs de chacun, et, de ce fait, de reprendre l'éducation civique et morale en milieu scolaire. Ce pays n'ira, en effet, nulle part sans l'instauration formelle de ce sentiment d'appartenance, et de vision collective, qui peut, en milieu scolaire, se traduire en l'élaboration, par les élèves issus de différentes régions, de projets scolaires communs. Cela générera une trame complexe, qui est l'intelligence collective, et qui imposera aux dirigeants la voie optimale à suivre vers le développement national.

5.1.1.3. Dimensions cognitive, technologique et productive, du facteur humain sectoriel

Le Pr. Richard Lynn, qui enseigna, avant sa retraite, à l'Université d'Ulster, en Irlande du Nord[1] affirme qu'il y a une corrélation positive forte entre la pauvreté d'un pays et la faiblesse du QI moyen national. Cet éminent psychologue, très décrié par ses pairs, cependant, étant donné ses positions, plus contestables, en effet, sur la corrélation positive prétendue entre le QI et la race[2], n'a jamais, durant sa carrière, dévié d'un iota, de sa position sur l'explication de la pauvreté. Je dirai, pour ma part qu'il n'est, dans le Monde, de pays ayant sombré, du fait d'un excès d'érudition de l'ensemble de sa population et, particulièrement, de ses dirigeants, ou, de façon symétrique, de nations ayant réussi à fortement progresser du fait de l'extrême incompétence de ces derniers ! Cette approche, prévue par la théorie, met en exergue le rôle de la connaissance dans la génération de la croissance économique. La quasi-absence de capital humain constitue un obstacle majeur au transfert de technologies, et à l'atteinte d'une productivité optimale. Elle constitue, également, un obstacle majeur à la recherche et à l'innovation technologique. Pire, la prolifération d'une population inéduquée a autant d'effets désastreux sur l'économie que la technologie et le capital humain sur l'accélération de la croissance. De façon générale, le développement de la dimension cognitive du facteur humain constitue le plus grand défi de la stratégie de croissance qui est ici prônée. La BM (2018 et 2022) affirme que l'Indice du Capital Humain de Madagascar est passé, entre 2012 et 2017, de 0.39 à 0.37, le plaçant, ainsi,

---

[1] Lynn, R. & Vanhanen, T, *IQ and the Wealth of Nations*. Westport, CT : Praeger (2002).

[2] Position qui lui valut sa destitution de sa chaire de professeur émérite !

en dessous de la moyenne de l'Afrique subsaharienne, qui est de 0,4, et, faisant de la Grande Ile, le 4ème pays, au Monde, doté du plus faible taux de croissance pour les enfants âgés de moins de 5 ans. A cette institution d'ajouter que, du fait de cette valeur de l'indice, un enfant né, aujourd'hui, dans la Grande Ile ne réalisera, en moyenne, que 37% du potentiel de production dont il aura été capable s'il avait été doté d'un environnement nutritionnel, éducatif et médical optimal. La BM (2022) qui déclare que, pour Madagascar tout entier, le nombre d'années de scolarité est de 7,5 années, précise que, compte tenu de la mauvaise qualité de l'enseignement, ceci équivaut, en réalité, à 4,2 années ! Pour maintenir le nécessaire équilibre entre la croissance du capital et celui du capital humain, il importe de concevoir et de mettre en œuvre une approche innovante en matière de formation et d'éducation, incluant une collaboration avec les nations émergentes limitrophes, une vulgarisation et le recours massif aux TIC, à la politique de coaching, d'immigration temporaire de compétences internationales, et de mobilisation massive de la diaspora malgache à l'étranger. Il est fondamental, en vue d'atteindre ces objectifs ambitieux en matière du niveau du capital humain, de revoir en profondeur la qualité de l'enseignement dans le pays, à l'image des réformes napoléoniennes, en France, puis celles entreprises, dans les années 1950, par l'administration de ce pays. Ainsi, le codage informatique devrait être introduit dès le collège, ce qui suppose la mise en œuvre d'une véritable révolution en matière d'équipements informatiques en milieu scolaire. Ces citoyens malgaches de demain ne pourraient s'épanouir dans leur vie professionnelle sans être préparés aux défis de la technologie 4.0, incluant l'IA, et à celle de l'incontournable décarbonation de l'économie. L'initiation aux langues étrangères comme les langues anglaise, chinoise ou espagnole, est essentielle dès les premières années de scolarisation. Un effort devrait être fourni afin d'augmenter à plus de 10 le nombre d'années de scolarisation de chaque jeune Malgache. Cela aura pour effet de rehausser la qualité du capital humain national, et le rapprocher du niveau moyen planétaire.

Les réformes de l'enseignement, et l'amélioration du niveau de connaissances des jeunes Malgaches sont une excellente chose, mais demeurent, largement, insuffisantes. Le niveau de compétitivité qu'exige la forte accélération du développement de ce pays nécessite l'adoption d'une nouvelle stratégie, en matière d'édification du capital humain, située plusieurs crans au-dessus, intégrant donc le transhumanisme qui est le dépassement des limites humaines, grâce au recours aux technologies de dernière génération. Il est, en effet, impératif que soit initiée, dans les meilleurs délais, dans le but de rattraper, en moins de 50 ans, les quelque 3 siècles de retard de ce pays, la construction du Malgache cognitivement optimisé, puis celui du Malgache cognitivement augmenté. Le recours aux neurosciences, en particulier, et au NBIC de façon générale, pouvant sembler être une option fantasmagorique pour les pays développés, constitue pour le pays, ayant accumulé un important retard technologique et économique qu'est Madagascar, une question de survie. Alexandre (2017) est explicite à ce sujet : « toute éducation qui ignorerait la cognitique, mariage entre les Neurosciences, l'IA, et la Robotique serait réduite à l'insignifiance ».

5.1.1.3.1. Du Malgache cognitivement optimisé…

L'optimisation cognitive est la voie permettant de passer à la phase d'augmentation, que nous étudierons ensuite. Celle-ci consiste, d'abord, en la combinaison d'un travail intense sur le contenu même de l'éducation, et de la mise en place, comme cela fut dit précédemment, d'un système de suivi, de formation et d'évaluation continus des enseignants. Le manque de professeurs constitue, en effet, une des limites critiques de ce pays pour ce qui est de l'amélioration de la qualité du capital humain. Il y a donc lieu d'utiliser les possibilités offertes par les « chatbots », ou robots-professeurs, pour produire des enseignants de qualité, qui seront, par la suite, disséminés à travers le territoire. Ceux-ci, non seulement, seront capables de dispenser une éducation qui pourra se faire en langue malgache, mais également, répondront aux questions des élèves-professeurs, et, surtout, pourront aussi en poser, rendant possibles les examens mêmes oraux, ainsi que les notations. S'il est un domaine où l'arrivée de l'IA, et, plus précisément, de la « Machine Learning », est susceptible d'avoir une impact positif tangible, c'est bien celui de l'enseignement. L'optimisation cognitive consiste, ensuite, en la mise en place d'un travail poussé sur l'amélioration des facultés mêmes du cerveau. Ceci se fait, à travers l'adoption, par les individus sélectionnés, d'un régime alimentaire strict, pauvre en lipide (autre que les omégas 3), et à forte teneur en protéines, en antioxydant et en phosphore, de la consécration d'un certain nombre d'heures au sport, ainsi qu'au sommeil. Au sens de Dehaene (2018), ladite optimisation serait, plutôt, induite par « la prise en considération des 4 piliers de l'apprentissage : l'attention, l'effort, le retour sur l'erreur, et la consolidation.

Enfin, l'optimisation cognitive s'obtient par l'institution d'un système national d'émulation intellectuelle, comme celle d'écoles d'élite qui sélectionnent et traitent à part les éléments les plus doués. Comme le dit Fabiani (2018) « le savoir n'est plus le pouvoir » et que le talent, qui ne se périme pas, et dont il faut constamment renouveler le vivier pour être compétitif, l'emportera sur le savoir, en matière de valorisation de métier. Enfin, l'optimisation cognitive se mettra en place, grâce à l'organisation de concours d'innovations technologiques du type « Lépine », témoignant de l'insigne valeur accordée à la performance intellectuelle, qui, dans un Monde vivant à l'ère de la connaissance, est la première source du succès d'une nation.

5.1.1.3.2. …Au Malgache neuro-augmenté !

La phase suivante, située sur le front technologique, a trait à l'application des découvertes les plus récentes en neurosciences aux meilleurs éléments générés par la phase précédente. Ceux-ci devront, donc, recevoir, en sus d'une stricte sélection, une *neuro-augmentation électronique, ou hybridation* et une *neuro-augmentation chimique*. Ce texte ne va, cependant, pas jusqu'à prôner la manipulation génomique humaine. Nous reviendrons sur ce point dans la Partie III de cet ouvrage.

La neuro-augmentation électronique, elle, pourra s'opérer au fur et à mesure que progressera la cognitique. Cette phase pourra aller jusqu'à l'introduction d'un implant au sein du corps humain, conformément à la voie ouverte par Kevin Warwick, professeur de cybernétique à l'Université de Coventry, devenu, en 1998, et suite à plusieurs actes microchirurgicaux, le premier être humain augmenté électroniquement. Cette voie est également expérimentée, aujourd'hui, par la société Neuralink d'Elon Musk. Comme Alexandre (2017) le souligne, s'il faut 23 ans pour former, selon la méthode classique, un ingénieur à partir de sa naissance, il faut quelques heures pour former un robot fusionné avec de l'IA[1], ayant, exactement, les mêmes compétences.

Pour parachever le tout, il sera possible, toujours à travers les innovations actuelles des neurosciences, d'intégrer une *neuro-augmentation chimique*, grâce au recours à des substances stimulantes non-altératives, dans les paramètres d'augmentation du cerveau. Je signale, à ce propos, les travaux, réalisés à l'UCL (University College of London), de Bloomfield *et al* (2020) sur les propriétés du CBD, tendant à provoquer une augmentation du volume du flot sanguin cérébral (FSC) affluant vers l'hippocampe, une partie du cerveau, fondamentale pour la qualité de la mémoire. Lynn (2019), lui, dirait que ceci aurait pour effet d'« augmenter le niveau du QI national », augmentation que requiert la concrétisation de toute forme de développement.

5.1.1.3.3. La loi de Moore-Kurzweil-Hanson

En 1965, Gordon Moore, cofondateur de la société Intel et connu pour ses réflexions sur l'accélération du changement, démontra, à partir de faits statistiquement établis, ainsi que l'observation du processus de photolithographie utilisée pour fabriquer les semi-conducteurs, que le nombre de transistors présents sur un circuit intégré dense doublait tous les 2 ans.

---

[1] Il importe de bien comprendre que le robot est une **machine** programmable autonome, tandis que l'Intelligence Artificielle est un **programme informatique** imitant, de par ses capacités d'apprentissage, de perception sensorielle, de raisonnement logique et d'innovation, l'intelligence humaine. Les deux technologies, selon les besoins, peuvent être fusionnées.

Cette loi, dite « de Moore »[1], qui ne s'applique que dans les milieux se livrant à des efforts intenses de recherche et d'innovation technologique, fut appuyé par les conclusions auxquelles est parvenu Ray Kurzweil, qui constata que la durée séparant deux découvertes majeures consécutives dans l'histoire de l'humanité, ne cesse de diminuer, depuis l'époque de l'homme des cavernes (Ventura, 2020). En effet, les outils en pierre, constituèrent la première technologie, qui fut inventée par l'*homo habilis,* il y a de cela 2,5 millions d'années. La technologie majeure suivante, le feu, ne fut découverte par l'*homo erectus* qu'un million d'années plus tard. Après 1,2 million d'années apparut *l'homo sapiens,* dont il est de plus en plus reconnu qu'il inventa le langage et la manufacture, en grande quantité, d'objets, en vue d'en faire le commerce.

Ces découvertes majeures s'accompagnent, en général, d'une amélioration du niveau de richesse. Beinhocker (2006) résume les 2,5 millions d'histoire économique de l'humanité, en disant que cela prit 99,4% du temps à l'histoire de l'économie que de permettre à l'humain d'atteindre le niveau d'un membre de la tribu amazonienne dénommée Yanomamô, 0,59% pour doubler ce niveau en 1750, et juste 0,01% pour, par la suite, atteindre le niveau de l'homme moderne ; autrement dit, 97% de la richesse de l'humanité furent édifiés durant les derniers 0,01% de notre histoire économique.

Hanson, concepteur de la théorie, abordée, plus tôt, du Grand Filtre, compléta le tout, en affirmant que dans une société industrialisée, et surfant dans le voisinage immédiat du front technologique, les revenus par individus sont doublés tous les 6.7 ans, durée d'ailleurs appelée à diminuer.

La loi, dont je suggère qu'on l'appelât celle de Moore-Kurzweil-Hanson, régissant, en coulisses, nos sociétés, depuis la nuit des temps, reflète, au final, le principe spencero-darwinien de l'évolution, éliminant, d'une part, les moins adaptés[2], récessifs, et favorisant, d'autre part, symétriquement, les plus aptes, dominants !

5.1.1.3.4. Dimension éthologique du recours à la neuro-augmentation

La dimension éthologique de certaines, plutôt extrêmes, de ces propositions est largement couverte, à mon sens, par le fait du décès annuellement des 47 000 enfants, loin des regards, dans le pays, avant d'atteindre leur première année, faute de la disponibilité d'une nutrition et de soins appropriés. Faute, surtout, d'être nés dans une nation digne de ce nom, où l'enfance et le jeune

---

[1] Il est également admis que cette loi, du moins sous sa forme actuelle, est arrivée à sa limite de validité depuis le début des années 2000.

[2] L'expression « élimination des moins adaptés » est, au fait, due au philosophe de l'évolution, Herbert Spencer,

âge sont considérés comme étant des biens précieux, et sont pris, en conséquence, en charge de la façon la plus sérieuse qui soit, par un capital humain structuré et d'un niveau respectable. Il importe de souligner, également, la pertinente remarque de Jerry Coyne, professeur émérite de biologie de l'évolution à l'université de Chicago qui affirme qu'il ne faut surtout pas confondre sciences et morale (Mahler et Strauch-Bonart, 2022). De même, l'apprentissage constitue, déjà, selon Savulescu et Bostrom (2008), une forme de modification physiologique du cerveau, puisqu'il déforme les synapses et les neurones. Idem pour les prothèses internes ou externes utilisées pour pallier un handicap moteur ou cardiaque. Enfin, les interventions neuroscientifiques constituent des remèdes contre la maladie que constitue la sous-performance cognitive, pouvant avoir des effets cataclysmiques sur la compétitivité, et même la vie de tout un pays ! Le débat sur la pertinence de l'introduction de l'« hyper-technologisation » et du transhumanisme dans la construction du capital humain est, dans tous les cas, ouvert. Aux Malgaches de décider, en dernier ressort, et en toute connaissance de cause, de l'intensité et de la durée de la mise en œuvre de ces propositions, dont je mesure, parfaitement, le caractère extrême de certains d'entre eux. Au moins 20% des revenus générés par les ressources stratégiques nationales devraient être consacrés au financement de cet effort national sans précédent, qui aura pour effet de transformer le visage du pays en moins de dix ans, et surtout de le préparer à l'événement de la « singularité », autrement dit, du dépassement, situé en 2045 par Kurzweil, des capacités cognitives humaines par celles de l'IA.

L'âge de la machine intelligente, qui vient, ne favorisera que les peuples qui s'y seront préparés.

5.1.2. Le désert technologique

Une fois débarrassé des aspérités générées par la division nationale, le pays peut, sans aucun doute, connaître un essor fulgurant s'il se décidait, enfin, à miser sur la recherche scientifique. Il y a, en effet, lieu de comprendre que le progrès technoscientifique est à la société ce que l'érudition est à l'individu, et permet donc, en se référant au principe de Davies, de mettre respectivement un pays, même précaire, comme un individu, à l'abri de tous chocs stochastiques pouvant secouer une économie.

Examinons, à présent, la situation prévalant actuellement en matière de technologies, ainsi que la démarche à entreprendre, en vue de la faire évoluer.

5.1.2.1. Etat des lieux, technologique, du pays

Celui-ci est peu glorieux ! Si dans les pays industrialisés, 3 à 10% du PIB sont consacrés à la recherche scientifique et à l'innovation technologique[1], ce ratio est de 0,5% au niveau de l'Afrique subsaharienne, et fut, selon les données de la Banque Mondiale, de 0,01% à Madagascar, en 2017. Autrement dit, il est consacré, dans ce pays, annuellement, 0,5 USD/habitant à la recherche et au développement, contre environ 1000 USD/habitant dans les pays de l'OCDE, et 1600 USD/habitant aux USA. Mais, en matière de sous-développement technologique, le constat, en ce qui concerne Madagascar, ne s'arrête pas là. Si le nombre de chercheurs est de 10 pour 1000 habitants aux USA, de 5 pour 1000 habitants en France, ce ratio chute à 0,1 pour 1000 habitants à Madagascar. Le problème n'est, d'ailleurs, pas limité au cas malgache, puisque, selon l'UNESCO, si, en 2018, l'Afrique subsaharienne représentait 14% de la population mondiale, celle-ci n'abritait que 0,7% des chercheurs de la Planète. Ce déséquilibre scientifique constitue une des explications de la sous-compétitivité économique africaine, ainsi que l'inégalité économique prévalant entre les pays. L'inexistence d'une politique de transfert de technologies, ainsi que la gestion désastreuse de la politique de la recherche et de l'innovation à Madagascar, depuis un certain nombre d'années est l'une des raisons principales expliquant la chute du niveau de son indice mondial de compétitivité (132ème sur 141, en 2019) établi par le WEF, ainsi que ses difficultés à renouer avec la croissance à long terme.

D'après, toujours, l'UNESCO, seuls 3% des étudiants, dans le pays, poursuivent des études en 3ème cycle, ce qui est bien en-deçà de la moyenne, de 8%, observée en Afrique subsaharienne. A cette institution de continuer, en disant « que des réformes ont été entamées au niveau du curriculum des universités, qui ont, par ailleurs, été rejointes, dans la recherche, par moult centres de recherches privés, mais ces efforts demeurent insuffisants par rapport aux besoins réels de l'économie malgache » (UNESCO, 2012). A Madagascar, l'essentiel de la recherche est effectué, actuellement, dans 9 centres. Si la mise en place, durant la 2ème République, de l'Institut Malgache de l'Innovation (IMI), à l'origine, notamment, du premier véhicule malgache, le « Karenjy », fut saluée par la plupart des observateurs, la rapide disparition de cette structure dénote de la fragilité de la politique de l'innovation dans le pays. La nécessité d'initier une politique de l'innovation, peut se voir, par exemple, de la façon suivante : dans le cadre d'un modèle de croissance endogène de type AK, considérons la fonction Y=F(K)=AK (1). L'équation de la dynamique d'accumulation du capital est $\dot{K}=\frac{dK}{dt}=(sA-\delta)K$ (2). Une dérivée logarithmique de (1) donne $\frac{\dot{Y}}{Y}=\frac{\dot{K}}{K}$, ce qui donne, en prenant en compte

[1] Financement pris en charge, à 70%, par le secteur privé.

(2) : $g_Y = \frac{\dot{Y}}{Y}$=sA-δ. La croissance g_Y est, de ce fait, une droite ayant comme pente A, qui représente l'efficience technologique du pays considéré. Nous suggérons, donc, une intensification des efforts de recherche, et ce, dans les branches considérées comme cruciales pour notre économie, dans un cadre de partenariat « gagnant/gagnant », entre les centres de recherches publics existant (ou à créer !) et le secteur privé, et localisés dans les « hubs » régionaux de croissance, dotés, également, de rôles, simultanés, de clusters nationaux et régionaux de production, d'incubation d'entreprises et d'innovation technologique. Le concept de connaissances tacites est en train de faire son apparition au sein des clusters d'incubation. Ainsi, Soetanto et Geenhuizen (2005) en disent qu'il s'agit là d'un vecteur intangible, mais crucial, générant la compétitivité que crée l'intensification des échanges dans une proximité réelle ou virtuelle. Les branches que je propose, dans la Partie III, de soumettre à l'attention de ces chercheurs sont les branches « riziculture », « vanilliculture », « holothuriculture », « tourisme », « éthanol », « génomique », « électronique-informatique-IA », « métallurgie–pièces mécaniques », « batteries électriques » et « industrie navale »... Cependant, dans un premier temps, le développement technologique consistera, surtout, en l'absorption des technologies disponibles. La diffusion de connaissances fait, en effet, partie, d'après Monge-Naranjo (2012) des externalités positives générées par les firmes émettrices d'IDE, et tend à justifier l'ouverture économique. Le modèle de Romer, cependant, explique que le chercheur est, aussi, motivé par le gain, ce qui nécessite l'instauration d'une concurrence imparfaite, nécessitant la protection de la propriété intellectuelle (Jones, 2012).

5.1.2.2. Construction du capital technologique

L'innovation est, aujourd'hui, reconnue par l'ensemble du monde économique, comme étant le principal moteur de la croissance. Comme l'affirme Dutheil (2003), « les grands cycles économiques trouvent leur origine dans des révolutions industrielles successives qui détruisent des pans entiers de l'économie, mais dégagent d'importantes marges de productivité disponibles pour créer de nouvelles grappes d'activités exploitant la technologie naissante ». Les économistes de la croissance, dont Schumpeter, affirment qu'un système vertical d'innovation a tendance à générer la croissance (Aghion & Howitt, 1992). L'économie américaine, classée 2ème, en 2019, par le WEF (2019) dans son évaluation de la compétitivité nationale de 141 pays, est d'abord caractérisée par d'importants efforts en matière de R&D. Dans son rapport de 2014, le WEF insistait, déjà, sur le sujet, et indiquait que « les pays à fort taux d'innovation dominent les classements internationaux de la compétitivité ». Klaus Schwab, président et fondateur de cette prestigieuse institution d'ajouter : « à l'avenir, nous allons parler de leur capacité d'innovation... par conséquent, il est indispensable pour les leaders des milieux économiques, politiques et de la société civile de collaborer et mettre en place des systèmes de formation et des conditions propices à l'innovation » (WEF, 2014).

La construction, à Madagascar, de cette convergence sera la résultante de trois facteurs, le premier étant l'augmentation du nombre de doctorants, qui doivent être mis en relation avec le secteur privé, et avec les institutions publiques. Un objectif que le pays doit se fixer est de multiplier par cinq, en moins de dix ans, puis par 10 en moins de 15 ans, le nombre de détenteurs d'un doctorat. Si la recherche d'une compatibilité avec les objectifs d'accélération du développement industriel et infrastructurel est susceptible d'être synonyme de priorisation des mentions à connotation scientifique et technologique, l'approfondissement de toutes les disciplines, à l'image même des besoins de l'ensemble de la société malgache, est, au fait, la bienvenue.

Le 2ème facteur est l'établissement d'accords de coopération scientifique avec les universités de la région, c'est-à-dire avec celles de l'Afrique de l'Est, de l'Indocéanie, et, bien sûr, de l'Afrique du Sud, qui est la locomotive scientifique et technologique du continent africain. Cela favorisera le transfert de technologies vers le pays, en utilisant l'augmentation de nos capacités d'absorption et d'innovation technologiques induits par l'amélioration rapide de la qualité de notre capital humain.

Enfin, le 3ème facteur est la mobilisation des ressources de l'Etat, incluant les revenus générés par les ressources stratégiques, pour développer ses capacités nationales en recherche, en y consacrant entre 0,5 et 1% de son PIB. Un pendant de ce qui précède serait l'incitation à la R&D en milieu entrepreneurial, grâce à une défiscalisation totale des budgets qui y sont alloués, et ce, dans les domaines prioritaires.

5.1.2.3. La stratégique protection des droits de propriétés industrielles

La théorie de la croissance endogène nous apprend deux choses.

Tout d'abord, que les efforts en matière de développement technologique génèrent une forte croissance économique à long terme.

Elle affirme, par ailleurs, que la capacité d'un pays en matière de recherche est maintenue et renforcée par une rétribution correcte des chercheurs, elle-même garantie par le strict respect des lois relatives à la protection industrielle. Ainsi, une étude sur 115 pays menée par l'OMPI, a démontré l'existence d'une forte corrélation positive entre l'application stricte des régulations relatives à la protection de la propriété intellectuelle, et le PIB. Madagascar est membre de l'OMPI depuis 1989. Le rang de 126ème attribué au pays, quant au nombre de déposants de brevets annuel[1], est signe que notre système d'innovation, portant essentiellement sur les produits pharmaceutiques et biotechnologiques, se porte au plus mal, et a besoin de la mise en œuvre d'une nouvelle politique industrialo-commerciale qui placera, en son cœur, la R&D ets la protection industrielle, le stock technologique d'une nation faisant partie de son patrimoine stratégique.

5.1.3. Complexité et construction du facteur intellectuel

Comme nous le vîmes, l'augmentation de la complexité, à travers l'acquisition de la connaissance et de la maîtrise de la technologie, est synonyme de la baisse de l'entropie sociale, elle-même facteur de croissance économique. Ceci peut s'observer sur la courbe de la Figure 10, montrant la relation entre la complexité et l'entropie. En absence d'autocatalyse intellectuelle, et, donc, en cas de forte prévalence de l'ignorance, l'entropie sociale au sein du pays est naturellement élevée. Cette situation, qui ne permet aucun progrès économique, faute de capacité à produire, puis à commercialiser le moindre bien à forte valeur ajoutée technologique, est celle qui prévaut dans les PMA.

5.1.4. Construction et opérationnalisation de l'élite nationale

Les efforts de construction du tissu de facteurs humains et technologiques ont un objectif principal, qui est celui de transformer une élite potentielle en élite réelle, capable de constituer le pilier de la compétitivité intellectuelle du pays. Aucun pays n'est, en effet, désormais, en mesure d'élaborer, puis de mettre en œuvre une quelconque stratégie de croissance sans que celle-ci ne soit sous-tendue par une expertise de facture internationale. La marche nationale vers la croissance ne débutera donc qu'une fois que se sera constituée une masse critique d'experts issus de tous les horizons disciplinaires, déterminés à se mobiliser et à prendre en main les rênes d'un pays en danger, afin de positionner celui-ci sur les rails de la compétitivité.

5.2. L'accumulation du retard industriel

A l'heure où Klaus Schwab parle de 4ème révolution industrielle, l'absence de l'avènement de la dynamique marchande, voire pire, la présence d'un processus de désindustrialisation, notamment sur les parties périphériques du pays, ont entraîné la chute, progressive, du PIB/habitant du pays, et ont fait que l'industrie ne représente plus que 17% du PIB de Madagascar. Le retard industriel ainsi engrangé est une des sources du sous-développement du pays. En effet, les efforts, intenses, en matière de développement infrastructurel, d'amélioration du capital humain, et du niveau technologique ont pour unique objectif de provoquer la révolution industrielle. Comme nous l'avions vu lors du survol de la théorie de la croissance, une économie dépourvue de

[1] Il y eut 1116 déposants de brevets entre 1994 et 2019 auprès de l'Office Malgache de la Propriété Intellectuelle, soit, en moyenne, environ 44 dépôts annuels !

développement technologique subit la rude loi des rendements décroissants, et tend vers une situation stationnaire. Le fait, d'ailleurs, que les pays développés soient aussi des pays industrialisés, rappelle le caractère central, pour la forte croissance, de ce paramètre. La lettre de politique industrielle, élaborée en 2007, puis revue en 2017, tout comme la loi sur le développement industriel de Madagascar, furent, toutes les deux, porteuses d'espoir, du fait de la qualité des stratégies qu'elles proposèrent. Ces documents ambitionnèrent, en effet, de mettre à contribution, afin d'impulser le développement industriel du pays, un fonds de développement destiné à la mise aux normes des entreprises malgaches, et à mettre en place les zones industrielles. Ils évoquèrent, également, l'établissement d'un pont entre le monde de la recherche et le secteur réel, faisant ainsi de la R&D, un des piliers de la stratégie de production nationale. Ce dernier point aura pour conséquence de corriger la situation actuelle, privant le monde de la recherche de deniers, qu'auraient pu lui procurer les industriels qui, à leur tour, pourraient bénéficier, à terme, des technologies les plus pointues susceptibles de leur permettre d'être compétitives aux niveaux régional et international. Cependant, demeure totalement floue l'origine des ressources financières nécessaires pour mettre en œuvre ces indispensables réformes. Il s'ensuit que la loi symétrique à celle de Moore-Kurzweil-Hanson s'applique, et rend impossible l'amélioration du taux de croissance. Le pays se transforme, ainsi, en espèce récessive, entraînée dans une spirale destructrice. Le verrou énergétique, et, de façon plus générale, infrastructurel, évoqué dans le paragraphe suivant, empêche le secteur secondaire de déployer ses ailes, et de prendre son essor. Certains industriels du SIM invoquent la concurrence déloyale du secteur informel. Encore faudrait-il qu'ils comprennent que le développement anarchique du secteur informel leur est imposé par le caractère extrême et non-maîtrisé de la pauvreté prévalant dans le pays ! En attendant, l'industrie malgache subit les effets conjugués de la carence en énergie, du vide technologique, du défaut de financement, et de la persistance de la corruption et du secteur informel, deux facteurs révélateurs des défaillances du climat des affaires. Si le vide technologique est synonyme d'absence de compétitivité, vu qu'aucune nation n'est prête à importer des produits dotés d'un niveau technologique inférieur à celle de la production domestique, le manque de financement freine de façon substantielle le processus de production. La théorie de la croissance exogène prône le fait qu'il nous faille, au plus vite, élaborer une stratégie d'afflux de connaissances en provenance de l'extérieur de nos frontières. Ceci revient à demander aux investisseurs étrangers à transférer, à bas prix, des équipements à forte teneur technologique et de savoir-faire, qui seront diffusés aux niveaux des universités et des techniciens nationaux. La Malaisie et la Chine ont assis leur stratégie d'accumulation de facteurs intellectuels sur de telles décisions. L'exclusion financière frappant une majorité de promoteurs, souvent jeunes, particulièrement inventifs, et dénués de cautions, constitue, également, un frein majeur au processus d'industrialisation. Ceci suppose une nécessité urgente d'adapter l'écologie financière aux exigences du développement industriel. Madagascar a besoin de mettre en œuvre une politique d'industrialisation efficace, conformément aux directives de la cible 9.2 des ODD des Nations-Unies (« doubler, d'ici 2030, la part de la manufacture dans le PIB »), adossée à la mise en place de banques spécialisées, capables d'aligner des services allant de l'évaluation et de la sélection du capital humain à l'apport de financements, à travers un système de prise de participation au sein des capitaux des start-ups. Je valide le choix du gouvernement actuel de prioriser la mise en place d'unités industrielles de transformation totale ou partielle de produits agricoles de base (fruits, légumes, féculents, grains secs, cacao, huiles essentielles, céréales…), qu'il faut, impérativement, cesser d'exporter à l'état brut. Il faut également privilégier la production de viandes (bovine, ovine et aviaire) congelées, et l'aquaculture. Les autres filières à prioriser correspondent à la mise en œuvre d'une politique de substitution à l'importation, justifiée par l'existence d'un faible coût d'opportunité, et, donc, d'un avantage comparatif. Ainsi, la mise en place d'unités de fabrication de matériaux de construction comme le ciment et le fer, ainsi que de fabrication d'équipements électroniques (téléphones, ordinateurs…) destinés, en grande partie, au marché domestique, doit être priorisée. Cette panoplie de concepts doit être complétée par la mise en place de clusters industriels régionaux, qui sont des structures industrielles verticales établies sur plusieurs pays de la zone, puis par une amélioration des facteurs contextuels nationaux à travers l'amélioration des infrastructures (objet du paragraphe suivant), et une lutte acharnée contre la corruption. Il importe, donc, que soient mis en place des instruments d'appuis à l'opérationnalisation de ces industries de substitution aux importations, grâce au recours aux fonds de développement de l'industrie, aux incubateurs et écloseries d'entreprises, et, enfin, à la mise en place de moratoires fiscaux pour les néo-entreprises.

La mise en place de ces start-ups devrait mobiliser, annuellement, de 100 à 500 Millions de USD.

5.3. L'alarmante non-conformité infrastructurelle

Le retard accumulé de ce côté est handicapant pour le développement industriel. De plus, selon la théorie de la croissance endogène, l'investissement de l'Etat dans les infrastructures physiques génère de fortes externalités au niveau national. En Afrique subsaharienne, les nations investissent, en moyenne, annuellement dans les infrastructures, seulement 3% de leur PIB, tandis que les pays émergents mobilisent le double. Le retard accumulé, cependant, nécessite que plus de l'équivalent de la totalité du PIB actuel de Madagascar, soit annuellement, et sur une période d'une dizaine d'années, consacré aux infrastructures, si l'on veut que le pays renoue avec la croissance à long terme. D'importants investissements s'imposent de façon à ce que chaque pôle de croissance soit doté d'un environnement infrastructurel optimisé. Analysons, à présent, la situation de chaque catégorie d'infrastructures, et montons des tableaux synthétiques comparant la disponibilité de chacune d'elle à Madagascar et au niveau international, en considérant les cas africain et français.

Les montants des gaps d'investissements figureront au sein desdits tableaux synthétiques.

5.3.1. Le grand handicap énergétique

« Dans le monde concurrentiel au sein duquel nous vivons aujourd'hui, l'accès à une source d'énergie stable et fiable ne devrait pas constituer un privilège accidentel, mais plutôt un droit fondamental » (Jim Rodgers, in « Lighting the World », 2015).

La première révolution industrielle, dans l'Europe du XIXème siècle, fut provoquée par l'accélération de la disponibilité énergétique, offerte par le charbon, accélération constituant un prérequis, comme le souligne Rodgers (2015), à tout progrès économique. Ce caractère crucial de l'énergie nous est, de plus, confirmé par Kardashev, qui la relie au niveau de progrès d'une civilisation, ce qui fait que la carence énergétique prévalant en Afrique subsaharienne est, au final, à la mesure de son état de non-développement. Le sous-développement énergétique constitue, donc, le plus lourd échec du Madagascar contemporain, où, selon les données de la BM datant de 2020, seulement un tiers de la population a accès à l'électricité, ce qui a pour conséquence de laisser 20 000 000 de personnes dans l'obscurité totale, mais, surtout, privées, pour les années à venir, de toute forme de développement industriel. Ce taux d'accès est inférieur à la moyenne africaine, qui, en 2020, était de 48%, et moins de la moitié de la moyenne mondiale. De ce fait, les familles malgaches, toutes classes économiques confondues, ont recours, au quotidien, au charbon de bois, pour cuire ou réchauffer leurs aliments, ou, encore, pour repasser leurs vêtements. La forêt, qui ne bénéficie d'aucun programme rigoureux de réhabilitation, paie, donc, un lourd tribut à la pratique, généralisée, d'évitement des factures d'électricité onéreuses ! Le secteur Énergie, à Madagascar, est handicapé par l'obsolescence des équipements agonisants mis en place, à 70%, par la puissance coloniale, par la pratique du détournement d'électricité provoquant une perte en ligne de l'ordre de 35% de la production, et, surtout, par le manque d'anticipation des hauts décideurs qui se sont reposés sur la source thermique, constituant 80% de la production. Ceci fait que la JIRAMA soit un véritable gouffre financier, perdant, par jour, plus d'Un MM d'Ariary (soit environ 200 000 USD). Les 2 chocs pétroliers successifs et les fortes hausses du prix du baril du pétrole ayant suivi, ont tôt fait de mettre hors de la portée non seulement des familles, mais, également, des industriels, ce qui devrait figurer en bonne place dans la panoplie basique des services publics.

En matière de réponse à la demande de connexion au réseau d'électricité, dont le délai d'attente avoisine les 450 jours, Madagascar fut classé, durant plusieurs années, 188ème/188 pays par le classement « Doing Business » de la BM. Madagascar, est, pourtant, doté d'un potentiel énergétique remarquable[1]. Les sites ayant une puissance potentielle supérieure à 60 MW sont au nombre de 18, et ont des potentiels allant de 70 MW (site de Ranomafana) à 1 GW (site de Sahofika). Il est juste regrettable qu'on n'en soit pas encore à démarrer l'exploitation du site de Sahofika, où la pleine opérationnalisation d'un barrage hydro-électrique fournirait les 2000 GWh[2] dont a, annuellement, besoin, Madagascar[3].

Le taux d'insolation prévalant dans le pays, fait qu'il soit autant possible de satisfaire la demande de l'économie malgache actuelle, à l'aide de l'utilisation, sur une surface d'environ 130 Ha[4], d'équipements thermo-solaires à hauts rendements. La non-exploitation du gigantesque potentiel hydro-électrique, tout comme le taux appréciable d'insolation, ou l'abondante énergie éolienne, font que le développement soit, exagérément, tributaire du cours mondial du baril de pétrole !

Je prône l'exploitation, à terme, sous contrat 3P, de l'ensemble des principaux sites présentant des potentiels importants, ainsi que la mise en place des pôles énergétiques régionaux (PER) mettant l'accent sur les énergies renouvelables. Cela accélérerait l'avènement du « basculement énergétique », et mettrait le pays sur une position d'exportateur net d'énergie verte.

Le coût d'une telle entreprise, à finaliser dans les 10 années à venir, est d'environ 5,7 MM de USD. Le tableau suivant compare la disponibilité nationale malgache avec celles africaine et française.

---

[1] Moins de 3% du potentiel hydro-électrique national, estimé à plus de 7.300MW, font, à ce jour, l'objet d'une quelconque exploitation.

[2] Consommée, à plus de 90%, par les unités industrielles existantes.

[3] Source : Ministère de l'Energie.

[4] Le taux d'insolation moyen est de 2,4 MWh/m²/an à Madagascar, où prévaut en moyenne plus de 3000 heures d'ensoleillement annuel, et le rendement des meilleurs équipements actuels est d'environ 77%.

Tableau 3 : Comparaison des situations infrastructurelles en matière d'énergie

	Moyenne Française (KWh/hab./ an)	Moyenne Africaine (KWh/hab./ an)	Moyenne Malgache (KWh/hab./ an)	Gap en matière d'investissements (USD)
Consommation énergétique par habitant et par an (2023)	6 448	487	53	**5,7 Milliards**

Source : CIA Factbook, 2023.

5.3.2. Le faible taux de connexion à Internet

Le taux de pénétration d'Internet à Madagascar est estimé, par la BM, à environ 22,3%, taux identique à celui prévalant au niveau du Continent noir. Ceci signifie que les TIC constituent encore un luxe pour une frange importante de la population, ce qui constitue un handicap majeur pour la croissance économique. Il est, en effet, reconnu que les TIC constituent la pierre angulaire de toute stratégie moderne de croissance. « La tendance actuelle, au niveau mondial, des agents économiques est d'aller vers un capital à forte intensité technologique plutôt qu'à forte intensité de ressources naturelles » (WIS, 2007). Ainsi, dans son rapport en date de 2009, par exemple, le WEF déclare qu'avec un leadership conscient, les technologies, non seulement, vont continuer à favoriser la croissance, mais, également, permettront une révolution numérique qui hissera à des niveaux inattendus, les parties du monde qui n'ont pas été atteint, ni par la révolution agricole, ni par celle, industrielle. Ce rapport signale, par ailleurs, que l'opérationnalisation, au niveau des pays émergents, des systèmes numériques à gros débit créera entre 10 et 14 millions d'emplois, et générera plus de 300 MM de USD de revenus. Enfin, ce rapport signale que 10% de taux de pénétration supplémentaire des TIC au niveau des pays en développement est susceptible de générer 1,2% de taux de croissance du PIB (WEF, 2009). Pour sa part, Avgerou (2003) prévient que les TIC sont susceptibles de stimuler directement, comme indirectement, la croissance, ne serait-ce que grâce à une augmentation des efficiences institutionnelle et productive. Enfin, Andrianaivo et Kpodar (2011) du FMI confirment l'existence d'externalités de cette technologie et classent lesdits impacts en deux catégories : les impacts du côté des facteurs contextuels (revenu national, création d'emplois, impact positif sur la fiscalité, impact positif sur la balance de paiement), et ceux, du côté sectoriel (accumulation de capital, accroissement de la productivité des firmes, accès aux marchés, inclusion financière, développement rural). On ne peut que saluer les efforts de développement des infrastructures consentis par divers opérateurs du secteur, pour rendre ces technologies, et notamment Internet et la téléphonie mobile, accessibles à l'ensemble des agents économiques, y compris ceux localisés en milieu rural, éloignant, ainsi, du pays, le spectre de la fracture numérique. Les externalités positives générées par les TIC au niveau des entreprises, qui sont également un fait, sont, bien entendu, plus remarquables dans les firmes spécialisées dans la production et le commerce de services, reconnues être à haute intensité technologique. Le roboticien malgache Fidimahery Andrianasy estime que la fluidité de la circulation des facteurs, et celle des informations, nécessitera la mise en place d'un faisceau de « bornes numériques » couvrant le territoire national, et alimentées par énergie solaire, jusqu'au niveau des fokontany (quartiers). Munies d'écrans tactiles, celles-ci permettraient à quiconque de surfer, afin de se former, de s'informer et de communiquer.

Tableau 4: Comparaison des moyennes en matière d'infrastructures de télécommunication et Internet.

	Réalités internationales	**Réalités africaines**	**Réalités malgaches**	**Gap en matière d'investissements**
Taux de pénétration numérique (Tél. portable et Internet)	51%	22%	22,3%	**250 000 000**

Source : Union Internationale des Télécommunications (ITU) et AICD.

5.3.3. L'inexistence d'infrastructures de transport

Ces infrastructures, qui ont pour raison d'être de structurer le territoire, et de permettre la circulation tant des biens, des services que des hommes est fondamentale pour la croissance, comme l'ont établi les travaux de Barro. Teisserenc (2011) affirme qu'une mutation du monde de la logistique est en train de s'opérer au niveau du continent africain. Il est, donc, capital, de mettre en place une stratégie d'infrastructures de transport reliant entre eux les pôles de croissance nationaux et régionaux, intégrant les équipements nécessaires à la manutention et à la conservation de chaque catégorie de produits. A Madagascar, seul le port de Toamasina est doté des moyens répondant aux normes internationales, en termes de manutention de marchandises : marchandises conteneurisées, en vrac, et sur palettes. Des investissements s'imposent pour que chaque pôle de croissance soit doté d'un environnement optimisé en matière de logistique de transport. D'autres infrastructures s'imposent tels les aéroports, les logements sociaux et les aménagements urbains, vu notamment les rôles structurant et accélérateur, désormais reconnus, des villes, dans le processus d'accélération de la croissance[1].

[1] African Business, « Villes et Territoires, Accélérateurs de de Croissance », N°25, janvier 2013.

5.3.3.1. Infrastructures et politiques portuaires

L'APMF est, actuellement, en train de mettre en œuvre le plan de mise aux normes des infrastructures portuaires et fluviales du pays, et ce, avec l'appui des PTF. On ne peut que les encourager à persister dans ce sens ! En effet, chaque région située sur le littoral devrait posséder au moins un port en eau profonde et à forte capacité de traitement de conteneurs et de marchandises conventionnelles. Parmi les chantiers portuaires prioritaires, je citerai les ports de Toliara, dans le Sud, de Manakara et de Mananjary, dans le Sud-Est, de Maintirano, dans le Moyen-Ouest, de Mahajanga, dans l'Ouest, et d'Andrakaka, dans l'Extrême Nord. Les besoins pour le développement et la mise aux normes de ces infrastructures, dans les dix prochaines années, sont estimés à environ 5 MM de USD.

5.3.3.2. Infrastructures aéroportuaires et politique du transport aérien

De même, 12 aéroports dits « primaires » existent à travers les six provinces de Madagascar, parmi lesquels seuls 2 (Ivato, Antananarivo et Fascène, Nosy Be) reçoivent des vols internationaux long-courriers et sont munis du dispositif d'atterrissage sans visibilité, ILS, tandis que 4 d'entre eux reçoivent des vols régionaux (les deux précédents, auxquels s'ajoutent Arrachard à Antsiranana, Ambalamanasy à Toamasina). Les autres aéroports dits « secondaires » ne sont plus desservis par les vols « sociaux », non-rentables économiquement, d'Air Madagascar. La conséquence de cette situation est que les voyageurs se voient être éloignés géographiquement et économiquement des sites touristiques, pourtant objets de leur déplacement en long courrier. Lorsqu'on connaît le nombre de voyageurs ayant pris l'avion en 2023, et au vu du potentiel touristique de la Grande Ile, on imagine les pertes annuellement subies par le pays, faute d'avoir conçu à temps, une stratégie adéquate relative au transport aérien. Le besoin en investissements pour la restauration des aéroports de Madagascar et la construction de nouvelles infrastructures est d'environ 5 MM de USD. On ne peut concevoir une politique de transport aérien dans le pays, sans évoquer le sort qu'il importe de réserver à la compagnie nationale, Air Madagascar, rebaptisée « Madagascar Airlines ». En effet, en proie à une turbulence persistante, la compagnie nationale n'a aucune raison de ne pas renaître de ses cendres et de reprendre son essor, pour peu qu'elle reconstitue son capital humain national et recompose sa flotte, devant comprendre, pour sa phase de démarrage, quatre gros porteurs destinés à accomplir les vols long-courriers, et ciblant, à partir des différents hubs nationaux, les destinations suivantes : Maurice, Dubaï, Hong-Kong, Beijing, Singapour, Kuala Lumpur, Bangkok, Paris, Sydney et New York. Elle devra, ensuite, acquérir jusqu'à dix appareils moyens-porteurs destinés à desservir les destinations continentales, régionales, et nationales. Elle devrait, enfin, s'intéresser aux créneaux du vol privé, du fret aérien, et de la maintenance aéronautique.

5.3.3.3. Infrastructures et politique routières

Doté d'un réseau routier de 48 782 km[1], dont 9,74%, soit 4751 km, seulement, sont bitumées, pour 30 000 000 d'habitants, Madagascar a donc un ratio d'environ 0,2 km de route bitumée/1000 habitants, avec une densité routière de moins de 10 mètres de routes bitumées par km². Ceci place la Grande Ile, en la matière, à la 197ème place sur 200 pays au monde. A titre de comparaison, le ratio est de 2,2 km/1000 habitants en Afrique subsaharienne, avec une densité de 83 m de routes par km². Pour se hisser au niveau de l'Afrique subsaharienne, le pays a, donc, besoin de multiplier par 10 sa densité routière, et donc d'investir, au bas mot, 50 MM de USD. Une partie de cette somme pourra être fournie par le secteur privé qui exploitera, alors, des tronçons à péage. Il faut, cependant, cesser de croire que les routes ont uniquement pour vocation de rendre possible la circulation des biens et des personnes. Bien plus, les routes se doivent d'être également des infrastructures physiques structurant le territoire et le développement économique local et national.

5.3.3.4. Infrastructures et politique ferroviaires

Le réseau ferroviaire, à Madagascar, comprend 877 km de lignes à voie métrique et non-électrifiées (Wikipédia, 2022). Souvent passée sous silence, la question des infrastructures ferroviaires constitue, pourtant, un enjeu de taille pour tout le pays, étant donné sa grande capacité de transport de marchandises, comme de personnes, avec un coût 40% plus faible que celui du transport routier.

Madagascar a besoin de moderniser les infrastructures existantes, électrifier les voies et acquérir les locomotives et les rames adéquates. De plus, il est indispensable de se préparer à la mise en place de nouvelles voies reliant toutes les villes de l'Est de la Grande Ile, ainsi que le centre à l'Ouest, où de grandes activités minières, notamment l'exploitation d'hydrocarbures et celle du minerai de fer de Soalala, verront, le moment venu, le jour.

De façon générale, le moyen de transport de masse que constitue le réseau ferroviaire national se doit de relier entre elles l'ensemble des centres urbains industrialisés de la Grande Ile. Il est, enfin, attendu que sa vocation de transporteur de frets, aujourd'hui, se mue en celle de personnes.

Les investissements que nécessitent, sur 15 ans, ces travaux de construction, d'acquisitions de rames complètes, de transfert de technologies et de formation du capital humain national sont évalués à 3,4 MM de USD.

---

[1] Dont 11 817 km de routes nationales, 16 965 km de routes provinciales, et 20 000 km de routes communales (source : ONG Lalana).

Tableau 5 : Estimation du coût de construction du réseau ferroviaire national

	Nombre	PU ($)	Sous total ($)
Rames complètes (Tractrice + ensemble des wagons	20	20 000 000	400 000 000
Rails (voie double)	1 000 x 2	1 500 000	3 000 000 000
Total ($)			**3 400 000 000**

Source : La Dépêche, 2018.

La lourdeur des investissements à réaliser fait que je préconise, dans un premier temps, le leadership de l'Etat dans l'exploitation de ce secteur.

5.3.3.5. Comparaison de la disponibilité des infrastructures nationales de transport avec celles, africaines et française

Le tableau ci-dessous résume les disponibilités, en matière d'infrastructures de transport, à Madagascar, en Afrique subsaharienne (Côte d'Ivoire) et en France.

Dans la mesure de la disponibilité des données, il a été, également, estimé, les besoins, ou « gaps », en matière d'investissements, afin de se conformer aux réalités de l'Afrique subsaharienne.

Tableau 6 : Comparaison des disponibilités infrastructurelles en matière de transport.

	Moyennes françaises	Moyennes africaines	Moyennes malgaches	Gaps en matière d'invest. (USD)
Routes	16,3km /1000 hab 1,77km/km²	2,2km/1000 hab. 84 m/km²	0,2 km/1000 hab. 10 m/km²	50 Milliards
Ports (Fret maritime) (TEU)	5 107 857	974 872 (Côte d'Ivoire)	199 713	5 Milliards
Aéroports (Fret par an) (MT.Km)	211 496 (2019)	3 765 (2019)	16,5 (2019)	5 Milliards
Aéroports (Nombre de voyageurs par an)	71 289 277	12 731 216 (Ethiopie, 2019)	544 458 (2019)	
Chemin de fer (MT.Km de fret transportés par an)	33 442 (2017)	113 342 (Afrique du Sud)	122 (2014)	3,4 Milliards
Total				**63,4 Milliards**

Source : Auteur, selon les données de la Banque Mondiale.

Il apparaît donc que les besoins pour réhabiliter totalement le secteur des transports de Madagascar est de l'ordre de **60 Milliards de USD**.

5.3.4. Les graves déficiences en infrastructures sociales

L'incontournable construction de logements sociaux ciblant plus de 5 millions de familles, et coûtera 125 MM de Dollars US, constitue le plus grand chantier qu'initiera le pays, qui devra, de surcroît, combler son déficit en matière d'infrastructures scolaires et hospitalières. Si, dans le Monde, le ratio nombre de médecins/1000 habitants est de 14, à Madagascar, comme en Afrique subsaharienne, celui-ci est de 0,2 médecin/1000 habitants.

Tableau 7 : Comparaison des moyennes en matière d'infrastructures sociales.

	Moyennes mondiales	**Moyennes africaines**	**Moyennes malgaches**	**Gap en matière d'investissements (USD)**
Santé : Nombre de Médecins par 1000 habitants	14	0,2	0,181[1] (5068 médecins)	Objectif : former 45.000 médecins supplémentaires : 180 M USD
Education : Nombre moyen d'élèves par enseignant (primaire)	18,3	37	40[2]	2 261 682 000 (programme décennal)
Logements sociaux : Nombre de logements de 80 m² à bâtir[3]	67/1000 habitants	N/A	5 000 000	125 MM USD
Total				**127 441 682 000**

Source : Auteur, à partir de données de la Banque Mondiale.

Les besoins financiers nécessaires pour mettre à un niveau décent les infrastructures sociales du pays s'élèvent donc à **127 441 682 000 USD**. Il s'agit là du plus grand défi auquel ce pays devra faire face dans les années à venir.

5.3.5. Quasi-inexistence des infrastructures d'adduction d'eau

Selon l'UNICEF, 60% de la population est dépourvue d'accès à l'eau courante, ce qui est inconcevable, lorsque l'on connaît la disponibilité des plans d'eau dans la plupart des régions du pays. Ceci a, bien entendu, des répercussions déplorables sur le niveau d'hygiène, et donc de santé, dans lequel vit la population, notamment rurale. L'accès à l'eau courante, et, mieux, à l'eau potable des populations, aujourd'hui reconnu comme étant un droit universel, devrait constituer une priorité pour le GdM. Le Ministère en charge de l'eau et de l'assainissement a déclaré que, pour la période 2015-2030, le secteur a besoin d'un investissement de 72.959.219 de USD, ou 6,51 USD par habitant, annuellement, durant 15 années, soit, donc, en totalité, de USD 1 094 388 285 (Ministère de l'Eau, 2015).

Le budget alloué par les pays les plus pauvres comme Madagascar pour les infrastructures d'adduction d'eau est de 0,002% du PIB, pour un niveau moyen de 0,4% en Afrique subsaharienne (Global Waters, 2018).

---

[1] Source : Université de Sherbrooke, 2014.

[2] Source : Banque Mondiale (données pour l'année 2018).

[3] Pour une famille de 5, en milieux rural et urbain.

Le tableau ci-dessous compare le pourcentage du PIB annuellement alloué par Madagascar à cet effet, et ceux alloués par les pays d'Afrique subsaharienne et par les pays développés.

Tableau 8 : Comparaison des moyennes d'investissements en adduction d'eau.

	Moyennes mondiales	**Moyennes africaines**	**Moyennes malgaches**	**Gap en matière d'investissements**
Infrastructures d'adduction d'eau, d'assainissement et d'hygiène (% du PIB)	1,4 [1]	0,4	0,002	1MM USD

Source : Auteur, à partir de données de la Banque Mondiale.

5.3.6. L'inadmissible disparition des infrastructures rurales

S'il est un secteur qui fut l'objet d'un travail intense durant la période coloniale, c'est bien le secteur agricole. Ainsi, le pays fut parsemé de micro-barrages hydro-agricoles, qui permirent l'irrigation de centaines de milliers d'hectares à travers le pays. Ce réseau de barrages, tombé en désuétude, a besoin d'être réhabilité et développé. Il est également important que les 119 districts soient, tous, dotés de silos de conservation de produits agricoles, construits selon les normes internationales.

Le budget nécessaire à la mise en place de telles infrastructures est d'environ USD 119 M/an durant 10 ans.

Il apparaît donc que pour que le pays dispose, sur la totalité du territoire, d'un réseau d'infrastructures physiques et sociales capable de soutenir les efforts de croissance, il faut mobiliser un peu moins de **195 Milliards de USD** sur une durée de 10 ans. Ce montant, bien que demeurant insuffisant pour hisser le pays au niveau des pays les plus développés, lui permettra, au moins, de quitter le groupe des PMA.

5.4. Caractère archaïque et inadapté du secteur financier

5.4.1. Contexte général

Les activités du secteur productif malgache sont, aujourd'hui, sérieusement limitées par le manque de capitaux. Ceci est particulièrement avéré pour les jeunes entrepreneurs, n'ayant pas accès à des fonds à risques, mais aussi pour les entrepreneurs nationaux, de façon générale. Le développement des activités de production, ainsi que l'amélioration de la qualité des facteurs contextuels desquels dépendent la productivité sont largement tributaires des volumes de financements disponibles pour les entreprises, ce qui démontre

[1] Source : INSEE, 2017.

l'importance, pour le pays, de disposer d'un système financier prêt à accompagner le processus de croissance économique.

5.4.2. Les incontournables réformes du secteur financier

Pourvoyeur de fonds pour les activités économiques, le système financier et le flux entrant de capital jouent un rôle de premier plan dans la genèse et le maintien de la croissance économique. A Madagascar, ce système est composé des acteurs bancaires, des sociétés de capital-risque, et des investissements institutionnels. Les ambitions de croissance d'un pays se doivent d'être reflétées dans la qualité structurelle et juridique de son système d'intermédiation financière. Ramarolahy (2007) prône la mise en place d'un marché boursier, dont le rôle dans la création de la croissance, de la structure des flux de capitaux, a été mis en évidence par les études empiriques. L'efficacité de la liberté des mouvements de capitaux dépend, fortement, du niveau de développement du secteur financier. Aghion, Howitt et Mayer-Foulkes (2005) affirment, à ce propos, que tout pays doté d'un système financier performant convergera vers la frontière technologique mondiale. Un secteur financier développé permet, non seulement d'améliorer le taux d'épargne d'une économie, mais, également, de favoriser une meilleure allocation des ressources en dirigeant l'épargne vers les projets les plus rentables. Le développement financier peut agir sur la croissance et les pays dotés d'instruments élaborés sont dotés d'un taux de croissance plus élevé. Un des arguments intégrés dans les modèles de croissance endogène est que le système financier rend des services d'intermédiation, qui, à leur tour, génèrent des externalités positives (Bencivenga et Smith, 1991). Ainsi, le développement du secteur financier semble avoir un impact sur les décisions d'investissement, sur l'innovation technologique et, enfin, sur les taux de croissance à long terme.

5.4.2.1. La densification du réseau bancaire

Je préconise donc, fortement, que le Gouvernement s'ouvre à l'arrivée de nouveaux acteurs référencés pour provoquer l'entrée massive sur le marché, de nouveaux micro, moyens et grands acteurs de production de biens et de services dont a urgemment besoin ce pays. De plus, les établissements bancaires doivent agir dans le sens de l'inclusion financière, permettant de mettre fin à la pratique de la thésaurisation, comme de la fraude fiscale.

5.4.2.2. L'introduction d'un marché boursier

Il est tout aussi inconcevable, que dans le contexte libéral dans lequel vit le Monde, en général, l'on ne dispose, dans ce pays, d'un marché obligataire, constituant un système capable, notamment, de financer les activités et les investissements des entreprises privées. La croissance économique, en effet, est plus élevée, comme il a été dit plus haut, en présence d'un marché boursier. La libéralisation financière qui, pour Ghosh (2005), consiste à déréguler la circulation financière, et à faciliter, également, l'arrivée importante de fonds sous forme, soit d'IDE ou sous forme de portefeuilles d'investissements étrangers ou FPI, est susceptible, cependant, de fragiliser le système financier, si les précautions idoines ne sont pas prises en amont. Cet auteur nous met, de ce fait, en garde contre tout excès de précipitation vers la libéralisation financière, car, argumente-t-il, les pays en développement ne sont pas, forcément, dotés de tous les instruments de contrôle permettant un suivi optimal des flux financiers et la gestion des déséquilibres et des imperfections des marchés qui pourraient se traduire par des crises très graves. Jacquet et Pollin (2007), qui rapportent des études empiriques confirmant les liens de corrélations positives entre le développement financier et la croissance, mettent l'accent sur les facteurs déterminants pour ledit développement financier : 1°) le cadre juridique et réglementaire, donnant, notamment, aux contrats tout le poids qu'ils méritent, 2°) les complémentarités institutionnelles entre le système financier, le monde productif, le marché du travail, et les autorités en charge de la régulation macroéconomique. Le processus, actuellement en cours de création d'un marché financier, avec l'appui de l'IFC et l'onction du FMI, mérite d'être accéléré.

5.4.3. Quelques points importants à propos du cas particulier des IDE

5.4.3.1. Situation

Ces dernières années, il fut disponible, annuellement, à travers le Monde, environ 2000 MM USD d'IDE. D'après la CNUCED, la pandémie, suivie par la guerre en Ukraine, ayant provoqué une triple crise (financière, alimentaire et énergétique) a modifié ceci, et a provoqué une baisse tangible de ce volume stabilisée, en 2022, à 1580 MM de USD. 83 MM de USD de ce flux eurent pour destination l'Afrique, tandis que les pays en développement accueillirent 837 MM USD (CNUCED, 2022). Pour ce qui est de Madagascar, le pic des IDE fut atteint en 2008, lorsque le volume franchit la barre d'1 MM d'USD, attribuables, essentiellement, à la mise en œuvre de 2 grands projets miniers, en l'occurrence celui d'extraction d'ilménite de Fort Dauphin, et celui d'extraction de Nickel et de Cobalt d'Ambatovy. Cependant, certains obstacles font que les investissements ne se déplacent pas, naturellement, des pays riches vers les pays pauvres, comme le prévoit, théoriquement, la loi de l'offre et de la demande. Ceux-ci sont, souvent, d'ordre institutionnels, et prévenir leurs effets pernicieux nécessite l'implémentation de certains accords internationaux, dont le pays est signataire.

5.4.3.2. L'EDBM

Madagascar multiplie les efforts de simplification et de modernisation du cadre juridique constituant l'environnement des investissements. La protection de l'investissement (liberté d'investissement, égalité de traitement, protection des droits de propriété, liberté de transfert des capitaux, stabilité et règlement des litiges), l'accès à la propriété immobilière des investisseurs étrangers font partie des droits garantis par l'Etat vis-à-vis des investisseurs. Madagascar s'est engagé dans des efforts de restructuration de l'environnement des affaires, dont l'amélioration de la justice commerciale, une bonne gouvernance, l'impartialité, le renforcement des capacités de l'administration, et une meilleure sécurisation de la propriété foncière à travers le programme national foncier. Il a été mis en place, à cet effet, en 2005, l'EDBM, à qui il s'agit, désormais, d'octroyer plus de poids financier et politique. En effet, l'EDBM, en lui-même, n'est pas en mesure de provoquer l'accroissement du volume d'IDE entrant dans l'économie malgache, qui est le fruit d'une volonté politique du GdM, se traduisant par la facilitation de l'entrée des fonds ayant subi un contrôle rigoureux, ainsi que par l'instauration d'allègement fiscaux défiant toute concurrence. Une stratégie, à l'échelle indocéanienne, d'attraction d'IDE devrait, également, être implémentée.

5.4.3.3. Les Accords de Promotion et de Protection des Investissements

Ces différents accords régionaux ou multilatéraux, permettant aux investisseurs de bénéficier d'une protection juridique dans le pays d'accueil tout en leur imposant des règles à suivre, sont devenus des composantes essentielles des stratégies de développement, et s'inscrivent, dorénavant, dans les cadres de négociations régionales ou au niveau des instances des Nations Unies. Néanmoins, malgré les teneurs louables des objectifs spécifiés, ces accords ont du mal à se concrétiser dans les PMA, dont Madagascar, et ne dédouanent pas le GdM de la nécessité d'améliorer les facteurs contextuels.

5.4.3.4. Les organismes et institutions financières internationales

Les protocoles d'accords sur les investissements ciblent aussi les institutions financières, qui sont les passerelles naturelles des gros investisseurs vers notre pays. Nous citerons en particulier le fonds de l'OPEP, et l'Overseas Private Investment Corporation (OPIC), ayant pour but d'attirer et de sécuriser les investissements américains. Il y a lieu de citer également les institutions internationales émettrices de fonds souverains. Nous verrons plus loin comment faire bénéficier le pays de financements internationaux, grâce à la mise en garantie de nos ressources stratégiques. Un des objectifs de la BM étant de promouvoir les investissements privés internationaux, il lui est apparu qu'une des meilleures façons de s'assurer de l'atteinte de cet objectif est de faire bénéficier les investissements étrangers d'une garantie contre les risques non-commerciaux. D'où l'idée, de mise en place de la structure qui suit.

5.4.3.5. La MIGA

Créé en 1988, la MIGA est une agence de la Banque Mondiale, comptant aujourd'hui, 158 membres, et ayant pour vocation d'encourager la convergence des capitaux étrangers vers les pays membres en développement, et ce, à travers la mise en place d'un système de garantie sur les risques non-commerciaux[1], et en leur fournissant des services relatifs à la promotion et au conseil. Madagascar y a adhéré le 08 juin 1988. Les pays en développement, ayant des difficultés à attirer des investissements, et classés, pour la plupart, dans la catégorie « zone rouge, ou « pays à hauts risques » par les institutions spécialisées dans l'évaluation de « risques-pays » ont à leur disposition, à travers cette structure, un outil leur permettant de remédier à une réalité qui les a laissée en marge des échanges économiques internationaux. Cependant, la présence de la MIGA ne peut se substituer aux réformes structurelles en profondeur, destinées à rétablir la crédibilité et l'attractivité d'un pays.

5.4.3.6. IDE et taux de productivité

Il ne faut, cependant, pas doter les IDE, par ailleurs parfois volatiles, de vertus qu'ils n'ont pas. A cet effet, j'ai établi avec Takidy (2024), que l'augmentation des IDE n'augmentera pas, *de facto*, la productivité. Ce n'est que lorsqu'ils sont associés à l'augmentation du capital humain et du capital technologique qu'ils deviennent générateurs de productivité, et, donc, de croissance.

5.5. La faiblesse du volume du marché extérieur

> *« Les pays riches ont des marchés, les pays pauvres, des bureaucrates » (Easterly, 2006).*

Un important fait stylisé, en économie, affirme que l'argent a toujours tendance à converger vers les milieux et les nations les plus riches. Ceci est confirmé par la théorie de la croissance, qui démontre, comme on l'a vu, que la croissance économique, dans un pays, est proportionnelle au volume de l'économie en question. Ceci justifie le fait qu'un des piliers de la stratégie de croissance de ce pays reposera, comme on le verra plus loin, sur le développement du secteur extérieur[2]. Le PIB de l'Afrique représente moins de 2% de celui de la Planète toute entière, tandis que son commerce extérieur représente moins de 1% du commerce extérieur global. Ceci illustre l'importance du retard accumulé par le Continent Noir, hors Afrique du Sud, qui a omis de concevoir une stratégie efficace en matière d'économie internationale. La capacité d'exportation, bien entendu, est tributaire de la capacité de production à grande échelle, elle-même dépendante de la qualité de l'environnement des affaires. Le tout est, enfin, fortement influencé par le niveau technologique, la taille et la qualité du capital humain, et le volume de financement disponible pour la production. Le volume total des exportations malgaches fut, en 2023, d'environ 3,5 milliards de dollars US, soit 900 fois

---

[1] Incluant expropriations, guerres, troubles civils, et interruption de contrats relatifs aux investissements par les gouvernements hôtes.

[2] C'est-à-dire sur le développement du commerce international, et sur l'attraction des investissements étrangers, directs ou indirects.

moins que le volume de la totalité des exportations mondiales, alors que, selon Deschamps (1960), Madagascar a, dès le XIXème siècle, entretenu des liens commerciaux avec un certain nombre de pays. Durant la colonisation, ces exportations, essentiellement composées de matières premières agricoles (riz, café, cacao, coton, noix de cajou, vanille, fibres végétales, grains secs, poivre, girofle...) et minières (mica, chrome, or...), s'intensifièrent, mais en 64 années d'indépendance, cette structure de nos exportations ne varia que légèrement. Aux biens sus-énumérés s'ajoutent quelques autres matières premières, notamment minières (cobalt, ilménite...), halieutiques (crevettes) et autres produits manufacturés (thons en boîte, produits textiles, huiles essentielles...). Ces exportations ne comprennent que peu de biens manufacturés ou dotés de valeurs ajoutées technologiques notables. Un tel profil des exportations, identique à celui de l'Afrique subsaharienne, s'il présente de l'importance en termes de volume, demeure insignifiant en termes de revenus, générant ainsi peu, ou pratiquement pas, de croissance. Ensuite, une stratégie de décuplement des revenus générés par les exportations ne peut se concevoir sans une excellente politique de qualité, venant juste d'être finalisée à Madagascar. L'adoption et l'implémentation d'une politique nationale de la qualité constituera une véritable révolution, et aidera le pays à s'insérer dans un marché mondial exigeant sur les plans technique et humain. Enfin, la mise en œuvre d'une stratégie de forte augmentation du volume des exportations se doit d'être accompagnée d'un dispositif financier idoine, qui servira, avant tout, à financer les efforts en matière d'innovation technologique au sein des pôles de compétitivité. Il servira, ensuite, au financement du secteur productif, incluant les incubateurs d'entreprises.

5.6. Instabilité politique et faiblesses institutionnelles

La problématique de la croissance dans les pays les plus pauvres de la planète, et, en particulier, ceux de l'Afrique sub-saharienne, est reconnue comme étant tributaire de la problématique de la stabilité institutionnelle et politique, que Gillis *et al* (1998), désignent comme étant le plus important obstacle interne à la croissance. Un environnement mouvant, générant, par essence, un manque de prévisibilité des facteurs, est peu incitatif pour les grands investissements locaux, nationaux, comme internationaux. Ceci est particulièrement validé par l'historique de la croissance économique malgache depuis 1960 : les chutes de croissance succédèrent à des crises socio-politiques, dont on n'a jamais pu se remettre. Ainsi, la figure 1 nous montre que le pays ne fut plus jamais en mesure d'atteindre le niveau du PIB/habitant de 1972, fait attribuable, certes, aux mauvaises orientations économiques depuis cette époque, mais, aussi, aux effets rémanents et cumulés des crises politiques et institutionnelles successives. Un autre facteur interne défavorable à la croissance est la faiblesse institutionnelle. La constitution de la 4ème République reconnaît à Madagascar 5 institutions : le Président de la République, la Primature, le Gouvernement, le Parlement et la HCC. La présence du parlement assure l'équilibre des pouvoirs. En effet, le Chef de l'Etat a la possibilité de dissoudre l'Assemblée, qui, en retour, peut également le déchoir de ses fonctions, par un vote, par deux tiers de ses membres, d'une motion d'empêchement. Dans cet équilibre institutionnel, s'invite, usuellement, un paramètre, faisant pencher la balance d'un côté, ou de l'autre : la HCC, qui, de par l'impossibilité de remise en question de ses décisions, est maître après Dieu dans les périodes socio-politiquement sensibles. La défaillance budgétaire se révèle être à l'origine de la faiblesse institutionnelle et étatique. Le manque chronique de moyens est la source même, en effet, du phénomène de la sous-administration du pays, entraînant la gravissime inefficience, voire l'absence de l'administration, dans les zones les plus reculées, étant donné, alors, le paiement au rabais et le sous-équipement des fonctionnaires. Cette situation a, pour première conséquence directe, la remise en cause de la sécurité des personnes et de leurs biens, pourtant garantie par la constitution au sein de ces véritables zones de non-droit, livrées au bon vouloir de groupes de voyous souvent lourdement armés, et où l'Etat avoue sa totale impuissance ! Une autre conséquence de la situation de précarité budgétaire de l'Etat est la désormais légendaire porosité de nos 5 000 km de côtes, ainsi que l'absence de surveillance de notre ZEE, faisant, pourtant, partie intégrante du territoire national. Mais l'instabilité socio-politique est, également, générée par l'accumulation des effets entropiques de l'inflation galopante, des grandes disparités sociales, de la persistance de l'injustice, ou des querelles survenant au sein de la classe politique, ou dans l'armée. L'accumulation de ces facteurs, souvent provoquée, maladroitement, par les tenants du pouvoir eux-mêmes, qui répondent par une montée d'adrénaline et qui répriment leur opposition, une fois une certaine masse critique atteinte, entraîne un effondrement politique généralisé. Tant qu'aucun effort n'est fourni par les régimes en place, pour contenir cette accumulation en-deçà du seuil critique, ces effondrements récurrents des régimes persisteront, rendant, ainsi, illusoire, toute forme de croissance. L'instauration des paramètres politiques et institutionnels idoines requis par une croissance à long terme dans un pays est, d'abord, liée à la capacité des leaders politiques à mobiliser l'ensemble de la population autour d'un projet de société à la fois ambitieux et réaliste. Un Peuple ne peut se développer que s'il est prêt à relever les défis générés par ses choix paradigmatiques.

5.7. Illusion de démocratie

« Tous les chefs d'État africains, à quelques rares exceptions près, comme Nelson Mandela ou Léopold Sédar Senghor, ont des velléités monarchiques. Ces élus du peuple se voient ou se rêvent en rois, en empereurs c'est-à-dire en monarques ! Cette propension aristocratique semble inscrite au plus profond de la pensée africaine. La démocratie au sens de gouvernement du peuple, par le peuple et pour le peuple est, en effet, une notion absente dans le fonctionnement de l'univers mental de l'Afrique traditionnelle. Nous n'hésitons pas à dire et à clamer haut et fort que la démocratie

est un apport colonial et on voit combien les gouvernements africains ont du mal avec elle » (Zélé, 2021).

On remarque, dans le classement de l'Economist Intelligence Unit (EIU) en matière de démocratie, que les nations où règne la démocratie sont, également, à quelques exceptions près, celles en tête de classement en matière de compétitivité économique au niveau mondial. Cela est attribuable au fait que, si elle n'est pas une condition suffisante pour assurer, de façon directe, une croissance économique, la démocratie constitue, plutôt, un ingrédient essentiel à l'instauration d'une stabilité socio-politique à long terme, gage de sécurité pour les investisseurs privés. Il importe, de ce fait, afin de s'assurer d'un environnement des affaires attractif pour le secteur privé, de s'assurer de la prévalence permanente, dans le pays, d'une atmosphère propice à la liberté civile et à des élections libres, inclusives, et acceptées par tous. Le fait qu'il y ait eu, au début de l'année 2019, et, pour la première fois dans l'histoire de ce pays, une alternance démocratique et sans heurt à la tête de l'Etat inaugure une toute nouvelle ère pleine de promesses, pour peu que l'ensemble des acteurs politiques internalisent les effets bénéfiques de ce qui apparut, pour l'ensemble des observateurs, être une véritable prouesse, et un signal fort à l'endroit de la communauté internationale. L'EIU nous a, toutefois, épinglé sur les critères « Fonctionnement du Gouvernement » et « Libertés civiles ».

5.7.1. Comprendre le Concept…

La démocratie, nous dit Jacques Mistral (2019), est le « contexte mystérieux qui permet, aux peuples, de prendre en main sa destinée, et, à travers un régime d'équilibre de pouvoirs, de cheminer vers un futur meilleur ». Morin (2023) insiste, dans la définition du concept, sur l'indispensable présence, en démocratie véritable, du trépied que constituent les pouvoirs exécutif, législatif et judiciaire, qui doivent, absolument, rester indépendants ! Ce concept, en parfaite ligne avec l'ancestrale systématique recherche du *marimaritra iraisana* (consensus) du Malgache, nous ramène à la nécessité de la construction d'un contexte institutionnel conservant la stabilité politique et protégeant le processus économique.

Si les bienfaits directs de la démocratie sur l'économie font encore débat, il est, par contre, reconnu, que, celle-ci, induisant une bonne stabilité, et, une prédictibilité des paramètres socio-politiques et macro-économiques, et, donc, une situation rassurante, ainsi qu'une prévalence, comme le dit Marchesin (2004), de l'imputabilité et de la responsabilité, génère un environnement favorable à l'avènement d'une forte croissance économique. Comme le dit Lao Tseu, « plus il y a d'interdits et de prohibitions, plus le peuple s'appauvrit » ! Ceci est parfaitement cohérent avec les affirmations de Friedman (1962), qui dit des libertés économique et politique qu'elles « constituent les principaux piliers de la croissance économique ».

Piketty (2013), cependant, met un bémol aux certitudes friedmaniennes, en déclarant que le libéralisme, de nos jours, a permis à certains opérateurs de prospérer plus rapidement que les Etats, ce qui génère une forte inégalité, elle-même source d'un ralentissement de la croissance. La revue « The Economist » (2014) s'alarma, d'ailleurs, du fait que la démocratie, qui fut un modèle ayant eu un plein succès durant le XXème siècle, se porte mal, désormais, du fait de la crise économique et financière de 2008, et du fulgurant essor économique de la Chine, ayant, pourtant, choisi une autre voie. L'appui économique, n'ayant jamais dépassé le seuil du symbole, apporté par les démocraties développées aux pays en développement promouvant les libertés fondamentales, conformément aux recommandations du discours de la Baule, a permis à des autocrates, désireux de transformer leurs pays en camps de concentration, tout en instaurant ce que Merchasin appelle des « démocraties apparentes ». En Afrique, en matière de construction de la démocratie, nous sommes, en effet, bien loin du compte ! Comme le dit Alain Foka (2023), « sur 486 coups d'Etat tentés dans le Monde depuis 1950, 214 eurent lieu en Afrique et 106 réussirent ». Et Foka d'ajouter que « sur 16 coups d'Etat perpétrés dans le Monde depuis 2017, un seul eut lieu en dehors du Continent Noir ». Enfin, dit-il, « entre 1960 et 1999, 101 successions au pouvoir se firent suite à un putsch, une guerre, ou une invasion, dont 5 inclurent un assassinat » ! Bremmer (2006), à travers sa courbe en « J », ci-dessous, évoque le lien de causalité entre l'ouverture d'une nation, autrement dit la liberté de génération, d'accueil et de gestion des idées, et la stabilité, comprise comme étant la capacité d'un pays à résister à des chocs externes, tout en n'étant pas, non plus, un épicentre de crises. L'absence d'ouverture réduit temporairement la stabilité, qui se renforce, par la suite, après être passée par une phase de turbulences.

Tableau 9 : La Courbe en « J » reliant le taux d'ouverture d'une nation et la stabilité.

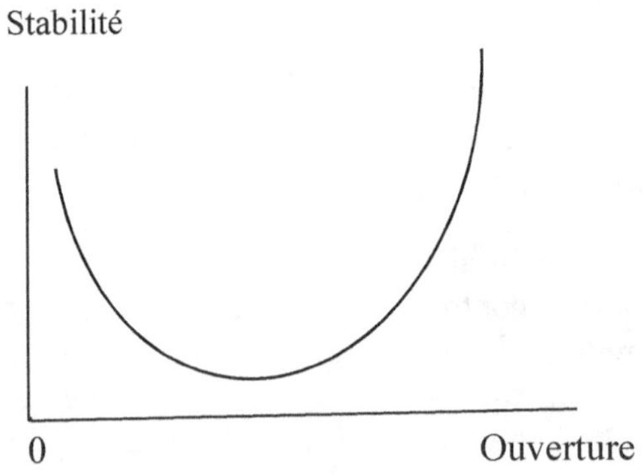

Source : Bremmer (2006).

5.7.2. … Et le mettre en œuvre !

Si Madagascar a opté pour une démocratie libérale depuis l'année 1993, avec la venue au pouvoir du Pr. Albert Zafy, celle-ci mérite d'être suivie, en permanence, de près, ne cessant de faire montre de fragilité, ne serait-ce qu'à travers ce que révèle la remise en cause systématique, par les acteurs politiques, du système électoral et des résultats électoraux. La CENI n'est, en effet, efficace que s'il est crédible vis-à-vis des électeurs et de la classe politique, et donc réellement impartial et indépendant. De même, les élections ne sont d'une quelconque utilité que si elles reflètent les aspirations profondes et réelles du peuple, et donc si elles sont totalement transparentes, libres, et aboutissent à des résultats irréfutables. La persistance à n'organiser que de « fausses élections », engendre l'instauration d'une « illusion de démocratie », ayant pour effet de rabaisser le Peuple et la Richesse nationale au rang de simples trophées de guerre. L'illusion de démocratie s'installe, en effet, lorsqu'une minorité mal élue, autrement dit, élue par le biais de la pratique de la fraude, ou avec un taux de participation inférieur à 50%, se met à exercer le pouvoir, en mettant en œuvre un agenda ne prenant que marginalement en considération, les intérêts de la majorité de la population. Le pays est, alors, prisonnier d'une logique autoritaire, synonyme de trappe de corruption et de pauvreté, au sein de laquelle trônent, ostensiblement, culte de la personnalité et mépris du devoir le plus élémentaire de redevabilité à l'endroit du citoyen, comme le décrit Zélé (2021). Pourtant, comme le souligne Bremmer (2006), les exemples illustrant l'instabilité et l'impasse économique auxquels mène l'instauration d'un Etat policier, sont légion. La population, ignorée et délaissée, d'ailleurs, réagit à cette situation en boudant, en retour, les urnes, faisant, ainsi, des taux minuscules de participation, une, fort regrettable, banalité. Ce genre de réaction indique l'accumulation d'une lassitude et d'une frustration dangereusement entropigènes, qui iront crescendo, jusqu'à une chaotique apothéose. L'illusion de démocratie a de pervers le fait qu'elle oblige à faire du renversement de régimes, à travers, malheureusement, des spasmes socio-politiques souvent violents, si ce n'est à travers une guerre civile, source de spectaculaires effondrements de croissance, l'unique voie possible vers l'alternance du pouvoir. Cette vision quelque peu apocalyptique de l'autocratie est, souvent, remise en cause par l'insolente réussite du modèle asiatique, en général, et chinois, en particulier, mais, il faut savoir qu'une croissance, en l'absence de libertés humaines fondamentales reste potentiellement instable. La prévalence d'un monopole privé sur, pratiquement, toutes les branches, qui bride la liberté d'entreprise, une disposition constitutionnelle, est pire que la pratique du collectivisme que le pays connut durant la 2ème République.

5.7.3. Lorsque le favoritisme l'emporte sur la concurrence…

Acemoglu et Robinson, dans leur ouvrage intitulé « Why Nations Fail[1] » (2012) avancent que les orientations politiques et institutionnelles accordant des avantages et des priorités à, uniquement, une frange minoritaire de la population, constituent un facteur de blocage majeur qu'il est extrêmement

---

[1] « Pourquoi les Nations échouent ».

difficile de remettre, par la suite, en question et de faire évoluer. Pour ces auteurs, les paramètres favorables à l'opérationnalisation d'une puissante et efficace dynamique d'investissements, telle que mise en place aux Etats-Unis, à partir du XIXème siècle, ne sont pas exclusivement économiques, mais également, et, surtout, politiques. Le favoritisme, qu'il soit instauré pour des raisons politiques, ethniques ou familiales, une pratique extrêmement répandue de nos jours dans le pays, est un facteur entropigène en lui-même, mais ayant, également, des effets tout aussi néfastes sur l'économie d'un pays, telle l'inégalité des chances, et la perte radicale de crédibilité de l'Etat. La prévalence chronique et la banalisation du favoritisme, un acte totalement illégal, constitue un des indices les plus criants du déni de l'Etat de droit. En effet, le favoritisme économique et l'inégalité des chances constituent une parfaite incohérence avec leur pendant économique qu'est le principe démocratique d'« une personne, une voix ». De façon symétrique, l'instauration au sein d'une économie, de la libre concurrence, n'a, pratiquement, que des avantages. Comme l'affirme Isaksson (2007), elle améliore la productivité, et, donc, favorise la croissance, car elle oblige les uns et les autres, à recourir aux technologies issues du transfert de connaissances ou des activités de R&D, pour augmenter la production avec un volume identique d'intrants. De ce fait, la concurrence renforce la compétitivité des entreprises nationales qui deviennent, alors, aptes à se mesurer à leurs concurrents régionaux, puis internationaux, et ce, aux niveaux des marchés domestique, comme international. Elle contribue, également, à diminuer, constamment, les prix proposés aux consommateurs, grâce à une amélioration du système de production, ce que ne saurait faire une économie où règnent le favoritisme et le monopole, et où l'absence de remise en question de soi, doté de conséquences qualitatives comme quantitatives, est un principe imposé ! Cette description, quelque peu idyllique, du cas américain est, cependant, tempérée par Tepper et Hearn (2019), qui affirment, au vu du regroupement des grandes sociétés que, malgré le fait que le capitalisme ait tiré de la pauvreté un nombre important de personnes, ce qui prévaut de nos jours aux Etats-Unis est une version déformée et grotesque, qualifiée d'« ersatz » de l'économie de marché. *In fine*, le propre du libéralisme économique est, donc, le caractère laborieux de sa mise en œuvre et de son maintien.

5.7.4. A qui profite la non-démocratie à Madagascar

L'autocratie, si elle est un phénomène se développant spontanément, lorsque ne sont pas en place les instruments destinés à la conjurer, n'en profite pas moins à certains, révélant, ainsi, l'existence de motivations pécuniaires occultes. Outre le fait de satisfaire l'égo d'une minorité dirigeante désireuse de perpétuer ses privilèges, elle facilite, en effet, l'accès des multinationales étrangères aux ressources stratégiques du pays. Elle ne profite, en aucun cas, à la plèbe, mais plutôt à l'accentuation de la bipolarisation sociale, elle-même source d'instabilité que les dirigeants préviennent grâce au recours à la force. S'instaure alors un système triangulaire dramatique de Karpman, constitué du dominé (le peuple), d'un oppresseur (les dirigeants et leurs alliés internationaux), et d'un libérateur qui peut être la société civile, ou la communauté internationale pouvant être représentée par les structures régionales comme la SADC, l'Union Africaine, ou par les PTF.

5.7.5. Quelques pistes à explorer

Toute démocratie, substantiel et significatif témoin de l'existence d'un patriotisme authentique et puissant, est, toujours, issue d'une prise de conscience, à l'échelle nationale, de la nécessité de changer les choses, et de remettre l'humain et sa liberté, au centre des objectifs de l'action politique.

5.7.5.1. Amélioration du code électoral

Le climat des investissements gagnerait, fortement, en qualité, d'une substantielle amélioration du système démocratique, et, bien évidemment, électoral, du pays. Rassurer les investisseurs effectifs et potentiels, à travers l'adoption de décisions qui éloignent le pays de l'incertitude et du chaos politique, comme l'insertion, dans les textes électoraux, de sanctions sévères à l'endroit des candidats émettant des promesses creuses, promesses, qui devraient faire l'objet d'un dépôt officiel au BIANCO et à la HCC, chargés, par la suite, de l'évaluation des réalisations, en milieu et en fin de mandat, est le meilleur service que les politiciens puissent rendre au pays et à son économie. Il est, en effet, tentant, pour un politicien dénué d'éthique, de chercher à séduire par des promesses mirobolantes un électorat sous-éduqué et mal informé. La mise en place d'un système imposant l'évaluation objective des réalisations permettra, à défaut de l'éliminer du paysage politique malgache, au moins, de réduire la prévalence d'un tel comportement. De même, les membres de la HCC, comme de la CENI, devraient être, à vie, solidairement responsables des actes perpétrés par le Chef d'Etat élu sous leur contrôle. Cela permettra d'assainir le processus électoral, de la validation des candidatures à la proclamation officielle des résultats.

5.7.5.2. Renforcement de l'éducation civique

La construction du civisme nécessite que soient développés au moins trois points. D'abord, le renforcement progressif du rôle de la société civile, dont le peuple attend beaucoup, génère de l'espoir, pour que la démocratie malgache, qualifiée d'« hybride » par l'EIU, puisse s'intensifier et durer, et, surtout, renforcer la croissance économique. Il importe, ensuite, que l'éducation civique, en particulier, et l'éducation, en général, soient développées, vu qu'il n'y a que peu de sens à accorder le droit de vote à une personne incapable de se forger une solide opinion sur ce que s'apprête à apporter, un candidat, un parti ou une idéologie. Depuis belle lurette, la politique, à Madagascar, et, bien entendu, dans les PMA, s'apparente à un ghetto obscur, où, seuls, quelques initiés, véritables borgnes au pays des aveugles, imposent leurs points de vue, et font la loi. Il nous faut, désormais, éviter, à Madagascar, et dans toute l'Afrique, ce que Zélé qualifie de dérive monarchique des dirigeants. Ainsi, il y a une dizaine de milliers d'années, nous rapporte Attali (2023), les amérindiens, dans le royaume de Tlaxcala, situé dans l'actuelle Mexique, luttèrent déjà contre cette propension au développement pathologique de l'égo, en flagellant, régulièrement, leurs dirigeants, afin que ne se développe, chez ceux-ci, le syndrome d'hubris, doté d'une rare force destructrice et entropigène.

5.7.5.3. Etablissement de conventions judiciaires internationales

Un dirigeant, lorsqu'il adopte une attitude autocratique, possède toujours, au moins, une stratégie de repli. Une fois ses méfaits démasqués et rendus publics, et son pouvoir mis à mal, la seule option envisagée demeure l'exil, qui correspond à se rapprocher des lieux où sont stockés les fruits de ses années de rapines. La signature de conventions de collaborations judiciaires internationales avec les pays qui ont la déplorable habitude d'accueillir ces fuyards et leurs trésors, y compris les paradis fiscaux, est la seule façon de prévenir le mépris que certains osent afficher sans retenue.

5.7.5.4. Nécessité d'organiser une concertation nationale

Ceci fait de l'organisation, sans attendre, d'une convention nationale et la signature d'un historique pacte décennal pour la démocratie et la croissance, une nécessité absolue. Il est temps que les acteurs de la vie politique, économique et sociale, à Madagascar, comprennent que persister dans la parodie démocratique, outre son caractère irresponsable face aux générations à venir, constitue une erreur fondamentale, et prive ce pays de toute chance d'accéder, un jour, à une quelconque forme de progrès. Il importe, de ce fait, dans le but de restituer à l'organisation d'élections libres ses lettres de noblesse, que toute forme de fraude puisse, désormais, faire l'objet de sanctions sévères. Il en est de même de la nécessité de plafonner les dépenses électorales. Enfin, ceux qui aspirent à se hisser à la tête de l'Etat doivent prendre, enfin, conscience des affres que vit une large majorité de la population, et doivent réaliser que le niveau de développement du pays est tributaire de leurs capacités à apporter le changement, qui commence par le respect des valeurs élémentaires comme la liberté, les droits humains, et le *fihavanana malagasy*.

5.8. Corruption, blanchiment et Etat de non-droit

"Le commerce et la manufacture peuvent rarement se développer dans un Etat démuni d'une administration tolérable de la justice, dans lequel la population n'est pas assurée de la sécurité de ses biens, dans lequel la bonne foi des contrats n'est pas assurée par la loi, dans lequel les autorités abusent de leur position pour se faire payer par ceux qui sont capables de payer. En résumé, le commerce et la manufacture ne sont pas aptes à évoluer dans un milieu où l'administration étatique est dénuée de toute forme de crédibilité " (Adam Smith, " Une Incursion dans la Nature et les Causes de la Richesse des Nations ").

5.8.1. Réflexions générales sur le concept de corruption

Ces facteurs, comme l'affirment Rodrik *et al* (2004), qui nous rapportent cette citation d'Adam Smith, structurent fondamentalement l'environnement des affaires, et, sont de première importance, comparés à d'autres. Nous disons, de ce fait, que les facteurs institutionnels, politiques et juridiques, que Hall et Jones (1999) appellent également « infrastructures sociales », ne sont pas, uniquement, des facteurs de compétitivité et de croissance. C'en est les incontournables préliminaires, l'être humain étant, en effet, un être éminemment économique, et tendant, donc, à maximiser, de façon systématique, ses gains. Ceci est un réflexe atavique, intrinsèque et millénaire, que le zoologue Richard Dawkins (1976) attribue au fait que tout être vivant, *homo sapiens* inclus, soit avant tout une véritable « machine à survivre », programmée à préserver ses intérêts immédiats et à long terme, un comportement garantissant, par la suite, la survie de la totalité de son espèce. L'opérateur économique et le chercheur, générateurs, respectivement, de richesses, et de nouvelles technologies, obéissent, comme le reconnaît la théorie de la croissance endogène, à ce principe de maximisation de profits, dans un contexte rigoureux, de compétition (Jones, 2012). Encore faut-il, en ce qui concerne le chercheur, que le brevet qu'il dépose soit, par la suite, correctement défendu par l'administration ! Il est à rappeler que c'est sur ce principe de recherche de la maximisation des gains que Ronald Reagan (1990), en bon et authentique libéral, fonda sa stratégie de relance de l'économie américaine au début des années 80, et permit à ce pays d'atteindre des performances économiques sans précédent dans son histoire. La mise en œuvre de ce paradigme vital, nécessite, cependant, dans toute société, l'établissement et la mise en œuvre, par l'Etat législateur, d'un minimum de règles destinées à baliser les actions des agents économiques, générateurs de la croissance. Lorsque la maximisation s'effectue sans règle claire s'appliquant à tous, l'on aboutit au développement d'un grave phénomène de distorsion : la corruption. La mauvaise gouvernance, la pratique des passe-droits, l'absence de transparence, notamment lorsqu'elles sont pratiquées au sommet de l'Etat, sont de plus en plus dénoncées par des auteurs…, comme étant les raisons principales des échecs de développement (Acemoglu et Robinson, 2012). Cette approche généralise le désormais classique concept de

« Tragedy of Commons » (tragédie des biens communs), établi par Garrett Hardin (1968), mettant en garde contre une maximisation abusive des intérêts individuels au détriment de l'intérêt collectif, lorsque les ressources collectives (ou « Commons ») sont limitées. Dans une société à fondement libéral, ajoute Koslowski (1998), le rempart est constitué par la prise de conscience des externalités négatives que peut engendrer un comportement à forte connotation individualiste de chaque maillon de la vie économique. Un maillon fort du système économique étant constitué des dirigeants, il importe, *de facto,* de souligner la nécessité, pour ces derniers, de l'observation stricte et permanente d'un comportement responsable, en toute cohérence avec la, nécessaire, et, souvent, déclarée, volonté politique de hisser le pays hors de la trappe à pauvreté. L'importance du cadre institutionnel dans le processus de croissance est reconnue depuis longtemps ; il est mentionné chez Smith qui mettait en avant le rôle joué par les institutions favorisant l'essor de l'esprit d'entreprise et de l'épargne. Ainsi, Abramovitz (1986) indique que les différences de rattrapage tiennent à la capacité sociale, qui dépend du niveau d'éducation et de la qualité des institutions, ou encore du climat d'investissement et de l'offre en matière de financement.

5.8.2. La corruption, un fléau africain !

Le facteur, suivant, de blocage interne de la croissance économique est, donc, la corruption, qui peut se définir comme étant l'octroi, moyennant paiement, de faveurs par un responsable officiel. D'après son rapport en date du 31 janvier 2023 et portant sur l'année 2022, Transparency International, référence planétaire en la matière, et qui publie, annuellement, un rapport sur l'IPC[1] dans le Monde, depuis 1995, 2/3 des pays du monde ont une note inférieure à 50/100, et que la note moyenne mondiale est de 43/100. Sur le continent africain, qui se voit attribuer l'humiliante note de 32/100, seuls 4 pays, sur les 49 étudiés, ont une note supérieure à la moyenne : les Seychelles, le Botswana, le Cap-Vert, et le Rwanda[2] ! Madagascar, en matière de corruption, passe de la 155ème place avec une note de 24 sur 100, en 2017, à la 142ème place sur 180 en 2022, avec une note de 26/100. Cette forte incidence de la corruption fait, aujourd'hui, de Madagascar, un des pays les plus corrompus de la Planète. Un pays où règnent le passe-droit et le favoritisme, accordé, cette fois, pour des raisons pécuniaires.

---

[1] Indice de Perception de la Corruption.

[2] Madagascar, auquel il a été attribué en 2012 le score de 32/100, est classée à la 118ème position, au même titre que la République Dominicaine, l'Equateur et l'Egypte.

5.8.3. Corruption et Flux Financiers Illicites (FFI)

La corruption, encore une fois, constitue un véritable fléau en Afrique, et appauvrit celle-ci de plus en plus, de façon pathétique, notamment, à travers les FFI. Ainsi, l'enquête menée par un réseau de journalistes d'investigation sur les Panama papers, et publiée par le magazine « New African » (Mai 2016) affirma qu'entre 2004 et 2013, soit en l'espace de dix années, 815 MM de USD sortirent illégalement du continent, pour être placés dans les paradis fiscaux. Il y est rapporté, également, que durant cette période, ce furent 5 MM de USD qui s'envolèrent, secrètement, de Madagascar. Il semble d'ailleurs, lorsque l'on se réfère aux données du SAMIFIN, que l'on soit, aujourd'hui encore, à cette moyenne de 500 Millions de USD « évacués » chaque année. Ceci est en deçà des estimations de la CNUCED (2020) qui classe Madagascar dans la catégorie des pays perdant, chaque année, via les FFI, 5 à 7% de son PIB, soit entre 750 Millions et 1 MM de USD. A titre d'information, les données de la BM révèlent que le pays capta, durant cette même période (2004-2013), un peu plus de 7 MM USD ($ US constants de 2013) d'aide publique au développement nette[1]. De même, dans son rapport de 2015, le Groupe de Haut Niveau sur les FFI en provenance d'Afrique, qui fut chargée par la CEA, auprès des Nations Unies, d'étudier les moyens de mettre fin à cette hémorragie, permettant ainsi à l'Afrique de profiter plus de ses ressources propres, déclara que, chaque année, l'Afrique perd, en moyenne, sous forme de FFI, plus de 50 Milliards de USD (Nations Unies, 2015). Plus tard, ce chiffre est passé, selon un rapport établi sur le sujet par le CNUCED, en 2020, passé à 88,6 Milliards. Une telle somme, insiste cette agence des Nations-Unies, aurait pu financer la moitié du déficit du continent pour le financement des ODD. Dans un tel contexte, certaines personnes, bien en vue, continuent à pousser l'affront jusqu'à affirmer que le recours au dépôt de leur fortune dans les paradis fiscaux fait partie de leurs stratégies d'optimisation fiscale, et que ceci est « tout à fait légal » ! Je leur réponds que l'esprit des textes en vigueur, tant au niveau international qu'à Madagascar, est que le rapatriement, *in fine*, des devises, générées par des opérations d'exportation, et leur déclaration auprès du système fiscal national demeurent la règle absolue, et, que la rétention prolongée, et non déclarée, de fonds à l'étranger constitue un acte délictueux, et également, un acte anti-développemental majeur. Le pays, éprouvant, déjà, des difficultés pour attirer les investissements internationaux doit, donc, de plus, faire face à une grave hémorragie de ses rares et précieuses devises.

5.8.4. Grands investissements et suspicion de corruption

Une suspicion de corruption plane sur les grands projets économiques, objets d'importants IDE qui n'ont quasiment aucun impact tangible sur la vie de la

[1] L'Aide Publique au Développement Nette est le montant total des dons et des prêts à taux bonifiés, dont sont soustraits les remboursements de la dette de l'Etat.

population. Ainsi, 20 années après l'opérationnalisation d'un grand projet d'aquaculture dans le Nord de Madagascar, aucune route asphaltée, ou, du moins, praticable en toute saison de l'année, ne relie la localité d'implantation à la RN6, au grand dam de la population locale, privée, pour cause d'inondation, de transport automobile durant chaque saison de pluies, et à laquelle il fut promis monts et merveilles. De même, Fort-Dauphin, qui est pourtant devenu le plus grand port minéralier du pays, du fait de l'opérationnalisation, en 2005, du projet d'extraction d'ilménite, n'a pas évolué de façon significative. La population, ayant difficilement accès au port multi-usage qu'a co-financé l'Etat malgache, attend toujours les transformations escomptées depuis la mise en place de ce pôle intégré de croissance en 2004. L'Etat malgache, représentée par l'OMNIS, est détentrice de 20% de la société QMM, dans laquelle le géant anglo-australien, Rio Tinto, est l'actionnaire majoritaire. Les soupçons de prévalence de corruption dans ces quelques exemples de gros investissements, dont, a, pourtant, grandement besoin ce pays, explique, en partie, l'hostilité d'une frange de la population à l'égard des investissements requérant d'importantes surfaces foncières, légitimant, ainsi, le fameux « syndrome foncier ». Il appartient aux investisseurs d'établir un contexte gagnant-gagnant, afin que la population, demandeuse, s'affirme comme soutien inébranlable des grands projets d'investissements agricoles, miniers, touristiques ou industriels.

5.8.5. Etat, élections et corruption

A mon affirmation qu'il y avait une corrélation positive forte entre la prolifération de la corruption et le taux d'incidence de l'extrême pauvreté, le chef d'une délégation du FMI, de passage à Madagascar en 2015 me dit que les riches étaient tout aussi corrompus à Madagascar. Je lui rétorquai, alors, que les leaders économiques et politiques, ainsi que les fameux « hauts responsables corrompus » devaient, avant tout, leurs ascensions et leurs positions dominantes à l'achat directs ou indirects, à travers la distribution de tee-shirts et autres « goodies » électoraux, des faveurs d'une plèbe démunie, ignorant que ceci, avec les promesses creuses, les envolées lyriques et les trémoussements des danseuses, est tout ce qu'ils pouvaient tirer de ces futurs amnésiques, qui ont, en effet, tôt fait d'être occupés à amortir les véritables investissements que constituent les budgets de campagnes ! De façon analogue, les grands détournements dans les institutions de l'Etat se font toujours avec l'aide de « petites mains » toutes aussi sales. Ainsi, le mal, institutionnalisé, engendre, encore, plus de mal ! L'entropie, avions-nous vu, est une fonction d'état ayant tendance, à, naturellement, augmenter !

La corruption, à Madagascar, est, tout simplement, au cœur même de l'Etat. Se faire élire dans ce pays requiert des sommes astronomiques[1] qui ne peuvent être fournies que par une certaine frange du secteur privé, qui, en retour, présente ses exigences, susceptibles d'aller à l'encontre des intérêts de la majorité de la population. Ce principe, froid et impitoyable, explique, par exemple, la situation catastrophique de la JIRAMA, marchant à coup de subventions de l'Etat, faute de mise en œuvre d'une stratégie sérieuse de production d'énergie, et cédant ainsi la place aux producteurs privés. Il explique, tout autant, les distorsions régissant le système d'approvisionnement en riz, basé sur l'importation, profitant à des commerçants privés, malgré la disponibilité immédiate d'au moins 2,7 millions d'hectares de plaines immédiatement arables, et la remarquable densité du réseau hydrographique, permettant, sans difficulté, de décupler la production rizicole à Madagascar ! Le recours à ces sommes faramineuses, en politique, entraînant l'enfermement du pays dans une trappe ploutocratique, dont il est impossible de s'extraire, provoque une abdication quasi-systématique face à la tentation de la fraude électorale généralisée, menant, comme évoqué plus haut, à l'instauration d'une fausse démocratie, dont le caractère entropigène fait qu'elle finit toujours par se retourner contre ses instigateurs. Sans une surveillance accrue par le BIANCO de l'évolution du patrimoine, et du train de vie de tous ceux qui gravitent autour du système électoral, ce système ne peut que se perpétuer, jusqu'à l'occurrence de l'explosion finale ! Pour limiter la corruption au sommet de l'Etat il faudrait modifier les textes électoraux de façon à ce qu'il y ait plus de transparence dans le système de financement des campagnes de chaque candidat à un mandat électif, mais aussi, et surtout, de façon à ce que la totalité des membres de la CENI et de la HCC soient solidairement responsables, avec effet rétroactif, des bilans des personnes élues à la tête de l'Etat !

5.8.6. Administration et méfaits de la corruption

La corruption, ensuite, lorsqu'elle s'invite dans le système judiciaire, met en place une forme poussée et généralisée d'insécurité physique et juridique. Le citoyen résidant, comme le touriste de passage, est alors transformé en cible de rackets et de terrorisme. Le touriste quittera le pays sur le champ, ne reviendra pas, et, pire encore, convaincra, en moyenne, 11 autres personnes à avoir une mauvaise opinion du pays[2]. Le citoyen, lui, songera, à combler, à sa façon, le « vide » judiciaire. Ainsi, l'escalade, ces dernières années, des incidents de justice populaire et de règlements de compte systématiques (cf. les cas de Nosy Be, où deux français furent lynchés, puis immolés par la foule,

---

[1] Il est reconnu que Madagascar est un pays où, en matière de campagne électorale, le ratio fonds utilisés par électeur, est parmi les plus élevés au Monde.

[2] En théorie du tourisme, il est reconnu qu'un visiteur satisfait en ramène 7 nouveaux, tandis qu'un client déçu invite, en moyenne, 11 autres à éviter la destination.

d'Antsakabary où des agents de police, après que la population s'en soit pris à un des leurs, se vengèrent en incendiant tout un village, puis, en août 2022, d'Ikongo, où les gendarmes ouvrirent le feu sur une population désireuse de prendre possession de 4 bandits arrêtés après avoir poignardés la mère d'un jeune enfant albinos qu'ils s'apprêtaient à kidnapper, viennent de l'installation d'un système judiciaire à vitesse multiple, s'ajoutant aux incompatibilités entre la loi en vigueur et les règles coutumières, qui fait régner un profond sentiment d'injustice, et d'impunité à l'endroit des vrais coupables. Un système judiciaire corrompu et souvent instrumentalisé par le politique, inacceptable muraille de protection pour la malhonnêteté et la délinquance, qui se mettent alors à proliférer à une vitesse vertigineuse, est un système judiciaire peu crédible et, donc, potentiellement, dangereux pour la population. La mafia africaine, appelée « Cults », née au Nigéria, compte beaucoup, selon Lebur et Tilouine (2023), sur la corruption prévalant dans les plus hautes sphères politiques et administratives en Afrique noire pour étendre ses tentacules sur l'ensemble du continent. Une justice corrompue, non seulement perd sa raison fondamentale d'être, mais précipite, surtout, le pays, dans le chaos. Redorer le blason de la justice et rétablir sa crédibilité devrait constituer la mission première du Conseil Supérieur de la Magistrature. Le pays, où la corruption a créé une tension entre les juges et l'Ordre des avocats, attend son Van Ruymbeke (2023), un juge qui sut, en France, rester droit dans ses bottes, face aux menaces et autres intimidations venant souvent, selon ses dires, de très haut. De même, Madagascar attend son juge Giovanni Falcone, qui, au détriment de sa vie, qu'il perdit dans un attentat au TNT de la Cosa Nostra, qui pulvérisa son véhicule blindé, contribua fortement à mettre définitivement fin, dans les années 1990, aux dramatiques agissements de la « pieuvre ». Le courage des juges de la Cour des Comptes de Madagascar, qui dénoncèrent les graves exactions financières des tenants du pouvoir dans leur rapport officiel de l'année 2021, qui traita surtout de la gestion des fonds destinés à la lutte contre la Covid-19, constitue un précédent éclatant, générateur d'espoir, qu'il faut souligner et applaudir des deux mains, même si on sait qu'il est désormais interdit à cette structure, de rédiger le moindre rapport ! Là, également, le recours au suivi et à l'analyse de l'évolution de la fortune de toute personne détentrice d'une autorité judiciaire apportera des réponses claires et irréfutables à de nombreuses questions, et invitera chacun à prendre conscience de la nature entropigène de tout laisser-aller. Lorsqu'elle érode le système éducatif, la corruption provoque un indescriptible désordre. Elle donne, en effet, la possibilité à des enseignants sous-qualifiés de transmettre leur ignorance, et former par la suite, des générations de faux-lettrés, qui iront tôt fait d'agrandir le rang des acteurs économiques informels, une fois rejetés par le secteur privé que la loi du marché et la concurrence rend implacable dans ses recrutements. Dans ce genre de situation, alors, seule la corruption, mêlée à des considérations politiques, une fois de plus, permettra aux plus « chanceux » de rejoindre l'administration, qui se fragilisera ainsi davantage, et demeurera alors totalement inapte à servir sainement et efficacement l'économie. De même, un système éducatif gangrené par la corruption ne peut, en aucun cas, produire le volumineux capital humain de haut vol que requiert le secteur productif, et, donc, la croissance économique. Le rapport, datant de 2021, sur le suivi des dépenses publiques dans le secteur de l'éducation, au niveau du primaire, commandité par le GdM, l'UE, l'AFD, et la BM, évoque l'existence, chaque année, d'une fuite de l'ordre de 2 MM d'Ariary, soit 500 000 USD sur les salaires des enseignants, et une fuite du même ordre sur les subventions aux caisses d'école. Ceci réduit drastiquement les performances de ces écoles et explique l'important taux de déperdition existant dès ce niveau. Lorsqu'elle apparaît et persiste au sein des services de l'Etat en charge de la collecte des impôts ou des droits de douanes, la corruption prive l'Etat de ses ressources, tout en renforçant les principaux bénéficiaires, qui sont des responsables délinquants, voire criminels, réalisant leurs méfaits au cœur même du système administratif. L'existence de douaniers ayant des intérêts dans des sociétés de transit, par exemple, crée une situation de conflit d'intérêts devant être bannie. Quand elle dicte sa loi dans les services domaniaux, la corruption provoque des affrontements, parfois sanglants, entre familles en milieux ruraux, et, surtout, remplit, des années durant, les tribunaux, pratiquement sur toute l'étendue du territoire national. Lorsqu'on sait à quel point le Malgache est attaché à sa terre natale, on comprend aisément que cela ne va pas sans une forte accumulation généralisée de frustrations. Là aussi, le pays gagnerait à ce que prennent fin les pratiques, abjectes, de conflits d'intérêts, source, dans ce pays, d'une situation brownienne indescriptible.

La corruption s'est, aujourd'hui, généralisée au sein de toute l'administration, vu que la plupart des concours d'entrée dans celle-ci demeure « payante » (malgré les efforts de transparence désormais constatés dans le recrutement au sein de certains secteurs, comme celui des magistrats), ce qui exige du nouveau recruté, à la capacité réduite voire inexistante, qu'il s'encanaille profondément, une fois arrivé au poste convoité, afin de « rentabiliser » un « investissement » de plus en plus onéreux. Les répercussions de ce phénomène sont, alors, dramatiques dans le fonctionnement même et l'efficacité d'une administration gangrenée à mort. Le recalé injustement devient, dans les meilleurs des cas, un consultant dans le privé, ou dans le pire, un destructeur social particulièrement motivé par le bafouement de ses droits les plus élémentaires. Il ne faudra point s'étonner du fait que, le moment venu, les premières « bombes de la haine » se mettent à exploser dans les rues de Madagascar. Cet état de fait, qui constitue un facteur important de distorsion du cadre réglementaire, et donc, principalement de l'environnement des affaires, amenuise, voire annihile les effets bénéfiques de la concurrence (notamment dans le cadre de l'attribution des marchés publics) et de l'état de droit, et, enfin, prive l'Etat de, pratiquement, la totalité de ses revenus. Elle constitue un blocage des activités économiques, et anéantit, pour une longue durée, des opportunités pour le pays tout entier, lorsque, suite à la sollicitation d'une faveur émanant d'un haut responsable de la filière, un investisseur néo-arrivant, se sentant menacé par une prise en otage, renonce définitivement à son projet, délaissant alors le pays, au profit de cieux plus accueillants. Ce genre de demande constitue, en effet, un facteur d'amplification du « coût d'entrée », et décourage, souvent, les opérateurs qui ont, pourtant, osé passer outre les avertissements des institutions de conseil économique, comme la COFACE, qui classent, depuis plusieurs années, Madagascar parmi les pays dits « à hauts risques ». Ces investisseurs, qui ont fait le voyage jusqu'au pays, ont, pourtant, décidé d'ignorer les signaux rouges émis par les indicateurs de « Doing Business » de la BM. Enfin, Madagascar, n'apparaissant que timidement sur les radars des agences de notation pour la dette souveraine, en l'occurrence Moody's, Standard & Poor, ou Fitch, est bien loin des classement « triple A » des Etats Unis et de l'Allemagne (Country Economy, 2022) ! La main tendue du haut fonctionnaire est juste l'écueil de trop, qui a fini par rebuter, à jamais, la meilleure des volontés !

L'on ne peut clore cette partie consacrée à l'identification des effets les plus pernicieux, au sein du pays, de la corruption, sans parler du cas des dégâts de celle-ci sur l'environnement. Madagascar est reconnue comme étant un sanctuaire de la nature, mais une grande partie de ce patrimoine floral et faunique, pourtant menacée d'extinction, fait l'objet d'un commerce illicite à une échelle supra-industrielle. Tous ceux qui se sont donnés la peine d'en savoir un peu plus sur ce juteux trafic ont tôt fait de découvrir, non sans tristesse pour le pays et sa population nageant dans la précarité absolue, que, là aussi, des malfaiteurs organisés, nationaux et internationaux et bénéficiant de puissantes protections, sont à l'œuvre !

5.8.7. Appel à l'action immédiate

Mettre un terme définitif à ce mal hautement destructeur du pays, comme des compétences, relève, non seulement du domaine du possible, mais constitue, surtout, une nécessité absolue. Le Malgache doit, immédiatement, s'affranchir de sa fascination pour la richesse facile, et sa croissante propension à banaliser le contournement de la loi. S'il est clair que la raison fondamentale engendrant la corruption est, essentiellement, la pauvreté extrême généralisée et perçue comme sans issue, ainsi que le réflexe humain inné de la maximisation des gains, nous pouvons affirmer que ce fléau ne pourrait être endiguée que par l'amorce, via les actions de l'Etat et de ses partenaires, tous, d'ailleurs, engagés par des accords internationaux incluant, notamment, la Convention des Nations-Unies contre la corruption et la Convention de l'Union Africaine sur la prévention et la lutte contre la corruption, d'une spirale ascendante vertueuse, basée sur l'amélioration du niveau de vie de la population dans son ensemble, grâce à l'instauration d'un minimum de croissance, suivie d'actions de sensibilisations et de sanctions coercitives de plus en plus contraignantes infligées par des structures qu'il s'agit de renforcer d'urgence. La prééminence de la justice est, en effet, la fondation même de l'ordre dans toute société, et c'est ce qui justifia la mise en place, dès 2.000 avant J.C., du code mésopotamien d'Ur-Namma, résumant les règles sociales et morales sumériennes. L'importance fondamentale du respect de l'état de droit pour le progrès économique ne fut comprise que bien des siècles après les premières tablettes sumériennes, mais il est clair pour tous, désormais, qu'un pays au sein duquel la victime, ou celui qui lui apporte la moindre assistance, au lieu d'être bénéficiaire de gain de cause et indemnisée, est malmenée, condamnée, puis sanctionnée, est un pays qui n'ira nulle part ! Une des graves conséquences, en effet, de la persistance de la corruption, dans la mise en œuvre d'une stratégie économique ambitieuse, est l'instauration du phénomène de la malédiction des ressources, qui, dans une situation d'absence de cohésion sociale forte et d'Etat réellement crédible, entraînera, irrémédiablement, un déchirement socio-politique aux effets extrêmement destructeurs. Une autre conséquence de la corruption est l'instauration et le renforcement de l'inégalité, puisque celle-ci ne favorise que les initiés, et ignore, si elle ne détruit entièrement, le citoyen honnête ! Étant donné l'importance, pour la croissance, de l'élimination totale de la corruption, il importe de formater, en conséquence, le pays. Une des premières initiatives que l'Etat peut initier est la sensibilisation générale, et, surtout, des plus hauts dirigeants, sur la nécessité de, pratiquement, vouer un culte à la transparence, qui contribue à minimiser l'entropie dans les transactions économiques. Sans aller jusqu'à adopter la démarche de l'Etat chinois ayant condamné à mort pour corruption, le 05 janvier 2021, puis exécuté, 24 jours plus tard, le financier Lai Xiaomin, l'Etat malgache doit avoir recours, avec une ferme impartialité, à l'arsenal juridique dont il dispose, aujourd'hui, comprenant la loi sur le recouvrement des avoirs illicites, afin de récupérer, ne serait-ce que partiellement, les milliards de USD frauduleusement exfiltrés du pays !

5.9. L'angoissante poussée démographique

Il y a lieu de comprendre que l'Afrique s'apprête à devenir une véritable bombe démographique. En effet, de 100 millions d'habitants en 1900, ce qui représentait alors 7% de la population mondiale, la population du continent est passée à environ 275 millions dans les années 1960, puis à 640 millions en 1990, et à 1,4 milliard en 2022, ce qui représente, désormais, 18 % de la population mondiale. Dans les années 2050 la population de l'Afrique se situera aux environs de 2,5 milliards, faisant qu'un être humain sur quatre sera, alors, africain. Puis, projection beaucoup plus incertaine, ce nombre atteindra les 4,4 milliards en 2100, ce qui entraînerait des bouleversements politiques, culturels et écologiques majeurs à l'échelle de la planète toute entière

(Wikipédia, 2022). Comme nous le verrons plus loin, la démographie galopante est l'une des rares, mais sérieuses, nuisances qu'inflige, et continuera à infliger, au Monde, le continent africain, où dans certains pays, une femme met encore en moyenne au monde, durant son existence, 7.3 enfants, si aucune mesure corrective rigoureuse n'est prise, rapidement, au niveau, notamment, du taux de fécondité (Le Monde, 2017). Pour le cas de Madagascar, le taux de croissance de la population fut, en 2021, de 2,66%, ce qui fait, donc que la population a augmenté, entre 2021 et 2022, de 741 000 personnes, équivalent, en moyenne, à l'arrivée de trois nouveau-nés toutes les deux minutes ! Il importe de remarquer que, malgré le décès, par la suite de malnutrition, de manque d'hygiène alimentaire, de la faible accessibilité à l'eau potable et au système de santé, des 40 000 bébés, avant d'atteindre leur première année, le taux de croissance démographique demeure excessivement élevé, à l'instar de la moyenne africaine, qui est de 2,5%, ce qui correspond à celle de l'Amérique latine et de l'Asie il y a de cela quarante ans. La théorie, comme nous l'avions vu, prévoit qu'une telle réalité plombe la croissance, dans la mesure où la fragilité de l'environnement scolaire et universitaire fait que ces systèmes ont du mal à transformer cette déferlante en une intense expansion du capital humain. Pour maintenir la croissance dans une société au sein de laquelle l'enfant est considéré comme étant une bénédiction, il importe de réduire sérieusement le taux de natalité, grâce à une intense sensibilisation de la population en matière de régulation des naissances, prévoyant une « prime de restriction de naissances » aux familles les moins nombreuses. Il faut aussi reconsidérer la place de la femme dans la société, la conscientiser sur son potentiel humain et économique, lui permettre de choisir de vivre, de travailler, de disposer d'un revenu, et, plus que tout, de s'affranchir du statut primaire d'objet de joie et de reproduction. Sans la prise immédiate d'une décision stricte en faveur de l'accélération de la transition démographique, l'expansion démographique freinera la croissance en Afrique noire toute entière, et générera une pression sans précédent sur l'environnement, tout en grossissant le secteur informel, objet du paragraphe qui suit.

5.10. L'expansion du secteur informel

Une forme insidieuse dans laquelle se manifeste la distorsion économique, générée notamment par la pression démographique et l'insuffisance de croissance, est la persistance du secteur informel à Madagascar, comme dans la plupart des pays pauvres. Celui-ci regroupe l'ensemble des activités à caractère économique s'opérant loin de toute forme de régulation et de supervision de l'Etat. Il joue, en général, dans toutes les économies du monde, le rôle, censé être marginal et temporaire, de « soupape de sécurité », satisfaisant, de façon précaire, la demande d'emplois, en excès par rapport à la faible offre. Il doit aussi être vu comme étant une réponse, logique et implacable, de la société, face à des mutations contextuelles, parfois sévères, aux niveaux national et international. Comme l'affirme Davies (2019), le secteur informel constitue une phase transitionnelle obligatoire, dont la durée est tributaire des compétences prévalant au sein de la société, pour une économie venant de subir une forme aigüe de traumatisme. Muni d'un stock de connaissances mince, Madagascar ne s'est donc pas, au final, relevé des différents chocs extrêmes qu'il a subis depuis son indépendance, allant du mouvement populaire de 1972 à celui de 2009, suivi par ceux provoqués par la pandémie et le conflit russo-ukrainien, en passant par les deux chocs pétroliers et les événements de 1991, chocs qui en ont fait un pays sinistré et vulnérable. Bien qu'il soit difficile, par essence, de quantifier de façon précise le poids de ce secteur, la BM estime que celui-ci, utilisant, en tant que vendeur de rue, plombier, pêcheur, agriculteur, ferblantier, cordonnier, chauffeur de taxi ou de tricycle, 90% de la population active, couvre plus de 50% de l'économie en Afrique subsaharienne, et 24% à Madagascar. Si l'on se base sur les chiffres de l'OIT, le secteur informel représenterait trois quarts des emplois dans les secteurs non-agricoles en Afrique Subsaharienne. Il y a 122 millions de nouveaux demandeurs d'emplois en Afrique, chaque année, alors qu'il ne s'en crée, dans la même période, que 38 millions !

La persistance de ce phénomène, dans les pays en voie de développement, a, cependant, au moins, six conséquences dangereuses. Tout d'abord, elle permet la circulation, hors du système bancaire, d'une masse d'argent conséquente, ce qui facilite la prolifération d'activités illicites comme le blanchiment d'argent, tout en privant l'Etat d'importantes recettes fiscales. Ce dernier point a pour effet, pervers, de transformer, *de facto*, une grande partie de la population en délinquants fiscaux, tout en la privant de certaines infrastructures physiques et sociales de base. Ce phénomène appauvrit, donc, l'Etat, et l'empêche d'assumer pleinement ses fonctions administratives et de souveraineté. Deuxièmement, elle empêche une frange majoritaire de la population d'endosser l'habit de citoyen, doté, certes, par la constitution, de droits, notamment de vote et d'entreprise, mais, aussi, de devoirs vis-à-vis, notamment, du concept, inconnu, hélas, de protection de biens publics communs, et, par extension, de tout ce qui devrait constituer une nation. Troisièmement, elle maintient une frange importante de la population, et surtout de jeunes, prisonnière de la précarité économique, loin de toute forme d'augmentation progressive de revenus, comme de pensions de retraite et de toute autre forme de protection sociale. Quatrièmement, elle maintient la femme prisonnière de la pauvreté. Ainsi, le FMI (2022) affirme qu'au niveau mondial, 58% des femmes actives travaillent dans les couches les plus démunies du secteur informel. Au niveau de l'Afrique subsaharienne, ce pourcentage passe à 83%. Ce qui a pour effet d'accroître les inégalités de genre, au détriment de la femme. Cinquièmement, elle constitue, potentiellement, une source d'empoisonnement pour une frange de la population qui consomme des aliments ou des médicaments empruntant des voies souterraines. Enfin, elle est une porte béante vers les activités illégales comme le trafic de drogue, le vol à la tire, le banditisme, ou le proxénétisme, activités constituant une forme dure de l'informalité.

Si la suppression de l'impôt par tête, connu également sous le nom d' « impôt personnel au sens strict », en 1973, par le Général Ramanantsoa fut accueillie par la population comme étant un acte « courageux et patriotique » contre « un symbole fort de l'époque coloniale et perpétuée par le régime néocolonialiste de Tsiranana », le fait que plus aucune forme tangible de contribution financière, même symbolique, à la vie nationale, n'ait été exigée de la population, constitue un crime pesant lourd, aujourd'hui, dans le processus développemental.

Lutter, avec vigueur, contre la prolifération du secteur informel, symbole d'un intolérable laisser-aller et d'une quasi-irréversible entropie sociale, est, non seulement, un requis important du concept de bonne gouvernance de la société, mais aussi un impératif économique pour l'Etat.

L'élaboration et la mise en œuvre d'un rigoureux plan d'action visant la relance d'une croissance économique inclusive, ayant comme piliers l'alphabétisation, l'éducation, la formation professionnelle, l'organisation et l'appui des filières, l'accès à des financements adaptés, la sensibilisation sur la dimension citoyenne de la fiscalité devrait, de ce fait, constituer une priorité absolue pour tout dirigeant responsable, à Madagascar, comme dans toute l'Afrique subsaharienne.

5.11. Les inégalités économiques

L'inégalité constitue, aujourd'hui, un des centres d'attention de tous les économistes. Le règne, sans partage, au niveau mondial, depuis la chute du mur de Berlin, du libéralisme, a favorisé celui du capital-roi.

A noter, que des auteurs, tels Ravallion (2013), signalent que la persistance des inégalités au sein d'une économie est susceptible de constituer un frein sérieux à la participation générale à la production, et constitue, donc, un obstacle à la croissance.

D'autres, comme Aghion *et al* (1999), rapportent qu'une forte inégalité dans une société réduit la capacité de consommation des moins nantis, pourtant plus nombreux, et, donc, freine, également, la croissance.

Enfin, Berger *et al* (2018), ont pu prouver les effets néfastes sur la croissance de l'inégalité, surtout dans le cas particulier de la présence d'un fort taux d'illettrisme, d'une forte fertilité, et d'une faible espérance de vie. Ceci est la réalité prévalant dans les pays en développement, tels Madagascar. De plus, une forte inégalité au sein de la société constitue une source potentielle de tensions, de conflits sociaux et d'insécurité, et, donc, de volatilité macro-économique, et génère un environnement peu incitatif à l'investissement et à la production. Bien que les données comparatives des PIB, par région, par exemple, soient peu disponibles, à Madagascar, cela saute aux yeux que, d'un point de vue d'activités et de croissance économiques, les régions malgaches ne sont pas toutes logées à la même enseigne. Ceci peut être corrigé par l'accroissement d'efforts en matière d'instauration d'un système de péréquation dans l'allocation de budgets ou de subventions aux collectivités. Cela permettrait de réduire les tensions inter-régionales se traduisant souvent par des tensions ethniques entropigènes, et donc au renforcement du phénomène de la division nationale, comme cela a été vu précédemment. De plus, le pays est ainsi fait que l'homme le plus riche gagne, en moyenne, pratiquement 1 Million de USD par jour[1], tandis que les plus pauvres, c'est-à-dire plus de 75,2% de la population, qu'ils soient les victimes de la famine dans le sud, sujets oubliés des coins les plus reculés de la Grande Île, ou habitants des bas-quartiers de la capitale, doivent, au quotidien, respectivement, grignoter les cuirs de leurs sandales, ou concurrencer les chiens dans la fouille des poubelles, et se contenter d'une somme voisine de Zéro Ariary. Cet état des choses, extrêmement distorsif pour la société, et très vite perceptible, même parfois intuitivement, par la population, constitue un puissant facteur de désagrégation nationale et, donc, d'entropie, pouvant, à terme, s'avérer nocif pour la croissance économique et la stabilité sociale, s'il ne fait, d'urgence, l'objet de sérieuses rectifications. Ainsi, sur une échelle de 0 à 1, Madagascar a un indice d'inégalité de Gini d'une valeur de 0,45, qui est passablement élevée. Si nous vîmes précédemment que chaque crise fut à l'origine d'une chute de croissance, il importe de souligner que chaque forte croissance, en présence de situations de fortes inégalités, a souvent engendré, en retour, une crise sociopolitique. En effet, les pics positifs, dans l'historique de la croissance du PIB d'un pays doté d'institutions faibles, correspondent, également, à des pics d'asymétries, et donc d'injustices, dans la répartition des fruits de la croissance. Cela a pour conséquence l'avènement d'instabilités, générées par ce qui est souvent désigné par le terme « malédiction des ressources », mais que j'appelle, plutôt, « malédiction de l'inégalité ». Ce phénomène est à l'origine de la chute du régime du Président Ratsiraka en 1992, après une période faste en matière de croissance, suite à l'adoption de la première loi sur les zones franches industrielles, et, également, en début 2009, celle du régime du Président Ravalomanana, qui connut, en 2008, une croissance historique de 8%, et s'apprêtait à passer à une, inédite, croissance à deux chiffres, en 2009, suite à la conjonction entre les effets favorables de l'AGOA, des lois sur les investissements et celle sur les zones et entreprises franches, et, enfin, la loi sur les grands investissements miniers, (ou LGIM),

[1] Source : privée.

ayant permis l'avènement de deux grands succès économiques et financiers, en l'occurrence les décisions d'investissements à Madagascar des groupes miniers Sherritt et Rio Tinto. Cette corrélation, sans, cependant, aller jusqu'au déterminisme, entre la présence d'inégalités et la tendance à l'avènement de guerres, de révolutions, d'effondrements d'Etat, et de pandémies, est affirmée, avec vigueur, par Scheidel (2021), qui a analysé l'histoire des inégalités économique et sociale de l'humanité depuis l'époque de l'homme du Néandertal jusqu'à nos jours, et qui compare ces quatre facteurs aux quatre cavaliers de l'Apocalypse. Cela signifie que l'Etat ne doit pas être obnubilé, exclusivement, par l'instauration d'une forte croissance, mais, également, par celle de l'occurrence d'une totale égalité des chances économiques, à travers, notamment, l'éradication de toute forme de monopole, et, donc, le respect de la loi sur la concurrence, ainsi que l'application « tolérable » au sens smithien, de l'impôt, y compris aux plus riches, ce qui permettra une meilleure redistribution des fruits de la croissance. L'Etat se doit également d'utiliser une partie de ses ressources au lissage des formes les plus extrêmes de pauvreté, à travers l'octroi d'un appui social régulier aux plus démunis. Ce qui abonde dans le sens de John Rawls (1971), un philosophe libéral américain, qui affirme, dans son ouvrage « A Theory of Justice », que la société juste est celle qui fait rimer croissance économique et amélioration du sort des plus défavorisés. Ceci peut se réaliser, à Madagascar, sous forme de la priorisation, dans un contexte de croissance, de la mise en place d'un prix spécial d'accès au riz pour les plus démunis, ou l'instauration de tickets-restaurants, ou encore la mise en place de logements sociaux, et la gratuité des soins pour une forte proportion, pauvre, de la population. Ce genre d'arrangement social est appliqué dans beaucoup de nations, comme en France, où a été instauré le Revenu Minimum d'Insertion (RMI), ou en Inde, où les plus démunis paient leur kilogramme de riz à une roupie (50 Ariary, ou un centime de dollar US), indépendamment du cours, sur le marché international, du riz ou du baril de pétrole. L'observation des remarques qui précèdent, aurait permis à Madagascar d'éviter les échecs tant du projet d'extraction aurifère de Soamahamanina, que de celui de la nouvelle ville de Tanamasoandro. Les tensions sociales que créent les inégalités économiques peuvent, également, être amoindries dans les zones de production de produits de rentes comme la vanille ou le café, une fois qu'auraient été introduites dans ces filières, le concept émergent de commerce durable, qui fait, par exemple, qu'au Pérou, le producteur de café a un revenu supérieur à celui du Kenya.

Une dernière remarque s'impose à propos de l'inégalité. Celle-ci n'est pas, en effet, systématiquement synonyme d'injustice. Au contraire, l'équi-répartition collectiviste des gains, dans une situation où des efforts différents sont fournis, est, clairement, injuste. L'inégalité n'est injuste que dans le cas où elle est générée par une inégalité de chances, comme, en ce moment, à Madagascar, où de nombreux opérateurs se voient refuser l'octroi de leurs agréments d'exportations pour des raisons à fortes connotations économiques, politiques ou ethniques !

5.12. Conservatisme, freins et biais culturels : peur du futur, résistance au changement, et crainte de l'étranger !

Le Malgache de base est un angoissé permanent, et préfère, de loin, le très imparfait qui lui est familier au meilleur avenir qu'il ignore !

5.12.1. Le syndrome foncier

Ce fait est illustré surtout par la sempiternelle hostilité éprouvée par certains nationaux vis-à-vis de l'accès des investisseurs étrangers à une propriété foncière. Cet état des choses fait le bonheur des politiciens, lorsqu'ils sont dans l'opposition pour bloquer toutes formes de développement initiés par le pouvoir en place. Les dégâts causés à l'économie par ce genre de comportement intellectuellement irresponsable et patriotiquement inacceptable, sont tout simplement incommensurables, lorsque la puissance publique abdique, aux noms du populisme et de la recherche du consensus. Ainsi, l'immense plateau d'Ihorombe, sur la RN7, resté à l'abandon depuis des siècles n'a jamais autant fait l'objet de toutes les attentions et de tous les débats que depuis que le Groupe Tozzi Green s'intéressa à son exploitation, dans le cadre d'activités agricoles, valorisant, enfin, un immense patrimoine national, et générant des revenus pour les riverains, et, par ricochet, pour l'Etat. Ce même comportement singulier a généré, également, les hostilités d'une frange de la population de Toliara, au Sud de Madagascar, à l'égard de la société Base, s'apprêtant à exploiter les mines d'ilménite[1]. Ici, divers arguments fusent : radioactivité des sous-produits de l'exploitation, gêne de l'accès des pêcheurs à la mer, occasionné par le nouveau port multi-usage d'Andaboy (!), etc… A noter que ces sites ciblés par les investisseurs, et faisant l'objet d'obstruction par des leaders politiques locaux et de leurs partisans, sont, en général, entourés de populations totalement démunies, qui auraient bien évidemment tout à gagner, dans un cadre négocié, de la mise en œuvre de gros projets industriels, répondant aux normes socio-environnementales internationales, et pourvoyeurs de technologies, d'emplois, d'infrastructures sociales et de revenus étatiques. Enfin, un exemple, illustrant ce sujet dans toute sa splendeur, est le projet d'exploitation agricole (le plus grand que le pays n'ait jamais connu !) par le groupe sud-coréen Daewoo Logistics. Ce groupe prévoyait de produire annuellement 6 millions de tonnes de maïs sur environ 1,5 million d'hectares de terrains, soit sur un vingtième des terrains arables disponibles dans le pays. Ce projet

---

[1] La loi malgache prévoit que soit réalisée avant tout investissement une étude d'impacts environnemental et social (EIES) et que soit établi un Plan de Gestion Environnementale et Sociale (PGES) listant les mesures correctives imposées par ladite étude.

s'apprêtait à créer plus de 5 000 emplois directs dans un monde rural miné par la pauvreté extrême, et à injecter pratiquement 1 MM de USD d'investissement initial et 0,5 MM de USD de revenus annuel dans l'économie nationale. Il valut, au contraire, au Président Ravalomanana, une accusation de haute trahison et la chute de son régime ! Rappelons que Hernando de Sotto (2005) a toujours affirmé qu'un des principaux facteurs ayant permis la croissance dans les pays émergents est l'adoption d'une politique foncière claire et préservant les intérêts tant de la population que du capital. La modernisation du système de gestion de notre système cadastral devrait nous pourvoir la possibilité de mettre à disposition des investisseurs étrangers les terrains, dans une période, par exemple, de 25 années, sans que quiconque ne puisse être taxé d'être un traître à la cause nationale. Le recours à un texte relatif aux SME évoqué plus haut serait, également, d'un grand secours dans ce contexte, puisqu'il permettrait à des collectivités détenteurs de patrimoines fonciers d'entrer dans le capital de société privée avec, comme apport, des terrains. Cela aura pour effet de valoriser les terrains tout en permettant aux collectivités de générer d'inestimables revenus non-fiscaux. De plus, cela réduira le nombre d'emprisonnements de maires, obligés de se défaire, souvent illégalement, d'importants patrimoines immobiliers pour pouvoir faire tourner, au quotidien, les activités de leurs collectivités. Le débat se devrait d'être ouvert, car l'excès de conservatisme et de populisme ayant, à ce jour, présidé à notre gestion foncière, a montré son inefficience totale et ses effets anti-développementaux. Cette valse-hésitation de l'administration malgache sur ce sujet, doit cesser. Je ne suis pas un fanatique de la vente de terrains aux étrangers. Il nous faut juste avancer. Beaucoup de pays africains émergents ne vendent point leurs terrains aux étrangers, mais ont trouvé une formule pragmatique, capable de sécuriser et de convaincre les investisseurs. C'est exactement le défi qui attend Madagascar. S'il faut passer par un débat national suivi d'un référendum, alors que cela se fasse dans les meilleurs délais !

5.12.2 Le fatalisme

Le fatalisme du Malgache est légendaire. Celui-ci pense, en effet, qu'il doit accepter, sans broncher, le sort, heureux ou triste, qui lui a été réservé par le destin. Il accepte ainsi de se soumettre aux effets des aléas de la nature et de l'histoire, qui, pourtant, réduisent son espérance de vie. Ceci nous ramène de ce fait à la résilience mentale africaine qui fut déjà évoqué pour expliquer le retard du Continent Noir. Ainsi, dans la Grande Ile, le nombre de cyclones, de sécheresses ou de décès, par milliers, d'enfants en bas âge, ayant frappé, depuis un demi-siècle, le pays, n'ont jamais abouti, contrairement à ce qui se serait fait dans n'importe quel pays d'Europe, à l'adoption de réponses adaptées et préservant la vie et la sécurité de la population. L'acceptation, par les concernées, des mauvais traitements réservés par leurs employeurs aux jeunes filles se rendant, à corps perdus, dans certains pays du Moyen-Orient et d'Afrique en est, également, une édifiante illustration. Les cas de létalité ne sont pas rares, et, pourtant, le nombre de départs demeure en constante progression. Ce comportement suicidaire se retrouve également dans la situation de famine dans le Sud, où les personnes qui, sachant depuis des années que cette situation allait perdurer, n'ont, surtout, pas élaboré et mis en œuvre une quelconque riposte valable et durable. Le fatalisme malgache est également ce qui a permis à moults régimes politiques qui bien qu'incapables d'apporter la moindre once de progrès au pays, de s'accrocher au pouvoir. Le reste du Monde tend, hélas, à se faire à ces choquantes réalités africaines, qui se banalisent, chaque jour, davantage. Le fatalisme, qui, selon Dahl, est liée à la conception du temps, n'est, cependant, pas l'apanage de l'Afrique ni de Madagascar, puisqu'elle connut aussi ses heures de gloire, dans l'Europe du Moyen Âge. Le tort du Malgache est sans doute juste de vouloir encore s'y accrocher, au XXIème siècle ! Ce qui suit est une conséquence directe de ce qui précède.

5.13.4. Point d'acclamation pour le gagnant : le culte de la médiocrité ?

Si, sous d'autres cieux, l'excellence et la réussite sont vénérées et chaudement applaudies, à Madagascar, la pudeur, la sagesse et le savoir-vivre (!) veulent que le gagnant et ceux qui le supportent se taisent et restent stoïques. De façon diamétralement opposée, il est impoli et déplacé de couvrir de railleries le perdant ! La nature ayant horreur du vide, des bonnets d'ânes se sont sentis pousser des ailes, et ont fini par se prévaloir de leur turpitude, et à tirer profit de cet état d'esprit, qui fait des ravages dans le pays. Ainsi, par exemple, la culture existant dans une société d'État bien en vue est telle que des techniciens de haut vol désirant l'intégrer préfèrent taire une partie de leurs compétences, dans le but d'augmenter leurs chances de se faire recruter... Il est compréhensible que le bilan affiché par ladite société soit calamiteux, mettant en péril son existence même... Du coup, on ne parle surtout pas, ici, de l'histoire d'Arthur Ramiandrisoa, un Malgache qui fut à ce jour l'unique être humain à avoir réussi, à ma connaissance, la performance de décrocher, en France, son bac, à l'âge de 11 ans ! Ici, les termes tels « success stories », ou « champions » qui ont pu faire avancer plus d'une société, perdent leurs valeurs. Madagascar est, à force d'avoir appliqué ce principe rétrograde, devenu le seul pays de la Planète, où on encense, presque, le perdant, et où l'on s'acharne, sans retenue, sur le gagnant ! Ce comportement, très répandu, bien entendu anti-pavlovien, dépassant l'entendement, relevant du non-sens, de la religion de la médiocrité, s'opposant à la raison, et violant les principes fondamentaux de l'évolution, s'il prête à sourire, obstrue l'accès du pays à une quelconque forme de compétitivité internationale et obère toute chance d'émergence économique de celui-ci, dans un Monde vénérant la matière grise.

5.12.5. La jalousie sociale

Descartes affirmait que « de tous les vices, la jalousie sociale, termes désignant la douleur provoquée par le bonheur matériel d'autrui, est le pire et le plus destructeur ». La prévalence, dans le pays, du sentiment du « Ory hava manana » ou de la jalousie du bonheur d'autrui est chose reconnue. Il en est de même du principe du « Vy lava tsy aroe[1] », de l'« Ombalahy tsy roa ambala[2] » ou enfin du « lohan'aomby aroe tsy tandry vilagny araiky[3] », qui constituent autant de preuves que l'envie de contempler la destruction de celui qui progresse est profondément ancrée dans l'inconscient collectif. Si ce sentiment peut exister dans toutes les civilisations, elle constitue, à Madagascar, le fondement même du relationnel. Ceci est, aussi, le fruit du passé, fortement collectivisé, du pays, où la pauvreté pour tous était, alors, préférée à l'opulence de quelques-uns. Ceci induit dans le pays une forte tension sociale et la déconstruction de la solidarité économique. Le jeu dit « de l'ultimatum », qui démontre que l'être humain préfère renoncer à une opportunité économique plutôt que de voir son prochain percevoir plus, fait que la jalousie, lorsqu'elle se généralise dans une société, constitue une sérieuse entrave à la croissance.

5.12.6. Perte de vue, progressive, de la notion de biens communs

Ce trait culturel humain, qu'aggrave, à Madagascar, l'absence d'instruction civique en milieu scolaire, favorise la banalisation de la destruction d'infrastructures publiques. Ainsi, certains ont fait du vol des plaques solaires et de leurs accumulateurs, alimentant les lampes d'éclairage public (cas de la nouvelle route d'Andohatapenaka, et celle d'Anosipatrana, à Antananarivo), tout comme le sciage et la subtilisation des infrastructures métalliques des ponts sur les routes nationales, un véritable sport national.

Image 2 : Parapets d'un pont entièrement sciés sur la RN6, à droite, et lampadaire dépouillé de sa plaque solaire et de sa batterie, à gauche.

Source : Auteur.

---

[1] Deux dominants ne peuvent coexister

[2] On ne met pas deux taureaux dans le même parc à zébus.

[3] Deux têtes de zébus ne peuvent tenir dans la même marmite.

Ce qui a pour effet, pour le premier phénomène, de replonger dans la pénombre plus d'un quartier de la capitale malgache, et, pour le second, de perturber fortement la circulation sur les routes nationales, et dans certains cas, de provoquer de graves accidents. On observe, y compris au cœur de la capitale, le vol de câbles électriques, dont les conséquences sur le système d'approvisionnement énergétique sont souvent dramatiques. Nous n'évoquerons même pas le rejet d'ordures dans les caniveaux ou dans la nature, ou encore la détérioration du bitume des routes, afin de justifier une intervention communautaire qui légitimise la perception de quelques billets auprès des automobilistes ! Nous évoquerons, aussi, plus loin, le cas de la destruction systématique des forêts malgaches par les charbonniers et par les éleveurs de bovidés. Si, à son époque, Aristote parlait déjà de biens communs, c'est Hardin (1968) qui, surtout, en évoquant la maximisation par des éleveurs de la surface de prairie utilisée par leurs cheptels, attira l'attention sur le danger que représente, non seulement pour l'environnement, mais même pour l'ensemble de la société, la mauvaise gouvernance du bien commun. Celle-ci a, en effet, pour conséquence, de détériorer la qualité des infrastructures physiques, constituant pourtant un des piliers de l'environnement des affaires, donc de la production. Elle détériore, également, lorsqu'elle se manifeste dans les plus hautes sphères de décision, la qualité de la gouvernance du pays dans les différents secteurs, et même au niveau institutionnel. Ces faits, hautement révélateurs de la perte de vue de l'importance du « fihavanana », et de l'ignorance de la notion même de nation, justifiant ainsi la persistance d'une forme poussée de cécité intellectuelle, ne pourraient être corrigés que par l'organisation, par les autorités publiques, d'intenses campagnes de sensibilisation de la plèbe, par la réinstauration de l'éducation civique en milieu scolaire et, enfin, par le renforcement des actions coercitives. Tout ceci ne dédouane, en aucun cas, l'État, de ses responsabilités face à la lutte contre la pauvreté extrême, cause principale de ces malheureux réflexes de survie.

5.12.7. La morale opportuniste

Si la culture malgache est basée sur la notion de « fihavanana », ou solidarité, cette notion s'est trouvée, aujourd'hui, dénaturée et a donné lieu à une forme de parasitisme. Ainsi, au nom du fihavanana, et dans une parfaite application du principe du « havana raha misy patsa[1] », les personnes plus aisées sont, littéralement, prises d'assaut et délestées de leurs biens, par les membres moins nantis de la famille. Ceux qui se sont toujours posés la question relative aux moyens de subsistance des innombrables sans-emplois de Madagascar auront une réponse convaincante une fois qu'ils auront pris la peine d'aller observer les files d'attentes s'étirant de façon interminable devant les agences de transfert d'argent pullulant, désormais, dans ce pays, tout comme partout ailleurs sur le continent noir. Cette dépendance est d'ailleurs maintenue par

---

[1] « Fait partie de ma famille, s'il est aisé ».

certains politiciens qui ont trouvé, à travers la distribution ponctuelle de denrées alimentaires, un créneau en or pour asseoir leur popularité... Ce comportement, pervers, de mendicité systématique, a pour conséquence, tout d'abord, l'instauration d'une décohésion sociale, accentuant le phénomène de division nationale. Plus grave encore, la stratégie de vie basée sur le parasitisme dénue le coupable de toute volonté de se mettre à l'ouvrage et de progresser, et, donc, de produire par ses propres moyens, ce qui tend, alors, à freiner l'économie. L'opportunisme, élevé au rang d'institution, devient, de ce fait, un facteur de non-croissance particulièrement pernicieux.

5.12.8. La civilisation du paraître

La nécessité de conserver, à tout prix, la paix, et d'éviter les frictions sociales a transformé petit à petit le Malgache en un être empreint de fausseté, feignant, ainsi, d'ignorer que la vérité finit, toujours, par se savoir. Les relations sont basées sur le déni du désaccord, et, donc, le rejet du débat explicite. Cela a pour effet direct de générer la persistance de mauvaises décisions à toutes les échelles, et, donc, de se méprendre sur les capacités réelles d'un décideur. Lorsqu'on sait que les grandes civilisations furent forgées sur l'analyse systématique du retour (ou feedback), la société malgache elle, privilégie les bonnes relations et la méthode Coué, au détriment d'une progressive amélioration du système social, ce qui a pour effet de faire perdurer sa non-compétitivité. Certes, à l'heure de la communication, et, donc, du soin extrême porté à l'endroit de l'image qu'on projette sur ses contemporains, sembler, de tout temps, parfait, n'est, évidemment, pas l'apanage du Malgache. Mais, celui-ci a vite fait d'adopter, au quotidien, cette philosophie de vie, élevant ainsi, l'hypocrisie, au rang de veau d'or ! Ainsi, sous un vernis éclatant, peut subsister une réalité peu amène. En économie, hélas, la performance de façade ne pardonne pas.

5.12.9. L'incontournable défi de la mutation culturelle

Le Malgache confond souvent respect et conservatisme culturel. Si la mise en exergue de nos valeurs, de notre histoire, ou de notre art constitue ce qu'il y a de plus admirable, le conservatisme culturel systématique, lui, constitue un handicap tendant à renforcer notre retard sur les autres nations. Le sens du respect de l'autre constitue une des valeurs qu'il importe de promouvoir. En effet, là où la haine et le mépris ont pris le dessus, je ne vois pas comment il sera possible de mobiliser la société pour mettre un terme à l'extrême pauvreté et à la famine. La mutation dont il est ici question consiste à mettre un terme à la suspicion vis-à-vis de l'autre, et la désagrégation sociale issue de la vénération de la chose politique. Nous avons tous nos responsabilités face à cette vile situation prévalant aujourd'hui, consistant à se fermer à l'innovation, et donc au progrès.

5.13. A nos actes (économiques) manqués !

Pour expliquer son retard, il faut, également, évoquer, entre autres, le fait que Madagascar a, de par le passé, raté ses rendez-vous avec de grandes et rares opportunités économiques, pour des raisons attribuables, tant à la peur du changement précédemment abordé, qu'au manque de clairvoyance des hauts décideurs. Le pays a, ainsi, raté le puissant ascenseur que représentaient les arrangements préférentiels asymétriques en faveur des pays ACP décidés par l'Union Européenne, et ayant permis, dès l'accord de Georgetown en 1975, l'importation sans droit et sans contingence, des produits originaires de ces pays. Cet accord, plus connu, plus tard, sous le nom d'« Accord de Lomé », puis de Cotonou, ne fut jamais sérieusement étudié et encore moins mis à profit par les dirigeants de ce pays. L'île Maurice, aujourd'hui classé « pays émergent », avec un PIB par habitant ayant dépassé, depuis 2017, la barre des 12.000USD (dollars US de 2010), est un des rares pays ACP, d'ailleurs, ayant, parfaitement, su mettre à profit, à travers l'accord spécifique relative à la filière « sucre », d'abord, puis « textile », ensuite, l'immense opportunité qu'offrirent ces arrangements, et commencé une fulgurante ascension vers les étoiles.

Le pays, par la suite, a manqué, également, le rendez-vous avec l'AGOA[1] et le MCA[2], déjà évoqués plus haut, finançant, depuis son lancement, en janvier 2005, des structures de production, et des infrastructures notamment agricoles, dans certains pays d'Afrique sélectionnés, dont Madagascar. Ayant prévu d'atteindre un taux de croissance économique à deux chiffres pour 2009, la Grande Ile, étant en tête des pays d'Afrique en matière d'exportation de produits textiles en 2008, perdit, hélas, rapidement, son élan de production, après les événements de l'époque.

Ayant, pourtant, en 1989, sous l'impulsion du gouvernement Ramahatra, bien commencé son incursion dans le club des pays ayant institutionnalisé les ZFI, concept ayant propulsé des nations comme l'île Maurice, la Malaisie et bien d'autres, du sud-est asiatique, le pays hésite, aujourd'hui, à honorer de sa présence le crucial rendez-vous avec les ZES, pour la mise en place desquels nous disposons clairement d'un avantage comparatif inestimable.

---

[1] A noter que les accords de l'OMC, de par le principe dit de « la nation la plus favorisée », ne tolèrent plus ce genre d'arrangement préférentiel, supposé, lorsqu'ils existent, être octroyés, également, aux autres pays membres, indépendamment de leur niveau de revenus !

[2] La fin du Millenium Challenge Corporation (MCC) fut annoncée en avril 2025 par l'administration Trump.

5.14. Facteurs psychologiques générant le sous-développement

D'un point de vue psychologique, le retard malgache, comme africain, découle du mode de construction de l'inconscient collectif national, ayant abouti au phénomène de déresponsabilisation et d'auto-victimisation. Ainsi, il est toujours considéré comme étant inutile de chercher plus loin que les effets, évidents, du sort, ayant été défavorable à l'africain. Le français esclavagiste et colonisateur, devenu, plus tard, durant la seconde République, l'impérialiste invétéré et le néo-colonisateur récidiviste est le seul responsable... Ceci génère une autre conséquence, qui est la conviction que les « fautifs » doivent payer, ce qui justifie, la quête systématique de l'aide et du don du français, et, par extension, ceux de l'européen et de l'Occident, appelés à porter, selon les dires d'Easterly (2006), leur fardeau !

5.15. Conception du temps et échec développemental malgache

Les Malgaches ne sont pas pressés, et donnent, à leur vis-à-vis, l'impression d'attendre quelqu'un, un signal fort, ou un événement... Ils remettent, ainsi, systématiquement, à demain, si ce n'est à plus tard encore, tout ce qu'ils peuvent, pourtant, entreprendre le jour même. « Il faut qu'on patiente un peu... », « il ne faut pas forcer les choses... » sont des expressions que j'ai, à moult reprises, eues la fâcheuse surprise d'entendre de la bouche de dirigeants, de Madagascar. Ces personnes, lorsqu'on connaît le niveau de responsabilité qui est le leur, m'ont toujours inspiré l'effroi, tant elles semblent royalement ignorer que leurs procrastinations d'aujourd'hui impacteront négativement sur la vie de plusieurs générations, à venir, de leurs compatriotes... Le Malgache, peuple mu par une profonde foi et le culte des ancêtres, est un peuple qui vit, d'un point de vue mental, hors de l'espace-temps. Si l'extraction psychologique de l'espace tridimensionnel peut sembler naturel pour un ilien, on peut avoir plus de mal à comprendre et à expliquer d'où vient cette confiance quasi-absolue en l'inaction. Le Malgache croit posséder le temps. Quelles que soient les explications que l'on puisse avancer, ce phénomène, généralisé, d'« imperception » temporelle, est à l'origine, en grande partie, de l'échec du modèle malgache. En effet, ce phénomène fait que, celui-ci, qui a déjà du mal à percevoir l'étendue de son territoire, pense aussi, naïvement, qu'il lui sera, de toutes les façons, accordé le temps d'accomplir ce qu'il doit faire. Seule une petite minorité de responsables pense que placer une série d'actions sur l'axe du temps (et, donc, planifier !) est un réflexe indispensable. Le succès qu'a connu, dès sa vulgarisation, en 2005, par le Président Ravalomanana, de l'approche « Initiatives à Résultats Rapides », ou IRR, une brillante découverte pour tout manager public malgache, est fortement significatif. L'analyse de la conception philosophique du temps chez le Malgache nous donne un début d'éclairage. Chez celui-ci, en effet, m'a expliqué l'anthropologue et prêtre, Jaovelo Dzao Robert, la conception du temps « est la juxtaposition de deux paradigmes : celui, diachronique, dotée d'une dynamique historique évolutive, chronologique et linéaire, et, celui, synchronique, plutôt ponctuel, statique et présentiel. Entre les deux, poursuit-il, spirale le temps cyclique et, parfois même, explosif… ». L'histoire du pays est, ainsi, jalonnée de cas d'absences, ou de retard, de prises de décision, fortement révélatrices de cette conception synchronique et statique du temps, qui ont, par la suite, eu une influence néfaste sur l'économie, puisque, selon ce paradigme, les choses n'arrivent que quand elles doivent arriver, en conformité avec le précepte théologique de prédestination, et que les réalités de l'Univers peuvent, naturellement, se dissocier de la volonté de l'Homme. De plus, la conception diachronique et linéaire du temps met, chez le Malgache, plus l'accent sur le passé et le présent, ce qui, selon Dhal (2023), rend les termes « futur », « évolution » et « planification à long terme », ayant été particulièrement déterminants dans le processus développemental occidental, illusoires et inaccessibles ! La croyance en la continuité de l'existence dans l'au-delà, sous forme d'ancêtre (razana) renforce la linéarité de l'approche temporelle, sauf que, contrairement au cas de l'Asie, où on croit à la réincarnation évolutionnelle métempsycosiste, à comprendre comme étant un retour aux activités, sous une forme et des responsabilités plus élaborées, la continuité malgache peut se faire sans la mutation positive au sens asiatique du terme. Un des cas d'attente les plus graves est, sans doute, d'avoir, durant la 2nde République, tant attendu avant d'ouvrir le pays aux investissements internationaux, une fois les configurations infrastructurelles et institutionnelles idoines mises en place. Ceci équivalut à tourner le dos à un afflux massif, vers l'économie nationale, de milliards de dollars, et, donc, à instaurer, à demeure, une balance de paiement et une balance commerciale déficitaires, que ne furent jamais en mesure de rééquilibrer nos insignifiantes recettes d'exportation. Il fallut attendre la 3ème République, sous la présidence de Ravalomanana, pour que le pays se dote, enfin, le 14 janvier 2008, de la loi 2007-036 sur les investissements, plus en phase avec les attentes des investisseurs internationaux, en matière, notamment, d'accessibilité au foncier, et de rapidité des procédures administratives. Une autre hésitation gravissime eut lieu, en 2010, lorsque le gouvernement de la transition s'abstint d'accéder à la demande du gouvernement qatari d'importer, de Madagascar, de l'eau douce, pompée juste avant que celle-ci n'atteigne la mer. Les opposants au projet, qui ne croulent, aujourd'hui, pour ainsi dire, sous aucune forme de remord, avaient, à l'époque, évoqué la nécessité de procéder à une étude environnementale « approfondie », étude dont on attend toujours, quinze années plus tard, les résultats ! Au prix, modique, prévu de 100 Millions de USD par an, cela constitue un milliard et demi de USD de manque à gagner, définitif, pour le pays, que personne ne remboursera ! Ce défaut ne se trouve, cependant, pas, seulement, au niveau des dirigeants. La loi de Weber-Fechner, régissant l'accoutumance progressive à n'importe quelle situation, aidant, les Malgaches ont élevé la non-ponctualité au rang d'une véritable institution, d'où, par exemple, le sobriquet dont fut affublé notre compagnie aérienne nationale. Les psychologues attribuent, à ce comportement, une certaine forme d'immaturité ajoutée à un manque d'assurance et de volonté. Lorsque vous expliquez, à qui veut l'entendre, que dans les pays dits « développés », les personnes prennent la peine d'arriver à l'heure à un simple rendez-vous, ou que les employés agricoles ne quittent pas les champs aussitôt qu'il commence à faire chaud, on vous répond par un sourire plein de compassion pour tant de mièvrerie ! Dans un monde en turbo-mutation, chaque unité de temps devient toujours plus précieuse, et doit être mise à profit pour nous rapprocher de la performance. Il est temps que le haut responsable malgache, prenne conscience du retard économique de l'Afrique en général, et du pays en particulier, et réalise, enfin, que le temps, qu'il le conçoive diachronique, cyclique, ou synchronique, ne lui appartient pas, et que l'inaction est une profonde injure à la raison et à l'impératif développemental. Symétriquement, l'occidental, conscient de la finitude existentielle humaine, comme nous le rappelle Comte-Sponville, recherche la vitesse, l'intensité d'action et la rentabilité de ses investissements, et, tend, ainsi, à gagner la course vers le progrès.

5.16. La méprise religieuse

> *« Je vous le dis encore : Il est plus aisé pour un chameau de passer à travers le trou d'une aiguille que pour un riche d'entrer dans le Royaume de Dieu » (Matthieu, 19 : 24).*

Ce verset, issu de la Bible, signifie, et que cela soit dit une fois pour toute, qu'un riche, plus exposé à la tentation, doit être plus prudent dans ses pensées, ses mots ainsi que ses actes. Il doit aussi apprendre à endurer le sacrifice, et à pratiquer la remise en question de soi. Enfin, il nous rappelle que l'effort, légitime, d'enrichissement, doit s'affranchir de toute forme d'entorse à la justice et à l'éthique. Bien que cela puisse paraître risible à plus d'un, cette citation est l'objet, à Madagascar, d'une malencontreuse interprétation, ayant des effets dramatiques sur le développement de ce pays. C'est la mauvaise compréhension de cette parabole du Christ qui culpabilise le planteur de vanille, qui, durant des années, refusa les sacs de billets que le consciencieux collecteur lui paie pour lui acheter sa production, et qui l'amena, par la suite, au partage, dans le meilleur des cas, et à la dilapidation, dans les pires, afin de se délester, plus prestement, des « liasses religieusement coupables » ! Ce profond malentendu a, longtemps, poussé le Malgache de base, chrétien pratiquant en général, à se maintenir à une distance respectable de toute activité commerciale d'envergure, et de céder, ainsi, la place à l'étranger, du colon français à l'indopakistanais, qui n'en reviennent pas de tant de facilité et d'opportunités, perçu comme étant assez « insensé », pour s'enrichir de façon insolente, et oser « s'attirer le courroux des cieux » ! Ainsi, les Malgaches ne se sont, au final, adonnés que tardivement à l'entrepreneuriat, et les premières bijouteries détenues par des nationaux, par exemple, n'ont commencé, enfin, à voir le jour, que récemment.

De même, si les sectes pullulent et s'engraissent à vue d'œil, c'est également grâce à ce phénomène qui pousse le Malgache, même le plus pauvre, à se délester de ses Ariary, faisant le bonheur des « God businessmen et businesswomen » ... À l'échelle macroscopique, ce syndrome « dollarophobique »[1] qui s'est instillé, peu à peu, dans l'inconscient collectif, fait que l'administration, y compris une grande partie des dirigeants, ait tendance à rejeter l'investisseur et ses projets, pourtant sollicités par les discours officiels. N'importe quel investisseur attiré par les opportunités offertes par les potentialités de la Grande Île confirmera que le comportement de la population sur le terrain et celui des agents de l'administration sont en parfaite opposition de phase avec le contenu mielleux des supports de communications de l'EDBM ! L'indifférence, et, parfois, l'hostilité, face aux perspectives de croissance, d'amélioration du niveau de vie et de création d'emplois que sont susceptibles de générer un afflux massif, vers le pays, d'IDE, font que Madagascar soit en queue de peloton dans le classement du « Doing Business » de la BM, et connaisse une continuelle descente aux enfers. Ces facteurs culturels, qui sont susceptibles d'avoir un impact néfaste sur la croissance, sont réfractaires aux remèdes superficiels, et ne sont pas maîtrisables par les seules autorités nationales, que j'appelle à légiférer dans le domaine du « God business », et à éduquer la population sur le rôle de l'épargne et des IDE dans la croissance économique.

L'archevêque de Diego-Suarez, Mgr. Benjamin Ramaroson, lui, maintient que « Dieu, tout comme l'Eglise, n'est pas opposée à la richesse de l'homme », et cite Jean, 15, (la vraie vigne), qui affirme qu'il nous incite, au contraire, à produire !

5.17. L'obscurantisme, un facteur de non-croissance

L'obscurantisme, qui peut se définir comme étant le rejet de toute forme de valorisation de la connaissance et de l'érudition, notamment scientifiques, a encore une longue vie devant lui dans les pays sous-développés, et, notamment, à Madagascar, où, avoir son sorcier est chose courante pour beaucoup de citoyens, qu'ils soient illettrés, vivant en fin fond de brousse, ou hauts responsables, éduqués, et, souvent, pratiquant, même, assidûment, d'une religion. Si cela peut prêter à sourire, les choses sont autrement plus inquiétantes lorsque les personnalités en question, parfois de premier plan, y accordent une importance capitale et fondent, à travers des pratiques d'un autre temps, pouvant aller jusqu'au sacrifice humain visant femmes enceintes,

---

[1] De très sérieux rapports d'agences de développement parlent de la prévalence, chez certaines populations africaines, d'un « anti-investment behavior », ou d'un comportement hostile à l'investissement !

enfants et albinos, l'entièreté de leurs décisions, ainsi que leurs stratégies de carrière professionnelle. Ainsi, le pays tout entier se trouve prisonnier de l'irrationnel, ce qui a pour effet d'augmenter l'entropie sociale y prévalant. Ceux qui osent aborder ouvertement le sujet associent cette pratique au respect de la tradition. Je leur réponds que si la manipulation des forces des ténèbres et de la foudre, si l'invocation des vibrations d'un arbre magique, d'un fétiche ou d'une pierre sacrée, si la pratique de l'occultisme, de la sorcellerie, la réalisation de sacrifices humains et l'enterrement d'animaux vivants étaient aussi efficaces pour s'assurer de l'intelligence, de la santé, de l'immortalité, de la richesse et de la puissance politique et militaire à long terme, les Mayas, les Toltèques, les Aztèques, et les Incas domineraient la Terre, aujourd'hui, et l'Afrique, alors, grande, voire première puissance économique et militaire de la Planète, abriterait tous les prix Nobel et les hecto-milliardaires de la Planète ! Rejeter la connaissance et la rationalité, et persister dans l'obscurantisme revient à s'affranchir, implicitement, du cartésianisme et de l'innovation technologique, moteur universellement reconnu de la croissance économique. Si l'Europe du Moyen Âge a pu s'exorciser, l'Afrique et Madagascar attendent, encore, l'heure de leur révolution spirituelle. Tant qu'il serait des dirigeants de Madagascar s'évertuant à persister dans cette voie maléfique, sans issue, ce pays n'avancera jamais ! Il est temps d'essayer d'autres formules, plus rationnelles, basées, comme évoqué précédemment, sur la connaissance et le travail, menant vers nos propres lumières. Cela a réussi sous d'autres cieux, et y ont amené les progrès incontestables que l'on connaît. Nous n'avons, cependant, pas, dans la lutte contre l'obscurantisme, à passer par d'autres formes extrêmes d'irrationalisme, telles la douloureuse époque de l'inquisition, les sorciers du pays, et ils sont légion, pouvant être réorientés vers une structure ayant pour vocation de valoriser, par exemple, la pharmacopée traditionnelle, en collaboration avec l'ordre des médecins, et celui des pharmaciens ! Un des moyens auquel pourrait recourir le pays est, à défaut de promotion, pour cause de la laïcité de l'État, de la religion, de procéder à celle de la méditation, pratique entropicide qui, en Inde, a son ministère.

5.18. La catastrophique déchéance environnementale

La qualité de l'environnement joue un rôle crucial dans le contexte dans lequel s'opère la production. Madagascar est prisonnière d'une spirale environnementale infernale impactant la qualité de la croissance de son économie. En voyant, de son avion, ces milliers d'hectares en flamme, le prince Philip, Duc d'Edimbourg, et alors Ambassadeur du Fonds Mondial pour la Nature, lors de sa visite, à Madagascar, en 1985, murmura, d'une voix tremblante de désespoir : « je crains fort que nous ne soyons arrivés trop tard… ». L'importante mobilisation britannique en faveur de la sauvegarde de la nature à Madagascar, ayant fait écho au choc émotionnel que connut le prince, ne fut pas en mesure d'induire un grand changement, car la persistance de la culture sur brûlis, ne cessant de faire rougir l'horizon, où que l'on se trouve dans le pays, et que l'Etat a du mal à contenir, et le fait que la population continue à se procurer dans la nature son bois de chauffe et son charbon de bois, a tôt fait de détruire, ces 30 dernières années, dans l'incurie totale, 90% de la couverture forestière du pays. Ainsi, 200 000 hectares continuent, à partir en fumée, chaque année, détruisant, un des plus importants générateurs du patrimoine intangible de ce pays, et, sans doute, de l'humanité. Ceci eut pour conséquence la réduction drastique des pluies et des plans d'eau, et, donc, la désorganisation du système de production nationale. La rapide chute de l'étendue de terres fertiles impacte sur le secteur réel, et sur l'économie en général. Les fumées émises par ces feux de brousse, alliées à un rejet dans l'atmosphère d'importantes quantités de gaz d'échappement ont, également, rendu l'atmosphère irrespirable dans certaines agglomérations dont la capitale Antananarivo, reconnue comme étant une des villes du Monde où la pollution de l'air dépasse les limites de sécurités recommandées par l'OMS. De même, lémuriens, tortues, et chauve-souris ont, aujourd'hui, été classés par le CITES dans la liste A des espèces menacées de disparition puisque l'extrême pauvreté a poussé certains Malgaches à les faire figurer en bonne place dans la liste de leurs sources de protéines animales ! D'ailleurs, on comprend que les mots « trop tard », lorsqu'il s'agit de la protection environnementale à Madagascar, constituent un euphémisme, spécialement lorsqu'on voit le désespoir affiché par le primatologue Jonah Ratsimbazafy, qui n'a de cesse de dénoncer, dans un désert fait de ventres vides, la disparition, imminente, du microcèbe. Miechelsen *et al* (2023), dans une récente publication dans laquelle ils ont calculé l'Evolutionary Return Time (ERT), affirment qu'en 2500 années de présence humaine, il s'est éteint une trentaine d'espèces de mammifères, dont les lémuriens géants et les hippopotames nains, sur les 250 alors présents sur la Grande Ile, fruits de 80 millions d'années d'évolution isolée, et que pour restaurer les espèces disparues de chauve-souris, il faudrait 1,6 millions d'années, et 2,9 millions d'années pour les espèces non-volantes. Ici, encore, le caractère irréversible d'une transformation d'un système isolé, au cours de laquelle on observe une augmentation de l'entropie, est démontrée. Il est donc grand temps que les pouvoirs publics se mettent à sauver ce qui reste de ce précieux patrimoine naturel et conçoive et mette en œuvre de façon responsable et professionnelle, une véritable politique nationale de reforestation. Les problèmes environnementaux ne s'arrêtent pas, cependant, à la déforestation, puisque la capitale malgache est souvent citée comme étant la plus insalubre d'Afrique, ayant été dotée selon Forbes, en 2008, d'une note de 30,1/100 sur l'échelle de santé et d'hygiène de Mercer (Les Villes les plus Sales du Monde, 2021). Mais la saleté ne constitue pas l'apanage d'Antananarivo. D'après Salama (2022), les principales villes de Madagascar produisent quotidiennement, au total, 1890 tonnes de déchets (dont Tana seule, 1100 tonnes), avec un taux de ramassage moyen de 48%, qui induit une accumulation des déchets solides dans les centres urbains, générant ainsi de graves impacts sanitaires, visuels et olfactifs, et dégradant sérieusement, donc, les facteurs contextuels. Mais le pire, en matière d'environnement, est ailleurs, et est, malheureusement, rarement évoqué, bien qu'il reflète l'ampleur du drame de l'extrême pauvreté à Madagascar. Chaque année, un peu plus d'un million de tonnes de matières fécales humaines sont déversées dans la nature, due à la pratique, par 42% de la population[1], de la défécation à l'air libre, souillant irrémédiablement sols, VRD et plans d'eau, et provoquant de graves pathologies, y compris la poliomyélite, notamment chez les enfants en bas âge. Monsieur Manhes, Représentant-adjoint de l'UNICEF, très sensible à cette alarmante situation, s'écriait, il y a peu encore: « 93 % - je répète, 93 % - de l'eau consommée dans les zones rurales est contaminée par l'e-coli[2] » ! Ceci renforce le taux de létalité au niveau des enfants, déjà fortement affaiblis par la malnutrition et la faim. L'on ne peut que rendre un vibrant hommage aux innombrables ONG et personnes discrètement engagées dans la lutte contre un phénomène qui ne sera jugulé que grâce à un engagement ferme de la puissance publique. La mise en place d'un réseau de toilettes publiques, ou la subvention partielle de la construction de toilettes privées sur l'ensemble du territoire nécessiterait environ 500 000 000 de USD.

5.19. L'instabilité des facteurs macro-économiques

Nous avions vu, dans la partie théorique, que la qualité, et, mieux, la stabilité, des facteurs macro-économiques influent sur l'intensité de la croissance économique. Nous étudierons dans ce qui suit, les différents facteurs internes influant sur ces facteurs macro-économiques, les facteurs exogènes étant étudiés dans la Partie III consacrée à cet effet.

5.19.1. Le caractère inadapté du système fiscal

La fiscalité constitue un pilier stratégique et incontournable pour le financement du budget de l'Etat. Le taux de pression fiscale, désignant la part de la fiscalité dans le PIB, et qui est évaluée à environ 10%, est, d'ailleurs, largement, à Madagascar, en-deçà de la moyenne africaine, qui est de 16%, et plus largement encore, des moyennes sud-américaines et de l'OCDE, respectivement de 22%, et de 33%. Le système fiscal malgache est structuré de façon à ce que les sociétés ayant un chiffre d'affaires de moins de 200 Millions d'Ariary, soit environ 50 000 USD, paient à l'Etat un montant égal à 5% du chiffre d'affaires. Pour un chiffre d'affaires supérieur à ce seuil, il est

[1] Pourcentage en hausse à Madagascar, alors qu'au niveau mondial celui-ci est passé entre 2000 et 2020 de 19 à 7%.

[2] Escherichia Coli.

demandé à la société de se défaire annuellement d'un impôt sur les revenus, ou IR, équivalent à 20% des bénéfices. Ceci peut paraître raisonnable. Sauf que les sociétés dotées d'un chiffre d'affaires supérieur au seuil de 200 Millions d'Ariary, ou grandes entreprises, sont supposées collaborer avec l'Etat pour collecter la TVA, une fiscalité indirecte héritée de l'époque coloniale, dont le règlement revient au consommateur final. Dans le cas où le fournisseur se trouve être la grande entreprise en question, la taxe qu'elle paie est délestée de cette TVA, à condition qu'elle puisse en prouver formellement le montant. Lorsque des acteurs présents dans la chaîne de prestations sont informels, des taxes supposées être déductibles cessent de l'être, ce qui pénalise les sociétés formelles collectrices de TVA. Enfin, celui-ci doit s'affranchir de 10% sur la masse salariale. Tout ceci a pour effet de faire porter un lourd fardeau à l'investisseur, et, donc, de freiner la croissance. La littérature rapporte qu'un excès de contrainte fiscale constitue un désastre pour les grandes sociétés. Il en est de même pour les impôts individuels. Il est clair que la solution est d'élargir, plutôt, l'assiette fiscale, et donc le nombre d'imposés, afin d'être en mesure de réduire le taux d'imposition auxquels sont soumis les grandes entreprises, dont la production est déterminante pour la croissance économique, ce qui créera un appel à l'endroit de plus d'investisseurs nationaux et internationaux, encore. Ceci est, d'ailleurs, en parfaite conformité avec les préceptes du Consensus de Washington. Enfin, il est indispensable qu'un nombre maximal de micro-entreprises formelles fournissent des biens et des services aux grandes sociétés, prennent part à l'effort collectif de financement des activités de l'Etat, et, de plus, légitimisent plus la pratique du système de fiscalité indirecte.

5.19.2. Inconsistance de la monnaie nationale, détérioration du terme de l'échange, et inflation

La monnaie, disent les monétaristes, est « au centre même de la chose économique ». Une économie au sein de laquelle la monnaie est instable est une économie fébrile et à faible croissance. L'instabilité du taux de change entraîne, en effet, une imprévisibilité entropigène. Comme nous l'avions vu, la dévaluation de la monnaie peut être une source d'intensification des exportations, mais, à condition que celle-ci soit maîtrisée par les autorités, ce qui n'est pas le cas à Madagascar, sujet au régime du taux de change flottant au sein du MID. Pour stabiliser la devise nationale, il importe d'orienter un flot maximal de devises vers la BCM, à travers l'adoption d'une politique stricte de rapatriement de devises générées par une réalisation massive d'opérations d'exportation, de facilitation d'entrée d'IDE, et enfin, de développement du secteur financier, au sein duquel il est grand temps de faire entrer, librement, de nouveaux joueurs. Ce dernier point nécessite de faire jouer un rôle plus d'arbitre et de suivi du respect *stricto sensu* des cahiers de charges au CSBF, plutôt que de filtre sélectif. Bien entendu, le rapatriement de la totalité des milliards de USD volés et mis au chaud dans les paradis fiscaux, ferait du grand bien à l'Ariary. Le déficit de la balance commerciale, estimé à 1,2 Milliards de USD, soit 200 USD par famille, pour Madagascar, n'affecte pas, directement, la croissance, mais l'attaque, par contre, lorsqu'elle est chronique, à travers la volatilité de la monnaie nationale. Due, essentiellement, à l'absence d'une stratégie efficace en matière de production et d'exportation de biens et de services, elle est fortement révélatrice, de manière générale, de la prévalence d'une chaîne de distorsions dans le système économique national. Inversement, la prévalence d'une balance commerciale équilibrée ou excédentaire, est génératrice de croissance et de stabilité monétaire, et doit demeurer, tout comme l'élimination de toute entrave aux activités économiques, génératrice d'une augmentation de la vitesse de circulation monétaire, un objectif absolu pour tout gouvernement soucieux d'efficacité. Nous eûmes, également, l'opportunité d'étudier l'inflation en début d'ouvrage. Il fut, alors, clair que celle-ci est néfaste à la croissance, vu qu'elle a pour effet de réduire rapidement le pouvoir d'achat d'une grande proportion de consommateurs, impactant *de facto* les revenus des unités productrices. Si la BCM commet la maladresse[1] d'émettre plus de de billets de banque que ne le permet l'excédent du solde financier, qui est égal à l'excédent de la balance commerciale[2], l'économie s'engage dans une spirale inflationniste, et s'effondre. Dans les pays pauvres comme Madagascar, l'inflation est due, principalement, en sus de la dévaluation monétaire, objet du paragraphe précédent, à l'augmentation du prix des hydrocarbures sur le marché international, et à celle des denrées de première nécessité dont le pays est importateur net, comme le riz, le blé ou, désormais, le maïs ! La première augmentation est difficilement contrôlable, à moins de faire son entrée au sein du cercle restreint des pays producteurs de pétrole. La seconde peut se maîtriser grâce à une production massive de céréales, et, donc, au renoncement à la préservation des intérêts des gros importateurs.

5.19.3. La dette nationale

Doté d'un taux d'endettement estimé, en 2024, à 55,18% de son PIB, Madagascar a l'insigne avantage de ne pas être, du moins aujourd'hui, un pays excessivement endetté. Celle-ci empêche, en effet, lorsqu'elle n'est pas maîtrisée, l'Etat, d'effectuer des investissements en matière d'infrastructures, et dans la foulée, freine, sinon, annihile, totalement, la croissance.

---

[1] Principale structure de l'Etat chargée de la mise en œuvre de sa politique monétaire, la Banque Centrale d'un pays dispose d'instruments lui permettant de connaître le montant exact de la masse monétaire en circulation.

[2] Le PIB étant $Y = C + G + I + X - M$. $S = Y - C - G - I$ est le solde financier, tandis que $X - M$ est le bilan de la balance commerciale. Étant deux grandeurs égales, leur déficit comme leur excédent sont identiques.

La dette, cependant, si elle est utilisée pour améliorer la qualité du contexte de l'investissement, à travers le renforcement des infrastructures physiques et, notamment, énergétiques, ou à travers le financement de la recherche et de l'innovation technologique, n'est, absolument, pas néfaste à la croissance. Finalement, la qualité de l'impact de la dette sur la croissance est tributaire de la nature et de la qualité de la gouvernance de son utilisation. Instrument par excellence destiné à maintenir artificiellement positif le solde financier, il peut par contre, dans l'excès, autrement dit, selon la littérature, à partir, pour un pays pauvre, de 60% du PIB, se transformer en un facteur hautement nocif pour l'équilibre macro-économique.

5.20. La dépréciation

Dans le modèle de Solow, le taux de dépréciation, qui peut se comprendre comme étant la vitesse à laquelle un équipement ou une infrastructure se dévalorise, influe négativement sur la croissance et précipite l'économie vers la stationnarité. Il importe donc de la minimiser. La dépréciation apparaît à deux niveaux. Elle apparaît, en premier lieu, au niveau des équipements présents au niveau sectoriel. Les équipements informatiques ou de transport, par exemple, pour durer, doivent être de bonne qualité, et faire périodiquement l'objet d'un entretien minutieux. A Madagascar, le parc roulant et le matériel informatique, par contre, se détériorent rapidement, du fait, respectivement de la mauvaise qualité des routes et des délestages, et le coût élevé de l'entretien constitue, alors, un important frein à la croissance. Ce qui nous amène à évoquer le deuxième niveau : la dépréciation apparaît, cette fois-ci, au niveau contextuel. Les facteurs contextuels de mauvaise qualité ou inexistants (nous évoquions précédemment le cas des infrastructures routières), donc dotés d'un taux de dépréciation élevé, accélèrent la détérioration des équipements productifs, comme les véhicules de transport de marchandises, le processus de production se déroulant alors dans un environnement « hostile ». Ce qui nous permet de comprendre que la génération et le maintien de la croissance exige que soit instauré dans le temps, comme dans l'espace, une « chaîne de qualité », s'étirant du champ contextuel (infrastructures physiques, notamment énergétique et logistique) à celui, sectoriel (équipements industriels, miniers, agricoles et informatiques…).

5.21. La prévalence de la pauvreté extrême

Comme l'affirme Ravallion, expert auprès de la BM, « la pauvreté engendre plus encore de pauvreté ». La population, en effet, fait partie, de façon générale, du contexte au sein duquel s'effectue la production. Un malaise au sein de la société a, de ce fait, pour conséquence, de freiner la croissance par la détérioration de la sécurité, la réduction de la consommation intérieure, la forte augmentation de l'inégalité sociale, et surtout par la prolifération du secteur informel, dont le caractère hostile à la croissance fut déjà évoqué. Il importe, donc, que l'Etat s'arme d'une stratégie de réduction de la pauvreté extrême. Cette stratégie peut s'appuyer sur trois piliers principaux.

Le premier consiste en l'implémentation d'une politique sociale ciblant, prioritairement, les plus démunis. Cela peut aller de la généralisation de travaux à hautes intensités de main-d'œuvre, au relèvement du salaire minimum d'insertion, en passant par la construction massive de logements sociaux, ou en adoptant une politique d'émission de chèques-restaurants. Elle nécessite aussi l'accès de ces couches sociales à des soins, ainsi qu'à un enseignement totalement gratuit.

Le second pilier consiste en la diminution immédiate du taux directeur de la BCM, rendant ainsi les capitaux plus accessibles, tant pour les individus, qui relanceront leur consommation et leurs activités génératrices de revenus ayant recours à des outils de microfinances, à travers une plus grande capacité d'endettement, que pour les entreprises qui seront, grâce à une augmentation de leurs capitaux, en mesure de relancer leur croissance et donc leur recrutement. Afin de ne pas amorcer une spirale inflationniste, il importe, cependant, de faciliter prioritairement l'accès aux crédits aux entreprises exportatrices, d'abord, et aux entreprises productrices de produits de premières nécessités, ensuite.

Le 3ème pilier est un allègement de la fiscalité dans les filières consommatrices de main-d'œuvre, comme l'immobilier, le transport, la restauration, ou l'industrie légère.

Nous reviendrons sur ce thème dans la partie dédiée à la stratégie de défense contre la pauvreté.

5.22. L'insécurité physique

L'insécurité, physique, comme juridique, constitue, tout d'abord, un facteur de détérioration de la qualité de vie du citoyen, dont la productivité décroît rapidement. L'insécurité est destructrice du climat des affaires, et donc des investissements, vu qu'elle augmente l'imprévisibilité du contexte, et confirme l'existence de la sous-administration par l'Etat d'une grande partie du territoire. Les odieuses attaques subies par la population à Ambolotarakely (district d'Ankazobe), à Kelilalina (district d'Ifanadiana), et à Iabohazo (district de Farafangana) illustrent l'existence d'une dérive sécuritaire à un degré sans précédent dans ce pays. Son atténuation, synonyme de la réhabilitation de l'état de droit, doit, donc, constituer une priorité pour le GdM. A Madagascar, le ratio de sécurité est de 30 agents des forces de l'ordre pour 100 000 habitants, ce qui est 10 fois moins que la moyenne mondiale. Ceci nécessite la refonte du système judiciaire, ce qui implique un recrutement massif de policiers et de gendarmes à affecter, en priorité, en zones périurbaines et rurales, afin de se rapprocher des normes mondiales. Il est essentiel que ceux-ci bénéficient de conditions de travail optimales, caractérisées par la disponibilité d'équipements, notamment de transport, et de formations techniques, en adéquation avec les réalités de terrain.

5.23. Non-prise en compte du capital immatériel

Celui-ci rassemble toutes les formes de paramètres caractérisant le pays. Selon Haskel et Westlake (2018), le capital immatériel possède quatre propriétés économiques : il génère des coûts irrécupérables, change d'échelle plus rapidement, génère des retombées positives, et favorise des synergies conceptuelles. Dans le cas positif, cela peut aller de la perception du pays en tant que sanctuaire de la nature ou à celle de la population, semblant, plutôt, de nature pacifique. Cela peut être également la culture, ou, de façon générale, l'histoire du peuplement de la Grande Île, à laquelle des sommités, comme Ferrand ou Grandidier, consacrèrent leurs vies entières. Ainsi, les mythes malgaches du fananimpitoloha, serpent à sept têtes d'hommes, et du géant de Babaomby, Darafify, dont il est, à présent, établi qu'ils sont liés respectivement aux mythes de l'hydre de Lerne et de celui d'Hercule, constituent de véritables joyaux enrichissant la cosmogonie mondiale. De même, il est étonnant de voir la légèreté avec laquelle les Malgaches, pourtant avides de victoires collectives, gèrent leur domination de la pétanque planétaire. Un tel capital, constituant un puissant facteur fusionnel et d'attraction de touristes et d'investisseurs, est d'une grande fragilité, surtout lorsqu'apparaissent les perceptions de corruption, de peu de sérieux, à tous les niveaux, ou d'insécurité.

La réhabilitation de son image de pays serein constitue un chantier des plus importants pour une société qui a trop longtemps laissé dans l'ombre les meilleurs de ses enfants, afin que puissent briller les cancres et les ratés !

On reviendra plus loin, sur ce sujet.

5.24. L'immobilisme de l'armée face aux défis du développement

L'Armée, budgétivore par essence, fut mise à contribution dans l'édification infrastructurelle de la plupart des nations de la Planète. Ainsi, l'US Army Corps of Engineers fut à l'origine de la construction de nombreux barrages hydro-électriques, comme celle de l'aménagement de zones agricoles ou de loisirs aquatiques aux Etats-Unis. De même, l'Armée égyptienne est connue pour avoir construit un nombre incalculable de bâtiments administratifs et des milliers de kilomètres de routes. En évoquant le cas de la RDC, Auge (2011) rapporte que l'Armée fut impliquée dans la reconstruction nationale, à travers la construction routière. Si une contribution de l'armée dans l'agriculture fut ressentie à travers les activités du Comité Militaire pour le Développement

(CMD), au début de la 2ème République, à Madagascar, celle-ci se fit de plus en plus discrète, au fil des ans.

Il est temps de réhabiliter cette participation de l'armée aux efforts de construction nationale. Il est temps, également, de se rappeler que la guerre contre la pauvreté a besoin des connaissances, en matière de stratégie de guerre, de l'armée.

Il est aussi impératif d'impliquer l'armée dans le maintien de la sécurité en différents points névralgiques du pays, afin de maintenir la production, notamment en milieu rural.

Enfin, la marine nationale doit être active dans la préservation de l'intégrité de la ZEE.

5. 25. La fausse décentralisation

Ce pays paie le prix de la non-effectivité de celle qui trône parmi les promesses les plus annoncées par les politiciens, à Madagascar, et, également, la moins tenue ! La décentralisation, qui est la multiplication **cohérente** des centres de décisions politiques, techniques, économiques et financières, dans une logique de complexité socio-politico-économique, est, pourtant, susceptible de faire la différence dans le développement du pays. L'absence de décentralisation empêche une bonne spatio-répartition des activités économiques, et entrave la circulation des financements, des informations et de la technologie, requises par l'intra-convergence conditionnelle. Le système complexe que constitue la société peut être influencé à différents niveaux. Lorsque cette influence, au niveau économique, est suffisamment pertinente, on observe un mouvement coordonné de la société, notamment en matière de génération de revenus pour les collectivités comme pour les opérateurs privés. Ainsi, il est essentiel que chaque niveau de collectivité, dont le rôle principal est de relayer localement les grandes décisions centrales en matière de construction des infrastructures de proximité, notamment sociales, et de la sécurité publique, valide la vision nationale en matière de développement. Le fait que la population ne se reconnaisse pas dans l'action locale du Gouvernement constitue un ferment puissant d'instabilité politique. Cela commence par un stade d'indifférence qui se mue progressivement en une forme d'hostilité. Les collectivités doivent aussi disposer des ressources humaines nécessaires à l'élaboration d'un plan de croissance, comprenant une stratégie de génération de revenus. De plus, un transfert de pouvoirs n'étant significatif que s'il est accompagné de moyens financiers, il est temps d'accélérer la création de revenus non-fiscaux, générés, notamment, par les sociétés d'économie mixte (SEM), acceptant la participation des collectivités au sein de leur capital. Ceci permettra d'éviter, par exemple, la vente, par les Maires, des patrimoines fonciers de leurs municipalités pour assurer leur fonctionnement.

Il est temps, également que soit mis en œuvre le concept d'intercommunalité faisant, notamment, appel à l'intégration des activités et des compétences, et donc à la division du travail.

Une des conséquences de la non-effectivité de la décentralisation est la désorganisation urbaine. Les villes, avions-nous dit, furent inventées afin d'intensifier la production et les échanges de biens et de services. Cependant, l'atteinte de ce genre d'objectif nécessite la prévalence, au niveau local, de facteurs contextuels proches de la perfection : des infrastructures, notamment énergétiques, de qualité, un capital humain de haut niveau, mais, surtout, un environnement sécuritaire rassurant, bref, tout ce que ne peut, aujourd'hui, fournir en quantité suffisante, l'espace urbain malgache ! Lorsqu'à ces handicaps s'ajoutent le fait que seules 79 sur les 1695 communes que compte le pays sont des communes urbaines, on comprend les piètres performances économiques du pays.

Le système multi-scalaire qu'est le pays subit les effets nocifs de nombreux facteurs endogènes multidimensionnels à faibles valeurs éthologiques dont, en plus, la complexité est brimée par une velléité de centralisation à outrance du pouvoir national, le tout ayant pour effet de renforcer l'accumulation de facteurs entropiques, défavorables à la croissance.

5.26. Complexité, entropie et croissance

Les facteurs défavorables à la croissance évoqués dans le chapitre précédent et ci-dessus, ont, en commun, au moins, une propriété, qui est celui de favoriser l'abaissement du niveau de complexité, synonyme d'un excès d'entropie. Pour passer d'un état brut, primaire, à celui, plus élaboré et générateur de croissance, donc, pour développer le pays, il nous faut accumuler des efforts de complexification, commençant par la construction du capital techno-humain. Il y a, en effet, lieu, de faire en sorte que la société fasse le choix de se doter d'une forte cohésion interne qui induira l'édification nationale, et garantira l'instauration d'une division du travail productif. Elle doit, ensuite, se saturer de connaissances qui lui permettront de développer sa capacité d'innovation technologique, source de réduction de l'ubiquité, et d'amélioration de la compétitivité. De plus, il faut qu'elle bâtisse ses infrastructures et réduise les inégalités, l'obstruction à la liberté, et l'insécurité, de façon à diminuer tout risque d'explosion sociale. Ce qui précède nous permet de définir autrement le progrès, qui est un état intimement associé à une faible entropie, selon la courbe de la figure 8 ci-dessous.

Figure 8 : *Relation entre complexité et entropie.*

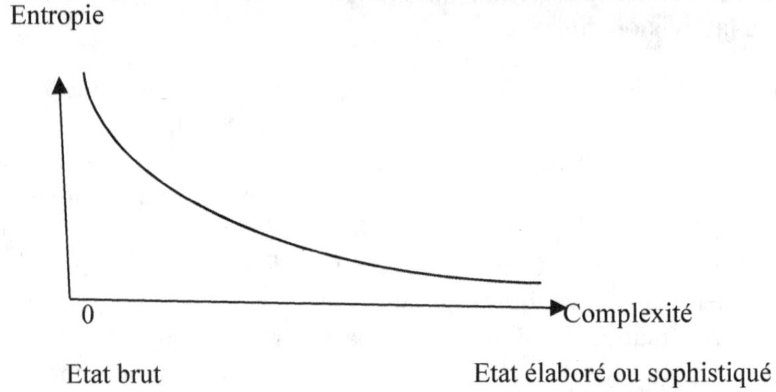

Source : *Auteur.*

PARTIE III MADAGASCAR ET LE CONTEXTE INTERNATIONAL

« Si vous n'êtes pas constamment engagé dans une conversation relative au futur, ce qu'il signifie, et son impact sur vous, le Monde vous dépassera », (Tony Manning, 2001).

Madagascar, bien qu'étant une île, n'a, en vérité, jamais vécu dans l'isolement total. Depuis le début de son peuplement, son interaction humaine et commerciale, avec l'extérieur n'a fait que s'intensifier. Le pays ne peut, donc concevoir une stratégie de croissance économique sans tenir compte, en sus des facteurs internes analysés précédemment, de certains paramètres économiques, géostratégiques ou technologiques, externes à ses frontières, caractérisant le plus le Monde d'aujourd'hui et celui de demain, et susceptibles d'influencer la PGF nationale, mais, aussi, la mise en œuvre de ladite stratégie, selon une approche « inside-out », si chère à Covey (1989), et adoptée pour élaborer la stratégie de lutte contre la pauvreté contenue dans ce texte. De plus, l'approche systémique, où trône le principe de la causalité circulaire, implique que les actions d'un pays influent sur un ensemble d'autres pays, à l'échelle régionale, comme internationale, qui, en retour, agissent sur celui-ci. Les facteurs qu'il nous faut analyser sont les « tendances lourdes » qui émettent un signal fort et persistant, définissant ce qui constitue une trame contextuelle mondiale. Ce texte fait le choix, cependant, de ne pas se contenter des paramètres les plus médiatisés. Au contraire, certains faits, occultés par le désormais incontournable débat sur le changement climatique seront amenés sous les feux de la rampe, afin de respecter le principe nécessaire d'objectivité scientifique.

Ursula Von Der Leyen, présidente de la Commission Européenne, lors de sa visite, en juillet 2020, au siège de l'Union Africaine, à Addis-Abeba, lorsqu'elle évoqua les défis actuels du Monde, ne cita le développement durable qu'en 3ème position, faisant ainsi bien comprendre que l'extirpation du piège de l'extrême pauvreté des 33 PMA africains, conformément aux défis de l'ODD, ne constitue pas une priorité pour l'institution qu'elle préside, alors que ce devrait, absolument, être celle de l'Afrique !

Les paramètres internationaux ayant des impacts prononcés sur Madagascar sont analysés ici de façon à ce que les planificateurs puissent préserver l'économie malgache des impacts, négatifs, des facteurs exo-entropiques, tout en maximisant les effets positifs des autres.

Chapitre 6

Contextes économiques et géopolitique

6.1. Madagascar et le Continent Africain

La question qu'il convient, à ce stade précis, de se poser, a trait au positionnement, au sein de la communauté africaine et celle de l'Océan Indien, de la Grande Ile. Sur le plan économique, tout comme stratégique, ce rôle est plutôt insignifiant, démontrant le caractère limité de l'influence régionale et continentale actuelle de ce pays.

6.1.1. Géopolitique de l'Océan Indien et de l'Afrique Orientale

L'Océan Indien dont il est question ici, fait, plus précisément, référence au Sud-Ouest de l'Océan Indien, incluant Djibouti, la Corne de l'Afrique, le Kenya, la Tanzanie, le Mozambique, Madagascar et les îles voisines.

6.1.1.1. La perspective gazière du Mozambique

Celle-ci constitue un des facteurs façonnant, à l'heure actuelle, la géopolitique de cette partie du Monde. Le projet gazier mozambicain constitue aussi une opportunité pour Madagascar, en général, et pour le projet portuaire d'Andrakaka, en particulier. Le projet gazier en question, qui va propulser le Mozambique dans le top 5 des plus grands producteurs gaziers derrière la Russie, les Etats-Unis, le Canada, et le Qatar, va bénéficier d'investissements évalués à 25 milliards d'euros dans les 5 prochaines années. La phase de préparation nécessite, cependant, une logistique incommensurable, puisque des milliers de containers devront être acheminés et stockés, dans la zone, avant d'être transportés vers le site gazier d'Afungi, situé dans la province du Cabo Delgado. Situé à 900 kilomètres de ce site, le hub portuaire d'Andrakaka, une fois réalisé dans les temps, et étant donné la surface de stockage dont il disposera, estimé à ce jour à environ 500 Ha, constitue, en sus de la surface portuaire disponible à Longoni (Mayotte), un candidat idéal pour l'accueil des containers en provenance de France, avant leur réacheminement vers leur destination finale. Le démarrage de ce projet gazier fut maintes fois reporté, étant systématiquement perturbé, comme nous le verrons plus loin, par la prolifération d'activités de la guérilla dans le nord du Mozambique.

6.1.1.2. Le Dossier des « Iles Eparses »

Le 1er avril 1960, le Général De Gaulle signa le décret 60-555 rendant son indépendance à Madagascar, mais pas à certaines de ses dépendances de l'époque, en l'occurrence les îles d'Europa, de Bassas de India, de Juan de Nova, et de Glorieuses, qui restèrent, de ce fait, rattachées à la France, malgré la résolution 34/91 des Nations-Unies, votée le 12 décembre 1979. Ce problème, qui anime, depuis des années, des débats passionnés à Madagascar, et obscurcit le ciel des relations entre la Grande Île et l'ancienne puissance coloniale, n'a pour seule responsable, à mon sens, en 1896, comme en 2025, que l'impuissance malgache, qui lui octroie, de fait, une extrêmement faible puissance de négociation. En 1896, Madagascar fut impuissant de ses interminables guerres intestines, et l'est, aujourd'hui, de son extrême pauvreté. A vrai dire, du point de vue du droit international, le décret de De Gaulle, n'a pas plus de valeur que la décision unilatérale de la France de coloniser Madagascar, elle-même conséquence directe des décisions prises lors de la conférence de Berlin sur le partage de l'Afrique, s'étant tenue du 15 Novembre 1884 au 26 février 1885, et ayant réuni, à l'initiative du chancelier allemand Otto von Bismarck, les 14 grandes puissances de l'époque, en l'occurrence l'Allemagne, l'Autriche-Hongrie, la Belgique, le Danemark, l'Empire ottoman, l'Espagne, la France, le Royaume-Uni, l'Italie, les Pays-Bas, le Portugal, la Russie, la Suède-Norvège, ainsi que les États-Unis.

De même, le défaut de prise en compte de la résolution 34/91 des Nations-Unies symbolise la flagrante inégalité des nations face auxdites « lois internationales », telles la désormais interdiction de la prolifération nucléaire, les grandes puissances ayant, d'ores et déjà, pu faire leur plein de réserves d'armes de destruction massive, leur octroyant, d'une part, le droit de vie et de mort sur le reste du Monde, ayant eu le malheur de rater le rendez-vous de 1972, et, d'autre part, celui de déclencher, au moment qui leur semblera opportun, la 3ème Guerre mondiale, et, donc, le chaos nucléaire !

Un litige territorial, car le débat sur les îles Eparses en est un, ne peut se résoudre que, soit par la voie diplomatico-politique, soit par la voie militaire, ou, enfin, soit par le rachat de l'objet du litige par une des parties. Les deux dernières options étant, clairement, à exclure, une solution de ce problème surgira lorsqu'une frange de la diaspora malgache en France, appuyée par des alliés, français, de la Grande Île, aura pris la résolution de plaider sa cause auprès de politiciens français, et de convaincre ces derniers d'adopter une position pro-malgache. L'image ci-dessous montre une délimitation, en négociation, de la ZEE de Madagascar.

Image 3 :
Délimitation (Officieuse) de la ZEE de Madagascar.

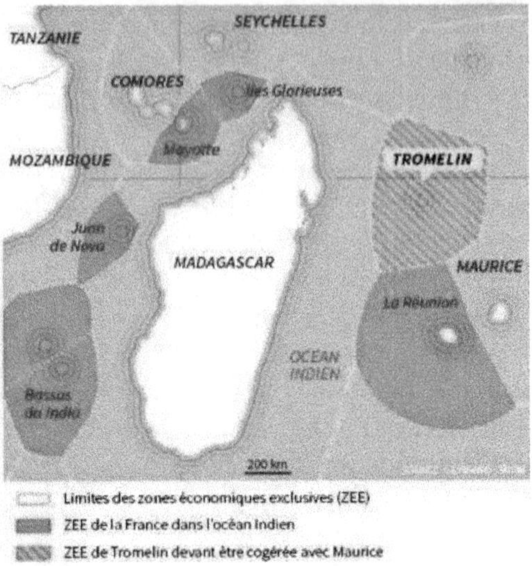

Source : Blog « *Découverte Géographique des îles-Comores* »

Afin de bien comprendre l'enjeu de ces îles qui défraient systématiquement depuis des années, la chronique, il importe que tous, y compris les plus hautes autorités, visualisent la Grande Ile de façon à intégrer, systématiquement, sa ZEE. De cette façon, toutes les actions entreprises intègreront les paramètres inclus au sein de ce qui constitue nos vraies frontières. Ceci inclut la prévention des pêches et toutes autres activités illicites s'effectuant au sein du périmètre placé sous l'autorité de l'Etat malgache.

6.1.1.3. Où va la Somalie ?

« Aliena peculia, cautiones nostrae[1] » (Locution latine).

En sus du caractère humanitaire que représente la situation somalienne, celle-ci a des impacts négatifs potentiels sur l'économie malgache. En effet, la mer située entre le Nord de Madagascar et la Corne de l'Afrique est extrêmement poissonneuse, et riche, notamment, en thonidés. Il est aussi le passage obligé annuellement d'une importante quantité de cargos desservant Madagascar, les îles voisines, et une bonne partie de l'Asie. Il est toujours à craindre que cette zone ne se transforme, à nouveau, en lieu de violences, empêchant toutes activités de pêche et de transport maritime. Outre cette dimension, l'instabilité somalienne peut faire tache d'huile dans la région, et a besoin d'être prise sérieusement en charge. Identifier, dans le cadre de l'UA, des solutions viables au problème somalien constitue, de ce fait, une activité stratégique essentielle pour les pays de l'Océan Indien et de l'Afrique orientale.

---

[1] Le péril que vit son voisin constitue un avertissement pour soi.

6.1.1.4. Le casse-tête mahorais

Quelques soient les facteurs historico-politiques ayant abouti au rattachement de Mayotte à son ancienne puissance coloniale, il n'en demeure pas moins que ce bout de France perdu dans le Canal de Mozambique constitue, aujourd'hui, un véritable casse-tête pour l'Hexagone. Son instabilité, étant donné, notamment, son rôle géostratégique d'émetteur de devises et de source de protection militaire pour la zone, constitue une menace pour l'ensemble des pays alentour. Mayotte est, en effet, à présent, un centre d'afflux massif de clandestins issus des pays de l'Afrique Orientale et de l'Océan Indien, en proie à d'insolvables difficultés économiques. Les migrants sont issus, principalement, des Comores et de Madagascar, mais comptent parmi eux, de plus en plus, de personnes issues du Mozambique, de la Tanzanie, du Kenya, et, même, du Rwanda. Estimés aujourd'hui à plus de 200 000, lesdits clandestins, qui évoluent dans un territoire aux ressources, notamment hydriques, limitées, vivent, en milieux urbain et rural, de rapines et d'agressions, et sont l'épicentre du problème sécuritaire de l'île. S'ajoutent à cette situation à forte dimension économique, le comportement haineux, à connotation politique, des jeunes immigrés comoriens, envers les représentants des forces de l'ordre. Il y a deux façons pour l'Etat français, de gérer cette situation explosive, qui incite de plus en plus de mahorais à quitter la terre d'Andriantsoly. La première, plutôt radicale, consiste à enfermer l'île dans un mur infranchissable, et d'expulser les habitants des « bangas », habitations rustiques abritant les clandestins. Ce fut la direction vers laquelle tendit l'opération « Wambushu ». La seconde, plus constructive, consisterait, pour la France, à drainer des fonds, notamment européens, vers les pays limitrophes en difficulté, en l'occurrence à Madagascar et aux Comores, en vue de l'instauration de ZES, à vocations industrielles, et fortement créatrices d'emplois. Modifier les lois françaises et européennes de façon à instaurer, à Mayotte, des ZES, dotées de statuts juridiques spécifiques, notamment au niveau des salaires des employés immigrés, demeure, également, une option. Les biens produits par les ZES indocéaniens, et y compris celles de Mayotte seraient, alors, destinés aux marchés africain, européen, moyen-orientaux et asiatique.

6.1.1.5. Rivalités sino-indiennes dans l'Océan Indien

Se regardant en chien de faïence depuis le conflit de 1962 provoqué par l'occupation par la Chine de la zone d'Aksai Chin et celle de l'Arunachal Pradesh, restituée, depuis, à l'Inde, les deux pays ne cachent pas leurs ambitions de domination de l'Océan Indien.

La Chine met, aujourd'hui, en place le « collier de perles », constitué d'installations portuaires et aériennes dans le sud-ouest asiatique (en Birmanie, au Pakistan, au Sri Lanka et au Bengladesh) et aussi en Afrique (à Djibouti et au Soudan), destiné, selon elle, à protéger ses routes maritimes, et perçues, en revanche, par l'Inde, comme étant une tentative d'encerclement. Ce pays a réagi en mettant en œuvre sa « Look East Policy » consistant à se rapprocher de certains Etats du Sud-Est asiatique, de Maurice et des Seychelles (Wikipédia, Stratégie du Collier de Perles, 2022).

6.1.2. Géopolitique de l'Afrique Continentale

Après une vague de désintérêt à l'issue de la période de la guerre froide, il existe à nouveau, une ruée stratégique en direction du Continent Noir.

6.1.2.1. Dimension économique

Celle-ci est due, tout d'abord, à l'existence sur le Continent Noir, d'une importante réserve en ressources minières, mais, également, à la présence de plus d'un milliard de consommateurs, au pouvoir d'achat croissant, vu que les pays d'Afrique ne sont pas tous restés les bras croisés, et que certains sont, même, parvenus à sortir du piège de la pauvreté !

La ruée vers l'Afrique fut initiée par la Chine, dans les années 2000, à laquelle la Russie, la Turquie, les Emirats Arabes Unis et, même, l'Indonésie, emboîtèrent le pas. Le tout est complété par les européens et les USA, qui font un retour remarqué.

6.1.2.2. Dimension géostratégique

6.1.2.2.1. Une position géographique unique

L'intérêt de l'Afrique réside, également, dans sa position géographique. Le détroit de Bab-el-Mandeb continuant à être le passage obligé pour plus des deux tiers des hydrocarbures utilisés par la Planète, la corne de l'Afrique demeure une zone stratégique où les grandes puissances entendent être présentes militairement. Ceci explique l'intérêt de Djibouti, qui a développé un modèle d'affaires original, et qui abrite, désormais, simultanément des camps militaires américain, français, chinois, japonais, italien et espagnol comprenant respectivement des effectifs de 3200, 1500, 400, 180, 90 et 50 personnes, et faisant dire à Pierre Razoux, que « l'Océan Indien constitue un passage obligé de tous les échanges de l'Europe avec l'Asie et le Moyen-Orient, ce qui explique l'engouement des puissances occidentales dans la mise en place de bases militaires dans la région[1] ».

Face à un tel contexte, Madagascar gagnerait à déployer une stratégie purement commerciale, en offrant aux uns et autres des services allant de l'avitaillement de navires et du ravitaillement de ces bases militaires, à la maintenance navale, si ce n'est, ouvertement, de location d'infrastructures militaires, selon le modèle djiboutien. Cela constituerait une source de devises

[1] LCP (La Chaîne Parlementaire) : 21 juillet 2016.

et d'emplois, mais, surtout, aiderait à la sécurisation de notre ZEE. 2ème théâtre des opérations américaines après le Moyen-Orient, l'Afrique abrite, à l'heure actuelle, 34 sites militaires américains avec un intérêt stratégique pour les bases de drones, et dont le plus important est le Camp Lemonnier, à Djibouti, déjà évoqué plus haut, et reconnu comme étant la « *plate-forme principale* » des opérations américaines en Afrique (Afrique, La Tribune, 2018).

6.1.2.2.2. L'irrésistible montée du terrorisme

Mais l'explosion démographique, la pauvreté extrême et le désespoir en font le creuset idéal pour le terrorisme, qui ira en s'amplifiant dans les années à venir. Du Sahel, où sévit activement l'EI et le Boko Haram, aux rives de l'Océan Indien, berceau des shebabs, le terrorisme est en train de se développer à grande vitesse.

Si l'Afrique ne consacre pas une partie des revenus générés par ses richesses, notamment minières, à la mise en œuvre d'une stratégie adaptée contre ce phénomène, elle en subira les effets néfastes, et constituera la rampe de lancement de ce mal, qui diffusera vers d'autres continents.

6.1.3. Des pays d'Afrique ont décollé !

Sur un continent dont certains sont allés jusqu'à dire qu'il n'avait ni avenir ni espoir, quelques nations ont su trouver l'énergie et l'inspiration nécessaires, afin de prouver que se hisser hors de la trappe à pauvreté, à l'instar de ce qu'ont connu, au XIXème siècle les pays d'Europe, puis dans les années 1980, les pays du Sud-Est asiatique, était (et demeure !) dans le domaine du possible. Mieux, les « success stories » qui font la fierté de l'Afrique, sont à l'œuvre dans ces pays dont nous devons à présent nous inspirer : l'Ile Maurice, le Botswana, l'Afrique du Sud, sans oublier le Rwanda. Si les trois pays les plus compétitifs d'Afrique, en l'occurrence l'Ile Maurice, l'Afrique du Sud et le Botswana se sont toujours démarqués d'autres nations du continent par leurs performances, le Rwanda et l'Ethiopie ont, dépassé, respectivement, Madagascar, en termes de PIB/habitant, en 2007 et en 2013. L'Ethiopie et le Rwanda ont entamé, en effet, comme préalable à cet essor, des réformes économiques en profondeur, et ont bénéficié d'une appréciable augmentation d'IDE, notamment chinois, ayant, très tôt, opté pour la promotion des ZES. Si le Rwanda ambitionne de devenir le plus grand hub technologique de l'Afrique orientale, l'Ethiopie, elle, a décidé de devenir une plate-forme aérienne régionale, grâce à une forte montée d'Ethiopian Airlines, première compagnie aérienne d'Afrique, aujourd'hui riche d'une flotte de 200 aéronefs et visant, de passer le cap des 300 unités à l'horizon 2030. Cette tendance de croissance économique de ces deux nations, fières représentantes de l'Afrique subsaharienne gagnante, est appelée à se raffermir dans les années à venir. Ces nations ne sont pas productrices de pétrole, et ne se sont distinguées des autres que parce que leurs leaders ont su trouver les bons arguments pour convaincre la population de s'orienter et de marcher vers une nouvelle voie, celle du progrès et de la croissance économique, loin de toute forme de politique de la main tendue, de mascarade, de culte de personnalité, ou d'attentisme. Cette voie, si elle est celle du succès et du meilleur-être des peuples, n'est pas celle de la facilité. Le mérite de ces pays est, bien au contraire, lié aux sacrifices que chaque citoyen a accepté d'endurer en vue d'édifier un meilleur commun.

Indétrônable à la tête de la liste des nations africaines les plus économiquement compétitives, l'Île Maurice, dont le PIB/habitant a déjà dépassé, en 2018, la barre des 10 000 USD, symbolise le parangon de ce vers quoi devrait tendre chaque nation africaine. Maurice a basé sa stratégie de croissance sur la construction de son capital humain, et sur l'optimisation à outrance de la qualité de son environnement des affaires. Ce pays est, désormais, un centre financier incontournable en Afrique.

Pour ce qui est du Botswana, les faits et les statistiques parlent d'eux-mêmes : le PIB/habitant de ce pays, en USD constants de 2015, passa de 393,9 USD en 1960 à 7 235,9 USD en 2023. Depuis son indépendance acquise en 1966, les branches tractrices de sa croissance furent le diamant, l'or et l'élevage. Cette croissance accélérée permit une forte chute du taux de pauvreté extrême, estimée par la BM, en 2018, à 12,3%, une performance rarissime en Afrique subsaharienne. Nous reviendrons sur ce modèle.

L'Ethiopie constitue également un cas de croissance rapide en Afrique subsaharienne. Le pays a décidé de se prendre en main et de développer le tourisme et le transport aérien[1] ainsi que la filière « café ». Le pays est connu pour avoir, ensuite, fait de remarquables efforts en matière de développement de l'industrie, à travers la mise en place de ZES.

Ensuite, l'Afrique du Sud est, indiscutablement, la locomotive de l'Afrique industrialisée, et évolue dans le peloton de tête en matière de compétitivité économique. Bien que des soubresauts politiques issus de l'époque de l'apartheid subsistent, la nation « arc-en-ciel » demeure un des leaders du Continent Noir en matière de développement. Gérée par la minorité blanche d'antan comme étant une nation développée, ce pays a su opérer, sous la lumière exceptionnelle de Mandela, une transition vers la démocratie. Elle a, cependant, encore, à réduire la pauvreté marginale, engendrant une forte inégalité dans le pays.

Enfin, le Rwanda est l'étoile montante de l'économie du continent. Affichant un appétit sans borne pour la croissance économique, ce pays est présent sur

[1] Addis-Abeba est connu pour être actuellement le premier « hub » aérien en Afrique subsaharienne, et « Ethiopian Airlines », la première flotte aérienne africaine.

tous les fronts des secteurs de production. Il est sur le front des TIC, des ZES, et, enfin, sur celui de l'amélioration constante de la qualité de son capital humain, élément-clé de la relance, dans une situation d'économie extrême, après avoir connu l'horreur. Pays ayant opéré, en peu de temps, un grand nombre de réformes dans son environnement des affaires, il est actuellement un des pays les plus compétitifs d'Afrique subsaharienne et constitue une destination privilégiée d'IDE.

Au vu du miraculeux, bond, qu'ont accompli ces quelques nations-étoiles africaines, et, à travers, ne serait-ce que l'application de l'effet Bannister[1], il s'avère que le décollage des PMA du continent est bel et bien possible.

6.2. Multipolarisation, et néo-émergence économique dans le Monde

La fin des années 1980 vit, en même temps que l'effondrement du bloc socialiste, la multipolarisation de l'économie mondiale et la tendance à l'intégration régionale de l'économie. En effet, des pays encore à faibles revenus durant le siècle dernier, tels la Chine, la Russie, l'Inde et le Brésil et l'Afrique du Sud, ou « BRICS », se sont extirpés, à l'instar de la Corée du Sud, du Mexique, de Maurice, et du Botswana, de l'étau de la misère, et se sont mis, comme le dit Santander (2009), à exiger leur part de puissance et de prestige international. Cette montée de la multipolarisation est confirmée par Clegg (2009), qui souligne une tendance qui a commencé par la provocation, par le monde sous-développé, des deux crises pétrolières, et, par la montée en puissance du Mouvement des Pays Non-Alignés, initié lors de la conférence de Bandung, en Indonésie, en 1955. La création par les pays émergents, composés notamment du Brésil, de la Chine, de l'Afrique du Sud, et de l'Inde, du G20, en 2003, lors de la réunion ministérielle de l'OMC, à Cancun, confirma l'existence d'une nouvelle force globale de propositions, voire de refus, face aux grandes puissances traditionnelles. Cette nouvelle configuration attribue, cependant, plus de responsabilités, également, à ces nations, en matière de sécurité, d'environnement et de développement international.

Les décideurs africains, dans l'ensemble, et malgaches, en particulier, doivent, donc, prendre en compte ces nouvelles tendances dans leurs stratégies de développement et de partenariat économique, financier et technologique. Les grandes alliances politiques et économiques qui se dessinent à l'horizon sont très atypiques et sont dictées par des impératifs autant stratégiques qu'économiques. Les nations se regrouperont, dans les années à venir, selon leur niveau de compétitivité. Ainsi, formeront un même bloc, dans le peloton

[1] Du nom de l'athlète britannique Roger Bannister, premier homme à parcourir, en 1954, la distance d'Un mile (1600 m) en moins de quatre minutes. Avant cette date, cette performance fut considérée comme étant hors d'atteinte de l'être humain. Une fois le record battu, le nombre d'athlètes capables de le battre se mit à augmenter rapidement (Sport in History, 2006).

de tête, les nations émergentes comme les nations BRICS, plus l'Argentine, la Corée du Sud, les Philippines, Singapour, Taiwan, la Thaïlande et la Turquie. S'en rapprocheront progressivement le Vietnam, le Cambodge et l'Île Maurice, sans oublier le Botswana et les Seychelles. Il en ressortira une redistribution des cartes géopolitiques, qu'illustrent les grands mouvements actuels dans l'Océan Indien, de l'Inde et de la Chine.

Le bloc de regroupement continental africain constituera un bloc géographique naturel, qui, s'il n'est rapidement élaborée et mise en œuvre une stratégie de croissance crédible, ne mettra en commun que les diverses infortunes de ses membres.

6.2.1. Ces pays du BRICS qui n'attendent pas

Les nations constituant la tête de proue des pays émergents ont formé le bloc BRICS, qui provoque l'admiration des pays du Tiers-monde. Ces pays se démarquent par leur volonté de planification de la croissance : l'investissement lourd dans la recherche, les infrastructures, le développement du capital humain. Ils ont su se frayer un chemin vers le progrès, dans un contexte complexe, caractérisé par la guerre froide ayant bipolarisé le monde, et à une époque où les dirigeants malgaches n'avaient trouvé mieux comme stratégie que de se plaindre des « actions néfastes » des « ennemis de la nation » et des « impérialistes », ou, encore, de la « crise mondiale » !

La réussite de ces pays émergents, partis, pour certains, avec un potentiel bien plus modeste que celui de la Grande Ile, montre que le progrès et le changement ne sont point du domaine de l'utopie, ni l'apanage des pays de l'Ouest ou de l'Asie du Sud-Est, une fois que la volonté politique et l'acharnement éclairé des dirigeants sont de la partie.

Les nations africaines se doivent de construire une stratégie de partenariat claire vis-à-vis de ces nations tractrices de la croissance mondiale. La stratégie en question devrait être assise sur les coopérations financière, technologique et industrielle, tout en incluant un accès aux marchés aux produits du Sud. Si des relations diplomatiques et des échanges économiques existent déjà entre la Grande Ile et la Russie, la Chine et l'Inde, il est mystérieux qu'elle n'ait jamais pensé à établir des relations diplomatiques, par exemple, avec le Brésil ou l'Argentine ! Par extension, des liens de partenariats plus poussés se doivent d'être tissés avec les pays du groupe des NIC, sans exception.

6.2.2. Le projet « Ceintures et Routes » et l'AIIB

Au IIème siècle avant notre ère, la Chine était un pays doté d'une influence planétaire considérable. Elle exportait, alors, des produits comme les épices ou la soie, jusqu'à ce que les routes maritimes, passant par l'Inde et la passe de Bab-El-Mandeb, et les routes terrestres reliant la Chine à l'Europe centrale, longues de plus de 5000 kilomètres, prirent l'appellation de « Routes de la soie ». La désignation par les termes « Initiative Ceintures et Routes » du projet planétaire actuellement mis en œuvre par le Gouvernement chinois cherche à ressusciter ce fabuleux prestige d'antan, et à prendre le leadership du bloc des NIC. Le projet vise, en effet, à créer une chaîne d'infrastructures physiques et virtuelles reliant plus de 143 nations dans le Monde à l'économie chinoise. Les voies ainsi prévues être créées peuvent être maritimes, ferroviaires, ou terrestres. Le projet comprend également des infrastructures de télécommunications, et une offensive politique, stratégique et culturelle. L'achat, par le Groupe chinois, du port de Pirée, en Grèce, ainsi que la signature par l'Italie d'accord d'adhésion à ce projet montrent l'avancée rapide de celui-ci, actuellement, en Europe. Ledit projet, titanesque et sans précédent dans l'histoire de l'humanité, a un coût estimé à plus de 20.000 MM de Dollars US. 27 institutions financières liées à l'Etat chinois, notamment la China Development Bank, la China EXIM Bank, et l'Asian Infrastructures Investment Bank[1], ou AIIB, sont actuellement sommées par l'Etat central chinois d'apporter leurs contributions. Si, pour certaines grandes puissances occidentales, cette montée de la Chine constitue une forme de menace, les pays les plus pauvres de la Planète, et, notamment, ceux d'Afrique, ne devraient en aucun cas hésiter à chercher à bénéficier des retombées tangibles et immédiates de ce projet, qui auront des conséquences notables sur la configuration économique et géostratégique du Monde, dans les décennies à venir. J'affirme ceci par souci de pragmatisme, et sans chercher à verser dans ce que Fiquet (2019) appelle la « sinobéatitude ». Il y a d'ailleurs lieu de ne pas se nourrir d'illusions. La Chine, au vu de l'engouement général pour cette manne, rappelle, désormais, que les pays bénéficiaires de cette initiative doivent également participer à son financement ! C'est là qu'intervient, alors, l'AIIB, une banque d'investissement mise en place en 2016, accordant des prêts à des taux concessionnels, spécialisée dans le financement d'infrastructures, et disposant d'une capacité de financement de plus de 8 000 MM de USD. Les emprunts auprès de cette banque seront adossés à des ressources stratégiques minières, de préférence. Les premières saisies d'infrastructures, faisant suite à un défaut de paiement de certains pays africains, rappellent que tout engagement dans le projet, à l'heure surtout, du conflit russo-ukrainien, doit, au préalable, faire l'objet de réflexions approfondies. La route maritime reliant Shanghai à Nairobi, au Kenya, passant par Kolkata, en Inde, par Colombo, au Sri Lanka, et passant au nord du port de Diego-Suarez, il serait judicieux pour Madagascar d'intégrer le projet BRI, si les conditions financières, politiques et diplomatiques qui y sont assujetties s'avèrent être acceptables.

[1] Banque Asiatique d'Investissement dans les Infrastructures

6.3. Madagascar dans l'économie mondiale

6.3.1. Survivre à la covid-19

On ne peut pas aborder le contexte international sans évoquer le phénomène ayant marqué ces dernières années, et ayant laissé derrière lui une traînée de dévastations économiques. La pandémie a, en effet, provoqué le décès de plus de 5 millions de personnes dans le Monde[1], et une contraction de 3,4% du PIB mondial en 2020[2], après l'occurrence d'un « choc stratégique », c'est-à-dire par l'apparition, à l'échelle planétaire, de façon simultanée, d'une crise de la demande et celle de l'offre, le secteur productif et le système de consommation ayant été mis à l'arrêt total.

Il y a lieu, à ce stade, d'émettre deux constatations qu'inspire ce phénomène. D'abord, l'interrelation intime existant, désormais, entre nos sociétés. Ainsi, une maladie qui s'est déclarée en Chine provoqua un chaos sanitaire à l'échelle planétaire. Cela nous responsabilise donc tous sur nos actes, ainsi que nos stratégies de développement. Nous savions le Monde « globalisé », mais nous découvrîmes, pour la première fois, le sens profond qu'il nous faut désormais attribuer à ce mot.

La seconde constatation découle du fait que les pays riches, après être entrés dans une phase de vaccination massive, se sont remis des effets de la pandémie plus rapidement, agrandissant, ainsi, le fossé entre les groupes de pays, comme l'indique le paragraphe suivant.

6.3.2. La Grande Divergence 2.0.

Il faut se rendre à l'évidence, la loi du plus fort, ou ce que De Rivero (2010) qualifie de « jungle darwinienne mondiale », règne aujourd'hui au niveau économique, malgré les quelques bonnes annonces des sommets onusiens sur le développement durable. L'inégalité, qui constitue, déjà, un facteur hostile à la croissance au niveau national, engendre, également, d'incommensurables dégâts au niveau international. Nous avons encore tous en mémoire le fait que, durant la mise en œuvre du projet OMD des Nations-Unies, étalé sur la période 2000-2015, seule une partie infime des financements escomptés fut, au final, mobilisée, et, peu de pays du Sud purent atteindre leurs objectifs de développement.

L'écart se creuse, de ce fait, inexorablement, entre le niveau de vie des nations, capables d'imposer leurs lois à propos des subventions et autres soutiens

---

[1] Source : France 24.

[2] Source : Banque Mondiale.

internes à l'exportation, en contradiction avec les règles de l'OMC, et, celui des nations les plus démunies, juste bonnes à subir.

L'écart se creuse également entre les capacités technologiques et productives des nations les plus nanties, ne rassemblant que 16% de la population mondiale, et celles des pays d'Afrique Noire, à propos de laquelle Konaté (2010) se demande « si elle est maudite », et dont les peuples, vautrés dans des huttes d'un autre temps, flirtent au quotidien avec la guerre, le paludisme, quand ce n'est avec la peste, la fièvre Ebola ou le choléra, tandis que des, désormais, hecto-milliardaires, en l'occurrence Musk et Bezos, produits de l'économie du marché triomphante, ont, à présent, lancé la course à la conquête spatiale. Dénoncée, de plus en plus, par l'ensemble des économistes, dont Piketty, Stiglitz et Milanovic, l'inégalité s'impose, chaque jour davantage, dans le paysage économique mondial, et relance une nouvelle ère de Grande divergence économique. Face à ce paramètre contextuel planétaire, Madagascar, dont l'économie a subi durant la période de la Covid-19, un impact comparable à celui de la crise de 2009, doit comprendre que, faisant partie des pays à faibles revenus, et, voués, selon De Rivero (2010), **à ne jamais se développer**, et, devant, plutôt, se focaliser sur la mise en œuvre d'une politique de survie, larguer les liens qui le retiennent au sein du piège de la pauvreté constitue une condition existentielle, exigeant, notamment, qu'il sélectionne ses partenaires en fonction des opportunités économiques qu'ils sont en mesure de lui offrir.

6.3.3. La tendance à l'intégration économique

6.3.3.1. Intégration économique dans le Monde et en Afrique

Le Monde est caractérisé par une forte tendance à la poursuite du phénomène d'intégration dans toutes les régions du Monde, et, en particulier, sur le Continent Noir. Le régionalisme d'intégration, dans ses formes achevées, limite la souveraineté des Etats membres en instituant dans leurs rapports mutuels d'authentiques éléments de fédéralismes économiques, comprenant la création d'un marché unique, l'harmonisation de l'ensemble des conditions de la production et de la circulation des biens, des services, des capitaux et des personnes, et l'abandon de souveraineté (transfert de compétences) au profit des organes de la communauté économique. A l'heure actuelle, plus de 300 accords d'intégrations économiques régionales sont en cours de négociation dans différentes parties du Globe, et plus de 300 sont déjà opérationnels, dénotant ainsi un certain dynamisme économique, financier et commercial au niveau des différents Etats (Bosly, 2023).

Madagascar, lui-même a franchi le Rubicon de l'adhésion à la ZLECAf, dont la mise en place, à l'échelle continentale, fut rendue inaudible par la pandémie. D'autres formes plus approfondies d'intégration existent, comme l'intégration monétaire, qui est une forme plus élaborée d'intégration économique, et l'intégration politique.

Dans le Monde, l'UE, qui est parvenue à la phase d'intégration politique, constitue la forme la plus poussée, et, sans doute, la plus réussie, d'intégration. Ailleurs, à l'exemple de l'ALENA sur le continent américain, tout comme l'ASEAN, sur le continent asiatique, aucune forme d'intégration n'a dépassé l'étape de l'intégration douanière, chaque nation gérant sa monnaie et ses institutions politiques de façon souveraine.

6.3.3.2. Les forces à l'œuvre en retrait dans le concept d'intégration

6.3.3.2.1. La convergence

Sous-jacent au concept d'intégration économique, existe le concept très puissant, de « convergence économique », couvert dans le chapitre 2. Si dans les pays structurés socialement, institutionnellement, politiquement, et, enfin, macro-économiquement, de façon identique, cette convergence se fait de façon plus aisée (on parle alors de « convergence absolue », observée, par exemple, au sein de l'Union Européenne), il en va autrement pour les pays entre lesquels existent de fortes disparités socio-politiques et macro-économiques. Ces différents pays, pour pouvoir converger les uns vers les autres, ont, alors, besoin d'avoir un minimum de similitudes notamment du point de vue du contexte entourant l'économie, lesquelles similitudes constituent ce qui s'appelle « les conditions initiales » de convergence. On est alors situé dans un contexte dit « de convergence conditionnelle ». On maintient ces conditions, malgré la tendance actuelle à l'optimisme de chercheurs, tels Patel *et al* (2021), affirmant que « nous sommes, depuis le milieu des années 1990, entrés dans l'ère de la convergence inconditionnelle ».

6.3.3.2.2. La division internationale du travail

Une autre notion sous-jacente à l'intégration économique est celle de division du travail. Ce concept smithien, lorsqu'il est utilisé dans la stratégie de croissance d'une structure d'intégration permet d'abaisser les coûts de production et d'augmenter la productivité, à travers la mise en place d'une stratégie commune de production entre opérateurs économiques de la région, à travers l'opérationnalisation de « clusters régionaux », tout comme celle dédiée à la formation et à l'intensification de l'édification du capital humain, puis à la recherche et à l'innovation technologique entre les chercheurs et universitaires du bloc. Elle permet, donc, de générer une croissance au sein des nations mettant en place des plateformes de recherche et de production.

6.3.3.3. Critiques du concept d'intégration économique

Il existe, aujourd'hui, une montée des voix critiquant le concept d'intégration régionale, menant à celle, mondiale. L'avènement du « Brexit » symbolise l'existence de cette fronde contre le concept. Si dans les pays riches ces critiques ciblent plus le phénomène de délocalisation des centres de production du fait d'une différence de coûts de facteurs et les problèmes liés à l'immigration, dans les pays pauvres et plus particulièrement en Afrique, lesdites critiques sont plus associées à un manque flagrant d'impact. Les démantèlements tarifaires opérés dans le cadre de la mise en œuvre de ces accords régionaux a, en vrai, eu, pour effet, plutôt d'accentuer le déséquilibre commercial en défaveur des pays à faible niveau de compétitivité internationale. Ainsi, les exportations de Madagascar vers l'Afrique du Sud et l'Ile Maurice, par exemple, n'ont jamais couvert plus de 25% des importations à partir de ces nations. L'étude des cas de la SADC et du COMESA illustre donc bien le fait que, dans un cadre de grandes disparités en matière de compétitivité, l'instauration d'une intégration économique n'a strictement aucun sens, et, que, ces blocs d'intégration africains ont péché par un excès d'optimisme. Ceci est accentué par le fait que bien que les accords prévoient leur mise en place, aucune stratégie commune de production, et donc d'instauration de clusters inter-étatiques, ni de développement de capital humain, et encore moins de recherche et d'innovation technologique, n'a été institué, en plusieurs années d'existence, par ces structures régionales. Ceci réduit ainsi les objectifs, nobles, initiaux de division du travail de production, et de convergence économique, à un mesquin accès des puissantes multinationales des pays membres plus avancés aux marchés de leurs voisins situés au plus bas de la chaîne alimentaire internationale. Un vrai, *in fine*, marché de dupe !

La présence, aujourd'hui, du groupe des 46 pays les moins avancés (PMA[1]) de la Planète, dont 33 sont situés en Afrique, tous inclus dans des communautés d'intégration régionale, et dont les PIB/habitant n'eurent de cesse de stagner ou de diminuer, et, enfin, dont la somme des PIB ne constitue pas le centième du PIB mondial, démentent, tout simplement, les promesses idylliques de l'intégration économique en Afrique.

6.3.4. Montée de la ZLECAf

En Afrique orientale et australe, en particulier, il a été mis en place trois structures d'intégration régionale, en l'occurrence la SADC, en 1981, le COMESA, en 1994, puis l'ECA, en 2000. Madagascar a intégré les deux

[1] Étant le quatrième pays le plus pauvre au monde, derrière le Burundi, la République Centrafricaine, et la République Démocratique du Congo (RDC), et doté, selon les estimations de la Banque Mondiale de 2021, d'un taux d'incidence de la pauvreté de 77,9%, Madagascar fait partie intégrante de ce groupe.

premières structures respectivement en 2005 et en 2000. Prévue et amorcée par le Traité d'Abuja, datant du 03 juin 1991, mettant en place la Communauté Économique Africaine, dans la même veine que celui de Rome, ayant mis en place, le 25 mars 1957, la Communauté Économique Européenne, la ZLECAf fut créée, de façon effective, en janvier 2021. Cette étape fut, malheureusement, occultée et perturbée, par les restrictions de déplacement imposées par la pandémie. Vu que cette structure s'apprête à forger les réalités économiques du Continent Noir dans les années à venir, il m'a semblé utile de signaler qu'elle vise, essentiellement, à instaurer une zone de circulation sans droits de douanes et sans quota, de biens et de services, au sein du continent africain, qui dans sa totalité, représente, actuellement, 1,2 MM de consommateurs et un PIB de 2 500 MM de USD. De façon plus précise, selon l'accord de mise en place de la structure continentale, signé à Kigali le 21 mars 2018, dans ses objectifs généraux, la ZLECAf vise à créer un marché unique pour les biens et les services. Sa mise en place sera facilitée par la libre-circulation des capitaux et des personnes afin d'approfondir l'intégration économique du continent africain et conformément à la vision panafricaine d'une « Afrique intégrée, prospère et pacifique » telle qu'énoncée dans l'Agenda 2063. L'accord entend également poser les bases de la création d'une union douanière continentale à un stade ultérieur, renforcer la compétitivité des économies des États aux niveaux continental et mondial, et promouvoir le développement industriel à travers la diversification et le développement des chaînes de valeurs régionales, le développement de l'agriculture et la sécurité alimentaire. A l'heure actuelle, 54 des 55 pays membres de l'UA ont signé le traité, l'Erythrée ayant préféré s'abstenir de franchir ce pas, tandis que 36 pays l'ont déjà ratifié. Madagascar a signé le traité du 21 mars 2018, à Kigali, et vient juste, en novembre 2024, de procéder à la ratification et au dépôt des instruments. A noter qu'à partir de la ratification, le pays, en tant que PMA, disposera de 10 années pour démanteler 90% de ses lignes tarifaires. A l'échelle du continent, d'après Oloyede *et al*, il est attendu que le commerce intra-africain augmente de 52%, et que le PIB continental connaisse une croissance de 2,64%, soit d'environ 65 MM de USD. Enfin, il est prévu qu'aux environs de 2050, l'économie africaine pèse 29 000 MM de USD, attirant, ainsi, de plus en plus d'IDE (Oloyede *et al*, 2021). La BM, elle, prévoit que 30 millions de personnes vivant dans une pauvreté extrême, ainsi que 67,9 Millions de personnes vivant dans une pauvreté modérée, verront leurs revenus augmenter sensiblement (Worldbank Group, 2020). 40 années après les premières expériences en matière d'intégration régionale, il importe, cependant, que les nations africaines ne prennent plus celle-ci comme étant une panacée, apte à redresser miraculeusement, les situations économiques les plus désastreuses. Il est temps de nous enrichir des leçons que nous crient nos insuffisances passées. Sans une prise de précautions poussées, dont la mise en place nécessiterait des années, Madagascar, à travers une ratification plus politique que technique, prend des risques considérables. Comme Oloyede *et al* (2021) le rapportent, dans une étude analysant les impacts de la mise en œuvre de la SADC et de l'UEMOA, les nations qui en ont le plus profité sont celles qui ont mis en œuvre, concomitamment à leur adhésion à ces communautés économiques régionales, une stratégie de réformes sectorielles et contextuelles internes d'envergure, qui portèrent sur le renforcement du capital humain, du développement technologique, et de l'augmentation de la disponibilité financière. Madagascar a intérêt à tenir compte de cette remarque dans l'élaboration de sa stratégie intégrative. Outre la construction de la compétitivité comme préconisé plus haut et en conformité avec l'objectif (2) de l'Agenda 2063 de l'UA[1]. Il semble, ensuite, utile de considérer le paramètre sécuritaire, avant de s'aventurer dans la libre circulation transfrontalière des individus. Un dernier risque contextuel potentiel réside dans le domaine environnemental.

6.3.5. Les Investissements Directs Étrangers (IDE)

D'après le rapport 2023 de la CNUCED, en 2022, le niveau d'IDE ayant été émis, au niveau planétaire, a atteint le montant de 1300 Milliards de USD. L'Afrique n'a, au vu de sa médiocre attractivité, capté que 3,46%[2] de cette manne, et Madagascar, 0,03%. Il n'y a, donc, pas d'alternative à l'adoption des réformes génératrices d'attractivité, qui ne devraient, en aucun cas, n'être réalisées que sous les injonctions du discours de la Baule ou ceux du consensus de Washington, mais plutôt de celles des impératifs économiques nationaux. Les paramètres internes et externes défavorables à la croissance ont construit autour du pays un important facteur de viscosité financière mettant toute opportunité d'affaires hors de la portée des investisseurs potentiels.

6.3.6. L'irrésistible émergence des Zones Économiques Spéciales

Perroux définit le « Pôle de croissance » comme étant un lieu dans l'espace géographique au sein et autour duquel existe une activité économique intense tractée par quelques filières-phares dites « industries dominantes », les autres filières étant, alors, désignées comme étant des « filières ou secteur d'appui ou de support » (Perroux, 1954). Cette vision, qui s'inscrit dans la ligne tracée par Cantillon et Ricardo, et visant, notamment, l'obtention d'un effet d'échelle, est reprise par Porter (1998) à travers le concept de « clusters » de production, ingrédient essentiel de la compétitivité. Lucas (1988) souligne, également, que la concentration spatiale et la croissance sont reliées par l'augmentation des effets d'échelle.

---

[1] Citoyens bien éduqués et révolution des compétences reposant sur la science, la technologie et l'innovation (Union Africaine, 2022)

[2] Soit 45 MM de USD.

A Madagascar, les chefs-lieux de région constituent, tous, des pôles de croissance en puissance. Les premières expériences, en 2004, de mise en place des pôles de croissance de Fort Dauphin, d'Antsirabe, d'Antananarivo et de Nosy Be à travers le projet PIC avec l'appui de l'IDA du Groupe de la BM, et inspirées notamment par les succès du pôle techno-industriel de Penang en Malaisie (initié par le groupe américain HP), et de celui du « hub » technologique de Bangalore, en Inde, furent dictées par cet esprit. Il est, par la suite, attendu, au niveau de ces pôles, que la croissance engendrée se propage vers les localités périphériques, par effet de diffusion. Cette importance des pôles de croissance, au cœur du concept de villes autonomes que Romer désigne par le terme de « Charter cities », fut soulignée par la BM (2009) dans son « Rapport sur le Développement dans le Monde », qui affirme que la concentration dans l'espace des facteurs humains de production et de recherche engendre une externalité positive, grâce à la réalisation d'une économie d'échelle, et facilite la convergence des niveaux de vie. Enfin, elle conclut que la réponse à ce défi est l'intégration, que ce soit au niveau national ou régional.

6.3.6.1. Définition et généralités sur le concept de ZES

Une ZES, est une portion du territoire dédiée à la production de biens et de services, et sur laquelle s'appliquent des arrangements juridiques, fiscaux et infrastructurels spécifiques visant à réduire fortement la résistance à l'influx financier et technologique vers le site, afin d'y assurer une croissance économique à long terme, due à la forte intensité de la productivité. La mise en place, à travers le territoire national, de ZES, constitue une concrétisation de la décentralisation économique. La résultante de l'hyper-concentration géographique des infrastructures et des activités sectorielles de production, d'une part, et des facilitations fiscale, juridique et administrative, d'autre part, ont fait leurs preuves dans des pays comme la Chine, où la ZES de Shenzhen constitue une référence mondiale.

Les premières ZES furent les zones industrielles dites « franches » (ZFI), qui furent instaurées aux Etats-Unis, dans les années 1940, puis en Chine et en Inde. Ce furent les ZES dites de première génération. Les ZFI associées à des plates-formes multimodales de transport (ports, aéroports, chemins de fer) constituent les ZES de 2ème génération. Il y a une vingtaine d'années, des ZFI entourées de banques, d'hôtels, de centres de formation, de sites d'incubation et d'écloseries d'entreprise, et de centres de conférences émergèrent. Ce sont les ZES de la 3ème génération. Les HTDZ, ou ZES de 4ème génération, munies de centres universitaires, et de laboratoires de recherches scientifiques et d'innovations technologiques, sont en train de faire leur apparition, notamment à Maurice. D'après la CNUCED, dans son Rapport Annuel, en 2019, sur les investissements dans le Monde, consacré aux ZES, il existe, plus de 5.400 zones économiques spéciales dans plus de 150 pays dans le Monde, et 500 seraient en préparation[1]. A l'instar des PMA de la Planète (ayant, en moyenne, à ce jour, 3 zones par pays), les pays d'Afrique, où existent seulement 237 zones (soit moins de 5 zones, en moyenne, par pays), ont accumulé un retard considérable dans l'adoption de ce concept universellement reconnu comme constituant un puissant tracteur de croissance économique dans l'époque contemporaine.

La ZES d'Andrakaka a, au vu de sa capacité à être connectée à la Nouvelle Route de la Soie chinoise, ainsi qu'au projet gazier mozambicain, des chances de devenir la première ZES de 4ème génération de Madagascar, et semble, si sont implémentées les différentes infrastructures évoquées dans le présent ouvrage, pouvoir être, bientôt, une des plus importantes d'Afrique.

6.3.6.2. Etat des lieux du concept à Madagascar

En avril 2018, la loi 2017-023 relatives aux ZES fut adoptée par le parlement de Madagascar, loi dont la constitutionnalité fut, par la suite, établie le 11 août 2018 par la HCC. Ce concept répond, également, aux impératifs de décentralisation économique espérée par la population de la Grande Île, réduisant ainsi les inégalités entre les régions et, surtout, construisant, et renforçant, le sentiment d'appartenance à une même nation. D'un autre côté, les Nations-Unies préconisent une évolution du concept vers celui de « Zones ODD[2] », où « l'enclave de privilèges » cèdera la place à des zones bénéficiant à tous. Pour ce qui est du projet d'Andrakaka, celui-ci s'inspire déjà, amplement, des principes de durabilité préconisés par les Nations-Unies.

6.3.6.3. Motivations stratégiques et économiques des ZES

Si pour certains, aujourd'hui à Madagascar, la mise en place des ZES est surtout motivée par une velléité des investisseurs étrangers, ni plus ni moins, de « s'accaparer des grandes surfaces foncières de Madagascar» (!), une analyse plus mature, plus responsable et techniquement plus éclairée, à l'instar de celle de Lin et de Monga (2017), reconnaîtra, en ce concept, la brillante et pragmatique réponse aux impératifs d'importation d'un mix de capital techno-humain et de capitaux financiers, comme je le souligne dans ma proposition d'une approche alternative à la théorie de croissance exogène de Solow, pour faire décoller un pays pauvre, et de lui assurer une croissance à long terme (Mahazoasy, 2023). De plus, la présence, dans ces enclaves, d'infrastructures et d'un environnement juridico-institutionnel idoines, prépareraient, par effets d'échelle et de diffusion, à l'avènement d'un Madagascar plus performant.

---

[1] World Investment Report 2019, https://unctad.org/en/pages/PublicationWebflyer.aspx?publicationid=2460

[2] Objectifs de Développement Durable, programme des Nations Unies sur la période 2015-2030.

Je propose, même, de pousser plus loin encore le concept, et de préparer la mise en place des ZES de 5ème génération, qui seraient, en plus d'être de 4ème génération, des zones d'inclusion techno-humaine, où seraient dispensées des formations ciblant les populations les moins intégrées académiquement et économiquement, d'une part, mais aussi les dirigeants et décideurs locaux et nationaux, d'autre part, qui doivent impérativement intégrer dans leurs cursus, des connaissances approfondies sur les enjeux du changement climatique, de la mutation énergétique, de la gouvernance démocratique et des facteurs géostratégiques régionaux et internationaux.

Osons espérer que les dirigeants se penchent, enfin, sur le concept de ZES, pour que le pays puisse rattraper son retard sur un créneau économique auusi stratégique. Je propose, à cet effet, que soit, dans un premier temps, mis en place, dans chaque province, dans le cadre d'un contrat de type BOT ou BOOT, au moins une ZES de 5ème génération. Le critère principal présidant au choix de l'emplacement d'une telle structure serait la présence d'une étendue plane, le peuplement se faisant naturellement, une fois qu'y émergent les opportunités économiques et intellectuelles. Ainsi, dans le Sud, la plaine d'Ihorombe constituerait un emplacement idéal pour l'instauration d'une ZES de laquelle partiront plusieurs voies routières et ferroviaires, rapides si possible, allant vers le Nord (Régions Matsiatra Ambony, Vakin'Ankaratra, Analamanga, Bongolava et Itasy), l'Est (Régions Atsimo-Atsinanana, Vatovavy, et Fitovinany), l'Ouest (régions Ihorombe, Menabe et Melaky) et le Sud (Régions Anosy, Atsimo Andrefana et Androy). Dans le Nord, la plaine de la Sofia, connectée aux régions Diana, où se trouverait alors localisée la ZES d'Andrakaka, et SAVA, devrait également recevoir sa ZES, qui irradierait, vers l'Ouest, sur les régions Boeny, Betsiboka, et l'Est, les régions Analanjirofo, Alaotra Mangoro, Ambatosoa, et Atsinanana. La mise en place de ces centres de compétitivité serait confiée à l'Autorité de régulation des ZES, ou AZES, dont la mise en place est prévue par la loi 2017-023.

6.3.7. La montée du post-modernisme

On assiste, aujourd'hui, à la montée de ce concept, qui dénonce les limites de la société industrielle, ainsi que du capitalisme. On l'apparente, d'ailleurs, au post-capitalisme de Paul Mason. La montée de ces deux concepts nous ramène, clairement, au souci environnemental sus-évoqué. Ces concepts peuvent difficilement s'appliquer au monde sous-développé, bien que la décarbonation de l'économie soit une obligation universelle.

6.3.8. Etude de quelques paramètres économiques mondiaux

6.3.8.1. Les contraintes géostratégiques à la croissance

Gillis *et al* évoquent l'existence de contraintes internationales à la croissance et au développement des pays économiquement vulnérables. Celles-ci sont généralement liées au conflit existant entre les intérêts nationaux et ceux des grandes puissances. Ces auteurs affirment que les approches impérialistes ouvertes d'autrefois persistent de nos jours sous des formes plus insidieuses, dans le but, notamment, de sécuriser l'approvisionnement en matières premières ou en marchés (Gillis *et al*, 1998).

De même, une nation comme Madagascar, dont le PIB représente 0,02% du PIB mondial, dénuée de ce fait d'une quelconque « bargaining power » a peu de chances d'être entendue lorsqu'il sera évoqué, au niveau des instances internationales, des questions épineuses, telles celles relatives, comme évoquées précédemment, à l'accès aux marchés, les subventions internes (notamment agricoles)[1] existant dans les pays riches, ou le prix d'achat des matières premières. Les dispositifs préférentiels en faveur des PMA prévus dans les accords commerciaux de l'OMC, bien que sous la menace de la clause de la Nation la Plus Favorisée, ont le mérite, cependant, d'exister, pour le moment, afin de pallier les énormes déficits que peuvent générer dans les économies des pays pauvres le flagrant déséquilibre des forces, et de chances, prévalant dans le système du commerce multilatéral.

Mais, les forces tendant à entretenir la vulnérabilité des nations les plus pauvres ont une origine encore plus profonde. En effet, l'économie mondiale, régie par l'intensité de l'innovation technologique, constitue, aujourd'hui, un jeu de somme positive. Par contre, selon le rapport Meadows, la croissance économique planétaire ne peut durer indéfiniment. Prolonger celle-ci de quelques années supplémentaires, au niveau des pays puissants, ne peut se faire qu'au détriment de la croissance économique au sein des pays les plus vulnérables, donc des PMA, *de facto* condamnés à demeurer dans les tréfonds des abysses du dénuement, à moins qu'ils ne soient capables, par eux-mêmes, de générer un puissant coup de reins destiné à les extraire, un jour, du piège de la pauvreté, dont il sera impossible aux derniers de s'échapper. Une croissance intense au niveau des pays pauvres, d'ores et déjà objet d'une explosion démographique, aura pour effet de bouleverser profondément la donne sur l'échiquier économique mondial. C'est le défi principal, d'ailleurs, reposant sur les épaules de tous les dirigeants de ces pays, à l'instar de ce qu'ont pu relever les pays du NIC et des séismes géopolitiques que leur essor a provoqués. Nous aborderons, dans la Partie III, une illustration, particulièrement éloquente, de ce véritable « barrage au développement » que s'apprêtent à subir les pays pauvres, généré par des contraintes d'ordre climatique.

---

[1] La question relative aux subventions agricoles a fait échouer les négociations commerciales lors de la conférence ministérielle de l'OMC à Cancun (Mexique), en 2003.

6.3.8.2. Les fluctuations du prix du pétrole et du gaz

En 2016, le prix du pétrole connut une baisse remarquable, du fait de la forte augmentation de la production de gaz et de pétrole de schiste américain. Cette baisse, bien qu'ayant plus que perturbé les plans de développement des nations productrices d'or noir, a fait le bonheur de bien d'autres nations en développement, dont Madagascar. Cette baisse de prix s'est à nouveau manifestée durant les périodes de forte incidence, au niveau mondial, de la pandémie. A l'issue de la découverte du vaccin anti-COVID et des premières campagnes de son injection à l'échelle mondiale, le prix de cette énergie fossile, dopé par une reprise de l'‘économie mondiale, s'est mis à renouer avec une tendance haussière. Ceci n'est pas pour faciliter, ni la planification stratégique des pays pauvres, ni la mise en œuvre de leur plan à long terme de croissance, du fait que ce produit soit importé et payé en devises. Comme nous le verrons plus loin, Madagascar, doté de réserves en pétrole non-conventionnel et en gaz, ne sera à l'abri des agressions de ces fluctuations, qu'une fois le prix du pétrole positionné, sur une longue période, au-delà de la barre des 80 USD, seuil de rentabilité desdites réserves. En attendant ces périodes fastes, je préconise, à l'instar des suggestions de Serge Zafimahova, que les produits noirs que requièrent la totalité des travaux de construction routière, soient fournis prioritairement par la société détentrice des permis d'exploitation du grès bitumineux. Cependant, la vraie solution énergétique, et, donc, la sérénité dans la mise en œuvre des stratégies de croissance à long terme des pays pauvres, demeure ancrée dans les énergies renouvelables.

6.3.8.3. Les variations des cours de matières premières

Les matières premières produites par la Planète, qu'elles soient extraites du sol (minerais) ou produites par l'agriculture et l'élevage, s'échangent, à grande échelle, en direct[1] ou à travers des produits dérivés[2], principalement, aux niveaux de quelques plates-formes de marchés financiers dites de « commodity trading », en l'occurrence le Chicago Board Of Trade, ou CBOT, le London International Financial Futures and Options Exchange (LIFFE), le New York Mercantile Exchange (NYMEX), le London Metal Exchange et l'ICE Futures US. Cette catégorie de structures, qui se trouve au cœur même du système libéral mondial, et plus particulièrement celui du commerce multilatéral, n'est pas dénuée de défauts. Les prix, déterminés par l'implacable loi du marché, les phénomènes météorologiques (sécheresses, inondations, cyclones), les événements à dimension géopolitique, et la force du dollar américain, peuvent influer dramatiquement sur la croissance des pays pauvres, dont les prix des biens exportés ne cessent de baisser, et celui des produits dont ils ont besoin ne cessent d'augmenter ! L'histoire

[1] Prévoyant un règlement au comptant par l'acquéreur.

[2] Instruments financiers permettant notamment le paiement à terme (ou en différé).

économique de l'Afrique en particulier, et de l'humanité en général, est entachée par l'injustice causée par ces tendances. On peut évoquer, en particulier, l'évolution des prix de quelques produits de rente exportés par le pays, en l'occurrence des prix de la vanille, du cacao et du café. L'économie malgache, depuis la suppression, en 1993, des caisses de stabilisation de prix, établis avec le soutien de la coopération européenne, est devenue, particulièrement, vulnérable aux évolutions, souvent défavorables, des prix, sur le marché international, de ces matières premières. Seule une stratégie de transformation totale ou partielle, sur place, de ces matières premières est susceptible de générer une croissance à long terme.

On peut aussi, symétriquement, évoquer l'augmentation du prix, sur le marché international, de certaines denrées de base importées par le pays. C'est le cas, notamment, du riz, base de l'alimentation des Malgaches, mais aussi du blé, deux produits dont Madagascar est, aujourd'hui, un importateur net. L'enjeu, pour le Malgache de base, du conflit russo-ukrainien ne porte, en fait, point sur le recours, ou non, par le Président Poutine à une frappe nucléaire, qui mettrait, sans aucun doute, en marche, la logique de la destruction globale mutuelle, à laquelle le défaitiste qu'il est est mentalement préparé depuis toujours, mais, plutôt, à la raréfaction du blé et la hausse du prix du pain !

6.3.8.4. Les fluctuations boursières

Une place boursière est une plate-forme, physique ou virtuelle, destinée à l'achat et la vente d'actions, d'obligations et de titres. L'économie mondiale vit, aujourd'hui, au rythme de ce qui est devenu le meilleur indicateur de sa santé, en l'occurrence les évolutions des indices dans les plus importants marchés bousiers que sont le NYSE (également connu sous l'appellation de « Wall Street ») et le NASDAQ new-yorkais, le Tokyo Stock Exchange ou TSE, le Shanghai Stock Exchange ou SSE, le Hong-Kong Stock Exchange ou SEHK, le London Stock Exchange, ou LSE, l'Euronext Stock Exchange, le Shenzhen Stock Exchange, ou SZSE, le Toronto Stock Exchange, ou TSX, la Deutsche Boerse, ou FWB de Francfort. Ces places boursières, ainsi que celles des 50 principales autres, ayant des caractères tout aussi déterminants, comme le CAC 40 français, et le Johannesburg Stock Exchange, ou JSE, sud-africain, représentent plus de 63 000 Milliards de dollars US en matière de capitalisation. Leurs évolutions indiquent celles des valeurs des entreprises les plus cotées de la Planète. Les fluctuations de ces bourses, à l'instar des évolutions de prix des produits pétroliers, sensibles aux situations climatique (inondation ou sécheresse), sanitaire (pandémies), politique ou géostratégique (guerres ou instabilités institutionnelles), prévalant en différents lieux du Monde, nous intéressent, car elles déterminent la disponibilité des IDE susceptibles de cibler les pays du Sud, ou des financements de l'achat des leurs exportations. Enfin, les évolutions de ces marchés boursiers ont une influence directe sur les taux de change entre les devises fortes et les monnaies locales, faibles, des pays pauvres.

6.3.8.5. L'éternelle dépendance économique

La pauvreté persistante frappant les pays dits « du Sud » constitue un des défis contemporains majeurs auxquels fait face l'humanité toute entière. Ce défi a généré des réflexions approfondies au niveau d'instances internationales spécialisées dans l'économie du développement. Les problèmes des pays à faibles revenus sont d'une telle ampleur qu'il leur est impossible de trouver, en interne, les ressources techno-humano-financières nécessaires à la génération de l'impulsion initiale susceptible de les mettre sur une orbite économique décente. Il est, en effet, apparu, dès leur indépendance, que ces pays, emportés dans une logique de triangle dramatique de Karpman, où la pauvreté et les « appauvrisseurs », les pays pauvres, et, enfin, la communauté internationale jouent, respectivement, les rôles de persécuteur, de victimes, et de sauveteur, devaient être soutenus dans leur marche vers le développement. Un modèle, élaboré également par Rostow, a longtemps dominé les débats économiques. Il s'agit du modèle dit de l'« Investment Gap », ou différentiel d'investissement. Cette approche, fortement inspirée de la philosophie du Plan Marshall, et consistant à mettre, dans des conditions concessionnelles, des capitaux, à la disposition des pays en développement, qui, souvent, tablent beaucoup sur ces facilités dans leurs stratégies de développement, conformément au principe, vu plus haut, du « devoir de redevabilité des pays occidentaux à l'endroit des pays pauvres », a, longtemps, orienté l'approche des institutions de Bretton Woods, qui espéraient ainsi, réduire la différence entre nations riches et pays pauvres. Sauf que, 60 années après la mise en œuvre de cette approche, il nous faut en reconnaître l'inefficacité ! L'aide internationale au développement, qu'elle se réalise dans le cadre d'accords bilatéraux ou multilatéraux, est de plus en plus dénoncée par beaucoup d'experts en matière de développement. On l'accuse de tous les maux (prise en otage de l'économie de beaucoup de pays déjà en difficultés, création de dépendance…) et, en tout cas, d'insuccès. Comme l'affirme Easterly (2010), très critique, le caractère mitigé des résultats de cette approche de financements du développement est, désormais, reconnu. Ce dernier, ancien économiste en chef de la Banque Mondiale, s'insurge contre le principe même de l'aide, et va jusqu'à évoquer « ses méfaits » au sein des pays pauvres. Ceci est conforme aux dires, également » de Moyo (2009), qui distingue les aides d'urgence et de « charité », de l'aide au développement. Celle-ci déclare, en effet, que l'aide, telle qu'elle fut organisée et mise en œuvre par les institutions de Bretton Woods, eurent pour effet d'exacerber la corruption, et de mettre en place un contexte qu'elle qualifie « d'anti-croissance ». Enfin, Hancock (2009) va jusqu'à émettre des doutes sur la qualité de la gouvernance de ces fonds publics par des acteurs qu'il accuse de pratiquer l'« aid business » !

L'insuffisance, du fait notamment de la crise économico-financière des « subprimes », des fonds provenant des Aides Publiques au Développement (APD), auquel on doit, également, la non-atteinte généralisée des OMD des Nations-Unies, visant à éradiquer la pauvreté extrême sur la période 2000-2015[1], limite encore, l'efficacité de cette approche. Peu de nations développées ont, en effet, augmenté leurs APD consécutivement à cette décision collective, pourtant fort louable (Mc Arthur, 2013). Je prévois également que peu de nations sous-développées atteindront, en 2030, l'ensemble des 17 résultats globaux attendus des ODD, après leur lancement en septembre 2015. Le discours de la Baule de François Mitterrand, en juin 1990, autrement dit, en plein bouleversement en Europe centrale, qui conditionnait l'octroi de l'aide à l'observation des principes de démocratie, acheva d'embraser la situation, et fut associé, par quelques nations du continent africain, à une « velléité de retour au système colonial ». Ce discours invitait, pourtant, les dirigeants africains, auxquels il fut aussi imposé les contraintes néo-libérales du Consensus de Washington, à mieux comprendre la complémentarité entre l'aide extérieure et les effets induits par les réformes politiques, institutionnelles et infrastructurelles internes. La réplique idoine aurait été, pourtant, de négocier des appuis plus conséquents, plus adaptés, et sur une période bien définie, tout en implémentant des réformes qui de toutes les façons ne pouvaient que profiter aux économies, comme aux couches les plus fragiles des populations.

A Madagascar, il faut se le rappeler, l'UE, à travers notamment les dons que sont les FED, a permis l'obtention de résultats tangibles, ne serait-ce que dans l'adduction d'eau dans le sud du pays, mais, également, dans la réalisation de projets d'infrastructures, comme des routes et des ponts. L'approche APE, qui met un terme à l'accès sans quota et sans droit aux marchés européens des produits ACP, a dû être révisé de façon à se conformer aux règles de l'OMC, et, plus particulièrement, à la règle dite de « la nation la plus favorisée », ou NPF, qui prévoit qu'une faveur, en termes d'accès au marché, accordée à une nation doit être également accordée, d'office, à l'ensemble des pays membres. Cette règle exclut donc, peu à peu, les accords préférentiels dont ont toujours bénéficiés les pays les plus défavorisés. Madagascar a, bien entendu, bénéficié de ces dispositions de par le passé, notamment, à travers le Protocole spécifique sur le sucre, où un prix plancher fut garanti. Ces « petites » faveurs font, désormais, partie du passé, et les PMA devront désormais s'aligner sur

[1] Cet objectif global se subdivise en fait en huit objectifs principaux (les OMD), en l'occurrence 1°) élimination de la faim et de la pauvreté extrême 2°) réussite l'éducation primaire universelle, 3°) promotion de l'approche genre et de la femme 4°) réduction de la mortalité infantile, 5°) promouvoir la santé maternelle, 6°) combattre le VIH/SIDA, la malaria, et autres maladies, 7°) s'assurer de la durabilité environnementale, 8°) mettre en place un partenariat global entre pays et différents acteurs afin d'atteindre les objectifs de développement.

les mêmes règles que les pays émergents. Pour ma part, je propose que les aides européennes aux pays ACP, si, jamais, elles doivent cesser sous leurs formes actuelles, prévoient d'appuyer les pays les plus démunis en termes de R&D, et d'octroi de garanties solides vis-à-vis des investisseurs étrangers. Le problème lié à la qualité de la gouvernance des fonds n'est, à mon sens, qu'une explication secondaire de l'échec du modèle de l'aide au développement, bilatérale ou multilatérale. Cet échec, patent, renforce encore, qui plus est, la pertinence du paradigme orientant le présent travail : sans une forte volonté politique de la part des dirigeants de mettre en place, au niveau interne, l'environnement propice à une compétitivité forte de l'économie, tout effort en matière d'aide et de partenariat a peu de chances de déboucher sur des résultats probants. Dans le cas de Madagascar, l'élimination, en plus, de toute forme de division nationale constitue une des conditions *sine qua non* permettant de mieux utiliser l'aide internationale, aujourd'hui accusée de ne pas être équitablement répartie. J'émets l'avis qu'il est hasardeux de réduire les appuis au développement aux institutions de Brettons Woods, tout autant qu'il est trop aisé de leur mettre sur le dos les échecs historiques du retard de certaines nations dans la course à au développement. Il appartient à chaque pays, disais-je plus haut, de se prendre sérieusement en main et d'œuvrer de façon à ce que l'aide au développement, aussi infime soit-elle, comparée aux besoins, constitue, toujours, un utile appoint pour l'économie nationale, sans en être, pour autant, la clé de voûte. Il n'est, en effet, pas acceptable que l'Etat malgache compte, à concurrence de 50% de son budget de fonctionnement, et de 80% de son budget d'investissements publics, sur l'aide internationale, pour exister, et qu'aucun plan de cessation de cette dépendance ne soit programmée et mise en œuvre ! Cette situation de dépendance à long terme a le net désavantage d'accentuer l'effet de lassitude des donateurs, d'autre part. Enfin, il y a lieu de reconnaître l'importance stratégique de l'intervention des PTF dans la croissance des pays du Sud, et il nous semble difficile, en tant que société à faibles revenus, de se passer, du moins dans cette période d'après-crise, des opportunités stratégiques qu'offrent ces derniers. Un accent plus marqué sur les infrastructures physiques, bien que souhaitable, est toujours, en général, marqué par une insuffisance des fonds par rapport à la demande, empêchant ainsi, l'atteinte d'une masse critique réelle, permettant aux nations bénéficiaires de décoller et de pouvoir se passer de l'aide.

La mise en œuvre d'une politique de développement du capital humain, ainsi que le recentrage de l'activité des PTF, notamment multilatéraux, vers, d'abord, le transfert de technologies, puis, plus tard, la R&D, ainsi que la localisation de partenaires financiers privés ou publics, et, enfin, la facilitation de l'établissement de liens de partenariat les plus appropriés pour chaque nation en développement me semble plus indiqué. En effet, les besoins en matière de financement pour atteindre le niveau infrastructurel et technologique qu'exige l'installation de l'économie du pays sur un sentier de forte croissance à long terme, sont tellement importants qu'il me semble inconcevable qu'ils puissent être, de façon responsable, confiés, en totalité, à la communauté internationale. Je prône de focaliser plus l'appui des PTF dans le cadre clair de la stimulation des différents facteurs de la croissance (et de compétitivité), sans pour autant omettre les secteurs sociaux et environnementaux dans lesquels ceux-ci ont, de façon tangible, déjà fait leurs preuves. Quoiqu'on puisse avancer comme argument, il n'y a pas lieu de critiquer l'aide au développement, d'où qu'elle vienne, et surtout lorsqu'elle bénéficie aux Etats les plus démunis de la Planète. On ne peut en effet à la fois dénoncer les écarts de plus en plus prononcés entre les nations, en matière de développement, et prôner l'arrêt immédiat de toute forme de solidarité internationale visant à y porter remède. Ce qui importe, c'est, par contre, d'éviter absolument de faire croire à ces nations bénéficiaires que cette aide, qui ne constitue qu'un complément apporté aux efforts individuels des Etats, est suffisante pour leur apporter l'industrialisation et l'amélioration du niveau de vie de leurs populations, bref, la Grande Convergence ! Les déclarations du FMI dans son Country Report de l'année 2022 relatif à Madagascar a l'avantage d'être clair à ce propos : cette institution invite, désormais, le pays à « trouver le moyen de lever des recettes intérieures » !

Il m'est impossible de clore cette partie consacrée à l'aide, sans évoquer une expérience d'aide qui marcha à la perfection. Il s'agit du projet initié par Norman Borlaug, et financé, en 1959, par le Rockefeller Foundation, pour vulgariser, au Mexique, puis en Inde, l'utilisation de semences de blé aux rendements plus élevés. Cette expérience qui fut, en fait, un massif transfert de technologies en faveur de pays pauvres, engendrant par la suite ce qui est, aujourd'hui encore, connue sous l'appellation de « Révolution Verte », permit de sauver de la famine, en 1970, plus d'un milliard d'individus en Inde et au Pakistan, et valut à son architecte, le prix Nobel de la Paix.

6.3.9. Un nouveau cycle de Kondratiev ?

Le cycle de Kondratiev est un cycle économique long, allant de 30 à 60 ans. Il est admis que ce cycle est, essentiellement, lié à l'endettement d'un pays. Un cycle de Kondratiev est susceptible de contenir plusieurs cycles de Juglar, d'une durée de 10 ans. Celui-ci est, cette fois-ci, lié aux fluctuations de la production. Enfin, un cycle de Juglar contient trois cycles de Kitchin, d'une durée d'environ 3,5 ans. Ce cycle est, en général, généré par les fluctuations financières internationales et, notamment, américaines. La durée d'un cycle peut être élastique et même imprévisible. L'existence de cette cyclicité, couramment établie dans les pays développés, est moins admise dans le cas des pays pauvres.

La phase d'expansion correspond à l'accroissement des facteurs favorables à la croissance, allant de la capacité d'innovation technologique à une forte densité de compétences techniques locales et la disponibilité d'une épargne confortable, en passant par une faible croissance démographique. Les effets de ces facteurs sur la société sont presque enchanteurs : propension des opérateurs nationaux et étrangers, à investir dans le pays et à créer des emplois, prévalence d'une paix et d'une stabilité politique durable, diminution des migrations clandestines, tassement de l'insécurité, et chute visible du nombre d'enfants décédant avant leur premier anniversaire. La phase de stagnation pointe son nez à l'horizon lorsque les facteurs favorables s'essoufflent, et sont équilibrés par d'autres facteurs, plus hostiles, qui vont générer progressivement le reflux, correspondant à la phase récessive.

Dans les pays pauvres, déstructurés et dénués de croissance, et, donc, de technologies et de capital humain, ce sont, donc, plutôt les facteurs entropigènes qui rythment la cadence des cycles. Dans ces pays confrontés à « la malédiction de De Rivero », le cycle entropique, fait d'expansion, de stagnation et de dépression des facteurs entropigènes se substitue au cycle économique inexistant. L'inégalité constituant un des plus puissants facteurs entropigènes, advient, alors, un état d'entropie maximale, correspondant au chaos social, que Scheidel associe à la libération des chevaliers de l'apocalypse, à l'élimination des inégalités, et à la remise à zéro des compteurs, le tout dans une logique schumpeterienne de construction destructive. Les institutions s'écroulent, les princes perdent, souvent dans le feu et dans le sang, leurs acquis d'une choquante insolence, une nouvelle république se met en route, et de nouveaux seigneurs, que leur train de vie indécent, subtilisé à la plèbe sans défense, et arraché aux biens communs, mèneront, aussi, un jour, au bûcher, mettent, tout fiers, les pieds à l'étrier. De façon générale, les longueurs de cycles peuvent varier d'un pays, ou d'une région à l'autre : ainsi, 74 années séparent la fin du règne du Tsar Nicolas II et la fin de l'URSS, tandis que 25 séparent les deux guerres mondiales. Les chaos sont d'autant plus intenses et durables, qu'elles correspondent simultanément aux fins de plusieurs cycles. Ainsi, les événements de 1972, à Madagascar furent le fruit des effets conjugués des événements de 1968 en France, et de la montée de la contestation contre le régime de Tsiranana, au vu de la progressive descente aux enfers d'un PSD miné par les luttes intestines et par la santé défaillante du Chef de l'Etat d'alors. De même, la simultanéité de la crise économico-financière mondiale de 2008 et la montée des ennuis du régime Ravalomanana, mis à mal par un début de schisme du TIM, eut raison de ce régime, et facilitèrent l'ascension du TGV, en 2009.

Si l'on considère qu'un cycle de Kondratiev débuta, à Madagascar, en 1832, sous Ranavalona I, qui avait achevé d'asseoir son emprise sur la plupart des régions malgaches, celui-ci prit fin, 64 années plus tard, avec la descente de charge de la monarchie merina en 1896. Un autre cycle commença en1896, année de l'annexion, par la France, de Madagascar, et prit fin en 1960, soit, également, 64 années après, dans un bouleversement général correspondant aux indépendances africaines.

Le prochain rendez-vous, après une autre période de 64 ans, cumulant à la fois les effets extrémants, en matière d'entropie, de la pandémie, du conflit russo-ukrainien, ainsi que ceux de l'intensification de l'inégalité socioéconomique, facteur sensible et crisogène par excellence, a été amorcé, insidieusement, en 2024, et sera, à mon sens, d'une rare intensité, particulièrement s'il s'avère que les puissants chocs apportés actuellement par l'administration Trump à l'économie mondiale incluent la cessation définitive de l'AGOA.

Tout ce que ce pays compte de matière grise et de sagesse se doit, en conséquence, de se lever comme un seul homme, et d'œuvrer de façon responsable, dans l'immédiat et avant qu'il ne soit trop tard, afin d'en lénifier les effets, et d'éviter que ce pays ne sombre dans un innommable déchirement, aux issues totalement imprévisibles, mais, au contraire, connaisse une nouvelle ère, faite de prospérité et de progrès.

Chapitre 7

Le Monde 4.0, un contexte technologique mondial en turbo-mutation

Le développement de la technologie humaine suit, depuis la nuit des temps, une courbe exponentielle, dont la courbure s'accentue chaque année. Depuis l'apparition, il y a environ 2.500.000 années, de l'*homo erectus*, l'humanité vécut dans un profond sommeil technologique, qui ne prit fin, du moins dans certaines contrées, qu'il y a trois siècles, juste après le siècle des Lumières, et à l'aube de la révolution industrielle. Les avancées scientifiques et technologiques actuelles sont, tout simplement, phénoménales et mettent plus en exergue, encore, le retard global accumulé par les PMA. Depuis ce « Big Bang technologique », la connaissance s'emballa, engendrant le phénomène que Toffler qualifie de « future shock » (choc du futur). Ces bonds, sans précédent, du front technologique mondial, qui caractérisent la « nouvelle économie » que Schwab (2017) appelle la « 4ème révolution industrielle », succédant à celles du moteur à vapeur, de l'électricité et des TIC, sont notables dans les domaines allant de l'intelligence artificielle, du « Deep learning » et du « Big data » à celle de la médecine, des biotechnologies et des ordinateurs quantiques, en passant par la balistique et l'exploration spatiale, que révolutionne aujourd'hui l'implication progressive du secteur privé, représentés par le créateur de Space X, Elon Musk, tout comme par les hommes d'affaires Jeff Bezos et Richard Branson, et par l'avènement des véhicules autonomes, des véhicules électriques, de la fusion progressive entre la biologie et la machine, des drones, de la nanotechnologie, de l'impression 3D, de la révolution des supraconducteurs, et de l'énergétique. La loi de Moore-Kurzweil-Hanson constitue une forte illustration de ce phénomène d'accélération, qui est allé jusqu'à faire émerger des concepts philosophiques comme le transhumanisme, prônant la mise de l'accent sur l'effort de guérison de, pratiquement, toutes les maladies et sur l'immortalité, objectif que le dessinateur Enki Bilal qualifie d'« arrogant » ! Ce sujet, qu'aborde Harari dans son ouvrage « Homo Deus », peut se résumer à une volonté de l'humain de se rapprocher du niveau divin par l'intermédiaire de l'accélération du progrès de la connaissance scientifique. Ces différents contextes qui nous semblent, aujourd'hui, hors de portée, vont, en effet, affecter, à court terme, les modes de production et de consommation au sein des pays développés, certes, mais, aussi, au sein de ceux qui, comme Madagascar, connaissent encore un considérable retard de développement.

Le présent chapitre a pour objectif de prélever et d'étudier, plus en profondeur, parmi ce foisonnement de savoirs-faires généré par une tendance mondiale à l'hyper-technologisation, quelques domaines de pointe, susceptibles d'impacter, le plus, sur le cours de leur développement. Ces technologies furent sélectionnées selon leur capacité potentielle à stimuler la productivité dans les domaines minier, agricole, éducatif dans le pays, tout en résolvant, rapidement, les problèmes sociaux les plus aigus, comme le manque d'accès à l'eau potable et l'insécurité alimentaire auxquels le pays se trouve confronté.

7.1. Le domaine des Réseaux de Neurones Artificiels (RNA)

7.1.1. Généralités et caractéristiques fondamentales des RNA

Le RNA, qui est le programme informatique situé au cœur de l'intelligence artificielle, fait partie des technologies 4.0. Les applications sont nombreuses, et partagent toutes un point commun essentiel : les processus pour lesquels on désire émettre des prédictions comportent de nombreuses variables explicatives entre lesquelles il peut exister des dépendances non-linéaires de haut niveau, qui, si elles sont découvertes, peuvent servir à l'amélioration de sa prédictibilité. La machine acquiert une capacité prédictive d'autant plus précise qu'elle a été approvisionnée en données complexes et en grande quantité, ce qui rend l'IA indissociable des Big Data, qui sont de grosses quantités d'informations auxquels nous sommes exposés et que les outils informatiques classiques n'arrivent plus à stocker, classifier et analyser. Ce caractère incontournable des Big Data dans l'AI fait que nous vivions, désormais, à l'ère de la révolution de l'information. De façon plus précise, la quantité d'informations numériques traitées, par an, dans le Monde, passée depuis le milieu des années 2010, à 10^{21} d'octets, nous a projeté dans l' "Ère du Zettabyte" (Wikipédia, Zettabyte Era, 2024). Bien que les capacités d'un neurone binaire soient déjà appréciables, on peut encore décupler cette puissance de « discernement », en opérant un montage de neurones en réseaux, mettant en œuvre le principe d'induction, ce qui rend fondamental le nombre et la complexité des cas d'apprentissages rencontrés. Il y a donc lieu de réaliser que l'avènement de l'IA constitue pour la société humaine, un double choc de complexité : celui de l'information, et celui des processus neuronaux.

7.1.2. IA et stratégie de croissance

Ce qui précède nous permet d'apprécier l'ampleur de la puissance de l'IA, capable d'ingérer et de maîtriser une quantité massive de données, afin d'en tirer des conclusions, qui d'une part, peuvent dépasser, et de loin, les facultés cognitives humaines, et d'autre part, qui sont aussi productrices de nouvelles données.

Les champs d'applications potentielles de tels outils sont, de ce fait, innombrables et comprennent l'économie (prévision des crises, y compris au niveau mondial), la politique (prévision des crises socio-politiques), le marketing (prévision de l'accueil qui sera réservé par les consommateurs à un produit donné). Une de leurs applications qui sont les plus utiles aux hauts décideurs, et notamment aux économistes, est leur capacité de prédiction (forecasting) et d'aide à la modélisation économique et aux prises de décisions. Les dirigeants de ce pays doivent, donc, s'orienter dans le développement de la recherche dans le domaine des RNA, au vu des importants besoins que ce pays a en matière d'amélioration de son capital humain. Dans ce domaine, en effet, les dirigeants malgaches n'ont pas, réellement, de marge de manœuvre, et doivent prendre toutes les décisions relatives à l'optimisation de la capacité de chaque citoyen par le biais d'un recours massif à l'IA, qui, il est vrai, engloutira d'importants investissements, de l'Etat et du secteur privé, qui s'avèreront payants dans quelques années. En ce qui concerne le présent ouvrage, j'avais déjà évoqué précédemment, le recours aux Chat Bots, dont ChatGPT est une forme, pour assurer la formation des élèves de Madagascar, mais aussi des enseignants, et donc la construction du capital humain. On retrouve, aujourd'hui, les RNA solidement implantés dans diverses industries, au vu de son exceptionnelle capacité à décupler la productivité. Comme nous le verrons par la suite, l'IA sera au cœur même de l'écosystème technologique dont je préconise la construction, dans le pays, et se déclinant en filières allant des activités minières à l'agriculture, en passant par la génomique, l'industrie, et la construction navale, filières auxquelles il est accordé la capacité à s'interpénétrer et à s'appuyer mutuellement.

Encore faut-il percevoir l'urgence de ces décisions, le propre du front technologique étant d'être inaccessible aux derniers arrivés !

7.2. Le domaine des mines

Le secteur minier constitue, comme nous le verrons plus loin, un des piliers de la transformation économique de Madagascar, et constitue, par conséquent, un secteur à très haute priorité. Il est, donc, naturel, que l'on s'intéressât, en priorité, aux facteurs technologiques et, plus généralement, intellectuels, susceptibles d'y optimiser la productivité, la sécurité, et le respect de l'intégrité environnementale, dans le cadre de la mise en œuvre d'un « Système Minier Autonome ». Les plus grandes de ces avancées sont représentées par des excavateurs et de camions autonomes, à haute capacité, permettant d'extraire et de transporter de grandes quantités de roches, en un minimum de temps. La plus performante parmi celles-ci est un puissant engin de forage de surface, à haute productivité, et permettant une extraction annuelle allant jusqu'à un million de tonnes de roches, dont seront extraites de l'or, des terres rares, ou des pierres précieuses.

Une autre technologie essentielle est la technologie de séparation des substances, telle la lixiviation, qui soit respectueuse de l'environnement, un des points les plus décriés, en matière d'exploitation minière.

7.3. Le domaine de l'agriculture

La biologie a effectué un bond remarquable en l'an 2000, lorsque fut annoncé le premier séquençage total de génomes, notamment humains. Cela revient à répertorier l'ensemble des composants d'un génome, qui est la totalité des caractéristiques définissant une espèce. Cette innovation, révolutionnaire, va pouvoir apporter, via, notamment, la technologie CRISPR, dont le coût actuel d'utilisation est de l'ordre de 300 USD, de grandes avancées en agronomie, et plus spécifiquement, en riziculture. Créer des espèces rizicoles à haute rentabilité, et à forte résilience face aux assauts des bactéries et des insectes, constitue, pour Madagascar, une priorité. Des chercheurs en agronomie tropicale dans ce pays ont d'ailleurs commencé à aller dans ce sens. La maîtrise du séquençage génomique permet d'améliorer la qualité de certains fruits, comme le litchi, dont on attend la mise au point de la variété « seedless » (sans pépin).

De même, le marché mondial attend, également, la production des premières gousses de vanille de plus de 30 cm de longueur, et d'une teneur en vanilline de plus de 5% ! Enfin, je préconise qu'on fasse usage de cette technologie dans la stimulation de la plantation, d'espèces florales non-comestibles, comme les essences forestières à croissance rapide, jouant un rôle fondamental dans l'effort, à venir, de reforestation. Enfin, la création de nouvelles espèces de fleurs est une activité me semblant être une possibilité d'application de cette technologie certes poussée, mais, désormais à portée de main des chercheurs africains.

La technologie que nous examinerons de près, ensuite, est relative à l'agrobiologie, portant sur la production de semences améliorées, que ce soit de riz, de blé, de maïs ou de soja. La demande mondiale pour ces produits est en train d'exploser, et celle relative aux denrées alimentaires augmentera de 70% d'ici à 2050, alors que le pays possède la surface adéquate pour en être un des principaux fournisseurs, pour peu qu'elle consente à gérer de façon optimale cet inestimable patrimoine.

La technologie de pointe qui nous intéressera, ensuite, est celle du drone agricole. Celui-ci, en effet, peut être muni d'une caméra multispectrale couplée à un système informatique adéquat, permettant, grâce à la robotique embarquée, de procéder tant à des analyses pédologiques préliminaires, qu'à l'épandage, par la suite, en un temps record[1], même sur de grandes surfaces, d'une dose optimale de produits fertilisants ou phytoprotecteurs.

Nous pouvons, également, étudier, de près, la technologie de l'hydroponie, issue de la recherche spatiale, et qui consiste à effectuer une culture d'espèces végétales, sans qu'il y ait besoin de disposer ni d'importantes surfaces foncières, ni d'une grande quantité d'eau. Cette technologie est, de ce fait, adaptée au développement d'exploitations agricoles dans les zones les plus arides.

La technologie susceptible de nous intéresser, par la suite, serait celle permettant la localisation d'eau par satellite. Les étendues d'eaux souterraines qui seront découvertes par ce moyen permettraient, non seulement, de satisfaire les besoins de la population en matière d'eau de consommation, mais, également, de subvenir aux besoins de l'agriculture et de l'élevage.

7.4. Révolution industrielle et transition énergétique

7.4.1. Énergies renouvelables, les sources classiques

Le domaine des énergies renouvelables ne cesse de marquer des avancées technologiques significatives. Le rendement des équipements producteurs d'énergies renouvelables ne cesse de faire des bonds en avant, chaque année, et les ingénieurs malgaches et, partant, ceux du Continent Noir, devraient intensifier leur effort de recherche sur le thème. Le pays étant doté d'un potentiel hydro-électrique de plus de 7,3 GW, l'intégration des technologies les plus pointues en la matière est plus qu'une obligation. En matière d'énergie solaire, le projet, déjà évoqué, de centrale solaire d'Ouarzazate (Maroc) devrait servir d'exemple pour équiper le Sud de Madagascar, où le taux d'insolation est important. Enfin, en matière d'énergie éolienne, je signale l'existence, de nos jours, d'équipements capables de produire une puissance de 15 MW, l'unité. Le pays gagnerait à installer de tels équipements tout le long de la côte orientale, mais également dans les régions de la Diana et de l'Atsimo Andrefana soumis, durant six mois l'an, à l'action de puissants vents.

7.4.2. Hélium 3

Les experts conjecturent que l'hélium jouera un rôle primordial dans les années à venir dans l'approvisionnement énergétique. Moins de 4 tonnes de cette matière, dont l'exploitation a l'avantage particulier, d'être dénuée d'émissions et de déchets radioactifs, suffiraient à répondre aux besoins énergétiques de Madagascar pour toute une année.

---

[1] Un des appareils les plus performants, aujourd'hui, est capable de couvrir une surface de plus de 200 ha/ heure.

7.4.3. L'énergie d'Extraction du Potentiel du Point Zéro

Le concept de l'énergie produite par l'extraction du potentiel du point zéro, ou EPPZ, issu de la physique quantique, fut développé par Max Planck, en Allemagne, en 1911. Le terme *énergie du point zéro* est une traduction du mot allemand « Nullpunktsenergie » (Wikipédia, 2024). Le sujet fut l'objet, plus tard, des recherches du physicien néerlandais Hendrik Casimir, qui put établir, en 1948, l'existence, dans le vide, d'une force attractive entre deux plaques parallèles conductrices et non-chargées, nous rapprochant encore plus du mythique mouvement perpétuel et du cycle cosmologique. Cette forme d'énergie qui consiste à exploiter les propriétés de l'« effet Casimir », et à extraire une forme d'énergie diffuse, présente, à profusion, dans l'éther fait l'objet, actuellement, d'intenses recherches, souvent ultra-secrètes, et il est même rapporté que certaines grandes puissances, aient pu, déjà, mettre au point les premiers prototypes opérationnels. Les enjeux de cette énergie portent, non seulement sur sa forme renouvelable et infinie, mais également sur le fait que la nation qui la maîtrisera la première sera en mesure d'asseoir sa suprématie économique et politique dans le Monde, et d'organiser les premières explorations spatiales et les opérations de colonisation exo-planétaire.

Les pays pauvres, bien que situés à des années-lumière du recours à cette forme d'énergie, ont intérêt à s'y intéresser, de façon groupée, dès ce jour, s'ils veulent faire partie, demain, des pays évoluant au voisinage du front technologique mondial.

7.4.4. La révolution des batteries électriques

Disposant d'une réserve importante de terres et de métaux rares, Madagascar, dans une logique de transformation des matières premières avant leurs exportations, se doit d'amorcer et d'intensifier ses activités de R&D en matière de batteries électriques. Ceci se réalisera, dans un premier temps, à l'aide de l'implémentation d'une stratégie de transfert de technologies, à laquelle succèderont les efforts nationaux de recherche. Le défi principal, en matière de batteries électriques, est de trouver l'alliage optimal, incluant des métaux ou terres rares, permettant un stockage optimal d'électricité, à l'instar des alliages NMC (Nickel–Manganèse-Cobalt) ou NCA (Nickel–Cobalt–Aluminium), mis au point par la société Tesla. Madagascar se doit de bâtir sa stratégie de développement de cette filière sur la volonté du président français de mettre des efforts sur la fabrication de batteries électriques, ce qu'il a exprimé, une fois de plus, lors de son discours le 24 avril 2025 à Antananarivo.

7.5. Les plus récentes technologies dans le domaine de l'aquaculture

Le stock de la population en milieu halieutique allant en s'amenuisant, quand le nombre d'êtres humains, est, lui, en forte augmentation, il est sensé de prédire que l'aquaculture s'apprête à connaître un développement sans précédent. Madagascar, possédant plus de 5000 km de côtes est une des nations appelées à être l'épicentre de cette révolution aquacole. Si le pays connaît déjà un boom en matière de crevetticulture, il est aussi en train de connaître le développement de l'aquaculture d'esturgeon, et a commencé à produire le premier caviar malgache en 2017. Il s'apprête, également, à être une terre d'accueil pour l'aquaculture de crabes et d'holothuries.

7.6. La révolution de la blockchain

On ne peut évoquer les technologies émergentes les plus influentes sur le processus de croissance actuel et à venir des pays en développement, sans évoquer la blockchain, qui est la pierre angulaire de la Web.3, et une base et un support de transfert de données. L'intérêt de cette technologie réside dans l'accroissement significatif du niveau de sécurité des processus de transaction. Ce niveau, à ce jour jamais égalé, de fiabilité a permis à l'émergence de l'utilisation d'une multitude de nouvelles technologies, dont la cryptomonnaie, en passe d'être incontournable dans la « crypto-économie mondiale », à la fois attrayante et effrayante.

A Madagascar et dans les PMA, les Etats et les opérateurs financiers devront intégrer cette dimension numérique dans leurs stratégies, afin de ne pas subir le futur des transactions économiques dans l'impréparation.

Un créneau économique connexe à prospecter serait le *data mining* recourant aux sources d'énergies à faibles empreinte carbone.

7.7. Technologies en matière de construction navale

Madagascar est une île, et la mer constituera, dans le futur, un des piliers de son économie. Il gagnerait, donc, à maîtriser toutes technologies relatives aux matériaux de construction, à la propulsion et à l'architecture des navires, ce qui lui permettra de mettre en place, sa flotte de cabotage, nationale ou régionale, et de long courrier, mais aussi sa flotte de pêche et de surveillance de ses côtes et de ses 1.140.000 km² de ZEE. Enfin, le développement de l'industrie de construction navale lui permettra de jouer un rôle important dans la filière de la construction de navires de plaisance.

Chapitre 8

La non-nuisance à l'humanité, ou la force des pays faibles

Une minorité de nations sur la planète polluent et contribuent à augmenter la température de l'atmosphère terrestre, et, donc, à accélérer le processus de changement climatique. La majorité des nations subissant, passivement, les actions de ces nations pollueuses, en général tombant dans la catégorie de nations en développement, ne sont pratiquement en rien compensées de cet état des choses, malgré la mise en place dans le cadre du protocole de Kyoto, en 2005, de textes internationaux portés par le principe dit du « pollueur-payeur ». Ces textes, 19 années après leur adoption, n'ont que très peu fait l'objet d'une application rigoureuse. De façon plus générale, les nations à faibles revenus ne contribuent que de façon marginale à éloigner la Planète de la ligne dictée par les principes du développement durable. Elles ne fabriquent pas d'armes de guerre ou de drogues synthétiques, n'ont jamais agressé ou colonisé un quelconque pays tiers, ne pillent pas les richesses halieutiques d'autrui, et n'ont pas provoqué de marées noires ou de catastrophes nucléaires ! Comme on a pu le constater au début de cet ouvrage, la plupart des nations en développement, y compris Madagascar, se voient attribuer un rang médiocre lorsqu'on considère la plupart des indices élogieux utilisés universellement. C'est à croire que ces pays n'auraient aucun mérite particulier, et qu'il n'existerait aucun sujet pour lesquels les hommes et les femmes, pauvres et vulnérables, qui les habitent, seraient d'une quelconque utilité ou mériteraient la moindre considération. Si les pays en développement sont, au quotidien, banalement accusés d'être des pays du non-droit humain, de l'inégalité socio-économique, de la non-démocratie, du bourrage des urnes et de toutes autres formes d'abus innommables devant l'Eternel, il n'en demeure pas moins qu'il est, au moins, un reproche qui ne pourra, objectivement, leur être fait. Le recours au présent indice composite, dit de « non-nuisance à l'humanité », qui se réfère à toute forme d'agression avérée ou fortement potentielle, d'une nation vers le reste du monde, et entraînant une détérioration de la qualité de vie, ou dans des nations spécifiques, ou au niveau de la planète tout entière, leur rend, profondément, hommage. Ces nuisances listées ci-dessous, sans prétention à l'exhaustivité, peuvent être classées en plusieurs catégories. Bien que l'indice se réfère à la non-nuisance, on aura, également, à évoquer le concept de nuisance à l'humanité.

8.1 Nuisance environnementale

Cette forme de nuisance, particulièrement décriée, de nos jours, étant, surtout, directement reliée au phénomène de changement climatique, intègre, notamment, la quantité de CO_2, ou autres gaz nocifs, ou à effet de serre, rejetés dans l'atmosphère. Elle prend, également, en considération, la quantité de substances solides ou liquides, pouvant, même, être toxiques ou radioactives, rejetés dans la nature, les rejets pouvant s'opérer sur le sol comme sur les plans d'eau. On peut, enfin, y ajouter l'émission d'ondes électromagnétiques. En matière de rejet de CO_2, il est aisé de constater, au vu des données produites par la Banque Mondiale, que les pays d'Afrique émettent, pour la plupart, annuellement, moins de 500 kg par habitant, en moyenne, tandis que la Chine, sur la même durée, en émet plus de 7 tonnes, et les USA, 10 ! La France, elle, en émet, actuellement, 4 par habitant.

8.1.1. Les facteurs naturels et climatiques

On ne peut analyser les facteurs exogènes susceptibles d'influencer la croissance économique à Madagascar et en Afrique, sans évoquer le paramètre environnemental global. Malgré les avertissements des auteurs du rapport Meadows (1972), l'humanité a persévéré dans l'émission d'extrants néfastes à l'environnement. Ces auteurs nous préviennent, en effet, que l'accélération de l'intensification de la croissance génère des coûts sociaux et environnementaux très importants, au vu de l'augmentation de la consommation énergétique, et, donc, de la pollution et les risques d'une forte explosion démographique, si les mesures de mitigations idoines ne sont pas planifiées convenablement (Meadows *et al*, 1972). La persistance humaine dans l'émission des GES, a amené la planète à avoir, aujourd'hui, dans son atmosphère, environ 2000 GT de CO_2, et, chaque année, 36 GT de CO_2 supplémentaires sont rejetées dans l'atmosphère par l'ensemble des pays de la Planète. Les 1,1 Milliard de personnes vivant dans les 46 PMA y contribuèrent à hauteur de 1,1% !

N'en déplaise aux climato-sceptiques, il y a lieu de constater que les premiers signes nous alertant sur l'atteinte de la limite de la capacité de charge planétaire, et le rapprochement du point dit « de basculement », commencent à être visibles. Nous assistons, depuis quelques années, au phénomène de la fonte de la calotte glaciaire, dont le taux de fonte a augmenté de 65% en 30 ans, dénotant, ainsi, l'existence d'une augmentation progressive du taux d'humidité et de la température de l'atmosphère terrestre et celle des océans, qui, depuis 1960, a augmenté de +0,60°C. Ces deux augmentations ont induit, notamment, une élévation de la puissance et de la durée des phénomènes climatiques extrêmes que sont les cyclones et autres ouragans. Le record de durée fut atteint, en 2023, par le cyclone « Freddy », qui fit l'aller et retour entre Madagascar et le Mozambique pendant plus de trente jours. Il a également été remarqué que ces phénomènes s'accompagnent de pluies de plus en plus intenses, sources d'inondations et de la montée du niveau de l'océan, exposant constructions et populations côtières. Enfin, ces phénomènes, supposés être exclusivement tropicaux, se manifestent, désormais, de plus en plus loin de l'équateur. Ainsi, en 2017, le cyclone Irma, de catégorie 5, la plus élevée, sur l'échelle de Saffir-Simpson, qui généra des vents dotés d'une pointe de vitesse de 360 km/h, remonta jusqu'au Golfe du Mexique. Enfin, l'avènement de la tempête Alex s'étant, en Octobre 2020, abattu sur la vallée de la Vésubie, en France, constitue une preuve supplémentaire des effets tangibles du réchauffement climatique. Elle fut, sans aucun doute, générée par l'augmentation de +0,05°C de la température en 2020, reconnue comme étant l'année la plus chaude que la planète ait connue. Enfin, la multiplication des méga-feux qui ont ravagé le Brésil comme l'Australie démontrent, s'il s'en faut, l'implacable avènement du changement climatique, et, plus précisément, du réchauffement planétaire. Pourtant, ce ne fut pas faute d'avoir ratifié des conventions internationales… Dans le cas de Madagascar, les cataclysmes naturels comme les cyclones, les inondations et les sécheresses frappent la Grande Ile de façon récurrente, et leur intensité va crescendo au fil des ans. Chacun de ces phénomènes climatiques provoque, systématiquement, d'importants dégâts humains, ainsi que des centaines de millions de dollars US de dégâts matériels, et plus spécifiquement infrastructurels, et dont le pays met, souvent, plusieurs années à se remettre. Les cyclones ayant existé en ces lieux depuis l'arrivée, il y a deux millénaires, des premiers habitants de la Grande Île, l'on est en droit, la bouche amère, de comprendre que, le séculaire fatalisme aidant, les météores qui frapperont le pays, ainsi que le lot de dégâts, de détresses et de misères qu'ils traîneront dans leur sillage dans les décennies à venir, seront toujours accueillis avec autant de circonspection et d'acceptation, sans, ni intelligente proactivité, ni clairvoyante anticipation à long terme! Il appartient à chacun d'œuvrer, afin de faire mentir cette lugubre prédiction ! Brown (2003), qui avertit sur les risques environnementaux majeurs à venir au niveau mondial, dus notamment à l'explosion de la consommation au niveau des pays émergents, dont principalement la Chine, préconise, pour la croissance, une approche combinant l'économie et l'écologie, qu'il appelle « éco-économie ».

De même, Wackermann *et al* (2005) attirent notre attention sur le fait que « l'évolution du concept de la logistique a conduit à la considération de la logistique à vocation durable parallèlement à l'émergence du développement durable. En fait, à la faveur de l'internationalisation, puis de la mondialisation, les transports étaient considérés comme un secteur en état de croissance illimitée. Mais, un tel modèle de croissance continue des transports était, cependant, incompatible avec la mise en œuvre d'une politique internationale des transports, sûre, efficace, compétitive, respectueuse de l'environnement. En fait, le transport routier, qui contribue, à hauteur de 8%, à la pollution atmosphérique, participe aux perturbations climatiques et aux nuisances sonores, provoque des congestions urbaines, et est source d'insécurité. Il convient, donc, qu'une logistique à vocation durable vise à mettre en place des objectifs destinés à réduire la quantité de transport consommée par les entreprises et à limiter, au maximum, les flux inutiles, surtout ceux à grande distance, dont la transformation intermédiaire n'a qu'une valeur ajoutée faible. Ces remarques, compte-tenu également des paramètres relatifs notamment aux risques dus au changement climatique, supposent un respect strict des dispositions de protections environnementale et sociale du décret MECIE, dans le cadre de la mise en œuvre de la stratégie de forte croissance préconisée. On peut, également, évoquer les événements à caractère sanitaire, comme la Covid-19, qui a frappé et affectera de façon durable l'économie mondiale, et aussi, malgache. Si la pandémie a fait un nombre relativement faible de victimes, comparée aux autres nations, celle-ci a fortement ébranlé le secteur productif, et réduit l'efficience du capital humain. Les phénomènes naturels sont, donc, susceptibles de perturber à la fois l'environnement économique, mais aussi directement les facteurs de production. Il est en effet estimé par les experts qu'un réchauffement au Sud affectera la production céréalière et notamment du riz, du blé et du maïs. Se prémunir des impacts humain et matériel de ces chocs, ou, du moins, la mise en place de dispositifs aptes à en réduire rapidement les impacts, devrait donc faire partie des priorités des responsables étatiques. Ceci comprend, en attendant de pouvoir inverser la tendance haussière actuelle de la température atmosphérique, coûtant, à l'unité, 12% du PIB mondial (Bilal & Känzig, 2024), la mise en place de normes anticycloniques dans la construction des bâtiments, ou dans l'aménagement des zones agricoles, chose inenvisageable tant que ce pays perpétuera le fatalisme.

8.1.2. Les grandes décisions mondiales

Frédéric Hourdin, chercheur au CNRS, affirme que, « pour pouvoir renverser, d'ici 2050, la tendance actuelle au réchauffement de l'atmosphère terrestre, l'humanité devra diminuer ses émissions de GES de moitié, tous les 10 ans ». De même, il est reconnu qu'il faut réduire de 6 MM de Tonnes la quantité de CO_2 émise annuellement. Au niveau des pays développés, de grandes décisions ont été prises pour contribuer à freiner le phénomène de changement climatique, prenant, enfin, en compte, avec 50 années de décalage, les avertissements du rapport Meadows ! Ainsi, en 2019, les européens ont mis en place le « green deal », auquel s'ajoute le concept d'ajustement carbone aux frontières, basé sur la forte taxation des facteurs d'émissions.

8.1.3. Afrique : développement interdit ?

Il est temps de se poser, désormais, la question portant sur le développement, face au défi climatique, du Continent Noir, abritant le plus de PMA. Celui-ci ne le sait pas encore, mais la Planète toute entière s'apprête à lui barrer la route du développement, puisqu'il constitue une véritable « bombe à retardement » climatique, tout autant que démographique. Habité par un milliard et trois cents millions d'habitants, aujourd'hui, le continent, qui le sera par 2 milliards et demi d'âmes en 2050, ce qui équivaut à, pratiquement, la population de l'Inde, s'apprête à amorcer son processus d'industrialisation. Logiquement, en adoptant une stratégie identique à celle de la Chine, qui de nation à faible revenu en 1960, devint une nation émergente 40 ans plus tard, l'Afrique, parviendra à achever une majeure partie de son développement industriel, dans 50 ans, autrement dit vers 2070, avec, alors, une population dépassant, en volume, celle du double de la Chine, aujourd'hui. Si son profil d'émission de carbone suit également celui de la Chine, il est à prévoir qu'à partir de 2035, l'Afrique deviendra un des principaux centres d'émission de carbone sur la Planète, avec le rejet, dans l'atmosphère terrestre, d'un peu moins de 20 GT de CO_2, annuellement, ce qui équivaut à ce que rejettent dans l'atmosphère, aujourd'hui, la Chine, l'Inde et les USA réunis ! Attali (2023) commence à aborder subrepticement le sujet en prônant l'interdiction de l'ouverture de nouveaux projets pétroliers et gaziers, dans le Monde, et, pire, demande à ce que soit « contrôlée et limitée, dès que possible, la quantité annuelle, ou même quotidienne, de CO_2 que chacun émet en se déplaçant, en travaillant ou en consommant ». Cette affirmation, faisant allusion au cas des citoyens des pays développés, n'en écorne pas moins le sujet. Ainsi, si l'Afrique, dont le développement imminent, via, bien entendu, le recours aux énergies fossiles, sera la source, à elle seule, d'une augmentation de plus de 3° de la température de l'atmosphère terrestre, ne commence pas à adopter, sans attendre, une posture de négociations internationales tenant explicitement en compte la nécessité, pour elle, de se voir attribuée une marge d'émission de GES, tout comme un appui substantiel dans le processus de basculement énergétique, les accords de Paris lors de la COP 21 en 2015, comme tous ceux qui suivent, annonceront une mise à l'arrêt définitif du processus, pourtant vital, de son industrialisation et, donc, de son développement. Au manque de moyens financiers, de technologies et de capital humain, s'ajoutent, donc, désormais, sur la déjà longue liste des obstacles au développement de l'Afrique, les contraintes juridico-climatiques internationales, qui conditionneront, de plus en plus, l'octroi d'aides publiques internationales au développement ou de transfert de technologies que prône ce texte. Madagascar, tout comme l'Afrique en général, à travers l'UA, se doit de mettre en place, en conséquence, et de toute urgence, la charte de son industrialisation, où figureront des engagements volontaires de limitation des émissions de GES, et du rejet de substances polluantes, en général, sans, non plus, bien évidemment, déroger à son impératif développemental. En effet, si la plupart des nations industrialisées n'ont jamais tenu compte des accords de Kyoto, au grand dam des partis écologistes, c'est, d'abord, parce que leurs dirigeants n'en ont jamais ressenti, réellement, le besoin, l'Afrique, pour une grande part, refusant de sortir de sa léthargie industrielle. Le Continent Noir n'a, en effet, à aucun moment, revendiqué son quota, pourtant profondément légitime, d'émission de CO_2 ! L'équation planétaire de la limitation de l'augmentation de la température atmosphérique aura, si elle n'entreprend de négocier d'urgence ses intérêts, pour solution unique, le sacrifice développemental de l'Afrique ! Le fait que la plupart des Etats africains, en particulier, et les pays du Sud, en général, se soient associés, durant ces grandes messes internationales, à l'effort mondial de décarbonation, et aient signé sans position clairement analysée vis-à-vis de leurs obligations de développement qu'ils ont totalement omis de mettre en avant, les accords de Paris, démontre à quel point les vrais enjeux des débats environnementaux planétaires actuels, et les stratégies et positions de négociation à adopter de façon à en tirer le meilleur parti, leur échappent totalement, et qu'ils n'ont, à aucun moment, réalisé, que le sort et la qualité de vie de leur descendance constituaient le cœur même de ce débat! Ainsi, par exemple, entre 1960 et 2016, l'émission, par habitant, de CO_2 passa, de 75 kg à 150 kg, à Madagascar, et d'un peu moins d'une tonne à plus de 7, en Chine ! Il serait intéressant de voir quelle sera la réaction de la communauté des pays développés lorsque l'Afrique, enfin réveillée, annoncera qu'elle fixera, pour les cinquante années à venir, ses quotas d'émissions annuelles de CO_2 par habitant à 6 ou 7 tonnes … Et, pourtant, c'est le genre de débat que les dirigeants malgaches, en particulier, et africains en général, doivent, d'urgence, ouvrir, s'ils désirent préserver leurs intérêts stratégiques nationaux et, dans la foulée, gagner le respect de leurs homologues des pays développés, qui, acculés, ont mis au point un indice mesurant « les efforts en matière de mitigation des effets sur le climat des émissions de GES » ! On notera, cependant, que l'épidémie de coups d'Etat frappant les Nations d'Afrique subsaharienne constitue un frein net au processus d'industrialisation de ces pays et, accorde de ce fait à la Planète, et, plus particulièrement aux pays du Nord, si elle continue son expansion, un répit, inespéré, quant à l'avènement de cette période de forte émission de GES par le Continent Noir ! Ce débat relatif à la cruciale mise en compatibilité du développement de l'Afrique avec les impératifs climatiques symbolisés par le rapport Meadows, puis rappelés à notre bon souvenir par Hourdin, fut, néanmoins, celui qui était attendu, en fait, lors du sommet de Paris sur le « Nouveau Pacte Financier Mondial », le 23 juin 2023. Il se trouve, cependant, que, hormis la déclaration de la délégation du Niger, qui annonça, de go, sa volonté de maintenir son cap en matière de recours aux énergies fossiles pour son industrialisation, l'Afrique brilla, une fois de plus, par sa totale impréparation. Le continent aurait, en effet, pu mettre en avant les données sur la géostratégie des énergies publiées par la revue « Diplomatie », disant que, en 2021, « la production pétrolière de l'Afrique subsaharienne avait atteint 344,7 millions de tonnes, soit 8,2 % de l'offre mondiale, avec un taux de croissance annuel de 4,5 %, la production africaine de gaz naturel s'élevait à 257,5 milliards de m^3, soit 6,4 % de l'offre mondiale pour un taux de croissance annuel de 11,7 % », et que « les réserves pétrolières africaines prouvées furent estimées, toujours en 2021, à 125,3 milliards de barils » (Cisse, 2023). Et l'on n'évoque même pas, ici, l'énorme gisement de gaz naturel liquéfié dont regorge la province du Cabo Delgado au Mozambique, et, encore moins, les réserves d'énergies fossiles restant à découvrir sur le continent. Enfin, les délégations africaines auraient très bien pu déclarer que le continent mettra encore au moins 25 années à exploiter, pour son propre développement, la totalité de ce potentiel.

8.1.4. L'excellence climatique : la nouvelle force des pays faibles !

Dans le classement selon cet indice dit de « non-nuisance environnementale à l'humanité », Madagascar se trouve placé au 10ème rang, au niveau mondial, c'est-à-dire sur 190 pays. La plupart des pays en développement, et notamment les PMA, se trouvent, d'ailleurs, placés dans les 50 premiers rangs. Cet état des choses est d'ailleurs, désormais, suivi notamment par la structure WattTime, financée notamment par Google et en collaboration avec le think-tank *Carbon Tracker* et le *World Resources Institute* (WRI), recourant aux données fournies par les huit centaines de satellites d'observation de la Terre traquant notamment les chaleurs émises par des sources situées dans chaque pays, et qui se trouvent être, en général, des centrales électriques thermiques, au nombre de 28.500 en opération dans le Monde. Sur leur site Futura Sciences (2023) figure une carte établie à partir des données caloriques récoltées en 2019, permettant de constater que, une fois de plus, les pays d'Afrique sont exempts de points jaunes ou, pire, rouges, localisant des centrales à fortes émissions de CO_2. Cette performance africaine, pourtant exceptionnelle, si elle est reconnue, n'est valorisée par personne, alors que, pour paraphraser Nietzsche, elle symbolise la force des pays faibles ! Les pays africains, quel qu'en soient les raisons, ont déjà un profil d'émission proche de la neutralité carbone. Il leur faut, donc, identifier et acquérir les technologies idoines qui leur permettront de le garder, tout en entrant de plain-pied dans l'ère industrielle. A l'heure où on parle de plus en plus d'allier développement et intégrité environnementale, les PMA devraient faciliter, à terme, l'accès à leurs ZES, afin que des pays du Nord, industrialisés, et en situation de sur-émission de carbone, puissent profiter de leur quota de CO_2 qu'ils n'utilisent pas, aujourd'hui, et que ces pays du Sud puissent se faire, en retour, indemniser. Ceci aura pour avantage de mettre, enfin, en œuvre les dispositions relatives au mécanisme de développement propre, incluses dans les accords de Kyoto. Limiter d'avance les émissions de CO_2 des pays pauvres, signataires, particulièrement appliqués, de tous les accords environnementaux internationaux, c'est élargir, de façon tragique, l'injuste fossé économico-climatique existant, actuellement, entre nations pauvres et nations industrialisées. Les complaintes compulsives poussées par les pays africains lors du sommet de Charm-el-Cheikh avaient de quoi peiner profondément. Si celles-ci ont débouché sur la décision d'organiser le sommet de Paris sur le « financement de la transition énergétique », ce sommet constitua, en fait, un non-sens monumental, étant donné que l'Afrique, ne tint pas, auparavant, sous l'égide de l'UA, un sommet d'évaluation de ses besoins, exprimés en barils de pétrole ou en m^3 de gaz, en énergie, pour les 50 prochaines années. Le sommet de Dubaï, où ces besoins auraient pu être présentés, aurait du déterminer, en fonction de la quantité des financements disponibles, la quantité d'énergie fossile à laquelle le continent renonce. De cette façon, les pays pollueurs auraient eu la responsabilité de choisir l'emplacement du curseur relatif à la participation de l'Afrique à la limitation des effets pervers et dévastateurs du changement climatique. Il n'en fut rien, et le sommet de Dubaï ne fut rien d'autre qu'une COP de plus, et, surtout, une COP de trop pour le contribuable malgache ! Les quelques miettes de USD obtenues par le pays et par le continent ne compensent en rien les interdits en matière d'émission de GES auxquels ils ont consenti dans la hâte. Ces pays, aujourd'hui peu pollueurs, ont donc accepté, innocemment, de rester sous-industrialisés, à jamais.

Les dirigeants des PMA ayant signé, avec beaucoup de légèreté, les accords de Paris, en 2015, comme de Dubaï, en 2023, seront, un jour, sévèrement jugés par leurs descendants !

8.2. Nuisance socio-humaine

8.2.1. Définition et description des cas généraux

Cette catégorie de nuisance se réfère à la pratique, sous leurs formes numériques ou directes, par une nation à l'endroit d'une autre, d'actes universellement avilissant et dégradant, tels l'esclavage, la colonisation, le trafic humain, sous toutes ses formes modernes (travail forcé, esclavage sexuel, mariage forcé, trafic d'organes et de nouveau-nés,…), aux agressions verbales avilissantes, à la xénophobie et au chantage, à la pratique d'expériences violant l'éthique scientifique définie par les accords internationaux (création de nouvelles espèces hybrides par combinaison de gènes humains et non-humains,…), pratique généralisée de mutilations humaines, de cannibalisme ou d'autres rituels dégradants. Une analyse relative aux trafics des personnes, publiée dans le rapport, pour l'année 2020, de l'ONUDC, montre que les flux transrégionaux de ces activités mettent en exergue le fait que l'Afrique se présente plus comme étant une victime pour des activités condamnées par le Protocole des Nations Unies pour la Prévention, la Suppression, et la Punition du Trafic des Personnes, et plus spécifiquement des femmes et des enfants, également connue sous l'appellation de « Protocole de Palerme », ouverte pour signature en 2000 (UNODC, 2020). Une fois de plus, les nations d'Afrique subsaharienne sont exclues des nations accusées de s'adonner à cette catégorie de nuisance (la plus importante après le trafic d'armes et celui de drogues, et, rapportant, chaque année, plus de 150 MM USD) et réalisent, en conséquence, un excellent score.

8.2.2. Montée du populisme et des extrémismes

Une forme particulière de nuisance à l'humanité est actuellement en train d'émerger, et il m'a paru utile de s'y arrêter. Du Brésil en Hongrie, en passant par l'Autriche, l'Argentine et les Pays Bas, l'extrême-droite a le vent en poupe. Porté par une vague de déception vis-à-vis des politiques classiques, et par une distorsion créée par l'intensification des migrations sauvages, elles-mêmes dues à des conflits armés ainsi qu'à l'extrême pauvreté subsistant, et même, s'aggravant, dans certaines contrées, comme en Afrique subsaharienne, la politique du rejet et de la diabolisation de l'autre est de retour. Même la France n'est d'ailleurs pas épargnée par cette vague provoquée par ceux que Da Empoli appelle « les ingénieurs du chaos », risquant fort, malheureusement, de ne pas être qu'un phénomène de mode. L'extrémisme, qu'il soit de droite ou de gauche, est avant tout une mauvaise réponse à ce qui constitue le plus souvent, malheureusement, un réel problème. Mais les politiciens de bien de pays ont tôt fait de s'engouffrer dans la brèche créée par les distorsions évoquées ci-dessus, en faisant pleuvoir les promesses, réponses superficielles face à de profondes angoisses. Il s'agit, donc, bel et bien d'une forme particulièrement insidieuse de manipulation de masses. La mondialisation, l'immigration, le changement climatique, etc... sont autant de thèmes de prédilection de ces nouveaux gourous du populisme. Le populisme, car c'est bien de cela qu'il s'agit, avait mis en place, au Brésil (de 2019 à 2022), Bolsonaro, en Hongrie, Viktor Orban (depuis maintenant 33 ans), en Autriche (de 2018 à 2019) Heinz-Christian Strache, aux USA, Donald Trump (de 2017 à 2021, puis, à nouveau, à partir de 2025), et, aujourd'hui, Javier Mulei en Argentine. Ces dirigeants, ayant pour vocation principale de caresser la population, y compris sa fraction la plus extrémiste, dans le sens du poil, ont osé la mise sur le côté des années de recherche de la sagesse par l'humanité afin de répondre aux besoins exprimés par les instincts les plus basiques et les plus immédiats. Ce qui ressemble fort à une authentique régression de l'humanité ne peut que la faire courir à sa perte, et à son autodestruction. Si la 2nde Guerre Mondiale, pour des raisons similaires, a fait entre 60 et 75 Millions de morts, on ne peut que s'attendre, dans les années à venir, à pratiquement autant de victimes, si ce n'est plus, si jamais la situation venait à se détériorer rapidement. La doctrine populiste est généralement basée sur le principe du repli sur soi, que ce soit du point de vue économique ou communautaire. Ce point de vue, qui correspond à l'antimondialisation qui semble tarder à livrer ses promesses, et, souvent, associé à l'impérialisme et à la domination du plus fort, séduit beaucoup, au Nord comme au Sud.

8.2.2.1. Origines politiques du populisme

Nous assistons dans le monde à un phénomène d'affaiblissement progressif des partis politiques traditionnels qui ont déçu une frange de la population dans leur façon de gérer les défis sociétaux contemporains. L'érosion du clivage droite/gauche ou libéral/collectiviste a permis à des partis extrémistes de se frayer un chemin vers les sommets. Certains chercheurs pointent du doigt le phénomène des réseaux sociaux ayant miné l'autorité des partis politiques traditionnels, et ayant octroyé à des groupuscules politiques, une tribune d'expression de portée nationale, voire mondiale.

8.2.2.2. Fondements économiques du populisme

L'appauvrissement d'une frange plutôt blanche et non-éduquée de la population aux Etats-Unis, ou en France, a créé une frustration de ces populations, qui se sont mises en quête de partis porteurs de leurs idées. Cet aspect des choses a hissé, notamment, Donald Trump au pouvoir aux USA, et explique la montée, en France, du Rassemblement National. Une fois poussées dans leurs derniers retranchements par la panique face à la pauvreté rampante, ces personnes ont le réflexe de se réfugier dans l'ethnisme, la haine et le repli sur soi, repoussant ainsi l'immigré comme la mondialisation. D'Albis et Benhamou (2022) soulignent, d'ailleurs, que les arguments alignés par les tenants du populisme relèvent de la déformation de la réalité.

8.2.2.3. Argumentation environnementale du populisme

Dans un pays à institutions faibles comme Madagascar, l'argumentation environnementale provoqua et provoque encore de graves entraves au processus développemental, les populistes bloquant d'importants projets d'investissements. Ainsi, il a fallu, pratiquement, 25 ans pour débloquer le projet d'extraction d'ilménite à Fort-Dauphin, dont la convention d'établissement, fut déjà signée et transformée en loi par vote du parlement, dès 1989.

Les mêmes arguments environnementaux sont, aujourd'hui, brandis pour bloquer le projet d'extraction de tantale à Ambanja, dans le nord de Madagascar. Lorsque l'on connaît le taux de pauvreté et de chômage prévalant dans la zone, ainsi que l'importance stratégique des terres et métaux rares, on ne peut qu'être choqué de constater le peu de soutien dont bénéficie ce projet. J'ai déjà évoqué, également, le cas du projet d'exportation d'eau douce vers le Qatar, bloqué, en 2010, par des fanatiques anti-développementaux, à qui personne n'a, à ce jour, demandé de compte.

Des problèmes d'ordre environnemental sont également évoqués par ceux qui bloquent, aujourd'hui, le projet d'extraction d'ilménite dans la région Atsimo Andrefana, dans l'extrême sud de Madagascar, qui se trouve être une des régions les plus pauvres de Madagascar. Là, il est évoqué une possibilité de pollution de l'environnement par des substances radioactives… Est également évoquée la possibilité, en cas de mise en œuvre du projet, de la destruction de l'habitat du peuple Mikea, qui n'a jamais autant été l'objet d'une attention appuyée que depuis qu'un projet capable de les extraire de la pauvreté risque de voir le jour. Enfin, le projet de nouveau port, associé à ce projet d'extraction, lui, est rejeté par quelques pêcheurs locaux, qui affirment que la construction de celui-ci risque « de leur interdire l'accès à la mer » ! En attendant, c'est une population en guenilles qui se mobilise pour s'opposer à la réalisation d'un projet qui bénéficiera, pourtant, jusqu'à leurs progénitures, sans se poser plus de questions… Si problème il y a, que le diagnostic réel soit établi par des experts indépendants de l'INSTN[1] par exemple, qui, de plus, proposerons une liste de solutions potentielles !

8.2.2.4. Fondements intellectuels du populisme

Sur le plan philosophique, le populisme se fonde sur le wokisme, qui est une forme de rejet intellectualisé et généralisé des vérités scientifiques, et tendant à provoquer une déferlante néo-obscurantiste sur le monde. De la théorie évolutionniste de Darwin, aux lois de la physique newtonienne, en passant par le changement climatique, tout est effacé du revers de la main, et ce, y compris en milieu universitaire ! L'effet le plus spectaculaire que semble induire le populisme sur le monde en général est, selon Strauch-Bonart (2022), le refus croissant de considérer la science comme étant la référence absolue. Si, jadis, le marxisme a constitué une alternative au capitalisme, et la science à l'obscurantisme, ce phénomène prône le remplacement pur et simple de toute forme de paradigme installé, par le néant.

8.2.2.5. Conséquences stratégiques du populisme

Cette remise en cause des acquis des Lumières a pour effet de faciliter, désormais, la propagation et le renforcement des affirmations les plus diverses, permettant, ainsi, à la magie et aux croyances, même les plus farfelues, de refaire lentement surface dans les pays développés, et de se renforcer dans les pays pauvres. Si, dans un pays culturellement ancré dans la science et la technologie, ce genre de phénomène peut prêter à sourire et demeurer, longtemps encore, juste un phénomène de mode, celui-ci est, ici, étudié très sérieusement, et en détail, car dans une nation où la connaissance a accumulé un retard considérable, celui-ci peut impacter fortement, négativement et à long terme, la société d'un point de vue économique, dans la mesure où les chantres de cette politique d'un nouveau genre, fondé essentiellement sur l'illumination, s'appuient sur le thème de « la terre des ancêtres », par exemple, pour empêcher qu'un investisseur dispose, même à titre temporaire, d'un moindre lopin de terre. En Afrique subsaharienne, et à Madagascar, plus particulièrement, les individus sans science aucune sont, non seulement, rois, mais constituent aussi, et surtout, des facteurs d'incommensurables dégâts. Ce phénomène, s'il a substantiellement contribué à faire tomber, à cause du dossier Daewoo Logistics, le régime Ravalomanana,

[1] Institut National des Sciences et Techniques Nucléaires.

a aussi engendré, en 2017, la crise de Soamahamanina, empêchant, ainsi, des opérateurs chinois de mettre en œuvre un projet, potentiellement porteur de forte croissance, d'extraction aurifère. Il fut, tout autant, à l'origine du blocage du, pourtant révolutionnaire, projet de nouvelle ville à Ambohitrimanjaka, en 2019 ! Il entrave, enfin, aujourd'hui la mise en œuvre du projet BASE, d'extraction d'ilménite, à Toliara.

D'un point de vue international, le populisme est en train de générer le repli sur soi de chaque nation. Comme le souligne si bien Tim Marshall, le monde d'aujourd'hui est, plus que jamais, caractérisé par l'édification de murs physiques ou virtuels, séparant les nations, les peuples et les ethnies (Marshall, 2018). D'autres, comme la CIA, parlent d'une accélération de la fragmentation, dans un monde, pourtant, de plus en plus numériquement connecté (CIA, 2021).

Cette tendance est à l'origine de la diminution progressive de l'aide internationale au développement, et fait qu'il est grand temps que les nations à faibles revenus pensent à se prendre, intégralement, en main, et cessent de fonder leur stratégie de développement sur ce facteur crépusculaire. Les alliances économiques et politiques qui se créeront dans le futur sont des alliances dites « de survie », se nouant dans un contexte gagnant/gagnant, la simple empathie post-coloniale internationale, à l'origine, par exemple, des accords ACP-UE de Kingston et du cycle de développement de Doha, ayant, du moins pour le moment, fait son temps. Les nations pauvres qui n'auront pas développé de façon sérieuse de stratégie claire visant à mettre en exergue leurs avantages comparatifs, et créé leurs avantages compétitifs, disparaîtront du radar des partenaires économiques potentiels et des investisseurs internationaux, et, donc, périront irrémédiablement.

Quoi qu'il en soit, le repli sur soi, autrement dit une autarcie, sur le plan économique, comme sur les plans intellectuel et culturel, n'est, en aucun cas, une option, et est même suicidaire, pour les pays vulnérables comme Madagascar. Les débats d'idées, et, donc, la démocratie, n'auront, alors, plus, dans le pays, leur place. Il en est de même pour la technologie, les investissements, et même la croissance, qui cesseront de constituer des objectifs légitimes. Ce rejet obtus des modèles et stratégies de croissance ayant, pourtant, fait leur preuve outre part, ne pourra que renforcer, dans le long terme, la résistance du verrou de la trappe à pauvreté, et remettre en cause le cheminement vers le progrès.

8.3. Nuisance militaire (Global Peace Index)

8.3.1. Définition et contexte général

Cette catégorie de nuisance se réfère à l'implication de nations dans tous conflits armés ouverts ou latents, ou le commerce officiel, ou clandestin, d'équipements de guerre ou, en général, dangereux (explosifs, armes, bactéries, virus…). Y sont également associés, la course à l'armement conventionnel, mais aussi nucléaire et chimique, menaces, agressions ou occupations militaire d'un pays tiers, pratique du terrorisme, cyber-hacking militaire et politique, cyber-guerre, génocide, et déstabilisation institutionnelle dans des pays tiers…Elle inclut enfin, toutes nations impliquées dans des tensions militaires en différents points du Globe : Mer Noire, Mer d'Oman, Mer Baltique, et en Mer de Chine Méridionale, ou en Aksai Chin. Le Monde n'a jamais autant produit d'équipement de guerre. En 2021, d'après le Nikkei Asia, il s'est vendu, sur la Planète, pour 2 113 MM de USD de matériels et d'engins de mort, produits et commercialisés en grande partie par les firmes américaines Lockheed Martin, Raytheon, Boeing, Northrop Grumman, et General Dynamics.

Le conflit russo-ukrainien, ainsi que la tension accrue entre la Chine et Taïwan ont fait que, en 2022, les chiffres d'affaires des vendeurs d'armes, atteignirent des sommets sans précédents dans l'histoire de l'humanité, et ce, malgré la sonnette d'alarme tirée par le Secrétaire Général des Nations-Unies, António Guterres, en août 2021, lors du sommet mondial relative au Traité sur la Non-Prolifération des Armes Nucléaire (TNP)[1], qui avait, alors, déclaré que « l'humanité n'était qu'à une méprise, un malentendu de l'anéantissement nucléaire »… Ni plus, ni moins !

On assiste, également, aujourd'hui, à travers le Monde, à une recrudescence de Sociétés Militaires Privées, ou SMP, intervenant dans des conflits intra ou inter-étatiques. Comme le dit Redouani (2023), « devenues acteurs de la guerre, ces milices peuvent exploiter les terrains de guerre au service d'un Etat, d'intérêts financiers ou d'une idéologie, commettre des crimes, déstabiliser des pays fragiles, influencer des élections, et nier toute responsabilité ». Les liens de ces entités avec certains Etats, ne constituent, souvent, d'ailleurs, un mystère pour personne. Ainsi, d'après le même auteur, (conformément à ce qui est de plus en plus confirmé par les faits se déroulant, notamment sur le territoire ukrainien), malgré les dénégations des autorités concernées, que le groupe PMC Wagner, fondé par le défunt Evguéni Prigojine, est connu pour avoir des liens avec la Russie[2], l'Academi (ex-Blackwater) avec les USA, le SADAT International Security Consultancy avec la Turquie, et l'International Security and Defense College, ou ISDC, avec la Chine. De même, le groupe Blackshield est proche des Emirats Arabes Unis, et les Janjawid, du pouvoir soudanais. Ces structures militaires émergentes, dotées de gros moyens, notamment en matière de cyberguerres, ne sont pas, à proprement parler, des groupes terroristes. Mais les brèches existant dans les réglementations, tant nationales qu'internationales, actuellement en vigueur, en matière de mercenariat, leur donnent toute latitude, de sévir en toute tranquillité, et de provoquer, parfois, d'importants

---

[1] Ce Traité, datant de 1968, fut signé par 191 nations, à l'exclusion des grandes puissances nucléaires, qui en sont aujourd'hui à la conception des missiles nucléaires de dernières générations, en l'occurrence les missiles hypersoniques, croisant à 5600 km/h.

[2] La PMC Wagner est, progressivement, remplacée par la Brigade Bear et l'Africa Corps.

dégâts sur les plans social, politique et économique, à travers le Monde, et notamment en Afrique. Ces groupes ont, ainsi, fait parler d'eux dans différents conflits, du Darfour (Soudan) en Libye, en passant par le conflit russo-ukrainien actuel. Malgré que le fait que l'Afrique soit, de nos jours, le théâtre de nombreux conflits, et que le groupe Janjawid soit d'origine africaine, il importe de noter que l'implication de ce continent dans la production et la vente d'armes, activités essentielles à la provocation et au maintien des conflits, est plutôt minime. Ceci place, à nouveau, le Continent Noir, en bonne place dans le classement des nations s'adonnant à la non-nuisance militaire à l'humanité.

8.3.2. Terrorisme et criminalité transnationale

8.3.2.1. La question du terrorisme et de la sécurité régionale

La montée du terrorisme constitue un des paramètres géostratégiques façonnant le monde d'aujourd'hui. Les attaques du 11 septembre 2001 sur les tours jumelles, à New York, ont montré que, désormais, aucune nation ne peut se prétendre être à l'abri du phénomène, et qu'une stratégie de prévention et d'éradication de celui-ci se doit d'être conçue et implémentée à l'échelle planétaire. Les pays pauvres et, notamment, d'Afrique, constituent, de plus en plus, pour ces groupes, des cibles et de potentiels sites d'implantation et d'expansion, facilitée par la porosité de leurs frontières, la faiblesse de leurs institutions et la pauvreté de leurs populations. Ainsi, Martinez (2023) affirme que le succès des djihadistes, ayant trouvé au sein de la population africaine un « terreau particulièrement fertile » s'explique par le fait que ces derniers aient apporté un exutoire à un sentiment aigu d'abandon prévalant chez la jeunesse locale. A cet auteur d'ajouter que « si la zone sahélo-saharienne est l'épicentre historique de la recomposition des groupes djihadistes dans la région, ces derniers, à la faveur de l'État islamique se déploient sur le continent ». L'attaque du centre commercial Westgate Mall, au Kenya, du 21 au 24 septembre 2013, en guise d'illustration, fut perpétrée par El-Shebab, et fit 71 victimes (dont les quatre assaillants, ayant tous été abattus) pour protester contre l'implication de l'armée kényane dans les efforts de paix en Somalie. De même, selon RFI, « les islamistes qui attaquent le nord du Mozambique, et qui se font appeler "El-Shebab" veulent instaurer un Etat où la charia sera la loi fondamentale, après avoir trouvé dans ce pays un terrain propice à leur propagande, une région dépositaire d'un immense gisement d'hydrocarbures[1], où les populations démunies nourrissent un sentiment

---

[1] *Le gouvernement mozambicain a déclaré en fin 2019 le début durant cette année 2020, de la mise en œuvre du projet d'exploitation gazière dans le détroit d'Afungi, dans la province de Cabo Delgado, projet qui, à terme, au vu du potentiel estimé à ce jour à 5.000 Milliards de mètres-cubes, propulsera ce pays en matière de production gazière, au quatrième rang mondial, derrière les USA, le Qatar et l'Australie.*

d'injustice contre le pouvoir central, prêtant ainsi main forte au parti Renamo (Resistência Nacional Moçambicana[1]), très populaire dans cette partie du pays, ravivant ainsi une querelle l'opposant au parti au pouvoir, le Frente de Libertação de Moçambique[2] (FRELIMO), que tous ont cru enterrée définitivement en 1992, après 15 années de conflit et ayant fait plus d'un million de morts ». Une prolifération d'entités militaires ou terroristes dans la sous-région, avec tout ce que cela suppose comme atteinte potentielle à la paix et à la sécurité, à l'image de la situation prévalant dans plusieurs endroits en Afrique, signerait l'arrêt de mort du décollage économique pour les différents pays. Il y a, de ce fait, lieu, d'intégrer au sein de la stratégie nationale de la sécurité, un plan de prévention de ce véritable fléau en devenir. Madagascar étant membre de la SADC, et signataire du protocole, unique en son genre au sein d'une communauté économique régionale, relatif à la coopération militaire et à la mise en place d'un système collectif de défense, dénommé SADC BRIG, doit pousser à ce que soit conçu, adopté et mis en œuvre, au niveau régional, un plan de lutte contre le phénomène. En évoquant le cas de Boko Haram au Nigéria, Audu Bulama Bukarti, analyste au “Tony Blair Institute for Global Change”, préconise également le renforcement de la coopération régionale en matière de défense, et la mise en place d'une campagne permanente de communication ciblant une population, souvent illettrée, et, donc, influençable, des pays pauvres. Il invite également le gouvernement à réintégrer, au sein de la société, les éléments déradicalisés, et, enfin, de fournir les services sociaux élémentaires à la population, services constituants, dans la majorité des cas, le fer de lance de la stratégie de séduction de Boko Haram[3]. Chaliand *et al* (2016) ont démontré que le terrorisme est un phénomène multimillénaire ayant traversé le temps, des Zélotes à Daech, et conquis les espaces, de l'Asie aux USA, en passant par l'Afrique et le Moyen-Orient. Les analyses des réalités ayant trait, plus particulièrement au djihadisme en Afrique, tant dans le Sahel qu'en Afrique de l'Ouest confirment que l'éducation et l'emploi, donc le développement demeurent les meilleures réponses, et la meilleure prévention à l'expansion de ce phénomène. Les premières tentatives d'incursion, dans le Nord de Madagascar, des El-Shebabs somaliens ont été repoussées, certes, par des

[1] Résistance Nationale Mozambicaine

[2] Front de Libération du Mozambique

[3] Five Steps to Eradicating Boko Haram (Audu Bulama Bukarti, Analyst, Tony Blair Institute for Global Change, March 2019).

agents de la marine nationale, mais rien ne laisse penser que ces derniers ne réitèreront pas, dans le futur, leur essai.

8.3.2.2. Le blanchiment d'argent, et le financement du terrorisme

Le blanchiment d'argent constitue aujourd'hui, une des activités frauduleuses les plus prospères. Selon Van Ruymbeke (2023), l'argent sale blanchi, chaque année, a un volume allant de 8 000 à 36 000 MM de USD. D'après cet auteur, d'ailleurs la présence de centres de blanchiment non seulement dans les lieux dits exotiques (Panama, Iles Marshall, Iles Caïmans…), mais également à La City, à Londres, et au Delaware (USA) montre que, face à ce phénomène, que les Etats font, en fait, en la matière, preuve de complaisance ou d'impuissance, en parfaite contradiction avec les annonces faites lors des grandes messes internationales. Le plus inquiétant est le fait que ce phénomène soit lié aux activités criminelles transnationales. Madagascar fut, dans le rapport de l'année 2022 de la Basel Institute on Governance (BIG), classée 5ème, avec un score de 7,5 sur 10, en matière de risques de blanchiment d'argent et de financement du terrorisme (ML/FT). L'indice utilisé prend en compte 5 axes, dont le niveau d'opacité financière, de corruption et de risques politique et institutionnel. Ce qui vaut à Madagascar un score aussi médiocre est la mauvaise maîtrise de ses 5000 kilomètres de littoral qui le transforme potentiellement, comme évoqué plus haut, en un hub de délinquance financière et d'activités terroristes, phénomène qu'endiguera difficilement la loi contre le blanchiment d'argent et le financement du terrorisme, adoptée en 2018. La complication de la situation provient de la porosité des frontières, facilitant notamment le trafic de drogues, mais aussi, du faible taux de bancarisation, estimé à 8,5%. Le blanchiment d'argent, toujours lié à des activités illégales, est également difficile à éradiquer au sein d'une société rongée par la corruption. Il est, cependant, important d'éviter que « lutte contre le blanchiment » ne finisse par rimer avec « lutte contre les IDE ». Que soient mis en œuvre les contrôles rigoureux, les vérifications internationales d'usage (KYC) dans les milieux financiers, mais que soient, tout autant, évitées toutes formes d'abus sur la durée du traitement des dossiers, comme sur les considérations politiques.

8.4. Nuisance économico-financière

On intègre dans cette catégorie les nuisances commerciales, comme la mise en place de barrières tarifaires ou non-tarifaires, la pratique du dumping, de subventions et de soutiens internes aux systèmes de production domestiques. Y sont inclus le pillage de ressources halieutiques ou minières d'autrui, le plagiat et l'espionnage industriels, le cyber-hacking en milieu industriel ou commercial, le blanchiment d'argent, le trafic de produits illicites (drogues, espèces menacées ou en danger, médicaments périmés ou hors-normes…). Le blanchiment d'argent constitue une activité criminelle plus florissante que jamais. Selon le rapport sur l'évasion fiscale mondiale, publié par l'Observatoire européen de la fiscalité, 1000 Milliards d'USD ont été transférés en 2022 par les plus grandes entreprises de la Planète vers les paradis fiscaux (Global Tax Evasion Report, 2024). Si cette activité est légion dans certains pays d'Afrique, il faut reconnaître que ces derniers sont peu reconnus comme étant des adeptes de pillage de ressources d'autrui, ou d'espionnage industriel, et obtiennent, en conséquence, un bon score dans cette catégorie de non-nuisance.

8.5. Retour synthétique sur la non-nuisance à l'humanité

Si aujourd'hui un accent particulier est accordé à la question climatique, notamment à travers les COP sur le climat dont la première édition eut lieu à Berlin, en Allemagne en 1995, et qui en fut à sa 29ème édition en novembre 2024 à Bakou (Azerbaïdjan), il serait plus en adéquation avec le droit universel de considérer de façon générale l'ensemble des facteurs susceptibles d'impacter négativement sur les biens communs et publics de l'humanité et la qualité de vie sur la Planète. Je milite donc en faveur de l'adoption également de cet indice agrégé comme critère d'évaluation des différentes nations. Il est, bien évidemment, perfectible, et peut être amélioré au fur et à mesure de la disponibilité de données liées à chaque catégorie d'indicateurs. Pour construire le classement relatif à l'index de non-nuisance, je propose de considérer les données disponibles par catégorie :

1°) Non-nuisance environnementale : classement décroissant et note des pays contribuant le plus au réchauffement climatique (émission de CO_2 par habitant) ;

2°) Non-nuisance militaire : classement décroissant des pays contribuant le plus à l'escalade militaire et à la guerre (*Global Peace Index*) ;

3°) Non-nuisance économique et financière ;

4°) Non-nuisance socio-humaine ;

5°) Non-nuisance sociopolitique.

Une moyenne arithmétique entre ces notes par pays constitue la note de ce pays et le tout est classé selon un indice décroissant. Ainsi les pays contribuant le moins au réchauffement climatique et à l'escalade militaire, etc… sont les mieux classés. Il appert, de ce fait, que les nations en tête du classement de la non-nuisance sont les nations dites « sous-développées », qui, aujourd'hui, contribuent le moins à la détérioration de la qualité de vie sur Terre. Il est donc légitime, à mon sens, de les dédommager, et de leur rendre cet hommage tant mérité. Cela aura pour effet de valoriser ce mérite, qui, s'il n'est pas pris en compte, se détériorera au fil du temps.

PARTIE IV

RISQUES LIÉS À L' « OPTION ZÉRO »

« La pauvreté s'apparente à une punition relative à un crime que vous n'avez pas commis » (Eli Khamarov)

Ne pas lire les signaux que nous envoie ce pays gravement malade, et ne pas prendre les décisions appropriées équivaut à précipiter la population vers l'incertitude sur les plans économique, social, politique, mais aussi environnemental. L'enjeu principal, faisant du développement de ce pays une priorité et une urgence absolues, se situe bien au-delà de la simple question, qu'on entend, souvent, de fierté nationale. Il n'y a, plutôt, pas d'alternative au développement ! Faire avancer Madagascar constitue pour ses fils et filles, une mission humaine sacrée, le devoir historique orientant toute une existence, et revient, ni plus ni moins, qu'à donner une chance à nos petits enfants de vivre, dans la dignité, demain ! Le fait de faire la course en queue du peloton des économies mondiales comporte plus d'un inconvénient et renforce l'accumulation des pièges, en sus de celui, à dimension économique, retenant prisonnier le pays. L'on ne peut que souhaiter, pour Madagascar, que les dirigeants apportent rapidement tous les correctifs nécessaires à la trajectoire actuelle, les exemples sur lesquels appuyer notre stratégie ne manquant pas. A défaut d'une volonté d'aller de l'avant, l'on peut craindre le pire, car cela équivaudrait à exposer le pays à des événements qui peuvent s'avérer porteurs de lourds handicaps, pour les générations actuelles et futures. En effet, dans l'ombre, le mal et ses alliés ourdissent les prochains coups qui affaibliront plus encore leurs proies, constituées de pays en perdition. Espérons que les différents scénarii évoqués ici continuent à relever de pures hypothèses, et que l'histoire me fasse, par la suite, mentir. Rater, durant ce siècle naissant, le développement de ce pays et nier le caractère impératif de l'action de développement nous expose ainsi que nos descendants aux quelques menaces suivantes, sans, toutefois, bien entendu, prétendre à l'exhaustivité ni verser dans un excès de catastrophisme.

Chapitre 9

Risques économiques et défis géopolitiques liés aux ressources

La non-résolution des problèmes actuels de division nationale, et donc de croissance, tendra à faire perdurer, à Madagascar, la chute du PIB/habitant prévalant depuis 1972, et, donc, à perpétuer la prééminence du phénomène de la trappe à pauvreté. Elle entraînera, peu à peu, le pays dans un gouffre, fait de misère extrême et de conflits. Les différents indicateurs alarmants cités et analysés en début d'ouvrage ne s'amélioreront, en effet, pas, d'eux-mêmes ! La trajectoire sur laquelle le pays est placé n'augure rien de rassurant. Les risques inhérents à l'inaction sont, tout simplement, sidérants. Aujourd'hui, le pays ne se développe pas, et constamment manquer d'agir activement en faveur du changement revient à laisser persister l'obscurantisme, l'instabilité, l'inégalité, du contexte moyenâgeux, au détriment de l'essor économique et de l'amélioration des conditions de vie de la population. Si le peu de sérieux ayant prévalu ces 50 dernières années continue à présider à la gestion de la chose économique, dans ce pays, le PIB par habitant atteindra, en moins de 50 ans, la valeur critique des 200 USD, en USD de 2010, qui correspond au PIB/habitant de l'homme du Neandertal, et, de ce fait, à un stade pré-apocalyptique, synonyme, d'un état d'entropie maximale, donc au chaos, stable, et donc, rémanent. Le pays reconnu, par la BM, comme étant le plus pauvre du Monde, en l'occurrence, le Burundi, qui connaît ce niveau, est désormais, officiellement, sous assistance des Nations-Unies…

9.1. Division nationale et déclin de productivité

Les tensions d'ordre ethnique ou politique, que nous avions regroupées dans le terme de « division nationale » ont tendance à s'accentuer dans un contexte d'extrême pauvreté, vu la persistance du principe du chacun pour soi. Si la solidarité et le partage smithien du travail, vecteurs de productivité, sont des éléments-clés pour l'amorçage et le maintien de la croissance, ceux-ci ont tendance à s'effriter, puis à disparaître, dans un contexte de survie, vu que le ciment, que constitue le retour sur les efforts consentis, brille par son absence. La division nationale a, également, pour effet de détourner une substantielle part des ressources nationales, qu'elles soient cognitives, ou financières, sans parler de la mauvaise utilisation d'un temps très précieux. Les ressources de chacun sont, en effet, alors, dédiées à l'élaboration de stratégies, à la défense, et à l'attaque, dans le cadre du conflit ethnique ayant lieu, pour le moment, à l'état couvert, et mobilisant les meilleurs éléments de chaque communauté. Elle constitue, de ce fait, un pur déni de la productivité, si ce n'est, tout simplement, de la production. Elle est, principalement, à l'origine de la situation de stagnation économique de Madagascar. Si cette quasi-absence des nationaux de l'échiquier économique fut mise à profit par d'autres communautés, non malgaches, pour prospérer rapidement, elle constitue, pour les premiers, un handicap très lourd susceptible de provoquer, à terme, un conflit contre les communautés minoritaires.

9.2. Division nationale et détérioration du climat des affaires

La persistance de la tension ethnique, provoquée et exacerbée essentiellement par l'élargissement du fossé économique entre l'ethnie dominante, qui, désormais, s'affiche, et les groupes ethniques dominés, constitue une sérieuse menace pour la paix à Madagascar. De plus, la dérive inégalitaire généralisée, légitimant tous les excès en matière de corruption et l'instauration d'une véritable jungle économique, provoquant, à son tour, un déficit chronique de moyens financiers dédiés à l'édification infrastructurelle, sécuritaire et institutionnelle, est la meilleure preuve de la défaillance de l'Etat en matière de mise en place d'un climat des affaires prédictible, et, donc, attractif, pour les investisseurs, tant nationaux qu'internationaux.

9.3. Explosion des trafics illicites et du pillage des ressources nationales

La principale conséquence de la persistance de la division nationale, sera de maintenir la démobilisation et la vulnérabilité d'une population n'ayant jamais gagné la moindre guerre ensemble, et, qui, pourtant, fait face, aujourd'hui, à un implacable ennemi commun, la pauvreté extrême, et dont les richesses stratégiques, sont l'objet d'âpres convoitises. De façon générale, cette situation est celle qui prévalut dans un grand nombre de pays africains, et ayant facilité, jadis, comme l'affirme le Baron de Montesquieu, la « prédation étrangère », tendant, d'ailleurs, à ressurgir, puis, par la suite, l'occupation et, enfin, la colonisation et l'asservissement. A ce propos, Bihr (2020) avance que l'avènement de l'esclavagisme fut fortement facilité par deux facteurs, en l'occurrence l'existence d'un système interne de traite de personnes, et la prévalence du commerce triangulaire entre l'Europe, l'Afrique et les colonies européennes d'Amérique. Ces deux facteurs, il faut le souligner, révèlent la coexistence de personnes extrêmement vulnérables, souvent prisonniers de guerre, objets de la traite, et de groupes dominants locaux et étrangers, qui en font l'exploitation et le commerce. Ne pas mettre fin aux facteurs de vulnérabilité ayant ouvert la voie à l'asservissement et au pillage, c'est s'associer à la perpétuation des phénomènes de pillage et de trafics en tout genre. Les facteurs rendant la Grande Ile incapable de récupérer les îles dites « éparses » sont, par voie de conséquence, totalement consubstantielle des raisons qui, jadis, ont amenées ce pays à connaître les affres de l'esclavage, puis, plus tard, de la colonisation. Demain, ces mêmes raisons, qui ont toutes traits à la division nationale, nous amèneront, à nouveau, à être l'objet d'agressions militaires, voire d'invasion ! Le principal défi auquel le pays aura à faire face, dans un plus ou moins proche avenir, est la préservation de son patrimoine stratégique, suivi, par la suite, de l'optimisation de la valorisation de celle-ci.

9.3.1. Le pillage des ressources

Une médiocre maîtrise de ses 5000 kilomètres de côte empêche le GdM de prendre conscience, non seulement du volume des divers produits entrant sans paiement de droits douaniers, mais surtout des trafics illicites sortant (or, pierres précieuses, bovidés, faunes et flores rares, et, souvent, endémiques au pays…). Ce phénomène est également une source de pertes incommensurables pour l'Etat, au même titre que les activités informelles, en général.

Les ressources stratégiques, notamment minières, de Madagascar, en particulier et du Continent Noir, en général, n'ont jamais cessé d'attiser les convoitises, et, plus spécifiquement, à l'heure où les puissances établies ainsi que celles, de plus en plus nombreuses, émergentes, voient leurs réserves s'amenuiser. Si les différentes approches adoptées par des multinationales sont encore subtiles et politiquement correctes, cela sera de moins en moins le cas dans les années à venir, au fur et à mesure que leur rareté se fera âprement sentir. Le fait, par exemple, qu'une multinationale minière ait accordé à l'Etat, seulement la portion congrue de 2% de parts dans son capital constitue le début d'une forme d'agression économique passée inaperçue au niveau des opinions nationale et internationale. Dans un monde enclin à la dérégulation, où les grandes puissances, comme les puissances émergentes sont devenues autant d'empires à l'appétit aiguisé, le fait de receler des ressources aussi critiques que les métaux rares et les terres rares, sans être doté d'un dispositif de défense adapté, font que le pays sera bientôt situé au centre de déchirements internationaux. Ce thème est, notamment, évoqué par Pitron (2018) dans son ouvrage « La Guerre des Métaux Rares ». De même, dans son rapport annuel en date du 26 Octobre 2022, la FTC[1] (2023), nous alerte sur le fait que l'Afrique subit, chaque année, une intensification du pillage de ses ressources halieutiques, générant une perte évaluée à 11,49 MM de USD. Cette ONG luttant au niveau mondial, contre le phénomène d'exploitation illicite de ressources halieutiques, désigné par le sigle INN, ou pêche Illégale, Non-reportée, et Non-règlementée, affirme, également, que les réserves africaines en matière de ces ressources ont été dilapidées à 90%. A Madagascar, certaines ressources halieutiques font déjà l'objet de pillages systématiques, et ce, bien que le Centre de Fusion Maritime, chargée de détecter les pêches illicites au sein de sa ZEE soit déjà en place et opérationnelle, grâce notamment à un financement octroyé par l'UE. Floch (2018) affirme que Madagascar n'a pas les moyens d'empêcher que 500 à 700 navires, en permanence, pêchent illégalement dans ses eaux territoriales. Le préjudice annuel est évalué, au minimum, à 500 Millions de USD ! A défaut de l'opérationnalisation d'une flotte aérienne, trop onéreuse, le pays pourrait

[1] Financial Transparency Coalition.

pour commencer, faire assurer la surveillance de son territoire marin par des drones, dont l'action serait complémentaire à celle du Centre de Fusion d'Informations Maritimes.

9.3.2. Le contrôle stratégique des Etats

La course mondiale vers les ressources et les marchés engendrera une progressive course au contrôle des têtes des Etats. On rapporte, régulièrement, dans le Monde, ces dernières années, des cas d'ingérence de certaines puissances dans les élections d'autres Etats, et, parfois, non des moindres. Cette forme insidieuse de recolonisation politique et économique s'instaurera inéluctablement, si la vulnérabilité du système étatique, et, notamment, électoral, face aux assauts de mafiosi ploutocrates, qui aura pour effet de réduire le pays au rang d'une prostituée se vendant au plus offrant, persiste. Lorsque l'on est au fait de ce que valent réellement les ressources stratégiques dont dispose le pays, ce scénario de l'extrême n'a rien de loufoque. L'avènement de ce cas de figure, tout à fait plausible, et particulièrement dans le cas où l'assaillant est un Etat doté d'une force de frappe nucléaire, correspondra au retour de la colonisation économique, voire intégrale, malgré les cris d'orfraies des instances internationales, qui ne peut qu'aller en empirant, si le pays est maintenu dans la situation actuelle d'indigence, synonyme de vulnérabilité, notamment militaire et sécuritaire.

9.4. La poubelle de l'humanité

Le Monde produit aujourd'hui annuellement plus de 2 milliards de tonnes de déchets, dont une grosse partie est émise par les pays à hauts revenus. La Chine, qui avait pour habitude d'importer, puis de recycler une part importante de ces déchets, décida, en 2018, de renoncer à cette activité, bouleversant alors le système international de gestion de déchets. D'autres pays asiatiques comme la Malaisie et les Philippines ont pris, également, la décision de refuser toute importation de déchets. De gros pays émetteurs, tels les USA ont, de ce fait, commencé à négocier l'accueil de ces cargaisons par des pays d'Afrique subsaharienne, comme le Kenya. La sous-administration chronique du territoire, et du littoral, en particulier, constituant la marque de fabrique des pays à faibles revenus, il faut s'attendre à ce que, durant les années à venir, l'accueil de ces détritus internationaux, ou de leur recyclage, dans les meilleurs des cas, constitue la nouvelle vocation des pays de cette zone. A défaut de déversement négocié, le déversement de ces produits dans ces pays se fera de façon illégale sur les littoraux mal protégés, comme cela fut le cas au Ghana, où 40 000 tonnes furent déversées à même la plage, et ce, en parfaite violation du traité de Bâle, datant de 1992, par la mafia internationale spécialisée dans les détritus. Il est, donc, à craindre, que nos côtes, comme notre ZEE ne se transforment, à terme, en dépotoir, comme cela est déjà le cas dans moult pays d'Afrique. Le cas des 10.000 « barils de la mort » italiens ayant été successivement rejetés par Djibouti, le Vénézuela et par la Syrie, en

1987, préfigura déjà ce qui allait devenir une pratique de grande ampleur. Enact Africa (2022) nous rapporte, également, les déversements illégaux, en 2016, de déchets en Libye, puis en 2020, à Sousse en Tunisie. Le phénomène est, d'ailleurs, devenu plus insidieux, puisque, désormais, la plupart des déchets sont déversés dans les pays du tiers-monde sous forme de marchandises d'occasion que s'arrachent les populations de ces contrées, au nom, notamment, de l'adoption de l'économie circulaire. Ainsi, matériels informatiques et électroniques, et vêtements de n-ème main, largement amortis, sont vendus à un prix défiant toute concurrence, amenant, ainsi, les déchets, à être portés par la population, ou stockés, bien en vue, dans leurs chaumières, tandis que l'industrie textile locale se délite peu à peu, étouffée par une aussi intense que déloyale concurrence, que plus personne ne gère.

9.5. La bombe démographique

La population malgache est, aujourd'hui, estimée à 30 millions, et il est conjecturé, par les démographes, que nous atteindrons le cap des 50 Millions en 2050. S'il est reconnu que la croissance économique est de 5% environ, celle de la population est d'environ 3,5%. De ce fait, la configuration économique fait que le taux de croissance économique a, depuis belle lurette, cessé de compenser celui de la population auquel s'ajoute celui de la dépréciation, estimé à 6%, ce qui a pour effet d'accélérer la descente aux enfers de Madagascar, et fera de celui-ci, à terme, le pays le plus pauvre au monde. Les conséquences de la surpopulation ne sont, malheureusement, pas que d'ordre économique. Celle-ci engendre, en effet, déjà, un grave approfondissement des problèmes liés à la famine, à l'insalubrité, mais aussi à la malnutrition, faisant des ravages incommensurables chez les jeunes enfants.

9.6. Le chaos urbain

Une des dramatiques conséquences de l'option Zéro est l'avènement de l'occupation, totalement désordonnée, de l'espace vital. Les plans d'urbanisme directeurs, existent à Madagascar, pour les plus importantes des 76 communes urbaines, mais sont ignorés par la plupart des responsables municipaux et communaux. Il s'ensuit une occupation anarchique de l'espace, par une population peu éduquée et encore moins disciplinée, confondant, souvent, pêle-mêle, urinoirs, poubelles et espaces verts ! L'insécurité et les pathologies, parfois y compris la peste et le choléra, générées par l'insalubrité poussée à l'extrême guettent un bon nombre des populations installées dans ces zones critiques. Il va de soi, alors, que les systèmes de transport, d'éclairage et de sécurité urbains, sont, lorsqu'ils existent, défaillants. Il en est de même des systèmes de ramassage d'ordures et d'évacuation des eaux usées. Le modèle prévalant, basé sur le culte du laisser-aller et de la ruée à vau-l'eau, commence à laisser apparaître des signes d'asphyxie, et éloigne, sans espoir de retour, le pays, de ce que devrait être un espace urbain, autrement dit, un lieu structurant les habitations, agglomérés par des activités économiques. Cette situation est appelée à empirer en cas de crise socio-politique. La frustration générée, essentiellement chez les jeunes, par le chômage, l'inégalité, et la pauvreté extrême, ont, en effet, la fâcheuse habitude de s'accumuler durant des années, et d'exploser régulièrement, en provoquant incendies, blessures et morts d'hommes. En milieu rural, les choses sont plus confuses encore. La moindre parcelle de terrain, même domaniale, lorsqu'elle est l'objet d'un quelconque intérêt de la part d'un individu ou d'un investisseur sérieux, pourtant désireux de produire et de créer des emplois, est revendiquée par un groupe de personnes prêtes à aller jusqu'à brandir, et dans certains cas extrêmes, à faire usage de coupe-coupe et de haches, pour défendre ce qu'ils considèrent comme étant, à tort ou à raison, un patrimoine ancestral. La situation est pire, encore, bien entendu, lorsque s'invitent, dans le débat, des paramètres à caractère ethnique. Le phénomène de sous-administration et de faiblesse institutionnelle fait, donc, que les choses ne s'arrangent pas, et que le pays s'achemine, lentement, vers l'antichambre du chaos. Remonter la pente, et pouvoir se référer à un Plan d'Occupation du Sol (POS) digne de ce nom, propice à l'investissement et la croissance, conformément à la propriété d'irréversibilité de l'entropie, aura un coût faramineux que le pays aurait du mal à payer, s'il décidait de baisser les bras.

Chapitre 10

Risques de crises ethnico-politiques

10.1. Analyse des cas de quelques nations

Comme nous l'avions souligné auparavant, l'entropie dans l'univers a une tendance naturelle à croître, et ce de façon permanente jusqu'à atteindre des sommets cataclysmiques. Aucun pays ayant omis de restaurer l'ordre et de mettre en œuvre un processus rigoureux de réduction entropique ne peut, de ce fait, à terme, échapper au chaos. Analysons les drames vécus par 3 pays ayant connu l'expérience, extrême, du chaos, à défaut d'avoir canalisé correctement les flux entropiques.

Examinons, tout d'abord, le cas du Soudan. Une fois indépendant, en 1956, ce pays, à travers son Premier Ministre Ismail Al-Azhari, se déclara être un pays arabe, et demanda à intégrer la Ligue Arabe des Nations. Des 1000 emplois immédiatement disponibles dans l'administration, tous furent attribués à des citoyens typés arabes, et musulmans de confession, natifs du nord du Soudan. Les habitants du Sud, chrétiens en majorité, qui faisaient sourire les nordistes, et déjà enclins, durant la colonisation britannique à des comportements sécessionnistes, furent plus frustrés encore de cet état des choses et redoublèrent d'ardeur dans leurs revendications, qui débouchèrent, en 1965, sur le début d'un sanglant conflit fratricide, qui allait durer de façon quasi-continue, cinq décennies. Selon Malwal (2015), le bilan humain, social et économique, lors de la déclaration de l'indépendance du Soudan du Sud, en juillet 2011, fut très lourd, puisque ce conflit occasionna la mort d'au moins 2 500 000 personnes. Sur 69 années d'indépendance, le pays, ayant connu pratiquement 59 années de guerre civile, ne connut, donc, aucune forme de développement, et fut, finalement, en 2011, scindé en deux États distincts. Un ami sud-soudanais, au fait des tensions ethniques prévalant à Madagascar, me recommanda fermement, en 2013, d'œuvrer de façon à ce que la Grande île ne suive jamais l'exemple soudanais ! Le Sud, me disait-il, déclencha, jadis, la guerre de sécession, dont il pensait qu'elle allait se terminer en 6 mois… Elle dura 40 ans !

Le Rwanda qu'on voit prospérer à grand pas revient, en fait, de très loin… En effet, la rancœur ayant toujours existé entre les Hutus, traditionnellement, des agriculteurs, et les Tutsis, en général, plutôt des éleveurs, atteignit son summum d'avril à juillet 1994, juste après le décès du président de la République d'alors, Juvénal Habyarimana, dont l'avion fut abattu par un missile sol-air, lors de son décollage de l'aéroport de Kigali. Piton (2018) nous fait remarquer que rien ne différencie, physiquement ou culturellement, un hutu d'un tutsi, qui parlent tous les deux la même langue, le kinyarwanda. Mais l'institutionnalisation de la différence et du mépris du Hutu, depuis la nuit des temps, ainsi que la montée de l'extrémisme, construisirent ce qui allait être le berceau, en 1973, d'une tuerie des hutus par des tutsis, suivie du drame de 1994, et ayant fait pas moins de 800 000 victimes.

Examinons, enfin, le cas de la Somalie. Arrivé au pouvoir suite à un début d'anarchie ayant prévalu dans le pays après le coup d'Etat de 1969, et ayant renversé le Président Rachid, le colonel Siyaad Barré prit le pouvoir, et mit un régime socialiste en place. La guerre de l'Ogaden, qui opposa la Somalie à l'Ethiopie, en 1977, mit fin au caractère plutôt bon enfant de ce régime. Ainsi, le « socialisme scientifique », de bon aloi, céda la place à un totalitarisme pur et dur, exempt de toute forme de respect de l'état de droit et de liberté individuelle. Les opposants furent traqués impitoyablement, et mis au cachot, lorsqu'ils n'étaient pas tout simplement abattus, et la corruption régna en maître. Cela dura, on le sait, jusqu'en 1991, année où le Président Siyaad Barré fut, à son tour, renversé. L'opération « Restore Hope », commanditée par l'ordonnance N° 794 du Conseil de Sécurité des Nations-Unies, et qui débuta le 04 Décembre 1992, constitua la dernière chance, pour la population, de retrouver une vie normale. Celle-ci, malheureusement, échoua, suite, notamment, aux lourdes pertes[1] essuyées par le contingent américain, et provoqua l'évacuation des troupes américaines, en juin 1994, et le départ définitif des casques bleus, suite à une résolution du Conseil de Sécurité des Nations-Unies, en date du 1er janvier 1995 (Wheeler & Roberts, 2002). Commença alors la descente aux enfers d'un pays qui finit par se disloquer entièrement. S'ensuivit, alors, une famine sans précédent dans l'histoire de ce pays, qui fit 500 000 morts. Le sud du pays est, aujourd'hui, contrôlé par une faction islamiste appelée « El-Shebab », tandis que des groupes militaires issus des divers clans qui composent le pays se sont partagés les autres parties d'un pays pulvérisé, et que Ferguson (2013), au vu de la situation chaotique et profondément inhumaine qui y prévaut, qualifie « d'endroit le plus dangereux au monde », et que Wheeler et Roberts (2002) appellent l'« antichambre de l'enfer » !

Ces 3 exemples que nous venons d'analyser résument les drames vécus par moult pays d'Afrique subsaharienne n'ayant su planifier et mettre en œuvre, un plan de croissance économique et d'unification nationale. Dans les 3 cas, le contexte, en toile de fond, fut à forte entropie, et fut, de ce fait, constitué de pauvreté extrême, d'état de non-droit, de corruption et de faiblesse institutionnelle. Et surtout, chacun a laissé s'institutionnaliser, la différence, le cloisonnement clanique ou ethnique, et la haine.

Espérons que Madagascar ne puisse connaître les affres chaotiques de la séparation, et prendre, quand il en est encore temps, des leçons de ces

[1] 43 militaires et deux civils.

expériences atroces vécues par d'autres frères africains. S'il y a lieu de se féliciter du miracle économique rwandais que l'on observe aujourd'hui, l'on ne peut qu'espérer, également, que le Soudan et la Somalie, puissent, un jour, connaître un retour à la normalité et au progrès.

10.2. Risque de crise politique

En matière de maintien de la paix, ou de développement, les pièces maîtresses sont entre les mains des dirigeants. Il importe donc qu'ils décident, immédiatement, vers quels horizons ils entendent orienter ce pays. Le choix de laisser prévaloir la haine politique provoquée à la fois par un régime désireux de brimer les libertés fondamentales et n'étant pas parvenu à juguler les effets cumulés d'une inflation rampante, des scandales financiers à répétition, et par la persistance des délestages, et par une opposition qui, par réaction, a commencé à vouloir organiser des descentes dans la rue, et d'en finir avec un pouvoir qu'il sent quelque peu désemparé, créera, à un moment donné, une situation à forte socio-entropie, prélude à une situation de crise, dont il est clair que l'économie, exsangue, du pays, et la population, déjà sur les rotules, mettra une éternité à se remettre. Comme cela fut déjà évoqué, Madagascar ne s'est jamais totalement relevé des gravissimes effets de la crise politique de 1972, ni, d'ailleurs, de ceux des autres crises qui suivirent. Il est temps, pour les hauts décideurs politiques, de mettre un terme à toute forme de déclarations intempestives, et de décisions provocatrices, et de remettre le pays sur les rails menant vers des élections crédibles, et donc, utiles. Il importe, enfin, que soit organisée une assise nationale à forte teneur économique, destinée à prendre les avis des experts nationaux sur les moyens de remettre à flot une économie, aujourd'hui, située au bord du naufrage.

10.3. Risque aigu de déflagration ethnique

> *« Ataovanaro tompotanana am' fagnanaovagna izy. Zegny olo ratsy tatra tonga de vonia. Avoria pneus. Zahavako rô tsy vôly edy am'alifagna »*[1].
> *(Vu quelque part, en 2022, sur Facebook)*

Malgré le rejet de l'évidence par des bien-pensants optimistes, dont le comportement frise la naïveté, voire l'irresponsabilité, les ingrédients nécessaires à la mise en route du processus d'autodestruction du pays se mettent actuellement, inexorablement, en place, à Madagascar. Le petit passage ci-dessus, typique de ce que je vois, souvent, ces derniers temps, sur la toile, est la déclaration d'un « facebooker », face à la montée du taux de criminalité sur l'île de Nosy Be, montée attribuée aux natifs du Sud du pays ayant émigré vers cet endroit. Cette déclaration est révélatrice de deux réalités inquiétantes : l'association, malsaine, du phénomène d'insécurité à la présence massive de migrants originaires du Sud, en proie à une famine sans

[1] *« Vous les natifs des lieux, vous devez faire le nécessaire. Tuez tous les brigands. Amoncelez les pneus... On verra bien si cela ne les guérira pas de leur folie !*

précédent, et la préconisation de l'application d'une justice populaire radicale à l'endroit des délinquants, au vu des limites et le silence de l'administration ! Lentement, les tensions d'ordre ethnique ou politique, que j'ai regroupées dans le terme de « division nationale », et qui sont en train de transformer le pays en une véritable poudrière, s'imposent puissamment à tous les esprits, et ont tendance à, dangereusement, s'accentuer dans un contexte d'extrême pauvreté. Virginie Bezara, alias Ninie Donia, issue d'une famille princière sakalava zafinifotsy de Nosy Be, avant de faire de la prison et d'y décéder en décembre dernier, appela au soulèvement général de la population nosy-béenne, face à ce qu'elle pense être un processus illégitime de dilapidation du patrimoine foncier de l'ancienne sucrerie (SIRAMA) par les « tenants du régime actuel et leurs comparses ». Ce discours continue à être repris et accentué par Aïcha Cassam, issue également d'une famille princière du Nord, qui déclare, carrément, qu'il s'agit « d'une agression et d'un accaparement abusif des dernières richesses côtières par le régime merina en place ». Ces déclarations, si elles sont traitées de haut par le pouvoir actuel ainsi que ses partisans, n'auront pas échappé à l'acuité des penseurs du coin, qui la qualifient de « graves, et méritant toutes les attentions ». Personnellement, je qualifie cette situation d'explosive et d'inquiétante. L'absence de dialogue et le règne du mépris sont, à mon sens, à l'œuvre, et nous convergeons, lentement, vers une situation explosive que personne ne sera, bientôt, en mesure de contrôler. De même, les déclarations d'Eliane Bezaza, candidate malheureuse aux élections présidentielles de 2018, sur le caractère ethnique, plus que politique, des résultats de ces élections, ont de quoi faire réfléchir plus d'une personne sensée. Les signes annonciateurs du chaos ethnique à venir ne manquent pas. Il suffit de tendre l'oreille au bon endroit, et de s'armer d'un peu de rationalité, ajoutée à un zeste de capacité d'analyse. Il faut aussi prendre en considération les dires de la CIA (2012), qui, si l'on s'en tient aux statistiques dont elle dispose, affirme que le risque de l'occurrence de troubles sociaux critiques est plus important dans les pays où l'âge médian de la population est inférieur à 25 ans[1]. Ce qui, justement, est le cas de Madagascar !

En l'absence de l'instauration, dans les meilleurs délais, et sous la présidence du CFM d'un dialogue véritable dans le cadre d'un processus visant la résolution définitive de ce problème qualifié de « complexe et difficile » par Imbiki (2017), le conflit généralisé entre factions ethniques malgaches, toutes convaincues de mériter de régner en maîtres dans le pays, est inévitable. A l'issue de cette déflagration généralisée dont personne ne sortira victorieux, il n'y aura que des orphelins et des vies brisées, pour l'éternité, par les vendettas intergénérationnelles à venir. Il n'y aura, également, que des pauvres, faute d'investissements privés et de création d'emplois, qu'éloigneront les crises successives. La résultante de la déflagration ethnique provoquée, notamment,

[1] Autrement dit, plus de la moitié de la population est âgée, au plus, de 25 ans.

par la remontée à la surface des rancœurs historiques, des trappes sécuritaires, du stress alimentaire et hydrique, de la recolonisation et du déplacement interne massif, à Madagascar, provoquera des catastrophes humanitaires de grande ampleur, qui, dans un pays dénué de capital humain, et, donc, pratiquement sans résilience socioéconomique, laisseront des marques profondes et durables. Le choix de la fusion nationale, si elle ne sera le fruit d'une décision du cœur, se devra d'être, au moins, celui d'une décision stratégique, puisqu'elle constitue la pierre angulaire de la survie des Malgaches. La persistance des conditions actuelles, défavorables, privera, sans aucun doute, longtemps encore, la Grande Ile de toute chance d'entamer son processus de convergence vers les clubs des nations les plus modernes.

Chapitre 11

Risques de troubles sociaux

11.1. La trappe sécuritaire

Un des thèmes récurrents, actuellement, dans les médias est le thème de la sécurité, démontrant la totale impuissance étatique face à un phénomène devenu chronique. Le summum de l'horreur fut atteint lors de l'incident d'Ambolotarakely. Il y a lieu aussi d'évoquer la tuerie d'Ikongo. La tendance est à la transformation de ces faits isolés en faits généralisés, pouvant dans certains cas, être l'objet d'une lecture ethnique. Si l'État persiste sur la voie actuelle, caractérisée par un manque flagrant de moyens financiers et humains des forces de l'ordre, il faut s'attendre à ce que le phénomène aille en s'amplifiant, faute de miracle ! L'Option Zéro fera que l'Etat malgache, désemparé, face à ces phénomènes, perde toute crédibilité et des opportunités d'investissements, faisant que le pays continue inlassablement, à s'enliser dans les affres de la pauvreté extrême.

11.2. L'émigration massive

Une des conséquences de la pauvreté extrême prévalant dans le pays est l'absence d'estime du Malgache à l'endroit de son propre pays. Il est courant, et désespérant, de constater combien chaque jeune Malgache ne rêve, en général, que d'évoluer sous d'autres cieux, plus prometteurs à son avis, à l'instar d'autres habitants du continent. Les données de la BM sur ce sujet sont, en effet, sans appel : en 2022, sur les 1 006 779 personnes ayant fui les PMA, 460 391 étaient originaires de l'Afrique subsaharienne, et 1 500 de Madagascar ! Ces statistiques sont, bien entendu, en-deçà de la réalité ! De ce fait, un des impacts les plus spectaculaires de l'échec du processus développemental de Madagascar sera une ruée vers les îles sœurs ! Il faut, en effet, savoir, que des centaines de Malgaches fuient, chaque mois, déjà, les conditions socio-économiques désastreuses du pays, et préfèrent affronter les vagues du Canal du Mozambique à bord de frêles embarcations pour rallier l'île de Mayotte, et y vivre clandestinement, dans, souvent, des conditions inhumaines[1]. Le phénomène ne semble pas connaître de ralentissement, lorsqu'on se réfère aux statistiques des accidents meurtriers dont sont victimes ces embarcations. Si ce phénomène d'émigration économique fait, en permanence, la Une des médias au niveau de l'Europe, il affecte, désormais,

[1] De source policière mahoraise, on apprend que 2400 jeunes filles d'origine malgache se prostitueraient, aujourd'hui, à Mayotte et vivraient avec moins de 10 euros par jour, le reste de leurs revenus étant confisqué par leurs propriétaires, qui sont, en fait, aussi des proxénètes.

de plus en plus de Malgaches désespérés[1], à l'affût d'un monde meilleur que font miroiter Internet, la télévision, et le succès économique des membres de la diaspora ! Les propos affligeants, de Donald Trump à l'endroit de l'Afrique noire et d'Haïti, n'ont fait que renforcer, chez la population, ce sentiment d'infériorité, et cette illusion d'un ailleurs plus porteur d'espoir qu'un chez soi, juste apte à inspirer des injures !

11.3. Les déplacements internes massifs

Un autre phénomène potentiel à ne pas négliger, est le risque de déplacements internes des populations en proie à de graves problèmes d'insécurité, de sécheresse chronique et de stress alimentaire. Si ce phénomène est encore limité, malgré la sécheresse qu'a connue le Sud durant l'année 2020, c'est dû à un attachement à la terre des ancêtres. Cependant, une fois le seuil de tolérance atteint, nous assisterons à des distorsions intenses dans les zones que cibleront les mouvements migratoires. Cet afflux des populations ciblera, essentiellement, la capitale, l'axe Moramanga-Toamasina, l'île de Nosy Be et la ville d'Ambilobe, reconnus comme étant, actuellement, les pôles urbains à plus forte croissance.

11.4. La montée de l'influence islamiste

Laisser le pays continuer sa descente aux enfers, c'est également en faire une proie de choix pour les shebabs, dont l'influence croissante sur le Continent Noir, en général, et en Afrique orientale, en particulier, est un fait. Madagascar n'est, surtout, pas à l'abri de ce grave phénomène et gagnerait à s'en prémunir efficacement dans les meilleurs délais. Ses 5000 km de côtes, et son million de km^2 de ZEE insuffisamment surveillées, l'existence d'étendues désertes et inaccessibles par voies terrestres, le caractère rudimentaire des équipements, de son armée, de sa gendarmerie et de sa police, et la montée de la ploutocratie, font que la population toute entière soit en grand danger. A défaut de pouvoir contribuer à l'extinction de ce phénomène, les pays d'Afrique, en général, doivent anticiper et se munir de centres d'analyses et de suivi stratégiques de leur évolution, afin de se prémunir de leurs actions, pouvant être hautement néfastes à la stabilité socio-politique, et donc à la croissance.

---

[1] Mayotte reçoit déjà aujourd'hui mensuellement plusieurs dizaines d'immigrés clandestins en provenance de Madagascar et voyageant dans des embarcations précaires, les fameux « kwasa kwasa ».

PARTIE V

OCÉAN INDIEN, ZONE DE COMBATS

« A ce jour, notre continent recèle 95% des réserves mondiales prouvées de platine, plus de 75% de celles de phosphates, 60% de celles de diamant, près de la moitié du stock de cobalt et de chrome, plus du quart de celui de bauxite. Mis à part le diamant, 90% de ces réserves restent à exploiter. Le potentiel énergétique africain – solaire, hydraulique, éolien et même nucléaire- est également considérable. Et le continent détient, à lui seul, près des deux tiers des terres arables non-exploitées de la planète » (Mo Ibrahim, 2014).
L'Afrique possède pratiquement toute la réserve mondiale de Chrome et de Platine (Jean Christophe Victor[1], 2005).

Le présent ouvrage fut titré de façon volontairement provocatrice : « Madagascar : L'impossible développement ? », pour mettre en évidence le caractère complexe d'un objectif que plus d'un responsable à la tête de ce pays semble aborder avec une stupéfiante dose de suffisance, alors que tous les signaux sont au rouge vif ! En 65 années d'indépendance, le pays a accumulé un inacceptable retard par rapport à un grand nombre de pays africains, dont certains, comme l'Ethiopie, le Mozambique, et le Rwanda se mirent à le dépasser, en matière de PIB/habitant… Les réalités difficiles dans lesquelles évolue le pays font de l'Océan Indien une véritable zone de combats, par opposition à ce qu'appela de ses vœux l'Amiral Ratsiraka qui, en bon officier général de l'armée, n'a jamais pu concevoir qu'un ennemi puisse se montrer autrement qu'en treillis militaire, et puisse faire des coupes claires dans nos rangs, sans être armé de fusils d'assaut. Le pays doit, pour sortir victorieux, s'aménager un périmètre de survie, délimité par 3 facteurs : les ressources, une stratégie de défense et une tactique économique.

Les expériences concluantes, évoquées plus haut, de quelques nations environnantes, aujourd'hui parvenues au rang de « pays émergents », sont autant, cependant, de raisons, parmi d'autres, d'espérer, et de croire qu'une planification stratégique et rationnelle du progrès économique, en rapport avec une vision et une ambition, nationales, du futur, n'est ni utopique, ni inutile. Une des raisons poussant le plus à espérer, est la présence de ressources « stratégiques » ne demandant qu'à être valorisées. Cet aspect se généralise, d'ailleurs, au niveau continental, comme nous le rappelle, ci-dessus, Mo Ibrahim (2014).

---

[1] L'Afrique est le Continent le Plus Riche du Monde, dessous des cartes, Arte 2005.

Chapitre 12

Facteurs de croissance et conditions initiales

12.1. Rappel des facteurs de croissance

Les facteurs internes et externes susceptibles d'influer sur la croissance, que nous avons étudiés de façon détaillée, dans les chapitres 4, 5 et 6, et dont la liste est non-exhaustive, peuvent se résumer dans les tableaux ci-après.

Tableau 10 : Synthèse des Facteurs de Croissance (Facteurs Internes).

Facteurs Contextuels	Facteurs Sectoriels
- Unification nationale, - Capacités de vision, de leadership, de management (planification, mise en œuvre, suivi, contrôle et réajustement) des dirigeants, - Qualité de la gouvernance, - Qualité des infrastructures physiques (transport, eau & énergie, télécommunications et Internet…) et sociales (écoles, hôpitaux, logements sociaux, aides sociales pour les plus démunis…), - Structuration stratégique et juridique du monde financier, - Facteurs macro-économiques favorables et stables (inflation, dettes, taux de change, balance de paiement, dettes publiques…), - Caractère minimal des inégalités économiques, - Maîtrise de la croissance démographique, - Développement du facteur humain (institutions, administration, ingénierie infrastructurelle, capacité d'absorption technologique), - Facteurs socio-culturels, psychologiques et religieux favorables, - Facteurs politiques favorables - Développement de la recherche universitaire - Indépendance vis-à-vis de l'aide extérieure - Disparition progressive du secteur informel - Préservation de la sécurité et de la défense nationale - Gouvernance du patrimoine écologique national, ainsi que du patrimoine intangible	- Capitaux financier et physique (qualité du système financier, épargne et investissements nationaux, informatisation, équipements agricoles et industriels…) - Disponibilité de capital technologique (R&D) - Capital humain disponible en qualité et quantité (culture d'entrepreneuriat, capacité d'absorption technologique, …)

Source : Auteur.

Tableau 11 : Synthèse des facteurs de croissance (Facteurs externes).

Facteurs Contextuels	Facteurs Sectoriels
- Facteurs naturels (climat : changement climatique, cyclones et sécheresses, séismes, épidémies, ...) - Front technologique mondial, de façon générale, et relatif notamment aux infrastructures (4ème révolution industrielle) - Influence des pays émergents (NIC) - Fluctuations des cours des matières premières - Fluctuations financières internationales (clusters financiers transnationaux, marchés financiers obligataires, hyper- et post-capitalisme) - Développement de la recherche scientifique et technologique - Fluctuations des prix du pétrole - Tensions géopolitiques et guerres - Contraintes internationales stratégiques et géopolitiques - Niveau d'intégration et diplomatie économique (facilité de circulation monétaire) - Gouvernance du patrimoine commun de l'humanité, et notamment environnemental - Terrorisme et criminalité transnationale - Préservation de l'intégrité environnementale et changement climatique - Populisme - Post-modernisme	- Capital financier (IDE, International Portfolios, Marché financier national,) - Front technologique mondial (4ème révolution industrielle) relatif au secteur productif (équipements et savoir-faire) - Clusters technologiques et industriels transnationaux - Compétitivité internationale

Source : Auteur.

Il est à souligner que la gestion des facteurs contextuels relève plus du secteur public (national et international), celle des facteurs sectoriels relevant plutôt du secteur privé.

12.2. Les 3 conditions initiales nécessaires

La configuration favorable à l'apparition d'une croissance économique à long terme à Madagascar exige que soient remplies, au moins, 3 conditions initiales. La première est le déclenchement d'un processus d'unification nationale, qu'est susceptible de générer la réhabilitation, chez chaque Malgache, de la notion de fierté nationale, notion qu'invite à développer la 2nde règle de Peterson, appelant au développement de l'« auto-empathie », s'apparentant, au niveau d'une nation, au patriotisme.... Cette condition mettra en place le formatage mental collectif qui a permis aux Ethiopiens de triompher des Italiens, durant la guerre d'Adoua, en 1896, et permettra ensuite, comme évoqué plus haut, le déroulement de la production dans un environnement serein. L'état d'unification nationale fournira un repère émotionnel clair aux dirigeants, aux agents économiques, et à la population, en général, facilitant ainsi l'instauration de la division du travail. La solidarité et la conscience nationales, enfin formées, seront les facteurs générant la paix et le comportement raisonné, ainsi que l'exclusion de toutes formes, insensées, de tragédies des biens communs que sont la destruction environnementale, la corruption, le favoritisme, la destruction des infrastructures physiques publiques, les fraudes électorales, la dilapidation des ressources stratégiques, et la confiscation des libertés économiques et civiques, générées par le manque de volonté et d'éthique politique, tout comme l'extrême désespoir et la totale imprédictibilité de la situation économique, sociale et politique. Je préconise, donc, l'adoption IMMÉDIATE de réformes allant dans le sens de la construction véritable de la Nation Malagasy, afin notamment de générer une vision réellement NATIONALE, autour de laquelle s'articuleront, pour les décennies à venir, toutes les stratégies de développement de ce pays. Ceci constitue un incontournable préliminaire, puisque la plus grande difficulté se dressant entre le pays et sa prospérité est constituée, essentiellement, de l'absence de la volonté politique de ses dirigeants à s'extirper de la trappe à pauvreté. Une fois cette volonté constatée et établie, une fois la démocratie devenue une réalité, une fois que cessera le règne de l'animosité, voire l'hostilité, permanente, entre les dirigeants de la classe politique, l'Etat malgache se mettra à reconquérir progressivement ses crédibilités nationale et internationale, qui constituent un préliminaire à l'augmentation du PIB national, par la valorisation de nos ressources stratégiques et par l'amélioration de l'attractivité de notre économie pour des IDE et les FPI disponibles de par le Monde. Les dirigeants se heurteront, bien entendu, aux actions contraires, ouvertes ou souterraines, de tous ceux qui, Malgaches ou étrangers, et ils sont puissants..., ont intérêt à ce que la Grande Île demeure un pays meurtri. Mais qu'ils n'en fassent, surtout pas, grand cas. Chaque pays, développé ou émergent, a connu, dans son histoire, une période décisive ayant impacté, sur une longue période, sa croissance, et, par la suite, assis, sa prospérité. Il ne tient qu'à chaque Malgache de transformer, en celle de Madagascar, les années à venir !

La 2nde condition initiale nécessaire au développement malgache et africain porte sur un appel à la mise à mort de la résilience mentale, *i.e.* de l'acceptation passive de la situation face à l'adversité. Le Malgache doit résister face à la puissante agression entropique de la pauvreté extrême, de l'inégalité, de l'injustice..., et ce, d'où qu'elles viennent. Seule une forte conscientisation relative à ce sujet permettra aux peuples d'Afrique d'exorciser le principal facteur ayant, depuis des millénaires, organisé et généré son arriération économique. Comme nous l'avions vu, et verrons encore, dans le présent ouvrage, la plupart des réformes qu'exige le décollage de ce pays ont des coûts pouvant, parfois, paraître exorbitants aux yeux de ceux qui ont l'habitude de songer à des sommes minimes, lorsque l'on évoque les revenus ou les dépenses des pays pauvres.

Ceci nous amène à évoquer la 3ème condition initiale favorable au décollage malgache, qui est la mobilisation des ressources stratégiques, minières et non-minières, dont dispose le pays, et l'existence d'une volonté réelle de les gérer rationnellement, dans un esprit, plus d'optimisation, donc de durabilité, que de simple maximisation. Ce sont les deniers générés par ces ressources qui permettront le financement des actions sociales, technologiques et commerciales, de développement poussé du capital humain, le développement de la recherche et de l'innovation technologiques, et la mise aux normes de la production industrielle et du réseau d'infrastructures physiques à travers le territoire national. Ceci permettra, entre autres, d'accélérer le processus d'urbanisation d'un pays où, seules 76 communes sur 1695 sont des communes urbaines, améliorant, ainsi, de façon drastique la qualité de vie des citoyens. Ce sont les revenus issus de cette mobilisation qui permettront au pays de mettre un terme définitif à la porosité des frontières, de réhabiliter l'intégrité totale de sa ZEE, et d'assurer la sécurité des citoyens et de leurs biens. Enfin, cette manne lui permettra d'appuyer le processus d'incubation et d'écloserie d'entreprises, notamment en milieu rural, à travers la mise en place et l'opérationnalisation de banques nationales de développement émettrices de crédits à risques. La mise en œuvre de ce processus décuplera la croissance économique dans le pays.

Sans la mise en place d'au moins ces 3 conditions initiales, le pays doit s'attendre à ce que se perpétue la situation actuelle de non-développement, décrite dans la Partie IV précédente, consacrée à l'étude de l'« Option Zéro ».

Chapitre 13

Le pilier de la stratégie de défense, de contre-attaque et de croissance économique du pays : les ressources stratégiques

"... to further boost competitiveness and increase volume and sophistication of exports, Africa must tackle much tougher second-generation reforms. Two strategies can help the continent achieve this goal: diversifying its products and market base, and capitalizing on its own underutilized resources, which are managerial skills, female entrepreneurship, and natural and cultural resources[1]". (WEF, 2011).

Il a été vu, plus tôt, que 90% des personnes actives de Madagascar évoluent dans le secteur informel. Il est donc tout à fait illusoire pour l'Etat, qui, n'arrivant pas à instaurer un climat d'affaires apte à maintenir à flot le secteur privé, de continuer à vouloir financer l'économie, faisant face à d'énormes défis, exclusivement avec les maigres ressources fiscales. Pour être en mesure de générer des revenus non-fiscaux, l'Etat doit, donc, s'impliquer dans le secteur réel, et, ceci, sans verser dans une quelconque forme de collectivisme. Cela suppose d'instaurer des mesures de transparence.

13.1. Définitions et premières propriétés

Parmi les ressources dites "sous-utilisées" de l'Afrique, et susceptibles de stimuler la compétitivité économique, le WEF a noté les ressources naturelles, dont nous désignerons certains par le terme "ressources stratégiques", désignant toute branche susceptible de générer, sur une période de 10 années consécutives, au moins un revenu annuel d'Un MM d'USD. De même, les branches susceptibles de générer annuellement, plus de USD100M, sur une période de 10 années, seront désignées par le terme « filières prioritaires ». La BM, après avoir constaté que l'Afrique subsaharienne souffrait de la mauvaise maîtrise de ses données minières, ainsi qu'une mauvaise répartition des dividendes de l'exploitation de ses ressources prit, en 2014, la décision de mettre en place le projet « Billion Dollars for Mining Map » ou la Carte Minière à Un Milliard de Dollars », visant à établir des géo-données minières de l'Afrique toute entière. La BM et le FMI déplorent, par ailleurs, le fait que l'Afrique subsaharienne ait tendance à brader ses richesses minières. Tout ceci

---

1 *« Afin de stimuler sa compétitivité et afin de d'augmenter le volume et d'améliorer le niveau de sophistication de ses exportations, l'Afrique se doit d'entamer les réformes, beaucoup plus difficiles, de seconde génération. Deux stratégies sont susceptibles de l'aider à atteindre cet objectif : la diversification de ses produits et de ses marchés de base, et la valorisation de ses ressources sous-utilisées, en l'occurrence ses capacités managériales, l'entrepreneuriat féminin, et ses ressources naturelles et culturelles ».*

a comme conséquence une forte réduction des impacts des ressources sur la croissance économique de ces pays (Iyer, 2013). Le projet Billion Dollars Map fait suite à la déclaration de Kofi Annan, alors Secrétaire Général des Nations-Unies, dans un document intitulé « The Africa Progress Report[1] », en 2013. Parmi les ressources stratégiques et les filières prioritaires, nous classerons les ressources minières, énergétiques, foncières et halieutiques.

13.2. Instruments de valorisation

La valorisation classique de ces ressources passe par l'intensification de la production nationale, pouvant, dans le meilleur des cas, comprendre la transformation ou la semi-transformation sur place, ou, tout simplement, par l'écoulement direct sur le marché international, sous forme de matière première. Cependant, il existe un mode innovant et optimal de valorisation des ressources stratégiques minières, qui consiste à placer, en vue de lever des fonds, sur les plateformes de « trading » des grandes places boursières du Monde, des documents techniques crédibles, *i.e.* confectionnés et signés par des cabinets spécialisés de réputation internationale. Il importe, de plus, que lesdits documents soient portés, par une nation bien classée par les agences internationales de notation, ce qui exclut, d'emblée, les dictatures, les pays instables institutionnellement, ou corrompus. Un pays sous l'emprise de la division nationale ne peut, non plus, prétendre recourir à la « titrisation », pouvant, pourtant, s'avérer être d'une redoutable efficacité. La réalisation des premières études techniques peut être financée par les PTF, l'ONRS[2] étant, susceptible, par la suite, de prendre le relais. Les ressources, dont la valorisation devra constituer une priorité, sont celles dont la demande sur le marché international est élastique. L'existence d'une volonté d'appliquer une bonne gouvernance et d'une politique claire relative aux ressources stratégiques, ainsi qu'à leur usage, est vitale pour la croissance économique du pays, et constitue, comme nous l'avions vu, la 3ème condition initiale qu'exige la victoire contre la pauvreté.

13.3. Succincts rappels sur les ressources non-renouvelables

La notion de « renouvelabilité » des ressources constitue une notion relative, puisqu'elle se conçoit par rapport à l'échelle d'une vie, et par rapport à la vitesse de transformation en une autre forme de capital. En matière d'évaluation de la valeur économique des ressources minières, la pratique la plus courante, et validée par les analyses empiriques est l'évaluation en terre, qui est égale au prix sur le marché de laquelle est déduit le coût d'extraction. Cependant, note Rotillon (2005), « il n'est point, à ce jour, encore, de méthode

[1] Rapport sur le Progrès de L'Afrique.

[2] Office National des Ressources Stratégiques, structure dont je propose la mise en place, et qui pourrait être le nouveau nom aussi de l'OMNIS, auquel je demande, d'ailleurs, qu'on lui attribuât cette nouvelle mission.

d'évaluation de la valeur d'une ressource qui soit fiable de façon absolue ». Les valeurs des ressources minières présentées ici se sont basées sur des données obtenues essentiellement de professionnels œuvrant dans le secteur, ou ont été communiquées par le Ministère chargé des Mines. Enfin, il est à noter que les réserves évoquées ici concernent surtout les réserves « probables » définies par Rotillon (2005) comme étant localisées, mais non encore exploitées.

13.4. Ressources stratégiques minières

Du fait de son contexte géologique, Madagascar dispose d'un potentiel minier considérable. Cependant, les régimes miniers qui se sont succédés dans le pays n'ont pas eu d'impacts substantiels sur le PIB et le développement de la Grande île. Ceci est la conséquence de difficultés couvrant de nombreux domaines, entre autres, la non-optimale valorisation des données géologiques de base sur le pays, et l'insuffisance des moyens humains et matériels destinés à l'encadrement technique et à l'exploitation du secteur. L'analyse de ces problèmes du secteur et de l'évolution des conditions économiques et techniques mondiales, puis l'adhésion de Madagascar au système d'économie de marché depuis 1996, ont conduit le GdM à adopter une nouvelle politique minière, dont l'objectif principal était, alors, l'accroissement des résultats du secteur par la promotion des activités des grandes mines sans pour autant délaisser les mines artisanales, dont l'orpaillage, une activité d'appoint pour de nombreux paysans. Rappelons, enfin, que le pays sortit, en 2005, un texte fondamental en matière d'investissements miniers, ou la Loi sur les Grands Investissements Miniers, ou LGIM. Ce texte a permis d'attirer rapidement de grands investisseurs reconnus mondialement (Sherritt, pour le projet Ambatovy, Wisco pour le projet Soalala, Qit Fer, puis Rio Tinto pour le projet d'extraction d'ilménite dans l'Anosy...). Il reste encore de grandes réserves de produits miniers : bauxite de Manantenina, Kaolin d'Ampanihy, etc... Il y a lieu d'opérationnaliser une vingtaine de de projets de grandes mines. Je recommande, lors de l'établissement d'une classification des ressources minières et de la création de la catégorie « ressources stratégiques », que l'exploitation de celle-ci se fasse dans le cadre d'un partenariat direct à 50/50 entre l'Etat et ses partenaires du secteur privé. Le Ministre botswanais en charge du Commerce, avec qui j'eus, en Décembre 2008, l'opportunité de m'entretenir, sur le sujet, fut clair et sans détour : « dans le cadre de l'extraction de substances minières stratégiques, comme, par exemple, l'or ou le diamant[1], nous commençons par établir un contrat entre Etat et Groupe privé, à 50/50. Une fois le point de rentabilité atteint, nous taxons la compagnie ainsi créée, et les parts de l'Etat dans la société passent, alors, pratiquement, à 80%. Dans ces conditions, les opérateurs privés restent, tout

[1] Le Botswana est connu pour receler 22% de la réserve mondiale de diamant.

de même, vivement intéressés ! ». Décrivons, à présent, le secteur, ainsi que quelques potentialités d'investissement existant. Madagascar dispose de richesses minières considérables dispersées sur l'ensemble du territoire et pouvant être répertoriées de la manière suivante : minerais industriels (fer, ilménite, nickel, etc.), pierres fines, (rubis, saphir, émeraude, aigue marine et autres béryls, etc.), or, terres rares et uranium, nodules métalliques, et hydrocarbures (pétrole continental et off-shore, pétroles non-conventionnels (grès bitumineux et huile lourde), et gaz). Toutes les ressources minières, considération faite de la définition précédente, ne constituent pas des ressources stratégiques, la décision finale quant à leur classement final relevant du seul GdM. Revenons, à présent, sur quelques-unes des ressources que nous pouvons classer comme « stratégiques », en se conformant à la définition proposée.

13.4.1. Les métaux et terres rares

La dénomination « terres rares » désigne 17 métaux : le scandium, l'yttrium, et les quinze lanthanides : le Lanthane, le Cérium, le Praséodyme, le Néodyme, le Prométhium, le Samarium, l'Europium, le Gadolinium, le Terbium, le Dysprosium, l'Holmium, l'Erbium, le Thulium, l'Ytterbium, et le Lutécium. Les terres rares sont devenues indispensables à l'industrie de pointe, et, notamment, à celles de la fabrication de composantes électroniques, de supraconducteurs, d'accumulateurs alcalins (piles de stockage d'énergie), les céramiques à haute température, les réfrigérateurs magnétiques, les écrans plats, les voitures hybrides et équipements d'imagerie médicale, grâce, notamment, à leurs propriétés magnétiques. Les terres rares sont, également, utilisées dans l'industrie militaire de pointe (Birraux, 2011). Pitron (2017) précise, d'ailleurs, que les terres rares jouent un rôle majeur dans la construction d'aéronefs de combat, mais, aussi, dans la réalisation de la transition énergétique et numérique, étant donné le rôle capital qu'elles jouent dans la fabrication de batteries électriques. La visibilité médiatique de ces substances est récente, bien que ces produits fussent répertoriés dès le XVIIIème siècle. La Chine contrôle, actuellement, plus de 95% de la production mondiale, mais les gisements sont, en réalité, assez équirépartis entre les continents. D'après les estimations de l'USGS de 2007, les États-Unis posséderaient plus de 10% des réserves mondiales, l'ex-URSS plus de 15%, et l'Australie environ 5%. La plupart des pays s'abstiennent cependant d'exploiter leurs gisements pour des raisons économico-stratégiques, mais aussi environnementales. Avant le milieu des années 1980, les États-Unis approvisionnaient la moitié du marché mondial. La Chine a développé progressivement sa production, provoquant ainsi la fermeture des autres mines. Les restrictions épisodiques, depuis 2010, de la Chine sur ses exportations de métaux stratégiques ont fait que les groupes miniers internationaux ont entrepris de rouvrir des mines en veilleuses, ou d'en ouvrir de nouvelles. Les USA, le Canada, la Malaisie et l'Afrique du Sud multiplient, ces dernières années, les projets d'extraction de ces ressources tant convoitées. Les réserves nationales actuelles de Madagascar sont composées, toutes variétés de terres/métaux rares confondues, de minerais à terres yttriques (euxénite, fergusonite et xénotime) localisés dans l'Itasy, à Maharidaza et à Berere, de minéraux à terres cériques de Bekolosy et d'Ambatofinandrahana (bastnaesite et pyrochlore) liés à des intrusions de roches alcalines, de monazite (souvent amalgamée à du zircon) d'Antete, de Vohibarika, de Morombe et de Mahajanga. La Société Tantalus a annoncé que les 130 millions de tonnes d'argile latéritique actuellement présentes sur le site d'Ampasindava, étalés sur 300 km², dans le Nord-Ouest de Madagascar, ont une teneur en oxyde de tantale de l'ordre de 0,08% (Les Echos, 2012). Au prix actuel de 410 USD le Kg, ce site est susceptible, donc, de générer un revenu d'au moins 416 M de USD, annuellement, pendant plus d'un siècle ! Il importe de différencier les métaux rares des terres rares, listées ci-dessus, bien que ceux-ci disposent de propriétés physico-chimiques exceptionnelles leur conférant le statut de métaux stratégiques.

Une intensification de la recherche, notamment dans le domaine de la bio ou l'éco-lixiviation, visant à minimiser les impacts environnementaux, s'impose, avant d'en amorcer l'exploitation, afin d'éviter que ne se reproduise, à Madagascar, les effets écologiques dramatiques liés à l'extraction de ce genre de substances, décrit par Pitron (2017).

13.4.2. Or

La première découverte de l'or à Madagascar aurait été faite par Jean Laborde, en 1845, mais les premières exploitations commencèrent seulement à partir de 1883.

Jusqu'à nos jours, l'orpaillage artisanal a fourni la plus grande partie de la production nationale. Les réserves aurifères nationales sont actuellement estimées à 2.000 tonnes[1], dont une grande partie est localisée dans les zones de Betsiaka, de Daraina et de Maevatanana, dans le Nord du pays. Les réserves de Benenitra et de Fotadrevo, dans la région Atsimo-Andrefana, et de Dabolava, dans le Menabe, sont également consistantes.

Une exploitation rationnelle et stricte de ces ressources devrait constituer, de ce fait, un des piliers de la stratégie de croissance du pays. En conjecturant l'extraction de 5% par an de la totalité du potentiel national, cette ressource est susceptible de générer **5 MM USD** par an sur une période de 20 ans.

[1] Source : le Ministre des Mines et des Ressources Stratégiques, 2014.

13.4.3. Pierres précieuses

Les pierres précieuses identifiées à ce jour à Madagascar sont le saphir, l'émeraude et le rubis, localisés, respectivement, dans les zones d'Ilakaka et d'Ambondromifehy[1], et dans la zone d'Andilamena. Ces réserves, reconnues comme fortement entamées, sont estimées à 500 tonnes, soit d'une valeur totale d'environ 50 MM USD. Cette ressource est donc susceptible de générer en moyenne environ **2,5 MM USD**, annuellement, sur une période de 20 ans.

13.4.4. Pétrole

13.4.4.1. Pétrole Conventionnel

D'après l'OMNIS (2014), 40 sites de recherche pétrolière *on* et *off-shore* sont l'objet de permis de prospection. Un opérateur pétrolier déclare que son site est susceptible de lui permettre de produire 1.000 barils par jour. En conjecturant que 30 sur les 40 produisent au moins cette quantité, l'on peut prévoir une production de 30.000 barils/jour dans les 20 années à venir, soit environ **766 500 000 d'USD** par an.

13.4.4.2. Pétroles non-conventionnels

13.4.4.2.1 Le grès bitumineux de Bemolanga

Les grès bitumineux sont des grès qui contiennent des bitumes (hydrocarbures lourds et visqueux). Le pétrole est piégé dans le grès, et provient de la migration du pétrole produit par une roche-mère. Suivant les conditions de température et de pression, le pétrole est plus ou moins visqueux. Les grès bitumineux sont difficiles à produire car il faut séparer le bitume du grès peu consolidé. On doit souvent chauffer les grès bitumineux (notamment par injection de vapeur à haute température) en profondeur avant de pouvoir sortir le bitume sous une phase plus légère[2]. Ces gisements sont, donc, économiquement rentables une fois que le prix du baril de pétrole dépasse la barre des 80$. Il est estimé qu'il est possible d'extraire de Bemolanga 180.000 barils par jour de grès bitumineux durant 30 ans. La quantité de la réserve présente à Bemolanga est estimée à 1,314 Milliards de barils extractibles. Il est à noter que le prix, sur le marché international, du pétrole brut, au moment de la rédaction du présent ouvrage, est plutôt stable, et vaut, environ, 80 USD le baril. En considérant un prix approximatif de 70 USD par baril, la production de pétrole non-conventionnel sur le site de Bemolanga est susceptible de générer, de façon brute, un peu plus de **USD 5 MM**.

---

[1] Le site d'Ambondromifehy devrait faire l'objet d'un accord entre parties prenantes et d'une législation spécifique, étant donné que celui-ci se situe au sein du Parc National de l'Ankarana.

[2] A remarquer que cette procédure est extrêmement coûteuse, étant consommatrice de grosses quantités d'énergie, ce qui crée une interdépendance entre les différents facteurs énergétiques.

13.4.4.2.2. L'huile lourde de Tsimiroro

La réserve nationale potentielle actuelle en matière d'huile lourde est estimée à 1,7 Milliards de barils extractibles. La quantité potentiellement extractible par an (5%) est de 85 Millions de barils. Le prix actuel sur le marché étant d'environ 80 USD/baril, cette substance est susceptible de générer, annuellement, sur une base pessimiste, de 70 USD/baril, plus de **5,9 MM de USD**.

Il excipe de ce qui précède que le pays est effectivement doté de ressources largement suffisantes pour extirper de la pauvreté extrême l'ensemble de sa population. Encore faut-il que ces richesses du sous-sol fassent l'objet d'une gestion rigoureuse, transparente et intelligente, voulue non seulement par les PTF, mais d'abord et surtout par les personnes qui ont entre leurs mains la destinée des enfants, des femmes et des hommes de ce pays. Les ressources minières, en milieu doté d'institutions faibles ont tendance à générer ce que certains auteurs appellent « la malédiction des ressources », connues également sous l'appellation de « syndrome hollandais ». Les distorsions qui apparaissent alors (troubles sociopolitiques, conflits armés…) ne peuvent alors être évitées que dans le cas de la conception et de la mise en œuvre d'une stratégie intégrant la transformation sur place de la matière première et la création, en conséquence, d'emplois, la diversification de l'économie, etc… (Murshed et Serino, 2011).

13.4.4.2.3. Le gaz de Mahaboboka

Le potentiel gazier national localisé à Mahaboboka-Sakaraha est actuellement estimé à 2 Milliards de Mètre-cube (Wikipédia, Liste des Réserves gazières, 2023). Sachant que le m^3 peut se négocier à environ 6 USD, on peut entrevoir, à travers cette filière, une source importante de revenus pour la nation. Ceci peut permettre au pays de mobiliser environ **609 M USD**, annuellement, durant 20 ans.

13.4.4.2.4. L'uranium

Malgré les critiques, générées notamment à l'endroit de l'énergie nucléaire dans les Etats du Nord, la demande mondiale en matière d'Uranium demeure importante. Je suis convaincu de l'importance que peut avoir, pour l'économie nationale, ce produit stratégique, mais il m'a cependant été impossible d'avoir accès à des données, même approximatives, relatives à ce produit.

13.4.4.2.5. La houille de Sakoa

Madagascar dispose d'une réserve estimée à 560 M de tonnes sur le site de la Sakoa. Malgré la trace carbone insupportable de la houille, le pays est dans l'obligation d'en envisager sérieusement l'exploitation. Dans le cadre actuel de l'évaluation économique de nos ressources, il ne nous est pas permis, en tout cas, de l'omettre de notre liste. Une exploitation sur 20 ans de cette ressource nous amènerait à produire 28 Millions de Tonnes d'un produit dont la valeur actuelle sur le marché est en moyenne de USD56,3/Tonne, ce produit est de ce fait susceptible de générer **USD 1,5 MM**/an.

13.5. Ressources stratégiques non-minières

13.5.1. La Filière « Cannabidiol (CBD) Médical »

A l'heure où bien de nations dans le Monde adoptent des législations en faveur de l'usage, essentiellement, à but thérapeutique du cannabis, d'autres, notamment africaines, se posent, aujourd'hui, des questions, quant à la pertinence d'avancer dans le sens de la valorisation et de l'exploitation de la filière « cannabiculture médicinale ». Une remarque fondamentale qui s'impose d'emblée, est que je parle bien, ici, du cannabidiol, ou CBD, une des substances actives et non psycho-actives du cannabis, et ne tombant, de ce fait, pas dans la catégorie des produits hallucinogènes, l'autre substance étant le Δ-9–tetrahydrocannabinol, ou THC. De ce fait, il ne s'agit, aucunement, ici, d'aller dans le sens de la légalisation et de la banalisation de la production du cannabis récréatif. Ce dont il est question, ici, étant l'usage purement thérapeutique du cannabis, nous mettrons plutôt un accent sur le *cannabis indica,* ou chanvre indien, dotée d'une teneur en THC inférieure à 0,2%, et riche en CBD. Selon le journal « Sciences Post » (2019), une quarantaine de pays à travers tous les continents ont légalisé aujourd'hui l'usage thérapeutique du cannabis. Au début des années 2000, Israël (en 2001) et les Pays-Bas (en 2003), ainsi que d'autres pays comme la Suisse (en 2011), la Tchéquie (en 2013), l'Australie (en 2016) et l'Allemagne (en 2017) ont légiféré pour autoriser l'usage médical du cannabis dans des conditions bien spécifiques. Sur le continent africain, seuls le Lesotho (en 2017), le Zimbabwe (en 2018), l'Afrique du Sud (en 2019), le Malawi (2020), le Rwanda (en 2020), le Maroc (2021) et le Ghana (2024) ont, à ce jour, légiféré favorablement en matière d'utilisation thérapeutique du cannabis. Le marché mondial du cannabis à usage thérapeutique, désormais qualifié d' « or vert », est prévu représenter, selon un rapport établi, en février 2023, par le cabinet « Grand View Research », 13.4 MM de dollars US en 2025 (Grand View Research, 2021). L'Amérique du Nord constitue une grande part de ce marché. Olivier Monnier (2019), du journal « Les Echos », rapporte, cependant, que, pour Brendan Kennedy, PDG du groupe Tilray, installé sur la côte-ouest canadienne « l'Union Européenne s'apprête à devenir le plus grand marché mondial de cannabis thérapeutique ».

Madagascar, si tant est qu'il décide de se positionner sur le créneau émergent de la production, la transformation et l'exportation du cannabis thérapeutique, au vu du prix international du cannabis tournant autour de 2.000 USD/kg, en hypothèse basse, peut espérer capter, comme je le précise dans mon article paru dans le journal MCI en 2021, un revenu brut d'environ **Un MM d'USD**, moins de cinq années après la décision d'exploitation de la filière. Pour ceci, le pays dispose de trois avantages comparatifs fondamentaux dans une filière où la concurrence mondiale est déjà féroce : Un climat idoine pour la cannabiculture, un espace foncier substantiel, dont une partie située en altitude, ce qui est parfaitement adapté à la sous-espèce *indica*, et une main d'œuvre abondante. A noter que, de par sa position géographique, il lui sera loisible de cibler simultanément les marchés américain, européen, austro-africain et asiatique. Le niveau considérable, à l'échelle du pays, de perspective de revenus, fait de cette filière une « ressource stratégique non-minière »[1], autrement dit une filière où l'Etat, à défaut d'être majoritaire, doit détenir au moins le tiers bloquant au sein du capital de toutes sociétés désireuses d'investir. Les brillantes perspectives ne doivent, cependant, pas faire oublier aux hauts décideurs et législateurs nationaux que, comme toute nouvelle opportunité, l'engagement dans celle-ci n'est pas dénué de risques, et que des zones d'ombres subsistent. Je recommande, de ce fait, la réflexion profonde et le débat objectif, loin de toute forme de précipitation. Si tant est que l'Etat décide d'avancer dans le sens de la valorisation de cette filière, il lui faudra clairement sélectionner rigoureusement ses futurs partenaires, afin de minimiser tout impact économique et social néfaste.

13.5.2. Les ressources foncières

De Soto affirme que la bonne maîtrise du patrimoine foncier, en termes notamment de planification de l'aménagement, et de la protection juridique des propriétés, permettant notamment leur valorisation financière, est une des clés du succès des pays libéraux qui ont su se démarquer (De Soto, 2000). Aussi, prône-je la mise en place d'une stratégie de valorisation de l'important patrimoine foncier que constituent les grandes plaines (dédiées à l'agriculture), les sites dédiés au tourisme (terrains sis en bordure de mer, en bordure de parcs nationaux, ou d'autres sites exceptionnels), et enfin les sites dédiés au développement industriel. En plus des réserves foncières touristiques existantes, je propose, donc, la création des réserves foncières agricoles (les surfaces concernées et disponibles sont estimées à environ 30 millions d'hectares réparties dans pratiquement toutes les régions. Les plus grandes surfaces sont localisées dans la Diana, la Sava, la Sofia, la Betsiboka,

---

[1]Étant entendu qu'une ressource stratégique est une filière susceptible de générer un revenu brut annuel avoisinant le Milliard de USD durant au moins une période de dix années (Mahazoasy, 2015).

la Boina, l'Analanjirofo, l'Ihorombe, la Vatovavy, la Fito Vinany, l'Atsimo Atsinanana et l'Atsimo Andrefana), et des réserves foncières industrielles qui devraient être créées pratiquement dans toutes les localités du pays disposant de ressources énergétiques en grande quantité, et à bas prix.

De façon cumulée, les réserves foncières de l'Etat, qu'elles soient destinées au tourisme, à l'agriculture à grande échelle ou à recevoir des investissements industriels et immobiliers, nous estimons la capacité contributive de ces ressources, basée sur l'exploitation de 10 Millions d'hectares (en hypothèse basse), **10 MM USD,** annuellement, en moyenne, durant au moins 30 années.

13.5.3. Une ressource stratégique halieutique : la filière holothuriculture

Il y a de cela une quinzaine d'années, l'Institut Halieutique et des Sciences de la Mer (IHSM) de Toliara a créé une première en réalisant la reproduction de cette espèce en captivité. Cette prouesse scientifique fut, paradoxalement, l'objet d'un grand intérêt un peu partout dans le Monde, sauf à Madagascar. Un calcul simple nous permet, pourtant, d'estimer que cette filière, pouvant, en quelques années, être la source de plus de **1,5 MM USD**, annuellement (Mahazoasy, 2015), devrait constituer une ressource stratégique renouvelable de premier plan pour ce pays. Il est, donc, plus qu'indiqué qu'un partenariat pérenne entre l'Etat, le secteur privé et les communautés villageoises soit instauré, afin d'atteindre simultanément 3 objectifs : instaurer une croissance durable de l'économie malgache, réduire la pauvreté extrême au niveau des communautés littorales, et réduire la pression environnementale extinctive s'exerçant sur une espèce jouant, en milieu marin, un rôle écologique majeur.

La demande des 70 pays consommateurs, aujourd'hui estimée à 125 000 tonnes, étant en constante expansion, il serait naturel que Madagascar, riche de ses plus de 5000 kilomètres de côtes, s'appuie sur cette filière dans ses politiques d'exportation et de croissance. Là aussi, le pays possède un avantage comparatif qu'il s'agit de mettre en valeur, en impliquant l'ensemble des populations installées sur le littoral national.

13.5.4. Ressources énergétiques

L'approche endogène de la génération de la croissance a, comme précédemment mentionné, pour base, de mettre l'Etat face à ses responsabilités dans le processus de développement infrastructurel, et notamment énergétique. Les filières énergétiques, dont je prône ci-dessous le développement, sont des filières d'énergies renouvelables pour lesquelles le potentiel national est avéré. Leur développement aura un double impact au niveau national : disponibilité d'énergie pour les filières économiques notamment industrielles, hautement consommatrices d'énergie, et accessibilité de la population à une énergie abondante et à faible trace carbone.

13.5.4.1. Les barrages hydro-électriques

Il est connu que Madagascar dispose à ce jour d'un potentiel hydroélectrique estimé à plus de 7.800 MW, réparti sur plus de 600 sites localisés sur tout le territoire national. Le développement industriel ayant comme pilier l'approvisionnement électrique, nous pensons qu'il est temps qu'une forte volonté étatique se manifeste pour la valorisation rapide de ce potentiel stratégique.

En estimant à 10 cents le KWh, l'exploitation d'un tiers de ce potentiel rapporterait en moins de 5 ans, environ **2 MM USD** annuellement.

13.5.4.2. La filière Éthanol

Hydrocarbone oxygénée, clair et incolore, l'éthanol est, d'abord, un carburant à haute teneur en Octane. Cette propriété en fait le meilleur additif ou substitut durable connu du supercarburant. La consommation mondiale actuelle de ce produit est de l'ordre de 100 MM de litres, soit 1% de la consommation en pétrole conventionnel. Les USA et le Brésil produisent, à eux seuls, 70% de la production mondiale. Il existe plusieurs raisons militant en faveur de la priorisation de cette filière, qui sont la réduction de la facture pétrolière nationale, aujourd'hui estimée à environ 1MM de Dollars US, la transition vers l'indépendance vis-à-vis des ressources énergétiques fossiles, en voie de raréfaction, et surtout la forte diminution de la trace carbone des activités industrielles et logistiques dans le pays. Lorsqu'on y inclut les régions Diana, Sava, Sofia, Boeny, Analanjirofo, Atsinanana, Atsimo Atsinanana, Vatovavy et Fitovinany, il apparaît que la surface disponible pour la production sucrière et en éthanol est d'au moins 500.000 Ha, ce qui nous permet d'envisager la production d'au moins 1 Million de Tonnes d'éthanol annuellement, d'ici une dizaine d'années, et permettrait de générer, à USD 0,50/L, **500 Millions de USD** additionnels, annuellement.

13.5.4.3. La filière Jatropha

Le jatropha est un substitut vert du gasoil. On le transforme à partir de la plante par un procédé connu sous le nom de « transestérification ». Peu exigeante en termes de qualité de sol ou de climat, il est envisageable d'en produire dans pratiquement toutes les régions de Madagascar, et ce, sur de grandes étendues. Je propose donc d'en planter sur environ 5 Millions d'hectares, y compris sur les flancs de montagne, ce qui nous laisse prévoir une production annuelle de 100.000 tonnes de biogazole.

A USD1.000/Tonne, cette filière est susceptible de générer **100 Millions USD,** annuellement, au sein du pays.

13.5.4.4. Les champs éoliens

Il existe, pour ce type d'énergie renouvelable, un potentiel réel à Madagascar, et notamment dans trois régions connues pour être des spots éoliens : la Diana, où souffle le « Varatraza », l'Anosy et l'Atsimo-Andrefana, où souffle le « Tioke Atimo », soufflant avec des pointes de 9m/s. Il est à noter que la puissance produite est proportionnelle à la valeur de la surface balayée par les pales, et au cube de la vitesse du vent qui est, donc, un élément essentiel dans la prise de décision relative aux lieux d'implantation desdites centrales éoliennes. Sachant que la technologie actuellement permet l'installation d'une puissance nominale de l'ordre de 15 MW par éolienne, dont le rotor sera, selon clubic (2024), alors, doté d'un diamètre de 236 mètres, ce qui lui permet d'offrir une surface de balayage de 43 743 m^2, on imagine qu'en installant, sur chacune des trois régions citées *supra*, une centrale de 10 éoliennes produisant, chacune, 80 GWhs, on serait en mesure de produire, en termes d'électricité, 2400 GWhs, annuellement.

On pourra, de ce fait, dégager, pour le pays, une plus-value d'environ **270 M USD** annuellement, et économiser, dans la foulée, une quantité substantielle de devises.

13.5.4.5. Les centrales solaires

Madagascar a un taux d'ensoleillement générant environ 2400 Kwh/m^2/an. Il lui appartient de produire, à l'aide des technologies disponibles actuellement, dotée d'un rendement de l'ordre de 25%, une grande partie de ses besoins à partir de cette source exceptionnelle et pratiquement intarissable. Ce taux de rendement nous permettra de produire annuellement 500 MWh/Ha, ce qui permettra, vu que le prix de vente du KWh serait de 10 cents/KWh, de valoriser l'hectare à USD 50.000 annuellement.

En cinq ans, en pensant que le projet serait étalé sur 1.000 Ha répartis dans différentes parties de la Grande Île, on peut espérer générer **50 M USD,** annuellement.

13.6. Les secteurs et filières prioritaires

Pour renforcer les apports des ressources stratégiques gérés en priorité par l'Etat, je propose la création d'un environnement juridique d'exception autour de quelques filières qui seront gérées quasi-exclusivement par le privé.

Ces secteurs ou filières pour lesquels le pays dispose d'un avantage comparatif avéré, y compris au niveau mondial, bénéficieront de ce fait d'un environnement notamment fiscal hautement favorable quant aux intrants, aux investissements et aux procédures administratives. Nous appellerons « Secteur, ou Filière prioritaire » tout secteur ou filière susceptible de générer un revenu annuel de l'ordre de 100 M de USD ou plus.

Les quelques filières qui suivent peuvent servir de locomotives à nos exportations, et donc à la reprise économique nationale,

13.6.1. Secteur agricole et agro-industriel

De par ses immenses ressources foncières, Madagascar a un atout particulier à valoriser dans le domaine de l'Agribusiness. En comptant les flancs, parfois escarpés, des montagnes et les milieux désertiques, le pays possède à ce jour jusqu'à 30 millions d'hectares de terres exploitables, et qu'il s'agit de transformer en centres de production agricole. Le pays possède des cours d'eau et des lacs pouvant irriguer la plupart de ces lieux de production agricole. Quelques filières agricoles peuvent être mises en exergue.

13.6.1.1. Maïs

La demande mondiale de cette denrée, à l'instar de celle des céréales en général, est en pleine expansion, suite à la persistance du conflit russo-ukrainien, mais aussi à l'abandon progressif de son utilisation par plusieurs pays comme carburant de substitution, au vu de la présence sur le marché du gaz de schiste. Au niveau régional, on note cependant la demande annuelle incompressible de Maurice, de 200.000 tonnes, de l'Ile de la Réunion, de 200.000 tonnes, et du Malawi, d'au moins 200.000 tonnes, du Zimbabwe, de 200.000 tonnes également. Andriambelosoa et Rasolofo (2013) estiment le marché potentiel du maïs du COMESA à 5 Millions de Tonnes. Disposant d'un potentiel foncier important, il est de l'intérêt du pays qu'il s'investisse rapidement dans la production de cette céréale. Une fois arrivée au stade optimal, la Grande Ile, en supposant, par exemple, qu'il vise 10% de ce marché, produirait 500.000 tonnes supplémentaires de maïs et génèrerait de ce fait, à concurrence de USD 200/T, un revenu de **USD100M** par an.

13.6.1.2. Riz

Cette denrée est reconnue comme étant la base de l'alimentation des Malgaches qui importent 25% de leurs besoins en la matière, et principalement du Pakistan (soit 500.000 Tonnes). Intensifier la production nationale en la matière revient, de ce fait, non seulement à satisfaire la demande nationale en matière d'une denrée hautement politique et stratégique, mais également à mettre en œuvre notre stratégie d'exportation. Nous préconisons la culture de cette denrée sur 500.000 Ha supplémentaires, ce qui reviendrait à faire produire en plus par région, en moyenne, sur une surface d'un peu moins de 25.000 Ha. Ceci est susceptible, en supposant un rendement moyen à l'hectare de 4 tonnes (hypothèse basse), de générer, annuellement, **USD500 M** supplémentaires.

13.6.1.3. Blé

De plus en plus de Malgaches consomment des produits à base de blé (pain et autres viennoiseries, pâtisseries modernes et traditionnelles), et la demande mondiale n'a jamais cessé de croître, à l'instar de tous produits alimentaires et céréaliers. Le patrimoine foncier disponible dans les zones des hautes terres (provinces d'Antananarivo et de Fianarantsoa) nous permettra de consacrer d'ici les 5 années à venir, 100.000 Ha de terrains. Un rendement moyen dans le cadre d'une culture intensive étant de 4 tonnes à l'hectare, cette filière est, de ce fait, susceptible de générer, chaque année, plus de **USD 80 M** supplémentaires d'ici moins de dix ans.

13.6.1.4. Produits agricoles de rente, hors vanille : café, cacao, girofle, poivre, anacarde et baies roses…

L'exportation de ces produits de rente constitue une des activités phares du pays depuis la colonisation. Le cacao fin de Madagascar est désormais bien connu au niveau du marché international, mais pèche par la faiblesse de la quantité de la production. Le pays devrait également produire, en matière de café, plus d'arabica, en remplacement du robusta qu'il produit aujourd'hui. De plus, il est recommandé que le pays commence à exporter des produits semi-finis, comme de l'anacarde grillée ou du café torréfié ou même moulu. Il est indiqué de produire du cacao dans toutes les zones du pays qui s'y prêtent, et la même indication est valable pour le café. Ceci, afin d'augmenter les revenus générés par ces branches à **100 M USD par an**.

13.6.1.5. La filière vanillère

Il fut déjà évoqué le fait que le fer de lance dans ce secteur sera la filière vanille sur laquelle le pays possède un avantage comparatif réel, étant l'origine de 80% de la vanille naturelle commercialisée dans le Monde. Il est fortement indiqué, en conséquence, que le pays mette en place le Centre de Recherche sur la Vanille, qui aura pour terme de références la création de variétés de vanilles à teneur en vanilline avoisinant les 10%, mais, qui seront, aussi, adaptées aux différents climats prévalant à Madagascar, permettant, ainsi, le triplement de la production nationale. Ce centre sera appelé à mettre au point, également, une stratégie de communication autour de la vanille, afin que cette filière, malmenée par la rude concurrence de la vanilline artificielle, reconquiert une part substantielle du marché international. Ladite communication devra, sans aucun doute, s'articuler autour des effets bénéfiques de la vanilline naturelle, et, donc, biologique, sur le bien-être et la santé. Il faudra, enfin, mettre en place une stratégie de sensibilisation sur les dimensions durables du système de production et de commercialisation de ce produit-phare de la Grande Ile. La filière traverse, aujourd'hui, des moments de difficultés qui se résorberont d'elles-mêmes une fois que l'Etat aura décidé de mettre en place les correctifs demandés par les opérateurs. Enfin, les opérateurs, avec le soutien de l'Etat, devraient mettre un terme définitif à l'approche statique qui prévaut actuellement dans cette filière et commencer à comprendre qu'on ne peut plus, en 2025, produire et commercialiser la vanille comme on le faisait à l'époque coloniale ! Où sont les produits semi-transformés (huile essentielle de vanille, poudre de vanille, ...), ou même transformés (produits laitiers, glaces, pâtisserie sèche, fruits séchés parfumés à la vanille, diffuseur de parfum, produits cosmétiques...) à base de vanille ? Si tant est que les innovations technologiques accompagnent cette filière, celle-ci sera en mesure de générer, annuellement, **USD250 M** sur une période de 20 ans.

13.6.1.6. La filière « huiles essentielles » (niaouli, ylang...)

La filière huiles essentielles pèse aujourd'hui plus de USD 20 Millions par an, et nous pensons qu'avec une meilleure structuration et un développement de la R&D, on pourra aisément décupler la production, vu que la demande mondiale en la matière est en constante et forte expansion. A terme, on peut, donc, conjecturer une production annuelle d'une valeur de **USD50 Millions**.

13.6.1.7. La filière Caviar

La Grande Ile est, désormais, en mesure de s'enorgueillir du fait d'être un producteur de caviar d'esturgeon. Cette première nationale, et sans doute régionale, qui en a surpris plus d'un, est la réalisation, au bord du lac Mantasoa, d'un couple d'investisseurs français. Cette filière a, cependant, besoin d'être soutenue par l'Etat, afin qu'elle puisse s'épanouir, et, surtout, essaimer dans toute l'île. En mettant en place un environnement promouvant fortement la production de ce bien, le pays est en mesure de générer des recettes à l'export de l'ordre de **USD 100 M** sur une période de 20 ans.

13.6.1.8. La filière Zébu et autres filières d'élevage

Les Malgaches, grands consommateurs de viande bovine, et quasi-vénérateurs du zébu, se doivent, non seulement de décupler la production de cet animal, afin de satisfaire la demande locale sans cesse croissante en protéines d'origine animale, mais, également, une demande internationale existante et frustrée par l'embargo européen qui le frappe. Madagascar doit, aussi, songer à développer le traitement et la transformation du cuir de zébu. Ce dernier est, en effet, exporté, actuellement, pratiquement sans subir la moindre transformation. Cette filière, une fois développée, fournira aussi, bien entendu, du lait, ainsi que ses produits dérivés. Les élevages caprin, ovin et avicole sont également à développer afin de répondre à une demande croissante, que ce soit au niveau national, régional ou international.

Ceci est susceptible de générer annuellement à concurrence de USD1/kg en moyenne, **USD 200 M**, durant, au moins, 20 ans, si le pays fait l'effort de produire 200 000 Tonnes par an.

13.6.1.9. L'algoculture

L'algoculture, activité ciblant les secteurs cosmétiques et agro-alimentaires en est à Madagascar à son balbutiement. En 2007, Madagascar exporta environ 100 tonnes de ce produit pour une valeur de 500.000 USD. Nous conjecturons qu'au vu de la demande mondiale aujourd'hui estimée à 8,5 millions de tonnes et des cinq mille kilomètres de littoral dont dispose le pays, il est réaliste d'envisager une production annuelle d'algues semi-transformées, dans les cinq années à venir, de l'ordre de 10.000 tonnes et de 1 million de tonnes dans les dix années, ce qui équivaudrait à **100 Millions de USD** annuellement, durant au moins 20 ans.

13.6.1.10. Le litchi et autres fruits (mangues, bananes, ananas, ...)

Madagascar est un des plus grands producteurs au Monde de litchis. Dans ce pays, ce fruit est produit à plus de 200.000 tonnes, alors que la consommation et les exportations ne dépassent pas, à ce jour, les 50.000 tonnes. La stratégie d'exportation prônée par le GEL est, en effet, d'imposer un quota national pour les exportations de fruits, frais ou soufrés, afin de maintenir un niveau acceptable de prix. A notre connaissance, il n'a pas encore été établi à ce jour de stratégie d'augmentation massive de la production de fruits transformés. Cette remarque est valable pour les autres filières de fruits, comme la mangue de Diego, aujourd'hui objet d'un début d'exportation à l'état brut, tandis qu'aucune des 250 000 T de banane n'est exportée.

Une production, sur un horizon de cinq ans[1], de 100.000 Tonnes de fruits frais, semi-transformés (pâtes de fruits, gelées) et transformés (fruits séchés, glace, sorbet, fruits au sirop, yaourt aux fruits, diffuseur de parfum, liqueur, jus, confiserie...), à raison de 300 USD/T devrait générer, à terme environ **300 Millions de USD** annuellement, durant 20 ans.

13.6.1.11. Le sucre

Madagascar est aujourd'hui importateur net de sucre, afin de satisfaire sa consommation, estimée à 200.000 tonnes. Une moitié, environ, de cette consommation, est produite sur place, l'autre étant importée du Brésil et d'Afrique du Sud. Afin de combler rapidement ses besoins, et de pouvoir s'affirmer sur un marché mondial en constante expansion, nous proposons la réalisation de différents projets sucriers actuellement en attente : projet sucrier de Mananjary, dans la région Vatovavy, et celui de Mahaboboky, dans l'Atsimo Andrefana. A eux deux, ces unités seront capables de produire 200.000 tonnes de sucre supplémentaires annuellement. Lorsqu'on y ajoute les autres régions à fort potentiel sucrier (cf. paragraphe sur l'éthanol), on peut imaginer une production annuelle, sur un horizon de dix années, de l'ordre de

---

[1] Ce niveau est à l'heure actuelle pratiquement atteint mais a besoin d'être stabilisé et conforté.

5 Millions de Tonnes, ce qui générera, annuellement, à raison de 500USD/T, **USD 2,5 MM**.

13.6.2. Le secteur industriel

13.6.2.1. Composantes électroniques – semi-conducteurs

Disposant d'une quantité importante de terres rares et de quartz, et au vu de la demande quasi-illimitée en TIC, il est naturel que le pays oriente, en conséquence, sa stratégie de croissance vers les industries électroniques de pointe produisant de la matière intermédiaire, et, notamment, des puces électroniques. La technologie de pointe requise dans cette industrie permettra de générer une valeur ajoutée substantielle dans l'économie du pays.

Ceci est susceptible de représenter **USD 100 Millions** annuellement, durant 20 ans.

13.6.2.2. Pièces mécaniques

L'avènement des mines de fer de Soalala dans la partie occidentale du pays permet d'envisager un développement rapide d'une industrie lourde, au niveau national, produisant soit des pièces ou des machines finies, soit des pièces intermédiaires, sans omettre les fers en acier utilisés en construction ou dans d'autres filières industrielles.

Cette filière est estimée pouvoir apporter, sur un horizon de cinq ans, environ **USD 100 Millions**.

13.6.2.3. Construction navale

A l'instar des industries du luxe, généralement constamment dotées d'une forte résilience, le secteur du yacht de luxe connaît aujourd'hui un boom sans précédent, sans compter le fait que le pays ne soit pas doté d'une réelle flotte de pêche ou de cabotage. Madagascar, ayant un savoir-faire avéré, en matière de construction navale, a des chances de capter une portion non négligeable du marché mondial. Les revenus annuels, dans un environnement optimal, peuvent atteindre, en cinq ans, entre 50 et 100 millions de USD. Une très forte intensification des investissements peut amener cette évaluation à USD500M annuellement sur un horizon de 10 ans.

Nous effectuerons pour le besoin de nos calculs, une approximation de **USD 10 M** par an.

13.6.2.4. Cimenterie

Les filières de fabrication de matériaux de construction sont à privilégier, afin de préparer le pays à la vague d'améliorations de la qualité de l'habitat à venir. Cela est donc, conforme au plan d'industrialisation du gouvernement, et suppose l'exploitation des différentes carrières de calcaire et de gypse existant dans le pays, à la production de barres de fer, et, enfin, remet à la surface le projet d'exploitation de fer de Soalala, mis en veilleuse pour des raisons environnementales.

La consommation nationale actuelle est d'environ 1,5 million de tonnes par an, ce qui justifie la mise en place de plusieurs unités de production de ciment, au vu de l'abondance du calcaire, qui est une des matières premières principales nécessaires à la production du ciment (Diego II, Mahajanga, Toliara, ...).

En fournissant l'effort de produire 10 millions de tonnes annuellement, le pays peut tirer parti de cette filière et récolter **500 Millions de Dollars US** de revenus additionnels par an.

13.6.2.5. Fabrication, en cluster, de batteries électriques

Les enjeux des batteries électriques, éléments-clés pour les téléphones, les voitures électriques, les futurs drones et les robots, et la présence, à Madagascar, des terres rares obligent le pays à concevoir, sans délai, et à mettre en œuvre une stratégie industrielle s'appuyant sur ces minerais stratégiques. Étant donné le fait que l'on maîtrise particulièrement l'approvisionnement de cette matière première, et étant donné le niveau technologique que nécessite l'exploitation de cette filière industrielle, il nous sera possible de créer, par la suite, une situation d'ubiquité. Madagascar devra, bientôt, créer un centre de recherches sur les batteries électriques, financé par le commerce des ressources stratégiques, par l'Office National des Ressources Stratégiques, ou ONRS, structure dont j'ai toujours appelé, de tous mes vœux, la mise en place. La France ayant fait publiquement part de sa volonté de développer et de mettre en œuvre, dans les années à venir, une stratégie de fabrication de ce produit, il serait indiqué d'établir un accord de partenariat technologique et industriel avec ce pays.

Les revenus annuels susceptibles d'être générés, par cette filière, sont estimés à **USD 100 M**.

13.6.3. Secteur des services

13.6.3.1. Services financiers

Ayant fait le bonheur de pays comme l'Ile Maurice, le secteur financier, notamment « offshore », est aujourd'hui, au niveau mondial, un secteur en rapide expansion. Comme il a été précédemment abordé, le dynamisme, grâce notamment à un environnement politique, technique et juridique adéquat, de ce secteur est garant également d'une croissance rapide de l'économie.

Avec un environnement favorable et les ressources humaines adéquates (spécialistes du génie financier, formés notamment grâce à une proche collaboration avec l'Afrique du Sud et l'Ile Maurice), et enfin, grâce à la mise en place d'une bourse de matières premières et celle d'obligations, ce secteur est susceptible d'apporter, sur un horizon de moins de 5 ans, plus de **2 MM USD** de placements et d'investissements par an.

13.6.3.2. Tourisme

Riche en capital immatériel, de notoriété mondiale, constitué, notamment, de sa faune et de sa flore à forte endémicité réparties dans une cinquantaine de parcs nationaux, Madagascar doit, naturellement, compter sur le développement du tourisme. Il dispose, en effet, d'une pléthore de plages inexploitées, et d'une histoire humaine unique et riche. Mais, il faut comprendre que son capital intangible ne s'arrête pas à ces atouts classiques. Il importe, désormais, d'ajouter au menu touristique habituel, d'abord, le tourisme paléontologique. En effet, la Grande Ile fut le berceau de plusieurs espèces de dinosaures, dont le fameux « dahalo kely tokana »[1], qui est un dinosaure théropode du crétacé supérieur, dont les fossiles furent découverts, en 2013, dans le bassin antsiranais, au nord de Madagascar, et méritant qu'un musée de paléontologie qui y sera consacré soit construit dans la ville d'Antsiranana.

Il convient, ensuite, d'inviter les visiteurs à s'adonner au tourisme archéologique sous-marin. La ZEE de Madagascar abrite, en effet, plus d'une centaine d'épaves à forte valeur historique, parmi lesquelles figure celle du mythique « Soleil d'Orient », un navire de commerce de 1.000 tonneaux, construit pour la Compagnie française des Indes orientales, et qui fit naufrage le 1er novembre 1681[5] au large de Madagascar, avec, à son bord, 20 mandarins chargés d'une précieuse cargaison de plus de 800 000 livres d'étoffes de coton, de soie, d'épices, d'or, d'argent, de pierres précieuses et des trésors des pagodes du Siam, destinée au « Roi d'Occident ».

Je conjecture qu'en mobilisant toutes les bonnes volontés visant la valorisation de cette filière, on peut dans une période de 5 ans, atteindre le million de touristes, et cinq millions sur une période inférieure à dix ans. Sachant qu'un touriste, en dehors du prix de transport, dépense, en moyenne, 1000 USD par personne par séjour, le secteur est, de ce fait, susceptible de générer, en moyenne, environ USD 2 Milliards (prix du titre transport compris) par an, durant cinq ans, puis 4 Milliards les 5 années suivantes.

Ceci équivaut à un revenu annuel moyen de **3,5 MM de USD** durant 20 ans.

[1] Petit bandit solitaire !

13.6.3.3. TIC et IA

Le Monde actuel est caractérisé par l'irrésistible montée des technologies de pointes, désignée par Toffler (1976) comme étant les facteurs du « Future Shock »[1]. « Encore et encore », affirme-t-il, « le cerveau humain, y compris celui de nos meilleurs scientifiques, s'est retrouvé à sous-estimer les nouvelles possibilités du futur, et s'est retrouvés secoué par les forces accélératrices de la science » (Toffler, 1976). « En 2008, selon Everest Institute, le marché mondial du BPO (Business Process Outsourcing) était estimé à 320 milliards USD, avec un taux de croissance de 23% l'an, et le marché francophone, selon Datamonitor, a atteint en 2013, 22 milliards USD dont 16% seraient en off-shore. Selon Nestor Mahazoasy, Ingénieur EII Expert Consultant en Architecture et Sécurité des Systèmes, Madagascar, au vu des compétences locales ainsi que de la loi relative aux entreprises et zones franches, dont je fus l'un des concepteurs, en 2008, l'offre gagnerait à se structurer davantage, afin de capter une partie substantielle de ce marché immense ». Les TIC interviennent dans l'économie en tant que filière de production à part entière, mais aussi en tant que facteur d'efficience pour d'autres filières de production de biens comme de services. En tant que filière de production, d'une part, il est reconnu que le potentiel malgache est conséquent, au vu de la performance mondialement reconnue des développeurs nationaux. En tant que facteur d'optimisation, ensuite, il est avéré, de par l'expérience japonaise que le recours aux TIC (comme outil organisationnel–stockage, collecte et analyse de données, suivi de performances, gestion de la qualité, systèmes décisionnels ; ou outil de gestion des connaissances et de capitalisation du savoir – recherche, formation, communication, …) a permis de doubler la valeur de la production nationale. La montée de l'économie numérique est une des conséquences de la démocratisation des TIC dans les milieux productifs. D'après Gil Razafintsalama, Président du Groupement des Opérateurs en Technologies de l'Information et de la Communication (GOTICOM), on forme, aujourd'hui, 300 ingénieurs en TIC et électronique par an, ce qui est largement insuffisant, si le pays ambitionne de capter une part plus substantielle du marché des BPO et des autres sous-traitances. Pour peu que les efforts nécessaires soient fournis afin de développer les infrastructures et les textes idoines pour l'essor des TIC et de l'économie numérique, et qu'une politique tendant à augmenter le nombre de techniciens formés soit mise en œuvre, le pays devrait pouvoir fournir, annuellement, au marché de l'emploi plus de 1.000 ingénieurs-concepteurs en TIC, sinon plus, à partir de la 5ème année. Ceci aura pour effet de drainer massivement les investissements dans ce domaine précis, ou dans des domaines connexes. Il en est de même du domaine de l'IA, dans lequel des ingénieurs et chercheurs malgaches sont en train d'être reconnus.

---

[1] Choc du Futur.

Il est conjecturé que ce secteur, à très forte expansion, générera dans les 5 années à venir un revenu annuel supplémentaire de **USD 1 MM**, en moyenne, sur une période d'au moins 20 ans.

13.6.3.4. Services immobiliers

Sur ce point, nous appelons les responsables à s'inspirer du modèle mauricien, sans forcément aller jusqu'à l'octroi de la nationalité aux acheteurs de produits immobiliers. Construire, cependant, sur leur expérience dans un contexte win/win (gagnant/gagnant) nous semble être dans le domaine du faisable. Une stratégie de construction de villas de luxe du type IRS[1] sur des sites d'exception (vues sur un lac ou sur la mer, vue panoramique, proximité de parcs nationaux...) serait, à mon sens, génératrice, sur une dizaine d'années, d'au moins 500 M de USD à concurrence de 10.000 habitations de luxe annuelles à USD 50.000 l'unité en moyenne. Mais les choses ne doivent pas s'arrêter là. Les ingénieurs-chercheurs en bâtiment malgaches sont instamment invités à mettre au point des procédés de construction intenses de bâtiments, recourant à l'impression 3D. Ceci représentera, dans les années à venir, un marché important à Madagascar, et générera un revenu annuel avoisinant les **USD1 MM** par an, sur une période de 20 ans.

Les revenus susceptibles d'être générés par l'aménagement, par la mise en location sur au moins 20 ans, des réserves foncières agricoles, touristiques et industrielles, sont estimés à **USD 10MM**, annuellement.

[1] « Integrated Resort Scheme » : Concept immobilier mauricien très innovant, dans lequel l'achat d'une habitation de luxe est assorti de l'octroi d'une carte de séjour à longue durée, voire de la nationalité mauricienne.

13.7. Tableau récapitulatif des ressources stratégiques[1] et des filières prioritaires

Tableau 12 : Tableau Récapitulatif des Ressources et Filières Stratégiques.

RESSOURCES	**Potentiel estimé des réserves**	**Taux d'extraction moyenne**	**Quantité annuellement extraite (produites)**	**Prix Unitaire**	**Revenus annuels générés (USD)**
Produits miniers					
Pétrole conventionnel	219 Millions de barils	5%	10,95 M de barils	USD 70/baril	766 500 000
Pétrole non-conventionnel : huile lourde de Tsimiroro	1,7 Milliards de barils	5%	85 M de barils	USD 70/baril	5 950 000 000
Gaz	2,9 Milliards de m3	5%	145 M de m3	USD 6/m3	870 000 000
Pétrole non-conventionnel : grès bitumineux de Bemolanga	1,2 Milliards de Barils	5%	65 M de Barils	USD 70/baril	4 600 000 000
Houille (Charbon)	560 Millions de Tonnes	5%	28MT	USD 56,30/T	1 576 400 000

[1] D'après les calculs réalisés par l'auteur selon les données sectorielles disponibles.

Or (Betsiaka, Daraina, Maevatanana, Dabolava, Mananjary, Fotadrevo…)	2.000 Tonnes	5%	100T	USD 50 Millions/T	5 000 000 000
Pierres précieuses (Saphirs, émeraude, rubis)	500 Tonnes	5%	25T	USD 100 Millions/T	2 500 000 000
Terres/Métaux rares (Oxyde de tantale)	104 000 Tonnes	1%	1040T	USD 400 000/T	416 000 000
Nickel	1,3 Millions de Tonnes	5%	65.000T	USD 13.500/T	877 500 000
Dioxyde de Titane	80 Millions de Tonnes	5%	4MT	USD 2.000/T	8 000 000 000
Zircon	1 Million de Tonnes	5%	50.000T	USD 2.250/T	112 500 000
Rutile	600.000 T	5%	30.000T	USD 2.200/T	66 000 000

Fer (Soalala, Bekisopa, Fasintsara, Ambatovy)	870 Millions de Tonnes	5%	43,5MT	USD 136,7/T	5 946 450 000
Bauxite	60 Millions de Tonnes (à42% d'alumine)	5%	5MT	USD 3.000/T	3 780 000 000,00
Produit halieutique					
Caviar					100 000 000
Holothuriculture (*holothuria scabra*)	30.000T par an	Vendre la moitié par an	15.000T	USD 100/kg	1 500 000 000
Produits industriels énergétiques					
Ethanol	1 M de T/an		1MML	USD 0,50/litre	500 000 000
Jatropha	100.000T/an		100.000T	USD 1000/T	100 000 000
Centrale hydro-électrique	7 800 MW			10 cents/KWH	2 000 000 000
Eolienne	2,7 GWH				270 000 000

Solaire	500 MWH/ha par an				50 000 000
Produits agricoles et agro industriels					
Sucre					2 500 000 000
CBD médical			500T	2000USD/kg	1 000 000 000
Litchi et autres fruits			50 000	USD300/T	300 000 000
Produits de rente et huiles essentielles					200 000 000
Riz			2000000 T	USD250/T	500 000 000
Blé			400 000	USD 200 T	80 000 000
Maïs			500 000 T	USD 200/kg	100 000 000
Produits agricoles de rente (hors vanille)					100 000 000
Vanille					250 000 000
Huiles essentielles					50 000 000
Viande bovine et autres produits d'élevages					200 000 000
Algoculture					100 000 000
Produits industriels					

Cimenterie					500 000 000
Pièces mécaniques					100 000 000
Circuits intégrés et autres composantes électroniques					100 000 000
Construction navale					500 000 000
Batteries électriques					100 000 000
Produits de services					
Immobilier					11 500 000 000
Tourisme					3 500 000 000
Services financiers					2 000 000 000
TIC, développement informatique					1 000 000 000
Total annuel					**67 511 350 000**

Source : *Auteur.*

13.8. Utilisation des ressources stratégiques pour s'extraire de la trappe à pauvreté

> *« La seule façon de contrebalancer l'épuisement des ressources naturelles et de maintenir une croissance à long terme, consiste à faire intervenir le progrès technique » (Aghion, 2002).*

Le fait de posséder des ressources naturelles (non-renouvelables) en abondance peut contribuer à la sortie rapide du pays de la trappe de la pauvreté. Pigalle, en parfaite cohérence avec Aghion, a démontré que pour cela, il est nécessaire que le taux de croissance technologique domine largement la somme du taux d'extraction des ressources et du taux de croissance démographique (Pigalle, 2013). La sortie de la trappe de la pauvreté nécessite donc un taux critique d'utilisation des ressources à l'accumulation du capital technologique national, dont le taux de croissance égalera le taux de croissance économique. Le Van *et al*, qui ont étudié les trois cas d'adoption d'une bonne, puis d'intermédiaire et enfin d'une faible technologie, vont également dans ce sens, et préconisent, pour éviter de tomber dans le cas de la chute asymptotique de la croissance, l'utilisation des revenus issus de l'extraction des ressources non-renouvelables, dans la production de biens exportables dotés de valeurs ajoutées technologiques maximales. Ils incitent cependant à la prudence (tout en admettant qu'il s'agit là d'une situation souhaitable, voire idéale) quant à l'éventualité, pour le gouvernement, d'emprunter sur le marché financier international, afin d'anticiper sur les revenus générés par ces ressources. Cette situation est celle qui prévaut dans les pays producteurs de pétrole, dont l'économie a subi une forte croissance ces dernières années (Le Van *et al*, 2010). Ceci est renforcé par Azariadis et Stachurski (2004) qui insistent sur le fait que la sortie de la trappe à pauvreté suppose l'accès[1] à un marché de grande envergure pour la production du pays concerné, ainsi que la mise en place, de façon générale, d'un contexte incitatif, tels un système de garantie de crédit pour les opérateurs économiques.

13.9. Quelques remarques fondamentales

Ce qui précède nous amène à émettre les remarques importantes suivantes. On constate, tout d'abord, que le recours aux ressources non-renouvelables, et, notamment, minières, doit constituer une phase de transition et de relance de l'économie, phase qui sera d'autant plus courte que les revenus ainsi générés seront consacrés, dans une importante proportion, au financement d'activités fortement orientés vers la technologie. Très rapidement, d'autres branches, si possibles à fortes teneurs technologiques, doivent prendre le relais. Ceci est consistant avec les affirmations de Aghion et Howitt (2009),

---

[1] Cet accès, s'entend, autant dans le sens de la qualité spécifique des produits que dans celui de la logistique utilisée pour leur acheminement vers les marchés-cibles.

qui démontrent, en recourant au modèle schumpétérien, qu'une économie se basant sur des ressources non-renouvelables peut progresser rapidement si, et seulement si, celle-ci investit massivement dans les R&D orientées vers les « technologies vertes », respectives de l'environnement. Ensuite, le fait d'utiliser une partie importante des revenus générés par les ressources stratégiques dans le domaine de la recherche permet de, progressivement, muer, via le phénomène de substitution de capital, ces ressources, au fur et à mesure de leur extraction, en capital technologique, qui constituera le socle de la croissance à long terme du pays. L'importance du développement du capital humain et de l'innovation technologique fut, en effet, déjà évoquée plus haut. Il s'agit donc, par la suite, de mener des réflexions quant aux parts de ces ressources qui seront alloués à ces deux thèmes fondamentaux. Ensuite, on constate que si l'Etat, par une formule quelconque (participation au capital, taxes, ou trading) captait un tiers des revenus générés par ces ressources stratégiques et les filières prioritaires, il disposerait donc, annuellement, d'un budget d'environ 20 MM de USD supplémentaires. Par ailleurs, il importe d'insister sur le fait que 71 MM de USD de valeurs ajoutés supplémentaires dans l'économie de Madagascar, chaque année, constitue une performance très moyenne, bien que ce montant puisse paraître faramineux aux yeux de beaucoup de Malgaches. En effet, à terme, cela aura pour effet de tripler le PIB/habitant en moins de 10 ans, ce qui permettra au pays, dans cette même période, de sortir du groupe des PMA. Enfin, une fois l'économie en marche, le pays se mettra, peu à peu, en situation d'autocatalyse et intensifiera sa capacité industrielle. C'est ce dernier point, objectif ultime de tout pays sérieux dans sa volonté de prendre le chemin du progrès, qui décuplera son PIB/habitant, et lui permettra de se mettre en posture d'émergence.

Chapitre 14

La défense : les grandes urgences

La pauvreté est un ennemi mortel, doté d'alliés puissants agissant de l'intérieur comme de l'extérieur du pays. Adopter l'« Option Zéro », c'est lui laisser le champ libre dans son dessein de destruction. Si, par contre, les dirigeants prenaient l'heureuse décision de se battre et de chercher à terrasser le mal, ils devraient procéder de façon méthodique, et commencer par circonscrire ses velléités expansives, et, donc, adopter une posture, infaillible, de défense, avant de procéder à la contre-attaque, que nous aborderons dans le chapitre suivant. La défense contre les attaques, permanentes, de la pauvreté consisterait à en réduire l'impact sur l'ensemble de la population. Cette réduction est motivée par des raisons humanitaires, certes, mais, également, par un souci d'éradiquer les facteurs d'obstruction de la relance de la croissance, en parfaite conformité avec la cible 1.1 des ODD (« Eradication de la Pauvreté ») des Nations-Unies. Le présent chapitre liste les décisions extrêmement urgentes, ayant une dimension sociale, technologique et commerciale, sélectionnées selon leur aptitude à avoir un impact immédiatement et de façon durable sur la vie de la population. Le pays ne doit, en aucun cas, hésiter à faire appel à la solidarité internationale.

14.1. Urgences sociales

Celles-ci ont pour vocation de restituer aux Malgaches, leur dignité.

14.1.1. Mettre immédiatement fin à la faim

La sécurité alimentaire, en milieu rural comme urbain, constitue une des urgences les plus aiguës pour une forte majorité de la population malgache. La faim a atteint une incidence largement supérieure aux estimations actuelles des rapports officiels, et frappe plus de 1 500 000 personnes, sur l'étendue du territoire national. Il importe que soit mis, concomitamment, un coup d'arrêt final à la malnutrition infantile, provoquant, aujourd'hui, non seulement une véritable hécatombe, mais mettant d'ores et déjà en péril, à 63%, l'intégrité cognitive d'une forte majorité de la prochaine génération de Malgaches. Nous sommes, en effet, en train de vivre un véritable drame humain. L'extrême pauvreté, accompagnée de sa horde de malheurs est en train de gagner la bataille, et il est inadmissible que les seules solutions actuellement mises en œuvre sur le terrain soient des solutions exclusivement internationales ! Ces activités d'urgence doivent cesser d'être des activités marginales du GdM, confiées aux seules organisations caritatives nationales ou internationales, mais bel et bien, être prises en charge comme activités centrales de celui-ci, vu qu'elles concernent une forte proportion d'une population trop longtemps livrée à son triste sort. Il faut faire parvenir, dans les meilleurs délais, riz, sorgho, mil, féculents à tous les Malgaches résidant dans les zones les plus atteintes, en utilisant aéronefs, drones, camions, charrettes, dos de zébus, ou même, dos d'hommes ! Il importe, par tous les moyens et dans les meilleurs délais, de faire capituler, la faim et les cyniques « affameurs », qui comptent sur l'insécurité alimentaire pour maintenir, à long terme, la population dans la fragilité cognitive, et, donc, la malléabilité psychologique.

14.1.2. L'eau, la vie : L'accès à l'eau potable

Le problème de l'accès à l'eau potable, bien qu'extrêmement aigu dans l'extrême sud du pays (« Androy, tany milevindrano ! [1]»), est un problème généralisé que connaissent bien les populations d'autres régions de Madagascar. En effet, moins de 10% de la population malgache a accès à l'eau potable. Si nécessaire, ne pas hésiter, pour y remédier, à lancer un appel à la solidarité internationale, et profiter de la saison de pluies pour concevoir et opérationnaliser des bassins de rétention sur les parties les plus sèches du pays, afin d'assurer l'alimentation en eau des populations, mais aussi du bétail et de l'agriculture. Il est inconcevable, en effet, qu'en ce XXIème siècle bien entamé, ces deux éléments fondamentaux manquent aux Malgaches, pourtant assis sur des ressources, notamment en eau, qui pourraient leur permettre de bénéficier de bien plus que le strict minimum vital !

14.1.3. L'accès aux soins de base

Un appel doit être lancé de toute urgence à l'OMS pour la prise en charge des pathologies les plus étendues, en l'occurrence la toxicose, et le paludisme, source d'un nombre important et intolérable, de létalités chez la population en bas âge. A côté de ce fléau, trône la menace, toujours présente, de la pandémie virale causée par le SARS-COV2. Ici aussi, un appel à la coopération internationale serait souhaitable, afin de compenser l'insuffisance de l'encadrement médical.

14.1.4. Un abri pour chaque famille

La population-cible, enfin, doit également être de toute urgence abritée, quitte à recourir à des habitations préfabriquées. La plupart de ces personnes sont, en effet, devenues des réfugiés dans leur propre pays, et sont, non seulement, dépourvues de nourriture, d'eau, d'électricité, mais aussi de toit ! S'il est une révolution qu'il faut penser à amorcer, il s'agit bel et bien celle de l'habitat. Encore faut-il que les autorités concernées soient sensibles et conscientes de la précarité de la situation, et dotées de la surhumaine volonté qu'exigent les premiers pas vers la décence et la dignité du Malgache. De même, l'offre immobilière, à Madagascar, doit cibler de façon prioritaire la classe moyenne, en pleine réhabilitation, et dotée d'une certaine capacité de paiement, sans, cependant, négliger les couches sociales les plus défavorisées, dont les

[1] « Androy, le pays où l'eau est enfouie profondément ! »

habitations seront subventionnées à plus de 80%. Comme cela fut étudié plus tôt dans cet ouvrage, le chantier de l'habitat est, financièrement, le plus ambitieux, étant donné le fait que les investissements nécessaires pour normaliser la situation s'évaluent à plus de 125 MM de USD !

14.1.5. L'accès à l'éducation de base

L'éducation de base constitue une priorité absolue également, si l'on entend mettre la prochaine génération de Malgaches à l'abri de la pauvreté extrême. Il importe de mettre en œuvre, sans attendre, l'ensemble des mesures préconisées pour la construction du facteur humain dans le pays. Comme il a été recommandé précédemment dans le présent ouvrage, les écoles devront nécessairement être à la fois des centres de développement cognitif et physique, mais, également, des centres de nutrition et de soins.

14.2. Urgences environnementales

L'environnement, à Madagascar, est en péril, au même titre, d'ailleurs, que l'homme. Cette situation alarmante nécessite une prise en main immédiate de la pauvreté extrême de la population, à qui il est urgent, tout d'abord, d'accorder l'accès à une alternative fiable et pérenne au charbon de bois, comme l'électricité ou le gaz. Il importe donc d'organiser, dans les meilleurs délais, une « opération réchauds à gaz et réchauds électriques ». Il est important, ensuite, de protéger, par tous les moyens, les derniers couverts forestiers, qui doivent cesser de subir les coups de boutoir mortels des charbonniers et des pyromanes. Ce qui suppose la mobilisation, autour de ces couverts, des forces de l'ordre, mais également des populations locales, qui seront invitées à participer, massivement, à leur réhabilitation, via une reforestation systématique recourant à l'IA.

14.3. Urgences techno-humaine et scientifique

Malgré son retard techno-humain, le pays est doté de savoir-faire que lui envient bien de nations. Ces savoir-faire, ayant, notamment, trait à la filière vanillère, et exposés, aujourd'hui, à tout vent, doivent, désormais, faire l'objet de discrétion, voire de protection. La même protection doit être étendue, d'urgence, aux connaissances scientifiques pointues entourant la reproduction en captivité de l'holothurie, cette filière constituant une ressource stratégique d'une importance capitale pour le pays. De ces tisons de connaissances endogènes naîtront le brasier de la technologie malgache de demain, et les vulgariser, gratuitement, relève de la pure naïveté, frisant la haute trahison ! Enfin, on peut également évoquer la nécessité de protéger les molécules et les gènes d'espèces florales terrestres ou aquatiques[1], endémiques à Madagascar,

[1] Une équipe de chercheurs internationaux installée sur un bateau mouillant dans le port du cratère, à Nosy Be, effectua, en 2023, clandestinement, sous le nez des autorités, des

qui font, actuellement, encore, l'objet de recherches, parfois clandestines, et de dépôts de brevets internationaux, dans un élan prédateur d'appropriation du vivant, par des structures étrangères, sans qu'une quelconque redevance ne soit, par la suite, reversée au pays ! Je n'évoquerai même pas les activités, souvent clandestines, également, des pilleurs d'épaves, agissant dans nos eaux territoriales, et que personne ne contrôle…

De façon analogue, si on veut aller jusqu'au bout, dans la logique de défense, la circulation et la sécurité de certaines personnalités scientifiques nationales doit être gérée par l'Etat. Sans pousser à la paranoïa, il importe de garder à l'esprit le fait que ce sont de véritables temples de connaissances adaptées au cas malgache, que le pays a mis du temps à produire, et qui ont pour vocation d'éclairer et d'accompagner son développement humain et technologique.

14.4. Urgences commerciales

Le temps est venu, pour Madagascar, de comprendre la véritable nature de son rôle actuel dans l'économie internationale, et le statut auquel il aspire dans les années à venir. A l'instar de biens d'autres pays extrêmement pauvres en Afrique, la Grande île est, actuellement, ni plus ni moins qu'un simple pourvoyeur de matières premières qui lui sont achetées (cas d'une grande partie de ses produits agricoles) ou volées (cas de pratiquement toutes ses ressources halieutiques et minières). C'est aussi un déversoir de produits agricoles ou industriels de bas de gamme, qui lui sont vendus (cas du riz à 25% ou plus, de taux de brisure, ou de pâles copies d'équipements électroniques de marque), ou imposés (cas des vêtements de seconde, voire de troisième main, que les Malgaches s'arrachent littéralement, au vu du prix dérisoire auxquels ces produits textiles, initialement destinés à la poubelle et à la destruction, se vendent). Il serait légitime que ce pays aspire à devenir un exportateur de produits manufacturés, et un importateur de produits de qualité, une fois que le niveau de vie de la population, ainsi que la force du tissu industriel national auront évolué. Cette ascension, dont la réalisation constitue l'objet même de ce livre, se prépare, cependant.

Ainsi, il est essentiel, dans l'intérêt de son industrie, que le pays revoie d'urgence sa politique commerciale et déclenche les clauses d'exception prévues par les accords commerciaux multilatéraux qu'il a signés, comme le traitement spécial et différencié (TSD) de l'OMC. Ceci suppose le rétablissement, temporaire, des tarifs douaniers sur un certain nombre de produits originaires de la SADC comme du COMESA. En ces temps de marasmes et d'incertitudes liés aux impacts de la pandémie du COVID-19 et au conflit en Ukraine, provoquant une situation d'exception, telle que prévue par les textes de l'OMC, il importe de regrouper la, déjà, fragile industrie

---

recherches sur les algues de Madagascar, reportées par la suite comme étant des algues des Comores.

nationale, ayant le mérite d'avoir survécu, jusqu'ici, sans soutien substantiel de l'Etat, derrière un bouclier économique doté d'une résistance à toutes épreuves. Je préconise également que des accords sur la protection de nos côtes et de notre ZEE soient signés dans les meilleurs délais, avec des pays amis, afin de mettre un coup d'arrêt, d'une part, aux exportations illégales d'or, de pierres précieuses et aussi d'espèces endémiques, et, d'autre part, au pillage de nos ressources halieutiques. On l'a vu, cette notoire porosité de nos frontières est une des sources de notre perte de crédibilité internationale. Y mettre un terme nous permettra, donc, d'améliorer notre attractivité vis-à-vis des nations émettrices d'IDE, et des PTF.

Enfin, l'Etat doit, immédiatement, organiser, avec la coopération active des pays et des structures d'accueil, le rapatriement intégral des fonds « exfiltrés » frauduleusement.

14.5. Urgences à dimension stratégique

Il importe, dans l'immédiat, de réduire les effets pernicieux des paramètres entropigènes, comme la corruption et l'insécurité, qui gangrènent l'économie nationale. Cette entreprise doit être confiée à une équipe reliée directement au Chef de l'Etat, qui demeure le garant suprême de l'intégrité sécuritaire sur l'ensemble du territoire. Le dispositif à mettre en place doit, cependant, comprendre, également, des réformes profondes en matière de mode fonctionnel de l'administration, et de l'adoption d'une approche managériale, donc recherchant, systématiquement, l'efficience dans la gestion de la chose publique. Cette réforme enjoint tout un chacun à garder à l'esprit l'objectif principal qui est l'extraction du pays du piège de la pauvreté. Cet objectif principal doit faire l'objet d'une large conscientisation, et doit constituer l'épine dorsale de tous les plans sectoriels. Une telle approche, cependant, ne pourrait être réellement suivie par les différents acteurs du développement, faisant alors partie d'une véritable chaîne managériale, que lorsqu'ils prennent conscience de l'existence d'une volonté politique réelle et inspiratrice, et, donc, de la sincérité des plus hauts dirigeants du pays, invitées, en conséquence, à appliquer ces nouvelles règles, en premier lieu, à leurs propres personnes ! La prestation de serment par les ministres lors de la présentation des nouveaux membres du Gouvernement, le 14 janvier 2024, a frappé les esprits par son caractère original. Encore faut-il que ce qui semble, aujourd'hui, augurer une remarquable ère de renouveau amène les résultats escomptés. La mise en œuvre de la vision présidentielle nécessite, alors, la mise place d'un dispositif de suivi, contrôlant périodiquement l'efficacité de la nouvelle approche. C'est à ce niveau que doivent intervenir les représentants de l'Etat que sont les administrateurs civils qu'ils soient revêtus de l'habit de Préfet ou de Chef de District. Ces 119 personnes, qu'il faut doter de moyens techniques, technologiques et humains, présentes sur l'intégralité du territoire, doivent être, en effet, investies d'une véritable mission d'appui à la réalisation, par les CTD, de leur vocation développementale. Elles doivent donc être évaluées sur la base d'indicateurs quantifiant les changements infrastructurel, social, et économique qu'elles auront été capables de provoquer, chaque année, dans leurs circonscriptions. Une fois le territoire innervé par cette trame de compétences actives, de volonté affirmée et d'intégrité permanente, la pauvreté perdra, progressivement, prise sur la société.

Enfin, il est urgent que les forces vives du pays négocient et signent le Pacte pour l'Éradication de la Pauvreté (PEP), afin que soit mis un terme à l'instabilité politique quasi-chronique, et la relégation systématique au second plan de toutes réformes susceptibles d'impacter positivement sur la croissance économique ; ceci nécessite de promouvoir auprès de toutes les couches pensantes de la société, sous le leadership de la société civile et du CFM, du concept de **conscience nationale**.

Chapitre 15

Contre-offensive : Construction de la compétitivité à l'échelle nationale, puis régionale

(Nous avons vaincu les tempêtes et les vents alizés,
Sur cette terre nous allons vivre une éternité)
Nous avons vaincu les alizés, Nous, enfants du soleil et de l'océan,
Inventons-nous une destinée, Rien n'arrêtera les survivants !
(In « Les Survivants », Freddie Mahazoasy, alias Fulgura, Antsiranana, 1999).

"More competitive economies tend to be able to produce higher levels of income for their citizens ... to further boost competitiveness and increase volume and sophistication of exports, Africa must tackle much tougher second-generation reforms. Two strategies can help the continent achieve this goal: diversifying its product and market base and capitalizing on its own underutilized resources: managerial skills, female entrepreneurship, and natural and cultural resources[1]" (WEF, 2011).

15.1. Réflexions générales, et débats sur la compétitivité

La compétitivité économique d'un pays au vu des définitions que nous avions évoquées dans le chapitre 2, prend son sens et son importance dans le fait qu'il s'agisse d'un instrument scientifique de mesure des capacités d'une nation à réaliser des performances économiques. La compétition est le fondement même, et le processus régissant tout organisme vivant, aussi infime soit-il, et, à plus forte raison, à l'échelle macroscopique. Tout être vivant se doit donc, selon l'impitoyable théorie darwinienne, de muter constamment, d'évoluer, de s'adapter, de s'organiser, afin de maintenir, ou, mieux, d'élever son niveau dans la chaîne alimentaire, et de s'assurer ainsi de sa survie. Les organismes monocellulaires, afin d'augmenter leur chance de survie face à l'assaut de multiples prédateurs, et de s'assurer d'étendre progressivement leur champ de domination sur d'autres espèces, se sont agrégées en organismes complexes à compétences multiples et, par conséquent, plus performants. En économie, la règle de la survie du plus adapté est tout aussi valable, que ce soit au niveau de l'individu, des sociétés, des multinationales ou des nations. Comme le souligne d'ailleurs Vietor (2015), « les nations usent de différentes stratégies, explicites ou implicites, afin de s'assurer de leur compétitivité, et donc de leur

---

[1] Des économies plus compétitives tendent à pourvoir des revenus plus élevés à leurs citoyens… afin d'intensifier leur compétitivité, et augmenter le volume et la sophistication de leurs exportations, il importe que l'Afrique passe aux secondes générations de réformes, plus difficiles qui plus est. Deux stratégies peuvent aider le continent à atteindre cet objectif : la diversification de ces produits et de ses marchés de base, et capitaliser sur leurs propres ressources insuffisamment sollicitées : les compétences managériales, le savoir-faire féminin, et les ressources naturelles et culturelles.

croissance économique ». En effet, toujours d'après ce dernier, « les nations sont en compétition sur le plan technologique, sur le plan de l'attraction des investissements directs étrangers et la forte mobilisation des investissements domestiques, et, enfin, sur le plan de la sécurisation, puis de l'expansion de leurs marchés extérieurs ». Cette application de la notion de compétition à la société fut également soulignée par Richard Dawkins (1976), qui prône une mutation des sociétés, afin de s'adapter aux contraintes régionales et planétaires. Une mutation est, donc, ce qui est attendu des pays à faibles revenus, afin qu'ils deviennent toujours plus compétitifs. Le WEF cite 12 critères contribuant tant à son maintien qu'à son amélioration, parmi lesquels trônent la qualité du capital humain et des infrastructures physiques et sociales, la capacité d'innovation technologique, et la structuration du secteur financier. La nature et les propriétés de ces critères font qu'il existe une corrélation positive forte entre le niveau de compétitivité et celui de croissance. La théorie de la croissance endogène met, notamment, en exergue le rôle crucial de la technologie dans le phénomène relatif à la génération de la croissance économique à long terme. Ainsi, elle affirme que « la croissance technologique s'identifie à la croissance économique » (Jones, 2012). La croissance économique, qui peut se concevoir comme étant la capacité d'une nation à produire, étant donné un contexte humain, institutionnel, infrastructurel et technologique, en meilleure qualité, en plus grande quantité, et à un meilleur prix, est, en effet, liée fondamentalement aux performances nationales d'un pays en matière d'attraction des IDE, et d'exportation, deux concepts-clés produits, d'ailleurs, par le niveau de compétitivité. Construire la stratégie de croissance d'une nation revient, de ce fait, à construire sa stratégie en matière de compétitivité. L'établissement explicite de ce lien entre croissance et compétitivité, est plus que fondamental dans le présent travail. Ce lien, en effet, constitue ce qui nous permet d'adapter et de rendre valide la théorie de la croissance dans le cas particulier des nations en développement.

Il est à noter que Krugman (1996), lui, cependant, rejette en bloc l'application à une nation du terme de « compétitivité », qui revient à assimiler, nous dit-il, une nation à une entreprise aux objectifs mercantilistes. Ainsi, avertit-il, bien que la concurrence entre les nations soit, bel et bien, réelle, il importe de bien noter que le concept d'avantage compétitif est, économiquement, sans fondement, et peut se confondre sans encombre avec celui d'avantage comparatif, et que la construction de ce soi-disant avantage compétitif peut être la source de gaspillages de fonds publics, sans omettre les risques de distorsions sur le système économique mondial. Pour couronner le tout, cet auteur affirme de plus que « la rhétorique sur la compétitivité tend à devenir la norme parmi les décideurs politiques : tout le débat économique est, alors, faussé, et les mesures, inadaptées. Il est à remarquer que les affirmations qui précèdent furent émises dans le cas particulier des USA, où le débat est actuellement intense sur l'opportunité d'ouvrir les frontières face aux risques d'invasions de produits internationaux à bon marché, dans un contexte où les problèmes liés à l'emploi constituent une question particulièrement cruciale. Krugman, enfin, réfute par les arguments ci-dessus les affirmations de certains auteurs sur la nécessité d'aborder le commerce international et la mondialisation comme étant une guerre sans merci qui succède aux deux grandes guerres et à la guerre froide. Il ne rejette, par contre, en rien, la politique commerciale préférentielle des Etats-Unis vis-à-vis des Etats les plus pauvres de la planète, comme l'AGOA, qui permet l'accès sans droits de douanes et sans quota d'exportation de plusieurs milliers d'articles en provenance des pays éligibles (en général pauvres, à l'exception des pays comme l'Afrique du Sud) d'Afrique Subsaharienne. A ceci, je réponds que, sans un minimum de structuration de leur économie, et, donc, un effort critique d'amélioration de leur compétitivité, les pays du Sud, et, notamment, d'Afrique n'ont, pratiquement, aucune chance d'augmenter leurs parts de marchés dans les échanges commerciaux mondiaux, ce qui équivaut à les condamner à maintenir leur posture de survie, et, donc celle de la disparition progressive. De plus, la théorie de la complexité, qui affirme la duplication à des échelles, toujours plus importantes, des systèmes microscopiques, répond, parfaitement, à Krugman. En effet, la compétitivité à l'échelle de l'individu existe bel et bien aussi à l'échelle des nations, conformément aux dires de Vietor, d'une part, mais comme le démontrent clairement, d'autre part, les pratiques quasiment ouvertes de guerres économiques, aujourd'hui.

15.2. Le concept de la compétitivité et notre modèle de croissance

Afin de nous conformer à notre modèle de référence ainsi qu'à notre définition qui précède, nous ferons une distinction entre la compétitivité contextuelle et la compétitivité sectorielle. La première se réfère à la qualité de l'environnement des affaires, et donc, prioritairement, à la qualité des infrastructures, du volume de financement dédié à leur maintenance, au niveau général de la recherche technologique et du capital humain relié aux infrastructures, et aux institutions. De plus, il importe que ledit contexte soit développé de façon intense, autrement dit subit une autocatalyse, au sens systémique du terme. Celui-ci se doit, également, d'être connecté aux contextes d'autres nations. Le pays doit aussi avoir au niveau des différentes régions, les établissements nécessaires à la formation du capital humain utile à la construction, à la maintenance et à l'amélioration constante de ces infrastructures, ainsi qu'à la mise en place des institutions et des textes qui régiront les activités sociales et économiques. La seconde fait référence à la qualité des facteurs de production, ce qui suppose le développement du secteur financier et l'amélioration du flux entrant d'IDE. Il importe, également, que la recherche en milieu entrepreneurial, tout comme la coopération entre le secteur productif et le milieu universitaire puissent faire émerger une forte capacité de production de biens et de services à fortes valeurs ajoutées technologiques. Enfin, le développement de cette coopération devrait doter les universités des outils et des aptitudes nécessaires à la formation d'un capital humain de haut niveau, à forte productivité.

Selon Porter (1998), le développement progressif de la technologie (aux niveaux contextuel et sectoriel) permet à un pays de passer d'une compétitivité basée sur les facteurs, à une compétitivité basée sur l'efficience et l'innovation technologique, et donc la productivité. Cette forme de compétitivité met le pays à l'abri d'un excès de dépendance vis-à-vis du contexte mondial. En effet, le développement de la recherche technologique au sein d'une nation permet, notamment, de se passer, par la suite, du transfert de technologies, nécessaires dans la phase de compétitivité basée sur l'efficience, précédant celle basée sur la richesse et caractérisée par la montée en puissance du secteur privé, devenu créateur et producteur de technologies, et émetteur de financements vers l'extérieur, et qui se met alors, de plus en plus, à influencer le gouvernement. Le modèle de Porter, bien qu'étant devenu un classique auquel se réfèrent bien d'institutions de recherches et d'analyse, est critiquée par Narula (1993) qui y décèle une insuffisance d'objectivité, étant donné, d'après cet auteur, qu'il y fut omis l'évocation de variable essentielles, telles les activités d'affaires internationales (IBA ou International Business Activity), ainsi que l'accent sur l'importance de la technologie, qu'il qualifie de processus dynamique et incrémental. Ainsi, continue cet auteur, tout en développant une version améliorée du modèle (version dite « PDF », ou Porter-Dunning Framework), Porter n'explique pas suffisamment le processus de la croissance, ni celui du développement. Ceci, pense-t-il, est sans doute du à la trop grande importance accordée au facteur « chance ». Narula (1993) propose, donc, cinq étapes dans la construction d'une meilleure compétitivité nationale d'un pays, et élabore son modèle sur ceux de Porter et de Dunning. Le sien diffère notamment par son insistance sur le rôle de « l'accumulation de technologies », qu'il qualifie d'aussi importante que le niveau technologique lui-même, et va jusqu'à évoquer le concept d'« avantage technologique national ». S'inspirant du concept du « diamant de Porter », le Forum Économique Mondial (WEF, 2013), affirme, comme on l'a vu précédemment, que la notion de compétitivité nationale repose sur 12 piliers interreliés, dont la mesure agrégée est utilisée pour évaluer la mesure de la compétitivité. Ces facteurs vont des facteurs contextuels (institutions, infrastructures, environnement macro-économique, santé et l'éducation primaire, enseignement supérieur et la formation), aux facteurs sectoriels (efficience du marché, marché du travail efficient, développement du marché financier, aptitude technologique, dimension du marché, sophistication des affaires, et innovation). Enfin, l'on notera la compatibilité des facteurs de Porter avec les facteurs de compétitivité de Barkley (2002) qui nous rapporte la pyramide de compétitivité, séparant les facteurs en deux catégories : les facteurs de politique (environnement d'affaires, infrastructures physiques, infrastructures de la connaissance) et les conditions essentielles (performance d'affaires, productivité, prix et coûts, approvisionnement en main d'œuvre). Une fois les fonds générés par les ressources stratégiques disponibles, l'on est en mesure, désormais, de financer les grandes réformes qui s'imposent au pays, si tant est que son développement, est, réellement, au programme ! Lesdites réformes se doivent alors d'être axées, essentiellement, sur la construction de la compétitivité du pays, qui est, elle-même, à bâtir sur l'accélération des réformes institutionnelles, la recherche et l'innovation technologiques, le développement du capital humain, la mise en place des infrastructures, et de la rénovation du système financier.

Il convient, avant d'aller un peu plus loin dans les propositions de stratégies de compétitivité pour l'Afrique et Madagascar, d'analyser les orientations prises, il y a quelques siècles ou quelques années de cela, par d'autres pays ayant connu des succès significatifs en matière de croissance économique, et de s'en inspirer. Le principal reproche fait par Reinert (2019) aux puissances économiques désireuses d'apporter leur assistance aux pays en développement est, en effet, que celles-ci, au lieu de répliquer et d'adapter les formules qui ont fait leurs preuves chez eux, inventent de nouveaux dispositifs aux résultats peu convaincants, comme l'acceptation, puisqu'elle favorise leurs stratégies économiques d'aujourd'hui, de l'exportation par ces pays, de matières premières à faibles valeurs ajoutées, pour leur permettre de produire par la suite, une fois associés à leurs technologies, des biens manufacturés qui feront exploser leur croissance. L'AGOA veut, par exemple, justement, s'affranchir de cette approche économique inique, qui, hélas, a encore une longue vie devant elle.

15.3. Etudes benchmarking de performances en matière de compétitivité

Comprendre la stratégie adoptée par les meilleurs élèves de la classe permet, en général, de se faire une idée de la stratégie que l'on devrait adopter soi-même, pour s'améliorer, et fréquenter, à son tour, les sommets. Examinons donc, à présent, les parcours que connurent, en matière de compétitivité, les quelques nations occidentales, africaines et asiatiques suivantes, qui se sont distinguées de par la qualité de leurs compétitivités, afin de pouvoir en tirer quelques caractéristiques qui nous seront d'une grande utilité pour élaborer la trajectoire malgache. En ce qui concerne le cas de l'Afrique subsaharienne, plus particulièrement, il y a lieu de constater que les meilleures performances sont réalisées par l'Afrique du Sud et l'Ile Maurice, tous les deux obtenant le score de 4,3, identiques à celui obtenu par le Brésil. Le Botswana, doté d'un score de 4,1 est suivi de près par le Rwanda, qui obtient un score de 4,0. Situé dans le peloton de queue, Madagascar, classé 132ème sur 141 pays, obtient le score de 3.5, qui est également celui de la Tanzanie, de l'Ethiopie et de la Zambie.

15.3.1. Le cas britannique

Tracteur du décollage économique mondial, la Grande Bretagne connut un saut significatif en matière de productivité, qui démarra progressivement, depuis les siècles de lumière, dans une Europe technologiquement émergente, et s'accéléra durant le XIXème siècle. Cette forte accélération, également connue sous l'appellation « révolution industrielle », fut due, avant tout, selon Allen (2012), à la performance de chercheurs, tels Adam Smith, inventeur du concept de la division du travail, et James Watt, père du moteur à vapeur, qui surent établir un tissu de créativité et d'innovations technologiques qui s'allia à des financiers et à des industriels pour pousser la productivité à un niveau jusque-là jamais égalé. Une des conséquences fondamentales de la mise au point du moteur à vapeur est le développement du chemin de fer et du transport maritime, dès le début du XIXème siècle.

A noter également que cet essor remarquable fut facilité par la qualité de la main d'œuvre, bien formée et bien portante, et par l'abondante disponibilité du charbon.

15.3.2. Le cas français

En France, dans la foulée de l'essor anglais, Napoléon Bonaparte, en août 1808, mit en place des réformes qui modernisèrent l'enseignement, à la suite de celles effectuées par les révolutionnaires. Ceci fut suivi, vers la fin du XIXème siècle, par les lois Jules Ferry, qui visèrent à élever le niveau de l'enseignement, afin de pouvoir faire face aux défis posés par le développement technique à venir.

15.3.3. Le cas américain

Les Etats Unis, en pleine construction dans le XIXème siècle, purent, également, directement bénéficier de la révolution industrielle. Outre l'abondance de charbon, source d'énergie et de capital humain, le pays fut propulsé par la présence en quantité quasi-illimitée de matières premières qui approvisionnèrent, entre autres, l'industrie textile. Aujourd'hui, les USA figurent parmi les pays mettant le plus de moyens dans la recherche scientifique et dans l'innovation technologique.

15.3.4. Le cas singapourien

Le cas singapourien est un cas disposant de quoi inspirer toutes les puissances économiques en devenir. Le principal architecte des prouesses économiques de ce pays, son Premier Ministre Lee Kwan Yew, mit l'accent sur l'amélioration de la qualité de l'éducation et sur une méritocratie sans faille, et la facilitation de l'immigration de travailleurs qualifiés. Une conséquence majeure de cette décision est l'instauration d'une compétition féroce sur le marché du travail, ce qui eut un impact significatif sur la forte disponibilité du capital humain, et, donc, la compétitivité. Il intensifia également, ainsi, la venue des IDE, qui bénéficient jusqu'à ce jour de moult avantages fiscaux, comme dix années de défiscalisation. La compétitivité contextuelle se construisit par le biais de la lutte contre la corruption, la prévalence d'une stabilité politique et institutionnelle, et la stabilité monétaire.

15.3.4. Le cas mauricien

Classé comme étant la nation la plus compétitive en Afrique, l'Ile Maurice doit une grande partie de ses performances économiques actuelles aux investissements qu'elle réalisa en matière de développement de l'éducation. Mohan *et al* ont pu prouver que les efforts consentis par le gouvernement mauricien en matière d'éducation entre 1990 et 2006 furent à l'origine d'une forte amélioration de la productivité et ont contribué de façon significative à la croissance du PIB (Mohan *et al*, 2010).

15.3.5. Le cas botswanais

Le miracle botswanais est du, essentiellement, du moins à l'origine, à l'adoption volontariste d'une bonne gouvernance des ressources naturelles du pays, principalement l'or et le diamant. Cette bonne gouvernance, alliée à l'utilisation intelligente (basée sur un investissement massif dans l'éducation, l'enseignement supérieur, de développement de la recherche, des innovations technologiques et de l'industrialisation) et équitable des revenus générés, et à l'incitation au retour au pays de compétences extérieures, a permis à ce pays de se distinguer, rapidement, et d'échapper à la malédiction des ressources. Un accent particulier fut, enfin, mis sur la compétitivité contextuelle, marquée par une stabilité politique exemplaire, et par de significatifs investissements dans les infrastructures.

15.3.6. Le cas malaisien

La Malaisie est un des pays du Sud ayant subi une transformation rapide ces quarante dernières années. Le cas particulier de la ville de Penang qui s'est distinguée, à l'instar de l'Ile Maurice, par la qualité extraordinaire de son capital humain est restée dans les annales de l'histoire du développement économique. Une des stratégies qui ont construit la compétitivité internationale de la Malaisie est celle de l'exigence du transfert de technologies dans le cadre de chaque achat d'équipements étrangers. Ainsi le pays se dota progressivement d'un stock de technologies, qui, ajouté à son stock de capital humain, doté d'une forte capacité d'absorption, lui permit d'augmenter la valeur ajoutée technologique de sa production.

Armé de ces quelques exemples probants en matière de réussite économique, voyons, à présent, les points à prendre en considération, pour la réussite, cette fois, du cas malgache.

15.4. Construire la compétitivité de Madagascar et le préparer à la guerre économique

Dans le classement mondial relatif à la compétitivité, Madagascar navigue en peloton de queue, du fait de la médiocrité des valeurs des indicateurs contextuels. En 2019, Madagascar fut classé 132ème sur 141 pays par le World Economic Forum.

La construction de la compétitivité du pays passe, tout d'abord, par la mise en œuvre des différentes recommandations que financeront les fonds générés par les ressources stratégiques et les filières prioritaires, et ayant portés tant sur les facteurs contextuels que les facteurs sectoriels, sans oublier de procéder à la, fondamentale, unification nationale. Comme nous l'avions vu précédemment, en effet, la voie vers la prospérité nécessite l'atteinte de cet objectif. Cela impliquera, sans aucun doute, de revoir le rôle même du CFM, qui sera l'arbitre. C'est, cependant, un processus qui, comme la construction et la mise en œuvre du processus démocratique, devra engager chaque Malgache, et surtout chaque responsable, à tous les niveaux de l'Etat.

Une fois ces préliminaires de l'unification et de la démocratie traités, l'Etat doit commencer à œuvrer de façon à ce que le pays accède au top 50 des Etats réformateurs au sein du classement « Doing Busines » de la Banque Mondiale. Ce qui suppose la réalisation de gros investissements dans le domaine de l'énergie, comme des routes, et des télécommunications, créant ainsi, dans la foulée, des emplois formels en quantité appréciable, et ce, sur l'étendue du territoire. Les procédures de passation de marchés doivent alors être les plus claires et les plus transparentes possibles, fermant ainsi la porte, et de façon définitive, à toute forme de corruption. Le Chef de l'Etat doit être le garant ultime du respect de ce principe.

La construction de la compétitivité du pays passe, ensuite, par la mise place par l'Etat, d'un environnement juridique perçu comme souple et attrayant, par les investisseurs, domestiques et internationaux. Je propose, non sans insistance, que soit incluse dans les réformes juridiques, l'adoption de la loi portant code de la compétitivité de Madagascar, prévoyant, notamment, une plus forte implication et responsabilisation de l'Etat dans l'exploitation des ressources stratégiques, et l'utilisation des revenus ainsi engrangés dans le développement de la recherche et de l'innovation technologique. Ce texte fut l'objet d'une proposition de ma part, mais fut rejeté par le Gouvernement malgache en 2017. Le régime actuel, à travers le nouveau Code Minier a eu l'audace, et je le félicite, d'introduire le concept, central, de « substances stratégiques » ou « critiques », dans l'exploitation desquelles les taux de parts attribués à l'Etat seront déterminés, pour chacune d'elle, en Conseil des Ministres, mais n'est, malheureusement pas, allé jusqu'à introduire celui de « bonne utilisation » (au sens de Le Van *et al*) des revenus générés par ces dernières. Le Van *et al* insistent, en effet, particulièrement, sur le concept de « bonne » utilisation des ressources non-renouvelables d'une nation, consistant à faire une part belle aux technologies, quant à l'utilisation des ressources. Je fais mien, également, ce principe, et préconise qu'au moins 10% des revenus exceptionnels générés par les ressources (ou substances) stratégiques, soit un peu plus de 6 MM de USD, soient consacrés, annuellement, et durant au moins 10 années, au transfert et au rattrapage technologiques, et, par la suite, dans l'intensification de la recherche et l'innovation technologiques. En effet, une fois la période de transition technologique passée, période d'environ cinq ans, au cours de laquelle le pays intensifiera le processus de transfert de technologies, il devra passer à celle de la mise en place d'une véritable révolution technologique endogène. Ceci tractera les efforts de recherche nationaux et incitera le secteur privé à porter sa part du sacerdoce ! Créer un pont et un partenarial permanent entre la recherche académique et le secteur productif constitue en effet, une priorité fondamentale. Il y a lieu, également, de savoir que le nombre de publications par an est fondamentale pour estimer l'intensité du foisonnement technologique d'un pays, et ce, afin d'améliorer simultanément les compétitivités contextuelle et sectorielle. Armer les bras des chercheurs pour qu'ils puissent s'adonner intensément à leur passion salvatrice est une nécessité économique absolue. Il y a, de ce fait, lieu, de mettre en place les forums régionaux publics-privés de la recherche, qui ont une obligation de maintenir une capacité de recherche au niveau de chaque région, et, surtout, de procéder à l'organisation de sessions de restitution publique, au moins deux fois par an. Les thèmes de recherche à prioriser sont ceux qui furent proposés au sein de la Partie III de ce livre. Ceci équivaut à environ 200 USD par habitant de dépenses de recherche.

Enfin, la configuration du pays pour la guerre économique, étape ultime dictée par la situation d'auto-sélection prévue par la théorie de la complexité, ne peut être considérée comme étant complète, sans la réalisation d'efforts en matière d'intelligence et de prospective économiques. L'intelligence économique, incluant la veille technologique, informe le décideur sur la nature des différentes avancées des concurrents et nourrit, *de facto,* les efforts de prospective qui constitue un véritable projecteur tourné vers le futur. De ces efforts naît la stratégie économique qui orientera par la suite les actions des opérateurs privés, comme de l'Etat.

Ne pas entreprendre de grandes réformes en matière d'environnement juridique, et, aussi, technologique, des affaires, pilier fondamental de toute forme de compétitivité, ne pas s'informer de ce qui se fait ou se prépare en matière d'économie dans le temps et dans l'espace traduisent un manque manifeste de volonté dans la réalisation de l'offensive économique et l'accompagnement du pays à un stade supérieur de progrès.

15.5. De l'intégration économique à la Grande Convergence

Une fois le pays doté d'un niveau de compétitivité appréciable, autrement dit d'infrastructures physiques, et surtout énergétiques et de transport, au moins aux normes du continent africain, d'un système de contrôle et de répression de la corruption dont l'efficacité est directement garantie par le Président de la République, d'un stock de technologies appréciable, d'un capital humain de haut niveau, et d'une totale liberté de circulation de capitaux, il lui sera possible, alors, étant en proie à un processus d'auto-sélection succédant à celui d'autocatalyse, de décupler, ou, même, de centupler, sa capacité d'attraction d'IDE et de FPI, et de production, en parfaite conformité avec les exigences des normes internationales. Il sera, alors, venu, le temps de passer à l'offensive, autrement dit, de satisfaire, entièrement, les besoins du marché domestique et, surtout, à exporter massivement, sans omettre la menée d'une diplomatie réellement au service de l'expansion économique et du développement technologique du pays. Le partenariat avec les pays amis de Madagascar devrait, par conséquent, être axé, en priorité, sur la coopération en matière d'amélioration drastique de la qualité des infrastructures et de l'amélioration du capital humain, ce qui, naturellement, induira une hausse substantielle de la production à haute valeur ajoutée technologique. Un autre objectif de ce partenariat, et de la mise en œuvre des homogénéisations contextuelle et sectorielle, est de pouvoir établir des clusters industriels source d'une augmentation massive de la production.

15.5.1. Extension spatiale du concept : Passer à la compétitivité régionale

« L'Afrique n'est plus le continent de la pauvreté et du désespoir. Les performances économiques en ont fait la nouvelle frontière de la croissance globale. La stabilité, l'inclusion, la transformation et l'intégration devraient en faire la puissance émergente de demain » (Hakim Ben Hammouda, 2014).

Le Monde, en sus de la forte instabilité des marchés, conséquence de la crise économique et financière déclenchée par l'éclatement de la « bulle » financière générée par les « *subprimes* » en 2008, est un monde où la dérégulation et l'intégration de l'économie ont tendance à réduire l'importance des frontières et à mettre plus l'accent sur la compétitivité, notamment technologique, et l'accès aux marchés.

La compétitivité nationale, comprenant notamment le renforcement intensif de la qualité d'un capital humain à haute capacité d'absorption technologique, et la qualité du climat des affaires, incluant le développement des infrastructures institutionnelles et de la démocratie, sont, de ce fait, devenues des notions essentielles à intégrer dans la stratégie nationale de développement, si tant est que l'instauration d'une croissance économique stable à long terme et l'avènement d'une Nation nouvelle, fière et souveraine, demeurent les objectifs réels des plus hauts décideurs de ce pays.

Il n'est point possible, comme je l'ai évoqué dans la partie consacrée à la ZLECAf, de concevoir l'intégration régionale et de favoriser la progressive convergence intrarégionale des nations membres d'un même groupement économique, sans passer à la construction de la compétitivité régionale. Le concept de compétitivité est en général, dans la littérature, systématiquement évoqué dans le cas d'une firme, ou, comme nous l'avions vu, celui d'une nation. Passer à la construction de la compétitivité régionale suppose la transposition de notre modèle de compétitivité, elle-même adossée à notre modèle de croissance, au niveau d'une région.

Pour le cas particulier de la région Afrique Orientale, au sein de laquelle se trouve Madagascar, cela suppose au niveau du PGF, la mise en place d'une chaîne de valeurs régionale cohérente de contextes d'affaires. Ceci comprend l'harmonisation, tout d'abord, des efforts en matière de recherches et d'innovation technologique. La mise en place de pôles de recherches académiques régionaux devait constituer le cœur même de la stratégie de compétitivité régionale. Ensuite, il importe d'améliorer la qualité des services infrastructurels : il est donc nécessaire qu'existe, au niveau de la région, une fourniture d'énergie en quantité suffisante pour subvenir aux besoins, actuels et à venir, des unités de production de biens et de services. Sur ce point particulier, la Grande Île peut prendre le lead, au vu du potentiel dont il dispose, notamment, en matière d'énergie hydroélectrique. Elle peut également mettre sur la table l'avantage comparatif que lui accordent ses réserves en terres et métaux rares. Du point de vue des transports, il importe de créer un corridor maritime, en vue de la mise en place de conditions favorables à l'instauration d'une intégration régionale, à travers l'opérationnalisation d'une chaîne logistique assurant le transfert rapide et sans entrave, tant des matières premières, vers la Grande Ile, que des produits finis ou semi-finis, à exporter. De même, une harmonisation des textes relatifs aux investissements est de prime importance, également. Les pays, comme Madagascar, ayant des difficultés, pour le moment, à mettre en place un contexte d'investissement idoine, devront aménager des hubs régionaux de production qui, eux, seront pourvus d'environnements infrastructurel et juridique adéquats.

Du point de vue sectoriel, il est indispensable que le capital humain soit disponible en tout point, bénéficie d'une formation continue, et puisse, enfin, échanger technologies et savoirs-faires. Il en est de même sur la disponibilité des fonds que nécessite le processus de production massive qui ciblera, en premier lieu, les marchés domestiques, puis, en second lieu, les marchés tiers.

Notons que dans son plan de développement régional, les communautés d'intégration régionale, telle la SADC, n'ont pas explicitement prévu de dispositions de la sorte, qui devront, par la suite, permettre à la région de développer la compétitivité, et, donc, la productivité, régionale, et cibler stratégiquement et en commun, des marchés tiers bien précis[1], tels les Etats-Unis, l'Europe, l'Asie du Sud Est et les Emirats Arabes Unis, et ce, dans des secteurs et niches soigneusement sélectionnés.

Si le nouveau bloc continental ZLECAf ne s'engage pas, explicitement, sur un calendrier précis de mise en œuvre de l'intégration de sa compétitivité et de sa production, il va falloir que Madagascar s'en éloigne explicitement, durant une période dont il faut débattre, et identifie le groupe des partenaires multi ou bilatéraux prêts à tenter l'aventure de la Grande Convergence en matière de compétitivité, et, donc, de productivité.

Je propose, désormais, également, de l'évoquer dans une dimension régionale, à l'instar de l'approche actuellement observée par l'Union Européenne. Il y a, pour ce faire, lieu, de mettre en cohérence les différents facteurs de compétitivité, et donc de croissance, dans le groupe des nations considérées, en l'occurrence Madagascar, Botswana, l'Afrique du Sud et Maurice. Cette mise en cohérence doit comprendre, prioritairement, la mise aux normes, mais aussi l'augmentation des capacités énergétique, logistique de Madagascar, afin de le hisser aux niveaux des pays choisis. Mais celle-ci doit, ensuite, comprendre un effort, sans précédent, d'amélioration en matière de capital humain. Enfin, il importe de négocier, et d'établir des accords en matière de recherches et d'innovations technologiques.

L'orientation des efforts de la région dans le sens de l'intensification de la mise en cohérence institutionnelle, infrastructurelle, scientifique, industrielle, commerciale et financière aura pour effet d'améliorer la compétitivité du groupe et assurera, comme on le verra plus loin, la convergence de Madagascar vers les nations partenaires, lesquelles auront tendances à converger, elles, vers les nations avec lesquelles elles entretiennent des relations de partenariat poussées.

[1] Il y a lieu de saluer la stratégie analogue adoptée dans le secteur tourisme par les opérateurs touristiques de l'Océan Indien qui ont créé le label commun « Iles Vanille ».

15.5.2. Décupler la production régionale

La mise en place de zones industrielles, ou mieux, de zones économiques spéciales de 4ème génération, dotées d'infrastructures de logistique et de centres de recherches technologiques, constitue une des voies à privilégier pour le pays.

D'un point de vue contextuel, cela nécessitera une intra-homogénéisation des infrastructures, notamment, des transports.

D'un point de vue sectoriel, il devra être favorisé la clusterisation régionale des structures de production de biens et de services, qui s'organiseraient alors de façon à intégrer des moyens sis dans plusieurs pays différents. L'approche cluster, basée sur l'exploitation des différents avantages comparatifs de pays différents repose sur le partage des gains, mais, également, des risques. De même, la mise en place, actuellement en cours, de la politique nationale relative à la qualité se doit d'être menée jusqu'à son terme, afin de permettre au pays d'être en mesure de produire et de commercialiser, non seulement des biens technologiquement conformes aux normes internationales, mais aussi à un rythme capable de soutenir la demande des marchés-cibles comme la Chine.

15.5.3. Développer et maintenir des diplomaties techno-humaine et économique efficaces

Le niveau faible actuel du volume des IDE reflète la totale inefficience de notre stratégie diplomatique, qui s'ajoute à l'inexistence, dans le pays, d'un environnement d'affaires de qualité. Sans instruction claire et incisive, nos diplomates postés dans diverses capitales du Monde, pourtant payés selon les normes salariales internationales, se contentent, POUR LA PLUPART, de faire acte de présence dans différentes réceptions mondaines, lorsqu'ils ne s'occupent pas, tout simplement, de la scolarité de leurs progénitures. Ceci représente, et je le pense sincèrement, un authentique gâchis dont un pays sur les rotules ne peut pas se payer le luxe de s'offrir.

La logique créée par la présente proposition de contre-offensive plaide pour le recours aux services de véritables « brokers » économiques professionnels privés, dont l'indicateur principal de performance sera, essentiellement, basé sur le volume d'IDE, de savoir-faire et de technologies ramenés au pays, chaque année. En d'autres termes, dans la période que le pays consacrera à l'édification, puis la solidification de sa compétitivité, certaines ambassades, à défaut d'être fermées, devront fonctionner avec un effectif réduit et trié sur les volets.

Une fois les prolégomènes techniques évacués, il va falloir mettre véritablement en œuvre les accords de partenariat scientifiques et techniques signés avec plusieurs dizaines de pays. Les universités malgaches, ainsi que les centres de recherche existant et à créer seront les têtes de file, dans le pays, de la mise en œuvre de ces accords, qui seront, essentiellement, basés, du moins dans un premier temps, sur le transfert de technologies.

Enfin, il va, également, falloir penser à ouvrir des ambassades dans les pays des NIC où cela n'a pas encore été fait, en l'occurrence au Brésil, au Mexique, en Thaïlande, en Corée du Sud, en Turquie et à Singapour. Ces pays constituent, aujourd'hui, la tête de proue de la croissance mondiale, et il est impensable que la Grande Ile n'ait pas établi, à ce jour, avec eux, des relations économiques et technologiques privilégiées.

Il ne nous faut pas, non plus, omettre d'établir des relations diplomatiques avec les nations à fortes compétitivités comme les pays nordiques, et certains pays du Commonwealth, dont l'Australie et la Nouvelle-Zélande.

15.5.4. Mise en place progressive de la Grande Convergence

Il est également possible de faire appel à ce raisonnement en s'orientant vers l'intérieur, et avoir ainsi, via le théorème de Boucekkine–Camacho–Fabbri, toujours sous l'hypothèse de la parfaite mobilité régionale des facteurs, une convergence interne du revenu par tête des nationaux. Il est, de ce fait, alors, possible, d'évoquer l'existence d'une « chaîne de convergences simultanées », i.e. au niveau interne/national (cas d'intra-convergence) et externe (entre nations membres du « club de convergence » - cas d'inter-convergence).

> *« Sans intégration régionale effective, économique, commerciale, politique, nous ne pèserons guère dans ce monde globalisé, quel que soit notre « potentiel ». Seule notre unité fera notre force. Notre continent a acquis son indépendance politique. Il lui reste à devenir autonome. Cessons de faire appel à la solidarité de l'extérieur. Devenons solidaires entre nous. Passer de l'aide internationale aux investissements étrangers, c'est encore rester au milieu du gué. Il faut aller plus loin, et passer aux investissements africains en Afrique. Alors, nous deviendrons vraiment indépendants » (Ibrahim, 2014).*

Les facteurs favorables à la croissance coïncident avec les facteurs générateurs de compétitivité. Il faut bien comprendre que dans un monde fortement globalisé, il serait vain de concevoir des politiques de compétitivité réduites au niveau national. Les pôles de croissance, lieu par excellence de recherche, de formation, de financement et d'incubation d'entreprises, se doivent de jouer un rôle important dans l'établissement d'une croissance locale, qui diffusera, par la suite, à une échelle plus large.

15.5.4.1. Etude Benchmarking sur l'efficacité des facteurs étudiés

Rodrik étudia les facteurs ayant les plus contribué à la croissance de quelques régions ou pays du monde, entre 1960 et 2000. Des trois facteurs étudiés, en l'occurrence le capital physique, l'éducation, et la technologie, il apparut que la technologie permit à la Chine, qui augmenta de 600% ses investissements en la matière, de décoller dans les années 1970, et atteignit un taux de croissance à deux chiffres à partir des années 1990. Ce facteur fut fortement appuyé par la suite par le capital physique, surtout à partir des années 1990. De façon symétrique, la croissance, en Afrique fut, de tout temps, lourdement freinée par l'absence de technologie et de capital physique (Rodrik, 2003).

15.5.4.2. Politique d'intégration régionale

Une fois la compétitivité mise en place au niveau régional, il sera alors, désormais, possible de passer à l'implémentation d'une stratégie d'intégration régionale. Ceci peut se faire en agissant simultanément sur les facteurs contextuels et sectoriels, toujours en adéquation avec notre modèle de base.

15.5.4.2.1. Harmonisation des facteurs contextuels

Le renforcement du processus d'intégration économique nécessitera des initiatives de coopération dans un certain nombre de domaines. Au nombre de celle-ci devraient figurer, en premier lieu, l'harmonisation des politiques macro-économiques, y compris l'adoption de mesures concertées en faveur de la convergence des politiques fiscales et monétaires. En outre, il est nécessaire de renforcer la coordination des politiques dans les secteurs-clés, en particulier dans les secteurs agricoles et industriels. En absence d'une telle coordination, le processus d'intégration risque de demeurer étroitement centré sur les questions commerciales. Il importe par la suite, d'accélérer la coordination des codes d'investissements pour stimuler et créer des opportunités plus importantes pour les investisseurs étrangers. De même, l'harmonisation des lois régissant le droit des affaires, et, également, celles relatives à la préservation de la propriété intellectuelle et artistique constitue une urgente nécessité. A cet égard, un grand pas a été franchi par la création de l'Organisation pour l'Harmonisation du Droit des Affaires en Afrique (OHADA), né du Traité de l'harmonisation du droit des Affaires en Afrique, qui fut signé à Port-Louis (Ile Maurice) le 17 octobre 1993, puis révisé à Québec (Canada) le 17 octobre 2008.

De plus, il est indispensable de procéder à l'amélioration de la gouvernance économique en vue de rendre plus transparents les processus de prise de décision des organes nationaux et régionaux, et de renforcer les institutions régionales.

Enfin, il est important de mettre en œuvre la coordination et la coopération dans le cadre des investissements dans les infrastructures régionales et l'exploitation durable des ressources naturelles. A cet égard, il y a de nombreuses possibilités d'établir des partenariats public/privé dans les domaines de l'hydroélectricité et de l'énergie, en général, des télécommunications, du transport ferroviaire et routier, et de la mise en valeur des bassins fluviaux.

Mais, le plus important des partenariats à réaliser entre les pays intégrés au sein d'une même communauté régionale doit s'effectuer sur le plan de la recherche scientifique et l'innovation technologique. Les universités et autres centres de recherches des pays membres de la communauté doivent donc fonctionner en réseau, et contribuer à l'effort commun de recherche dans les thèmes scientifiques et technologiques prioritaires pour la région. Une façon de le faire serait, par exemple, de mettre en commun une médiathèque en ligne, ou de réaliser des recherches dans le cadre d'accords intégrant les chercheurs des différents pays.

Il est aussi primordial que des efforts d'intégration interne soient fournis, afin de faire converger les pôles nationaux de croissance entre eux.

15.5.4.2.2. Harmonisation des facteurs sectoriels

Toutes ces initiatives, tous ces facteurs de compétitivité et de croissance, bien qu'évoquant une forte implication de l'administration, devraient se faire, dans leur conception, comme dans leur mise en œuvre, dans le cadre d'un partenariat Public Privé (3P) à l'échelle régionale. Une fois établi, le dialogue se doit d'être maintenu dans le suivi et les ajustements nécessaires dans un contexte national et international extrêmement dynamiques et requérant la mise en place d'un système fortement évolutif et adaptatif.

Au niveau productif, il importe également de mettre en place des clusters régionaux de production fonctionnant avec des fonds multinationaux, et implantés sur plusieurs nations différentes. Les activités de R&D de ces multinationales, ou tout au moins de transfert de technologies, sont également susceptibles d'être réparties sur plusieurs pays.

Ce qui suit résume les différents défis qu'il s'agit de relever afin de se mettre dans le contexte optimisé en termes de compétitivité et de croissance.

15.5.4.2.3. Intégration extra-régionale

Une approche d'intégration régionale efficace devrait aussi viser à intégrer l'Afrique au reste du Monde. En effet, les ensembles économiques régionaux devraient être considérés comme des fondements devant permettre d'atteindre cet objectif principal, et ce, en parfaite adéquation avec les affirmations d'Ibrahim (2014). De tels efforts seraient également soutenus par une initiative concertée en vue de mettre pleinement en œuvre les dispositions des accords sur les échanges multilatéraux et les investissements, tels que l'Accord de Cotonou entre l'UE et les pays ACP, les conventions entre l'Union européenne et les différents pays africains, ainsi que les dispositifs de l'AGOA dont le maintien, malgré les décisions de durcissement tarifaire décidées par l'administration Trump, doivent être négociées.

Dans toutes ces initiatives, les groupements d'intégration régionale existants, et surtout le dernier né et, par ailleurs, le plus important, la ZLECAf, doivent, nécessairement, jouer un rôle de premier plan. A cet égard, l'Accord de Cotonou entre l'UE et les pays ACP est un modèle de coopération en matière de développement, basé sur les principes de partenariat, de dialogue, de prévisibilité du soutien financier.

15.5.5. Provoquer un saut quantitatif des exportations nationales

15.5.5.1. Tous pour la stimulation des exportations !

Parvenus à la dernière partie du présent ouvrage, il nous est loisible de faire un constat. L'amélioration du capital humain, du niveau technologique, de la compétitivité, du flux entrant des investissements étrangers directs et indirects, des paramètres contextuels, dont la stabilité institutionnelle et socio-politique, la mise en place des stratégies d'intégration régionale, et l'amélioration de la qualité des infrastructures physiques n'ont, au final, au risque de me faire traiter de « néo-mercantiliste », qu'un unique objectif : contribuer à augmenter, de façon substantielle, le volume et la valeur des exportations, principal combustible de la croissance économique, et principal facteur ayant permis l'émergence des premières puissances économiques, de la Chine au début de notre ère, à la Grande-Bretagne, lors de la Grande Divergence.

Ainsi, le voleur à la tire qui subtilise l'appareil photo d'un touriste, le bureaucrate qui exige un billet contre un document officiel pourtant gratuit, le haut-fonctionnaire qui exige sa part de commission dans un projet d'investissement, le militant conservateur extrémiste qui refuse, catégoriquement, l'implémentation d'un nouveau projet minier, industriel, ou d'infrastructure, pourtant générateur d'emplois et utile au développement du tissu productif, sans proposer d'alternative, l'opérateur proche du pouvoir ayant des comportements hostiles vis-à-vis de toute forme de projet d'exportation, tous, contribuent à placer cet objectif hors de la portée de Madagascar et du continent africain ! Augmenter, massivement, les exportations, une entreprise déjà difficile, même sans les obstacles, dont quelques-uns viennent d'être cités, demande une prise de conscience profonde, une implication de l'ensemble de la population.

De plus, la stratégie d'exportation devrait mettre, prioritairement, l'accent sur les filières dans lesquelles le pays possède un avantage comparatif notable. Il importe de comprendre que l'avantage comparatif est acquis lorsque le prix comparatif, autrement dit le prix de production d'une unité de produits par unité de temps dans le pays, est supérieur au prix comparatif dans les pays étrangers.

A ce sujet, Perkins, Radelet et Lindauer (2008), rapportant des études réalisées par des chercheurs de la BM, notent qu'une augmentation de 20 à 40% sur une période de 10 ans de l'intensité commerciale[1] augmente le taux de croissance du PIB de l'ordre de 0,5 à 1%. Ces auteurs rapportent, également, qu'aucun lien explicite de cause à effet n'a été identifié entre la croissance et l'ouverture commerciale. Ils soupçonnent, par contre, l'existence d'un cercle vertueux dans lequel les deux facteurs se renforcent mutuellement. La structure des avantages comparatifs, la nature de la spécialisation et le contenu des politiques commerciales vont être déterminants pour que l'ouverture commerciale favorise la croissance économique. L'ouverture commerciale et l'intégration économique permettent également des économies d'échelle dans le secteur de la R&D (Rivera-Batiz et Romer, 1991). L'idée est d'intensifier la collaboration régionale entre les chercheurs des différents pays en relation commerciale. Nous reviendrons sur cet aspect dans la partie traitant des clusters régionaux de compétitivité. Grossman et Helpman (1991) trouvent que l'ouverture internationale est susceptible de constituer un facteur de croissance dans le cas où le pays se spécialise dans les secteurs présentant des externalités positives et dans les secteurs traditionnellement à forte croissance. De façon symétrique, l'ouverture commerciale peut avoir un impact négatif sur la croissance économique, en particulier lorsque les pays considérés sont en retard technologiquement, ou encore lorsqu'ils présentent des avantages comparatifs sur des secteurs non-dynamiques, ou de manière plus générale, en l'absence d'externalités positives.

Le modèle de croissance endogène a permis, une fois de plus, de mettre explicitement et scientifiquement en exergue le rôle fondamental de l'extension du commerce international dans le processus d'accélération de la croissance économique, bien que cela ait été évoqué et accepté depuis l'époque de Ricardo (Aghion, Howitt, 1998).

Le record en termes de pourcentage dans le PIB des exportations de Madagascar, en l'occurrence 31,5%, fut atteint en 2018. Cette année, en effet,

---

[1] (Volume des Importations + volume des exportations) / PIB

les exportations de biens et de services du pays générèrent plus de 4 Milliards de USD. Ce pourcentage s'est, aujourd'hui, contracté de plus d'un tiers, du fait, notamment, des effets de la pandémie mondiale.

Les interventions des différents facteurs de croissance sont synthétisées par le schéma suivant.

Figure 9 : Processus de génération de la croissance économique à long terme.

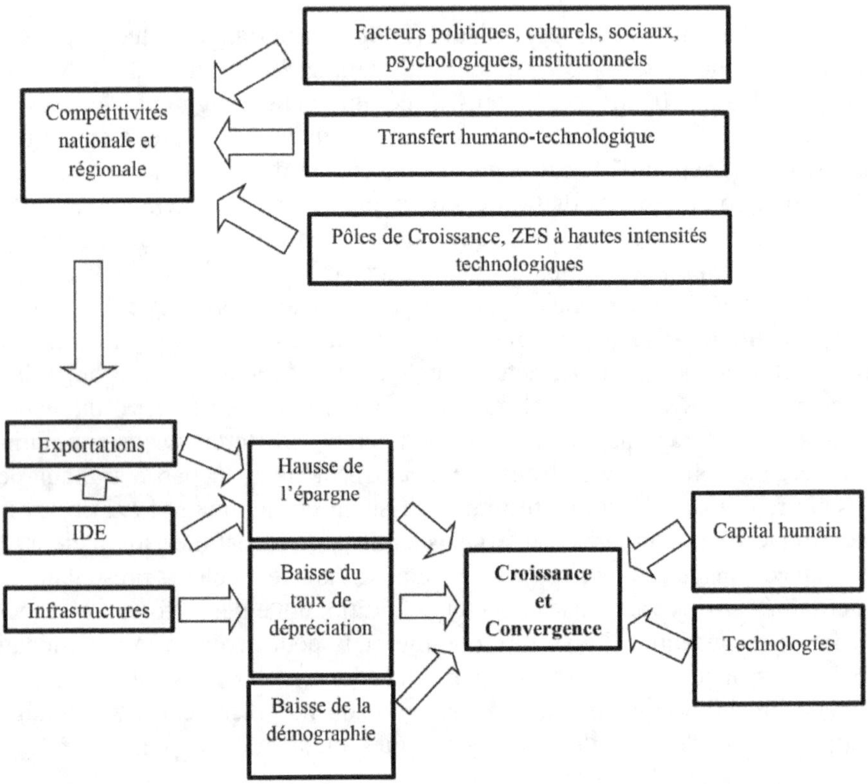

Source : Auteur.

Nous remarquerons l'importance particulière, dans ce schéma, de la technologie et de l'épargne, elle-même générée par une intensification des exportations. Pour Madagascar, dans le cas où le taux de croissance technologique est augmenté à 9%, le taux d'épargne devra être doublé chaque année durant environ 15 ans pour que son PIB/habitant, exprimé en USD de 2015, puisse, dans ce laps de temps, dépasser la barre des 1500 (Mahazoasy & Takidy, 2024).

15.5.5.2. La Politique Nationale de la Qualité (PNQ)

Il est, cependant, à souligner qu'une stratégie de décuplement des exportations d'un pays ne peut se concevoir sans la mise en place d'une excellente politique de qualité, qui, à Madagascar, vient d'être finalisée. Celle-ci, prévoyant la mise en place d'une politique d'accréditation, d'évaluation de conformité, de réglementation technique, de normalisation, et de métrologie, constitue la clé de voûte de la production de biens et de services en parfaite adéquation avec les normes en vigueur sur le marché international, ce qui ne peut, en fin de compte, que bénéficier, également, aux consommateurs nationaux. L'adoption d'une politique nationale de la qualité, visant autant les facteurs sectoriels que les facteurs contextuels, aidera le pays à s'insérer dans un marché global, beaucoup moins trouble, moins incertain, et de plus en plus exigeant sur les plans technique et humain, mais, aussi, sur celui de la prévisibilité. Il est clair que les pays inaptes à produire des biens et des services situés à la hauteur de la qualité exigée par le marché international s'étioleront sur le plan économique, et finiront par disparaître !

15.5.5.3. Madagascar, grenier de l'Océan Indien

J'eus, en 2017, l'insigne opportunité de faire la connaissance de Jean-Claude de l'Estrac, une fierté pour l'Ile Maurice, son pays d'origine, mais également pour toute l'Indocéanie. Alors SG de la COI, il conçut le PRESAN, dont l'objet est de faire de la Grande île le grenier de l'Océan Indien. Ce programme consiste en la mise en place et l'opérationnalisation, en zone franche, dans différentes régions de Madagascar, d'un réseau de structures de production agricole, parfaitement alignées sur les besoins alimentaires centrés prioritairement sur les céréales, les viandes, et les fruits et légumes, des 30 millions de consommateurs de la Grande Ile, et de ceux des pays de la COI, sans oublier la consommation, chaque année croissante, des touristes. Ce programme est porteur du symbole de ce que peuvent devenir les liens de coopération économique entre les pays de l'Océan Indien, et gagnerait à, enfin, être mis en œuvre.

Chapitre 16

« … Eussiez-vous cent guerres à soutenir, cent fois vous serez victorieux » : Les grands combats du renouveau

« You know that where there's a will, there's a way[1] *»*
In « Can'tcha Say (You Believe in Me)- Still in Love », de l'album « Third Stage », Boston (Tom Scholz / Brad Delp / Gerald F. Green).

Outre la réalisation du blocage et des deux phases de contre-attaque, il est nécessaire de mettre en route un certain nombre de chantiers de première importance, ayant un caractère transversal, et représentant, tous, des batailles que le pays doit mener. Il est nécessaire de souligner le fait que nous parlons bien, ici, de la mise en œuvre des chantiers, conséquences directes des orientations choisies précédemment, et non plus de concevoir une stratégie.

Finalement, ces chantiers, ceux qui suivent comme ceux qui précèdent, ont pour objectif de bâtir la complexité sociale du pays et du Monde, de façon à combattre l'entropie avant, pendant et après sa manifestation, puisqu'en vérité, celle-ci constitue LE véritable ennemi à abattre. La pauvreté, en effet, est un sous-produit de l'entropie, et les crises sociopolitiques, ceux du chaos généré par un excès d'entropie.

16.1. Les chantiers de la connaissance et de l'ouverture d'esprit

Les quelques thèmes situés ce jour à la frontière de la recherche et évoqués dans les chapitres précédents se doivent, à notre sens, d'être priorisés, en l'occurrence, tout d'abord le recours aux équipements de pointe pour l'extraction minière. Nous mîmes également l'accent sur la mise de plus de moyens par le gouvernement dans la recherche en matière d'amélioration de semences, quitte à avoir recours au séquençage génétique pour ce qui est des espèces agricoles non-alimentaires. Les technologies relatives aux drones agricoles doivent, également, retenir l'attention de nos chercheurs, de nos décideurs politiques et de nos opérateurs, tout comme celles relatives à la détection des sources d'eau par satellite, ou l'optimisation de la performance et du rendement des équipements de production d'énergies renouvelables (solaires, éoliennes ou hydro-électrique). Il est cependant indispensable, pour y arriver, qu'un effort immense soit fourni, dans la recherche et la formation, et ce, à tous les niveaux, ce qui nous ramène au paragraphe relatif au capital humain. Renforcer les connaissances du malgache afin d'avoir une meilleure compréhension des phénomènes économiques le plus élémentaires me semble plus qu'urgent. Ceci ne peut être que le fruit de l'aveu des limites du modèle

---

[1] Tu sais que là où il est une volonté, il est une possibilité.

socio-économique actuellement adopté par le pays. Dans un univers où compétitivité rime avec survie et, même, domination, le réflexe du recours exclusif à l'instinct et au tâtonnement, bref à l'amateurisme, synonyme de destruction imminente, a plus que fait son temps.

Ce qui nous amène à aborder un domaine particulièrement stratégique, et portant sur l'acquisition par les malgaches d'un des traits des Big 5, en l'occurrence l'ouverture (openness). L'ouverture, essentiellement de l'esprit, est ce qui amène un pays à explorer d'autres horizons, et à se remettre en conséquence, collectivement, en question. Ce trait particulier est ce qui amènera les habitants de ce pays à s'intéresser aux progrès réalisés par d'autres nations (ouverture spatiale), et à prendre conscience de la nature et surtout de l'origine de ses échecs (ouverture temporelle), au point de vouloir quitter l'apathie ambiante pour essayer des recettes qui ont fait leurs preuves sous d'autres cieux, et, surtout, de s'armer d'une volonté farouche d'accéder au progrès.

16.2. Les chantiers de la rationalité, du sérieux, et de l'optimisation

Pour connaître autre chose que le règne de la peste et de la lèpre, l'européen du Moyen Âge dût se résigner à sortir des ténèbres que symbolisent les mages et les druides, les sacrifices humains et autres amulettes magiques. Dans un pays évoluant encore aux périphéries de l'obscurantisme et de l'irrationnel, loin des lumières des préceptes de Locke ou de Spinoza, et où les chamans et les féticheurs font, secrètement, la loi, il est vain de s'offusquer du fait que les enfants meurent à leur naissance ou s'éteignent, en masse, avant même d'achever leur première année, faute de nutrition et d'encadrement sanitaire adéquats. Madagascar, au final, est bel et bien un pays du Moyen Âge accidentellement projeté dans le XXIème siècle, et que, s'il semble tout à fait légitime de chercher à rectifier toutes les formes de ses détresses, il faut aussi, hélas, se rappeler le fait que ce pays, au final, ne fait rien d'autre que de suivre son cours intrinsèque de développement. Tout ce qu'un chercheur ou stratège, soucieux d'apporter remède, peut espérer pouvoir réaliser face à ce constat profondément affligeant, est d'accélérer le cheminement le long de cette trajectoire quasi-obligatoire, quitte à aller jusqu'à préconiser le recours à un électrochoc sociopolitique et culturel, si tant est qu'il arrive à trouver une quelconque attention faisant écho aux fruits de ses réflexions. Le Christ a mis trois siècles pour être compris[1], et Mandela, 27 ans !

Le souci de lutte contre la corruption ou celui de la nécessité de faire évoluer le rapport au temps du Malgache, intègre, en son centre, celui du sérieux, de

[1] Le IVème siècle vit la fin de la persécution des chrétiens, et même la consécration du catholicisme à travers le baptême, sur son lit de mort, en 337, de l'Empereur Constantin.

la responsabilité et de l'optimisation. Continuer à s'adonner à d'interminables querelles politiques, source d'instabilités chroniques et d'accumulation de retard économique comme cela fut analysée dans la partie de cet ouvrage consacrée à l'« Option Zéro », est un luxe que ce pays ne peut plus, dorénavant, s'offrir. Ce qui nous ramène à un des axes préconisés par le Big 5, qui est celui de la conscience professionnelle et de la rigueur. Il faut absolument que le Malgache se débarrasse, de toute urgence, de son hideux costume de « velléitaire », très actif en début de phase d'un projet, et en commençant un autre, sans se soucier de la suite réservée au premier ! Dans un contexte extrême, comme celui dans lequel le pays se trouve plongé le pays, ce genre de comportement ne peut que déboucher sur des conséquences particulièrement désastreuses.

16.3. La culture du défi

« A Dubaï, on aime être numéro Un : on aime avoir le plus haut, le plus grand, bref, on aime tout simplement avoir le meilleur ».
Ahmad Al Falasi, Directeur Exécutif des Opérations EMAAR (2019).

L'auteur de ces mots, Ahmad Al Falasi, dirige la plus haute tour du monde, en l'occurrence la tour Burj Khalifa de Dubaï, qui sera d'ailleurs supplantée, bientôt, par une autre, bien plus élevée encore, située toujours dans la même ville ! Si cet émirat est, aujourd'hui, ce qu'il est, c'est-à-dire un des centres économiques les plus florissants de la Planète, bâti sur une parcelle sablonneuse à partir de ce qui fut, jadis, un village de pêcheur, autrement dit de quasiment rien, c'est bien, évidemment, grâce à cet état d'esprit bien particulier, répondant, parfaitement, aux fondamentaux principes darwiniens de survie, impulsé, originellement, par le visionnaire, et opiniâtre, Cheikh Rachid Ben Saïd Al-Maktoum. De même, décriée lors de la période de préparation et d'organisation de la coupe du monde du football en 2022, le Qatar fit un étalage étincelant de l'extrême, dont il n'est pas peu fier. Le pays compte, ainsi, aujourd'hui, plus de 45 tours de béton, de verre et d'acier, dotés, chacun, d'une hauteur de plus de 150 m ! Le goût de la démesure, la passion du défi collectif et national sont, exactement, ce qui font défaut à Madagascar, et, plus généralement, à l'Afrique, qui se sont, depuis longtemps, faits, malheureusement, une raison, par rapport aux différents épithètes peu enchanteurs dont ils sont communément affublés. Dans ce Monde, où la compétitivité constitue un des critères les plus usités, et les plus appropriés pour évaluer le progrès, l'inaptitude au surpassement de soi et au relèvement de défis, surtout lorsqu'elle se situe dans les plus hautes sphères décisionnelles d'un pays, constitue un handicap majeur dont le coût, particulièrement élevé, sera porté par de nombreuses générations à venir. Les cas précédemment évoqués trouvent leur essence dans le besoin collectif inextinguible, indispensable, de se hisser parmi les grandes nations de la Planète. Sans cette fierté nationale, profonde et générale, sans cet élan collectif, sans cette soif commune de succès, destinée à exorciser et à enterrer définitivement ses épreuves, crises et échecs passés, notamment dans le domaine économique, le pays n'entreprendra nulle autre tâche que d'alimenter la liste, peu élogieuse, des nations ayant raté leur décollage, et ayant failli, même après plus de soixante années d'indépendance.

Cette soif de grandeur collective se cultive. Elle est située aux antipodes de la séculaire culture de non-encensement des gagnants, qu'il s'agit de bannir, à jamais, des valeurs de ce pays. Dans un Monde darwinien, que l'implacable compétition fait avancer, chaque réussite est l'indispensable et principal ingrédient du prochain progrès. Les 138 000 millionnaires, les 328 hecto-millionnaires et les 23 milliardaires, en USD, que compte, selon Henley & Partners et New World Wealth (2023), le continent noir, l'ont tout à fait compris.

Il est temps, donc, que soit mis en place, dans la Grande Ile, l'institut International de la vanille ou de la pétanque, domaines au sein desquels ce pays s'est fait, sans forcer, une place au soleil.

« Malagasy, vahoaka tsy resy, mafy be, mafy be[1] *! » (Jean Fredy, 1976)*

De même, Antananarivo, ainsi que les chefs-lieux de province, devraient abriter des musées des sciences, répertoriant toutes les espèces endémiques au pays, mais, surtout, où seraient exposés des fossiles des dinosaures ayant vécu dans le pays, ou des échantillons d'ammonites géants. Il est incompréhensible qu'aucun aquarium géant, mettant en valeur nos richesses halieutiques, n'existe nulle part sur le territoire, ou que très peu d'enfants de ce pays aient déjà vu, de leurs propres yeux, un *cryptoprocta ferox* (ou fosa), ou une *galidia elegans* (ou mangouste à queue annelée), qui sont des espèces endémiques à Madagascar, qui, pourtant, étant menacées de disparition, ont besoin d'être l'objet de fortes sensibilisations auprès du grand public ! Si nous ne croyons pas au Madagascar gagnant, et à l'Afrique triomphante, alors, il est clair que nous ne gagnerons jamais ! Si nous ne croyons pas au potentiel que représentent nos ressources stratégiques, alors ledit potentiel le restera, ou, pire, profitera à d'autres ! Les richesses physiques ou intangibles du pays, bref, notre identité profonde, sont à faire connaître et à valoriser. Il en est de même des noms des illustres citoyens ayant les mieux représentés les idéaux du pays, ou ayant marqué, de quelque façon que ce soit, l'Histoire. Les héros de la mythologie gréco-romaine eurent, justement, cette noble fonction, à travers l'évocation, tout le long de l'histoire de l'humanité, de leurs exploits,

[1] « Le Malgache, un peuple invincible, très fort, très fort ! »

de préparer et de pousser la société à l'action, au progrès et, surtout, à la victoire.

Ainsi, Achille, fils du roi de Phthie, Pelée, et de la néréide Thésis, fut le héros de la guerre de Troie, tandis qu'Hercule, fils de Zeus et d'Alcmène, se distingua par sa réalisation des douze travaux demandés par le roi de Mycène, Eurysthée, comprenant son combat victorieux contre le lion Némée et l'Hydre de Lerne. Sont, également, cités dans cette mythologie, les héroïques exploits d'Enée, de Bellérophon, de Jason, d'Œdipe, de Persée, de Thésée et d'Ulysse. Ces héros ont tous en commun leur facultés surhumaines et leurs victoires sur les forces du mal, que celles-ci soient d'origines humaines ou animales. Ceci place la culture de l'éthique au centre des valeurs inculquées aux générations successives, mais, aussi, celle du courage et du surpassement de soi.

La mythologie mésopotamienne nous a rapporté l'épopée du héros Gilgamesh, roi d'Uruk, fils d'une déesse et Dieu des Enfers, tombeur du roi Enmebaragesi, et ayant régné 2500 ans avant notre ère.

Le Continent Noir recèle, aussi, dans sa mythologie, de personnages héroïques. Ainsi, Ditaolane, vainqueur du monstre Kammapa, sauvant ainsi l'humanité toute entière, qui fut avalée par ce dernier, est le héros de la mythologie du Lesotho. La mythologie ouest-africaine a, enfin, retenu l'histoire de Soundiata Keïta, guerrier fondateur de l'Empire du Mali, et qui fut proclamé « Mansa », ou roi des rois. Il est, donc, temps, de sortir des livres et des mémoires des lettrés de Madagascar, l'histoire de Massavana, l'esclave malgache originaire de Toliara, qui, le 18 février 1766, mena une révolte, dans le navire « Meermin »[1], ainsi que les mythes de Darafify et de Rapeto, afin de semer, massivement, dans l'imaginaire collectif malgache, des valeurs mobilisatrices ! Chaque Malgache, chaque africain, devrait, ainsi, se débarrasser du complexe d'infériorité que font peser sur ses épaules, son passé d'esclave servile et de colonisé soumis, son présent de pauvre absolu, et l'image de médiocrité qu'il semble projeter sur l'Univers, et devrait, plutôt, voir le futur autrement qu'en gris-noir. Le fatalisme et la désillusion chroniques, dénoncés, à travers sa chanson, par Jean Fredy, devront, donc, bientôt, avoir, définitivement, fait leur temps, et céder la place à la fierté nationale, à la Naissance Malgache !

La traduction économique du relèvement du défi est la mise en œuvre, sans complexe, des stratégies qui ont fait leurs preuves, et générés la croissance, à certains endroits et à certaines époques de l'histoire de l'humanité. Je

---

[1] https://tsimokagasikara.wordpress.com/2020/01/12/massavana-le-1er-esclave-combattant-de-la-liberte-etait-malagasy/

préconise, de ce fait, la mise en œuvre des mesures suivantes, qui font largement appel à la synthèse d'une étude approfondie portant sur plusieurs pays, comprenant notamment les Pays-Bas, l'Italie, la Grande-Bretagne, la France, le États-Unis, Singapour, la Finlande, la Norvège, l'Autriche, le Japon, Taïwan, la Chine, l'Inde, la Malaisie, intitulée « Cracking the Code, Unlocking Africa's Secret to Wealth », publiée dans le magazine New African, par Osei Boateng (2011). Ces mesures sont, parfois, en totale contradiction avec ce que prônent, aujourd'hui, les PTF, les pays développés et émergents, qui, pourtant, les adoptèrent frénétiquement à une époque donnée de leur histoire. Il appartient à chaque Etat africain d'en apprécier la pertinence et de les adopter, à leur convenance.

La première de ces mesures est l'adoption du protectionnisme pur en ce qui concerne certaines lignes de produits en compétition avec les industries stratégiques nationales. Cette mesure, basée essentiellement sur la forte taxation de certains produits importés, inclut l'interdiction à tout investisseur étranger d'œuvrer dans ces filières, à moins qu'ils n'acceptent d'être des associés minoritaires. Pour Madagascar, ces filières iront de la riziculture, aux batteries électriques, en passant par la branche des semi-conducteurs.

La seconde mesure est l'intégration systématique, quitte à me répéter, de transfert de technologies dans tout projet d'investissement, en sus de la facilitation de tout projet incluant des activités de R&D.

La 3ème mesure est l'opérationnalisation, ne serait-ce qu'à titre temporaire, d'un leadership étatique dans certaines filières, qui, à mon sens devraient intégrer les filières rizicole et énergétique.

La 4ème mesure est l'éducation des opérateurs en matière de paiement de taxes, ce qui nous ramène, d'ailleurs, aux recommandations du Consensus de Washington.

La 5ème mesure porte sur l'interdiction progressive, au fur et à mesure du renforcement du tissu industriel national, de l'exportation de matières premières, et plus précisément des produits miniers, comme le minerai de fer, ou de l'ilménite.

La mise en œuvre, sans complexe, de ces mesures, permettraient de relever le défi de la croissance et du développement, afin de faire mentir l'ancien Vice-Premier Ministre Malaisien qui déclara que beaucoup de pays en développement se battirent pour leur indépendance, mais se mirent, une fois l'indépendance obtenue, à oublier quoi en faire !

Conclusion

La pauvreté est la règle et le progrès, l'exception qui se mérite.

Secoué par les affres insidieuses de la division nationale, par la corruption généralisée, par une frappante démission institutionnelle, et par un lourd retard infrastructurel, Madagascar, dont le classement dans le « World Happiness Report[1] » ne cesse de chuter, s'apprête à mourir, lentement, de sa belle mort.

En laissant, depuis des décennies, la pauvreté extrême, la médiocrité, le culte de la personnalité, et le trouble de l'altérité écrire son histoire, ce pays a fait l'indicible, l'incompréhensible, choix de persévérer sur la voie, maudite, du développement impossible. La prévalence de la pauvreté extrême, ainsi que l'attestent les rangs médiocres du pays dans les divers classements internationaux à caractères socio-économiques, déshonorent le précieux sang versé par les aînés en vue de faire de l'indépendance une réalité, et relèguent au rang de purs actes d'hypocrisie, les différentes commémorations, soi-disant à la mémoire des fils du pays morts durant la période coloniale, ou même la célébration de la fête de l'indépendance, célébrations, en général, entrecoupées d'envolées lyriques, presque touchants, sur le patriotisme et l'unité nationale que nous foulons frénétiquement des pieds par notre forte et naturelle propension à la perpétuation de la division nationale, objet, au niveau d'une frange importante de la population, d'une rare quasi-vénération. Ce qui est dommage, tout d'abord, puisqu'au niveau international, c'est un implacable darwinisme économique qui prévaut. Derrière les masques que constituent les drapeaux, derrière les armes et les finances, ce sont des paradigmes, des approches et compréhensions de l'univers, donc des cultures et des histoires qui s'affrontent sans merci dans l'arène techno-économique. Outre les épisodiques actes de charité au sens de Moyo, il serait indécent et suicidaire de pousser la naïveté jusqu'à croire qu'un Madagascar exonéré de liberté sera en mesure, un jour, de tirer de ces aides au lance-pierre, le salut et le développement.

Ce qui est dommage, également, puisque l'économie mondiale se trouve, aujourd'hui, en fin de cycle dynamique de croissance, au sens de Kondratiev, dont le cycle est réputé influer, à environ 5%, la croissance mondiale (Korotayev et Tsirel, 2010). Cela a pour conséquence le fait que la croissance du PIB mondial se situe de nouveau à un niveau consistant, après avoir côtoyé les abîmes. Celle-ci est estimée par le FMI à environ 3,3% pour 2025. La

[1] Rapport Mondial sur le Bonheur.

Chine, d'après la COFACE, aura, en cette année 2025, une croissance de l'ordre de 4,3%, ce qui fait de ce pays, malgré une baisse de performance comparée à celle de 2024, un des moteurs de la croissance, non seulement des économies émergentes, mais, aussi, plus généralement, de l'économie mondiale. Aux USA, la croissance pour 2025 est revue à la baisse, soit 1,5%, par les observateurs, qui craignent les impacts économiques de la politique commerciale annoncée par la nouvelle administration Trump. Il en est de même pour la zone euro pour laquelle il est prévu de n'avoir que 1,3% de croissance. Vu le poids élevé de nos exportations vers l'Union Européenne, les USA et la Chine, la tendance de ces paramètres doit être observée de près, au moment où la Grande Ile amorce un nouveau cycle de 64 ans dans son histoire économique, sociale et politique.

Les simulations qui précèdent nous montrent que l'approche d'abord exogène, puis, progressivement, endogène de notre stratégie de croissance permet d'envisager le relèvement, dans une durée relativement courte, des défis de la croissance à long terme, et, partant, du développement national. Si nous ne sommes pas en mesure de construire, ensemble, ce qui constituera, un jour, le socle de notre nation, si nous ne nous mettons pas, dès aujourd'hui, à la recherche du temps perdu, ce pays, aussi doté soit-il de potentiels et de ressources stratégiques, ne se développera pas. Au contraire, il subira une progressive et inéluctable descente aux enfers. Renverser ce processus, actuellement en cours, de destruction nationale requiert une volonté sans précédent des dirigeants de ce pays de jeter aux orties, ou, mieux, au feu, leurs archétypes individuels, et de renouer avec les hautes valeurs traditionnelles spirituelles séculaires du pays, ainsi que de se mettre à la tête de la grande marche libératoire qui permettra, progressivement, de s'émanciper de la mendicité et de la honte, et de mener à bien, de façon générale, le processus fondamental, en paraphrasant Jung, d' « individuation nationale ». Cette urgente et incontournable intra-transmutation nationale, qui nous permettra d'en finir avec nos ombres, nécessite que soit enterrée la hache de guerre ethnique, et que soient semées les graines de la tolérance, de l'oubli, du pardon mandelo-renanien, et que nous renouâmes, pour commencer, avec le *fihavanana* et la communion spirituelle avec nos ancêtres, qui nous mènera, enfin, sur la voie de l'édification nationale.

Une fois ces indispensables prolégomènes jetés, nous pourrons, enfin, mobiliser les providentiels nouveaux apôtres de la croissance, à la fois visionnaires, déterminés et pragmatiques, qui apporteront le changement et le décollage, concevront et mettront en œuvre le Pacte pour la Croissance Économique de Madagascar financé par les ressources stratégiques, une fois une masse critique d'acteurs engagés trouvée.

Annexe I : Bibliographie

- Adji, G., Haman, (2009), « Le Mal Africain, Diagnostic et Thérapie, Testament Politique Dédié aux Etats Unis d'Afrique », Editions L'Harmattan, Paris.
- Aghion P., Carol E., et Garcia-Penalosa C., (1999), « Inequality and Economic Growth: The Perspective of the New Groth Theories », Journal of Economic Literature, Vol 37, N°4 (Déc. 1999).
- Alexandre, L., (2017), "La Guerre des Intelligences, Intelligence Artificielle *versus* Intelligence Humaine, Comment l'IA va Révolutionner l'Éducation", Editions Jean-Claude Lattès, Paris.
- Allen, R. C., (2012), "The British Industrial Revolution in Global Perspective", Cambridge University Press.
- Allen, R., (2014), « Introduction à l'Histoire Économique Mondiale », Collection Repères, Édition La Découverte, Paris.
- Arnim, L., Stewart, F., Smedts, K. & Demarest, L. (2017). « Conceptualising and Measuring Social Cohesion in Africa: Towards a Perceptions-based Index ». *Social Indicators Research*, 131 : 321-343.
- Arthur, B., (2015), « Complexity and the Economy », Oxford University Press, New York.
- Attali, J., (2023), « Le Monde, Mode d'Emploi, Comprendre, Prévoir, Agir, Protéger », Editions Flammarion, Paris.
- Auge, A., (2011), « Les Armées Africaines et le Développement : Une Transformation Nécessaire », Centre de Recherche des Ecoles Militaires de Saint-Cyr Coëtquidan, Bulletin de Maintien de la Paix, France.
- Aujean, M. et Lorenzi, JH, (2011), « Fiscalité et Croissance », Les Cahiers du Cercle des Économistes, Presses Universitaires de France, Paris.
- Auriol, E. et Geoffard, P-Y., (2019), « Cannabis, Comment Reprendre le Contrôle ? », Conseil d'Analyse Économique.
- Azariadis C., Stachurski J. (2004), "Poverty Traps", Handbook of Economic Growth, The University of Melbourne, Department of Economics, Melbourne.
- Banque Mondiale, (2018), "Le Plan pour le Capital Humain en Afrique, Booster le Potentiel de l'Afrique, en Investissant dans sa Population ».
- Banque Mondiale. (2024). "Navigating Two Decades of High Poverty and Charting a Course for Change in Madagascar, Poverty and Equity Assessment". International Bank for Reconstruction and Development / The World Bank. Washington, DC.
- Barro, R. J., (1997), "Determinants of Economic Growth : A Cross-Country Empirical Study", The MIT, Press, Boston.
- Bairoch, P., (1992), "Le Tiers-Monde dans l'Impasse, le Démarrage Économique du *XVIII* ème au *XXème* siècle", Editions Gallimard.
- Baycroft, T. & Hewitson, M., (2006), "What is a Nation", Oxford University Press Inc., New York.

- Beinhocker, E., (2006), « The Origin of Wealth, Evolution, Complexity, and the Radical Remaking of Economics », Harvard Business School Press, Boston, Massachusetts.
- Berg A., O. J. D., Tsangarides C. G. & Yakhshilikov, Y., (2018), « Redistribution, Inequality, and Growth », Journal of Economic Growth, Sept. 2018, Vol. 23, N°. 3.
- Bhagwati, J. & Panagaryia, A., (2013), "Why Growth Matters, How Economic Growth in India Reduced Poverty and the Lessons for Developing Countries", Public Affairs, New York.
- Bihr, A., (2020), "Le Premier Age du Capitalisme, 1413-1715, Tome 1, L'Expansion Européenne", Editions Syllepse, Paris.
- Bilal, A. & Känzig, D. 2024, « The Macroeconomic Impact of Climate Change: Global vs Local Temperature », NBER. Working Paper 32450, Cambridge.
- Bloomfield, M., *et al*, (2020), « The Effects of Acute Cannabidiol on Cerebral Blood Flow and its Relationship to Memory: An Arterial Spin Labelling Magnetic Resonance Imaging Study », Journal of Psychopharmacology, Vol. 34(9) 981–989.
- Bodin, J., (1993). « Les Six Livres de la République, Un abrégé du texte de l'édition de Paris de 1583 », Édition et présentation de Gérard Mairet, Paris : Librairie Générale Française, 607 pp. Le livre de poche, LP17, n° 4619. Classiques de la philosophie.
- Bonzon, S. (1967), « Modernisation et Conflits Tribaux en Afrique Noire. In : Revue
- Française de Science Politique, 17e année, n°5,1967. pp. 862-888.
- Bosly, T. (2023). « A World of Clubs and Fences, Changing Regulation and the Remaking of Globalization », White&Case.
- Bremmer, I. (2006). "The J Curve: A New Way to Understand Why Nations Rise and Fall", Simon & Schuster, New York.
- Chaliand, G. et Blin, A., (2016). "Histoire du Terrorisme, de l'Antiquité à Daech", Editions Fayard.
- Chirwa, T. G. et Odhiambo, Nicholas M. (2016). "Macroeconomic Determinants of Economic Growth : A Review of International Literature, South East European Journal of Economics and Business, Volume 11 (2) 2016, 33-47.
- CIA. 2013. "Le Monde en 2030", Editions des Equateurs, Paris.
- Cilingir, Y. (2016). "Social Cohesion and Economic Growth", TEPAV, Economic Policy Research Foundation of Turkey.
- Cisse, D. (2023). Géopolitique de l'Énergie Fossile en Afrique : Une Nouvelle « Malédiction des Ressources » ? Les Grands Dossiers de Diplomatie N°72, février-mars 2023, Paris.
- Clémençot, J. (2019). « Cannabis : Ruée Africaine vers l'Or Vert », Journal Jeune Afrique, octobre 2019.
- Cockshott, P. (2010). "Methods of Modelling in the Light of Information Theory and Entropy », Glasgow University.

- Covey, Stephen, R. (1997). « The 7 Habits of Highly effective People, Powerful Lessons in Personal Change », Simon & Schuster UK Ltd.
- CNUCED (Conférence des Nations Unies sur le Commerce et le Développement). (2020). « Flux Financiers Illicites et le Développement Durable en Afrique », United Nations Press, New York.
- D'Albis, H. et Benhamou, F. (2022). « Des Économistes Répondent aux Populistes », Editions Odile Jacob, Paris.
- Davies, R., (2019). "Extreme Economies, Survival, Failure, Future, Lessons From the World Limits", Bantam Press, Royaume-Uni.
- Dawkins, R., (1976). "The Selfish Gene", Oxford University Press, Oxford, UK.
- Dehaene, S. (2018). "Apprendre : Les Talents du Cerveau, le Défi des Machines", Editions Odile Jacob, Paris.
- De Rivero, O. (2010). "The Myth of Development: Non-Viable Economies and the Crisis of Civilization", Second Edition, Zed Books, London.
- De Rosnay, J. (2007). "2020, Les Scénarios du Futur", Edition Des Idées et des Hommes, Paris.
- Doucet, D., (2020). "La Haine en Ligne, Enquête sur la Mort Sociale", Editions Albin Michel, Paris.
- Dubut V., Cartault F., Payet C., Thionville M-D., and Murail P. (2009). « Complete Mitochondrial Sequences for Haplogroups M23 and M46 : Insights into the Asian Ancestry of the Malagasy Population », Human Biology, August 2009, Vol. 81, No. 4 (August 2009), pp. 495-500, Wayne State University Press.
- Easterly, W., (2006). "The White Man's Burden: Why the West's Efforts to Aid the Rest Have Done so Much Ill and so Little Good », The Penguin Press, New York.
- Fabiani, Paola. (2018). "Le Savoir n'est plus le Pouvoir", Débats Publics Editions, 1ère Édition, Paris.
- Fabre d'Olivet, A. (2009). "Histoire Philosophique du Genre Humain, ou L'Homme
- Considéré sous ses Rapports Religieux et Politiques dans l'Etat Social, à Toutes Les Époques et Chez Tous les Peuples de la Terre", Tomes I et II, Editions Arbre d'Or, Cortaillod, Suisse.
- Ferguson, J., (2013). "The Most Dangerous Place in the World", First Da Capo Press edition, Boston.
- Financial Transparency Coalition. (2022). « Fishy Networks: Uncovering the Companies and Individuals Behind Illegal Fishing Globally », Boston, MA, USA.
- Fiquet, JP., (2019). "Chine 2020, Les Illusions d'une Prospérité sans Fin", Edition Les Belles Lettres, Paris.
- Foa, R., (2011). "The Economic Rationale for Social Cohesion", Harvard University, Boston.
- Friedman, M., (1962). "Capitalism and Freedom", University of Chicago Press, Chicago.

- Georgescu-Roegen, N., (1970). "The Entropy Law and the Economic Process", Harvard University Press, Massachusetts, Cambridge, London.
- Global Waters. (2018). « Investissement dans le Secteur Eau en Afrique Subsaharienne, Note de Plaidoyer pour le Financement du Secteur WASH », USAID.
- Hancock, G., (2009). "Lords of Poverty", Camerapix Publishers International, Nairobi.
- Hasket, J. et Westlake S., (2018). "Capitalism without Capital, The Rise of the Intangible Economy", Princeton University Press, New Jersey.
- Heshmati, A., (2018). « Determinants of Economic Growth in Africa", Editions Palgrave McMilan, New-York.
- Henley & Partners and New World Wealth. (2023). "Africa Wealth Report".
- Hocque, B. et Zélé, D. (2020). "Les Fondements de la Pensée Africaine : Causes du Sous-Développement », Editions Saint-Honoré, Paris.
- Heckman, J., (2007). "The Economics, Technology and Neurosciences of Human Capability Formation", NBER, Cambridge.
- Himbra, D., (1994). « The Failed Africanization of Commerce and Industry in Kenya », World development : the multi-disciplinary international journal devoted to the study and promotion of world development. Amsterdam: Elsevier Science, ISSN 0305-750X, ZDB-ID 185339-9. - Vol. 22.1994, 3, p. 469-482, March 1994.
- Imbiki, A., (2014). "La Réconciliation Nationale à Madagascar, Une Perspective Complexe et Difficile", L'Harmattan, Paris.
- Isaksson, A., (2007). "Determinants of Total Factor Productivity, A Literature Review", Statistical and Research Branch, United Nations Industrial Development Organization, Vienna.
- Jones, I. C. & Vollrath, D., (2013). "An introduction to Economic Growth", Norton & Company, Inc, New York.
- Jung, C. G. (2012). "Le Livre Rouge, Liber Novus", Editions Les Arènes, Paris.
- Kardashev, S., N., (1964). "Transmission of Information by Extraterrestrial Civilizations ». Soviet Astronomy, Vol. 8, p.217.
- Konaté, M., (2010). "L'Afrique Noire Est-Elle Maudite ?", Librairie Arthème Fayard, Paris.

- Korotayev, Andrey, V. and Sergey, V., Tsirel, (2010), "A Spectral Analysis of World GDP Dynamics : Kondratieff Waves, Kuznets Swings, Juglar and Kitchin Cycles in Global Economic Development, and the 2008–2009 Economic Crisis », Structure and Dynamics : eJournal of Anthropological and Related Sciences UC Irvine.
- Kyriazis, D. (2005). "The Direct Democracy in Telearea", Digital Direct Democracy.
- Krüger, A. (2006). "Training Theory and Why Roger Bannister was the First Four-Minute Miler", Sport in History, 26:2, 305-324, DOI: 10.1080/17460260600786955, Londres.

- Lebur, C. et Tilouine, J. 2023. "Mafia Africa, Les Nouveaux Gangsters du Nigeria à la Conquête du Monde", Editions Flammarion, Paris.
- Le Van C., Schubert K., et Nguyen T. A. (2010). « With Exhaustible Resources, Can a Developing Country Escape from a Poverty Trap ? » Journal of Economic Theory 145 (2010) 2435–2447.
- Levy, M., (2019). « Le Monde qui Vient en 33 Questions » (Editions Belin).
- Lynn, R. et Becker, D. (2019). « Intelligence of Nations », Ulster Institute for Social Research, Londres.
- Lugan, B. (2015). « Osons dire la Vérité aux Africains », Bernard Lugan, Collection dirigée par Daniel Hervouët, Groupe Artège, Éditions du Rocher, Monaco.
- Lugan, Bernard. (2021). « Pour Répondre aux 'Décoloniaux', aux Islamo-Gauchistes et aux Terroristes de la Repentance », Bernard Lugan Editeur, Paris.
- Mahazoasy, F. (2015). « Modèles Spatio-Dynamiques de Croissance Endogène, Réseaux de Neurones et Stratégie de Croissance pour Madagascar », Thèse de Doctorat en Sciences Economiques, Université d'Antananarivo.
- Mahazoasy, F. (2023). « Solow Neoclassical Economic Growth Model : Proposal of a New Approach ». *Journal of Economics, Finance and Management (JEFM)*, *2*(5), 317–324.
- Mahazoasy, F. & Takidy, M. O. (2024). « Validation Empirique de l'Approche Alternative de la Théorie de la Croissance Exogène de Solow, et Stratégie de Croissance pour Madagascar. *Journal of Economics, Finance and Management (JEFM)*, *3*(1), 246–266.
- Malthus, T. (1983). "Essay on the Principle of Population", Penguin Classics, London.
- Malwal, B. (2015). "Sudan and South Sudan, From One to Two", Academic Visitor, Palgrave Macmillan & St Antony's College, University of Oxford.
- Manning, T. (2001). "Making Sense of Strategy", Zebbra Press, Cape Town.
- Marchesin, P. (2004). "Démocratie et Développement", Revue Tiers-Monde, Editions Armand Colin, Paris.
- Marek, Y. (2022). "Gouverner, c'est Aimer, Anthologie Morale de l'Art Sublime de Gouverner les Hommes", Editions Balland, Paris.
- Marshall, T. (2018). « Divided, Why We're Living in an Age of Walls », Elliot & Thompson.
- Martinez, L. (2023). « L'Afrique, le Prochain Califat, la Spectaculaire Expansion du Djihadisme », Editions Tallandier, Paris.
- Matsuyama, K. (2008). "Poverty Traps", From the Palgrave Dictionary of Economics, Second Edition, Edited by Steven N. Durlauf and Lawrence E. Blume.
- Mills, G. (2014). « Why Africa is Poor, and What Africans Can Do About It », Penguins Book, Cape Town, South Africa.
- Ministère de l'Eau, de l'Assainissement, et de l'Hygiène. (2015). « Cadre Stratégique d'Investissement dans le Secteur de l'Eau, de l'Assainissement, et de l'Hygiène : 2015-2030 ».

- Mistral, Jacques. (2019). "Economie, Sciences de la Richesse". La Science de la Richesse, Essai sur la Construction de la Pensée Economique, Collection Bibliothèque des Sciences Humaines, Gallimard.
- Mkandawire *et al.* (1999). « Common Security and Civil Society in Africa », Nordiska Afrikainstitutet.
- Mohun, P. Odit and Dookhan, K., Fauzel. (2010). "The Impact of Education on Economic Growth: The Case of Mauritius", International Business & Economics Research Journal, Mauritius.
- Monnier, O. (2019). « Plongée chez le Leader Mondial du Cannabis », Les Echos.
- Montesquieu, Baron de, CLS. (1834). « De l'Esprit des Lois, Tome Deuxième », P. Pourrat Editeurs, Paris.
- Morin, E. (2023). « Encore un Moment… Textes Personnels, Politiques,
- Sociologiques, Philosophiques et Littéraires », Editions Denoël, Paris.
- Moyo, D. (2009). « L'Aide Fatale, Les Ravages d'une Aide Inutile et de Nouvelles Solutions pour l'Afrique », Traduction française parue aux éditions Jean-Claude Lattès, Paris.
- Mullainathan, S. & Shafir, E. (2013). "Scarcity: Why having Too Little Means So Much", Times Books, New York.
- Murshed, S. M., and Serino, L. (2011). "The Pattern of Specialization and Economic Growth: The Resource Curse Hypothesis Revisited", Structural Change and Economic Dynamics.
- Museveni, K. Y. (2000). "What is Africa's Problem?", Minnesota University Press, Minneapolis.
- Narula, R. (1993). Technology, International Business and Porter's "Diamond" : Synthesizing a Dynamic Competitive Development Model. *MIR : Management International Review*, *33*, 85–107. http://www.jstor.org/stable/40228192
- New African (2016). N°1561, IC Publication, Mai 2016.
- Observatoire Européen des Drogues et des Toxicomanies, Usage Médical du Cannabis et des Cannabinoïdes. (2019). « Questions et réponses à l'intention des décideurs politiques, Lisbonne, Décembre 2018 ». Office des publications de l'Union européenne, Luxembourg.
- Office des Nations-Unies contre les Drogues et le Crime (ONUDC). (2020). « Rapport Mondial sur la Drogue », United Nations Publication, Sales No. E.20.XI.6.
- Okun, A. (1970). « Political Economy of Prosperity », W. W. Norton & Company, 1st Edition, New-York.
- Oloyede B., Osabuohien E. S. and Ejemeyovwi, J. O. (2021). « Trade Openness and Economic Growth in Africa's Regional Economic Communities: Empirical Evidence from ECOWAS and SADC », Helyion, Volume 7, Issue 5, May 2021, e06996.
- Onana, C., (2023). « Holocauste au Congo, L'Omerta de la Communauté Internationale, La France Complice ? », Editions L'Artilleur, Paris.
- Patel, Dev. (2021). « The New Era of Unconditional Convergence », Journal of Development Economics, Volume 152, September 2021, 102687,

Worldbank Group, « The African Continental Free Trade Area, Economic and Distributional Effects », Washington DC, 2020.

- Pedro, Père et Lunel, Pierre. (2017). "Insurgez-Vous !", Editions du Rocher, Monaco.
- Perkins, D., H, S. Radelet et D.L. Lindauer. (2008). « Economie du
- Développement », Traduction de la Sixième Édition Américaine par Bruno Baron-Renault. Nouveaux Horizons, Paris.
- Peterson, J., (2018). "12 Règles d'Une Vie, Un Antidote au Chaos", Editions Michel Lafon, Paris.
- Pierron, *et al.* (2017). « Genomic Landscape of Human Diversity Across Madagascar », PNAS (Proceeding of the National Academy of Sciences of the United States of America).
- Piketty, T., (2013). "Le Capital au XXIème Siècle", Collection "Les Livres du Nouveau Monde", Editions du Seuil, Paris.
- Piton, F., (2018). « Le Génocide des Tutsis du Rwanda », Editions La Découverte.
- Pitron, G., (2018). "La Guerre des Métaux Rares", Éditions Les Liens qui Libèrent.
- Ramarolahy, C. et Rakotoarisoa, M. (2007). « Réflexions sur la Création d'un Marché Financier à Madagascar ». Cahier de Recherche en Analyse Économique N°11/2007. Antananarivo.
- Rainelli, M. (2009). « Le commerce international ». La Découverte, Paris.
- Raison-Jourde, F. et Randrianja, S. (2002). « La Nation Malgache au Défi de L'Ethnicité », Editions Karthala.
- Ravallion, M. (2013). "Protection and Promotion : Revisiting the Roles of Social Policies in Developing Countries", Presentation at World Bank Office, Antananarivo, Madagascar.
- Rawls, J., (1971). « A Theory of Justice », Harvard University Press, Cambridge, Massachusetts.
- Razafindrakoto, M., Roubaud, F., et Wachsberger, J-M. (2017). « Institutions, Gouvernance et Croissance de Long Terme à Madagascar : l'Énigme et le Paradoxe », hal-01653670.
- Razafindrakoto, M., Roubaud, F. et Wachsberger, J-M. (2017). « L'Énigme et le Paradoxe, Economie Politique de Madagascar », IRD/AFD, Marseille.
- Redouani, K. (2023). « Les Nouveaux Chiens de Guerre, Wagner, Sadat, Black Shield, Ces Milices Privées qui Menacent les Démocraties », Éditions Arthaud, Paris.
- Reinert, E. S. (2012). « Comment les Pays Riches sont Devenus Riches et Pourquoi les Pays Pauvres Restent Pauvres », traduction par Anna Guèye, Éditions du Rocher, Paris.
- Renan, E., (1997). "Qu'est-ce qu'Une Nation", Éditions Mille et Une Nuits, Paris.
- Rivera-Batiz, L. A., & Romer, P. M. (1991). « Economic Integration and Endogenous Growth ». *The Quarterly Journal of Economics*, *106*(2), 531–555. https://doi.org/10.2307/2937946

- Roopchund, R. (2017). "Understanding the Contribution of Human Capital for the Competitiveness of Mauritius", International Journal of Competitiveness.
- Sachs, J., *et al.* (2004). « Ending Africa's Poverty Trap », Columbia University and UN Millenium Project. Brookings Papers on Economic Activity, New-York.
- Scheidel, W. (2021). "Une Histoire des Inégalités, de l'Age de Pierre au XXIè Siècle", Actes Sud, Paris.
- Serranito, F. (2010). "Rattrapage Technologique et Convergence : Un Test par les Séries Temporelles dans le Cas des Pays de la Région MENA", Revue d'économie du développement 2010/2 (Vol. 18)2010/2 (Vol. 18), pages 5 à 45, Éditions De Boeck Supérieur.
- Smith, A. (1776/1977). "An Inquiry into the Nature and Causes of the Wealth of Nations*",* University of Chicago Press.
- Spencer, H. (2009). "First Principles", Cambridge University Press, New York.
- Strauch-Bonart, L. (2022). « Les Nouveaux Obscurantistes », Magazine l'Express, Numéro Spécial Noël (3729-3730), Groupe Express, Paris.
- Streeck, W. (2016). "How Will Capitalism End, Essays on a Failing System", Verso, New York.
- Stiglitz, J. & Greenwald, B. (2008). "La Nouvelle Société de la Connaissance, Une Vision Nouvelle de la Croissance, du Développement et du Progrès Social", Éditions Les Liens qui Libèrent, Paris.
- Takidy, M. O. & Mahazoasy, F. (2024). « Investissements Directs Étrangers Entrants et Productivité Totale des Facteurs : Etude du Cas de Madagascar ». *Journal of Economics, Finance and Management (JEFM)*, *3*(1), 235–245.
- Tepper, J., & Hearn, D. (2019). « The Myth of Capitalism, Monopolies and the Death of Competition », John Wiley and Sons, Inc., Hoboken, New Jersey, USA.
- The Economist. (2014). "What has Gone Wrong with Democracy, and How to revive It", Volume 430, Number 8876, March 1st.
- Tofanelli, S., *et al.* (2009). « On the Origin and Admixture of Malagasy, New Evidence from High Resolution Analyses on Paternal and Maternal Lineages », Molecular Biology and Evolution Review, July 2009.
- UNODC, « Global Report on Trafficking in Persons. (2020). » (United Nations publication, Sales No. E.20.IV.3).
- Valette, J., (1962). "Etudes sur le Règne de Radama 1er". Imprimerie Nationale. Antananarivo.
- Van Ruymbeke, R., (2023). "Offshore, Dans les Coulisses Édifiantes des Paradis Fiscaux", Éditions Les Liens qui Libèrent, Paris.
- Vietor, R. H.K. (2007). "How Countries Compete (Strategy, Structures, and Government in the Global Economy)", Harvard Business Review Press, Boston, Massachusetts.
- Richard, D. et Senon, J. L. (2010). « Le Cannabis », Collection « Que sais-je », Presses Universitaires de France, Paris.

- Rogers, J. (2015). « Lighting the World, Transforming our Energy Future by Bringing Electricity to Everyone », St. Martin's Press, New York.
- Savulescu, J. & Bostrom, N. (2008). « Human Enhancement », Oxford University Press.
- Victor, Christophe. (2019). « Le Monde Qui Vient ou Comment Reprendre le Contrôle sur les Technologies », Editions Plon, Paris.
- Wheeler, E. et Roberts, C. (2002). "Doorway to Hell: Disaster in Somalia", Consolidated Pr. Intl.
- Zélé, Dieudonné. (2021). "La Dérive Monarchique et Klepto-Autocratique en Afrique", Le Lys Bleu Editions, Paris.

Annexe II : Webographie

- Banque Mondiale Blogs, https://blogs.worldbank.org/fr/opendata/l-extreme-pauvrete-continue-de-progresser-en-Afrique-subsaharienne, consulté le 16 mars 2020.
- Banque Mondiale, Capital Humain à Madagascar https://www.banquemondiale.org/fr/news/press-release/2020/03/26/world-bank-supports-madagascars-investment-in-human-capital, consulté le 28 mars 2020.
- Banque Mondiale, Madagascar : 220 millions de Dollars pour Améliorer l'Accès à l'Eau et à l'Assainissement de Base, consulté le 11 Décembre 2022. https://www.banquemondiale.org/fr/news/press-release/2022/06/20/madagascar-220-million-to-improve-basic-water-and-sanitation-services-and-supply, consulté le 11 Décembre 2022.
- Burj Khalifa, Dubaï, https://www.youtube.com/watch?v=ZbwsqgZY4UM, consulté le 20 août 2020.
- Cannabidiol Market Size Worth $13.4 Billion By 2028 | CAGR : 21.2% (2021) https://www.grandviewresearch.com/press-release/global-cannabidiol-cbd-market, consulté le 12 avril 2021.
- Cannabis médical, wikipedia https://fr.wikipedia.org/wiki/Cannabis_médical#cite_note-Grotenhermen-27, consulté le 12 avril 2021.
- Clubic, 15 Megawatts, nom de Zeus ! La plus puissante éolienne au monde envoie du lourd ! https://www.clubic.com/energie-renouvelable/actualite-463971-megawatts-nom-de-zeus-la-plus-puissante-eolienne-au-monde-envoie-du-lourd.html, consulté le 18 Août 2024.
- Country Economy, https://fr.countryeconomy.com/gouvernement/ratingsa, consulté le 12 juin 2021.
- Dahl, Öyvind, "Quand le Futur Vient de Derrière : Le Concept Malgache de Temps et d'Ordre du Monde et Conséquences pour le Transfert de Technologie », https://www.anthropologieenligne.com/pages/tempsM.html, consulté le 13 février 2023.
- Découvertes Géographiques des Iles Comores (Blog), https://www.facebook.com/106578331112918/posts/175694430867974/, consulté le 11 Novembre 2022.
- De Sa, Paulo, "Can Natural Resources Pave the Road to Africa's Industrialization?", 2014,https://blogs.worldbank.org/energy/can-natural-resources-pave-road-africa-s-industrialization, consulté le 12 août 2021.
- De Tregodé, Bernard, « La Défaite Américaine au Vietnam », https://www.franceculture.fr/emissions/superfail/superfail-emission-du-dimanche-05-septembre-2021, consulté le 13 avril 2022.
- Dheur, Sonia et Rakoto Ramiarantsoa, Hervé "Le Nouvel Avatar de l'Ancestralité dans l'Historiographie Malgache.", *EspacesTemps.net*, Travaux, 17.11.2015

http://www.espacestemps.net/articles/le-nouvel-avatar-ancestralite-dans-historiographie-malgache/ consulté le 14 juillet 2021.

- Données Mondiales, https://www.donneesmondiales.com/afrique/madagascar/trafic.php
- Enact Africa, "Les déchets toxiques mettent l'Afrique en danger » https://enactafrica.org/enact-observer/les-dechets-toxiques-mettent-lafrique-en-danger, consulté le 10 Décembre 2022.
- Feo Gasy, Tsofy Rano, 1996 https://www.youtube.com/watch?v=5FVM7XDNBXA&list=RD5FVM7XDNBXA&start_radio=1, consulté le 22 février 2020.
- FMI, Economie Informelle, https://www.imf.org/en/News/Articles/2021/07/28/na-072821-five-things-to-know-about-the-informal-economy, Consulté le 15 mars 2020.
- Floch, Fabrice, https://la1ere.francetvinfo.fr/reunion/actu-region-ressources-halieutiques-mada-sont-pillees-626364.html, consulté le 11 mars 2022.
- Financial Transparency Coalition, https://financialtransparency.org/reports/fishy-networks-uncovering-companies-individuals-behind-illegal-fishing-globally/ consultée le 01 août 2023.
- Futura Sciences, https://www.futura-sciences.com/planete/actualites/climatologie-cette-startup-va-traquer-emissions-chaque-usine-polluante-satellite-50575/, consulté le 05 juillet 2023
- Gab Morrison, « Reportage : Dans les quartiers chauds de Madagascar (avec Fab's, Steven D, Leins...) », https://www.youtube.com/watch?v=yspUPdX3pNQ, consulté le 04 Mai 2023.
- Gengis Khan, Comment les Tribus Mongoles Furent-Elles Unifiées ? [Portrait d'Histoire #06], https://www.youtube.com/watch?v=Jd35fms3nG0, consulté le 11 février 2021.
- Genomics, https://www.britannica.com/science/genomics, consulté le 23 Mai 2021.
- Global Hunger Index (Indice Mondial de la Faim) http://www.ifpri.org/publication/global-hunger-index-interactive-map, consulté le 22 Mai 2021.

- Global Food Security Index (Sécurité Alimentaire Mondiale) (https://foodsecurityindex.eiu.com/Country/Details#Madagascar, consulté le 22 février 2021.
- Global Tax Evasion Report, 2024, https://www.taxobservatory.eu//www-site/uploads/2023/10/global_tax_evasion_report_24.pdf, consulté le 11 juin 2024.
- Historical Statistics for the World Economy: 1-2003 AD, http://www.ggdc.net/maddison/Historical_Statistics/horizontal-file_03-2007.xls, consulté le 11 Mai 2019.
- Hanson, R. “Qu’est-ce que la Théorie du Grand filtre, qui Expliquerait Pourquoi l’Etre Humain n’a Encore Jamais Rencontré d’Extraterrestres ? » https://www.cnews.fr/science/2022-11-17/quest-ce-que-la-theorie-du-grand-filtre-qui-expliquerait-pourquoi-letre-humain-na, consulté le 10 mars 2024.
- Haplogroupe, Geneawiki, https://fr.geneawiki.com/wiki/Haplogroupe?mobileaction=toggle_view_desktop, consulté le 12 Octobre 2022.
- Iyer S. Vijay, “Billion Dollar Map to Help Africa Turn Mining into Prosperity”, 2014, https://blogs.worldbank.org/energy/billion-dollar-map-help-africa-turn-mining-prosperity, consulté le 30 Jujin 2020.
- Le Monde Afrique, « La Montée en Puissance Discrète des Chababs du Mozambique », https://www.lemonde.fr/afrique/article/2021/04/08/la-montee-en-puissance-discrete-des-chabab-du-mozambique_6076009_3212.html, consulté le 11 avril 2023.
- Le Monde, La Population de l’Afrique Devrait Doubler d’ici à 2050, https://www.lemonde.fr/demographie/article/2017/09/20/la-population-de-l-afrique-devrait-doubler-d-ici-2050-quadrupler-d-ici-2100_5188094_1652705.html, consulté le 28 Mai 2017.
- Les Echos, « Rhodia choisit Madagascar pour se Fournir en Terres Rares »,https://www.lesechos.fr/2012/04/rhodia-choisit-madagascar-pour-se-fournir-en-terres-rares-373986, consulté le 12 Nov. 2012.
- Les Villes les plus sales du Monde, https://www.forbes.com/2008/02/24/pollution-baku-oil-biz-logistics-cx_tl_0226dirtycities_slide.html?sh=56fc2c7d1ef2 / consulté le 20 Novembre 2023.
- Libération, Madagascar, Eglises, Mosquées, Dieu est partout, 2017, https://www.liberation.fr/planete/2017/11/17/madagascar-eglises-mosquees-dieu-est-partout_1610867/, consulté le 22 août 2022.
- Licenciement de 350 000 personnes depuis le début de la crise sanitaire https://actu.orange.mg/edbm-10-600-employes-licencies-depuis-la-crise/, consulté le 04 mars 2023.
- Liste des pays par réserves de gaz naturel prouvées, Wikipedia, https://fr.wikipedia.org/wiki/Liste_des_pays_par_reserves_de_gaz_naturel_prouvees2023, consulté le 1er janvier 2023.
- Michielsen, N.M., Goodman, S.M., Soarimalala, V. *et al.* « The Macroevolutionary Impact of Recent and Imminent Mammal Extinctions

on Madagascar ». *Nat Commun* 14, 14 https://doi.org/10.1038/s41467-022-35215-3, Consulté le 05 Mai 2023.

- Nassiet, Michel, Les Causes Fondamentales de la Défaite de 1940, https://www.lhistoire.fr/les-causes-fondamentales-de-la-defaite-de-1940, consulté le 14 mai 2021.
- Nations Unies. Commission Economique pour l'Afrique. 2015. Flux Financiers Illicites : Rapport du Groupe de Haut Niveau sur les Flux Financiers Illicites en Provenance d'Afrique. Addis Abeba. © NUCEA. https://hdl.handle.net/10855/22692, consulté le 22 Mai 2023.
- PMA, https://www.un.org/ohrlls/fr/content/à-propos-des-pays-les-moins-avancés, consulté le 30 mars 2022.
- Passport Index (2025), https://www.passportindex.org/byRank.php, consulté le 31 mars 2025.
- Pays les Moins Avancés, https://fr.wikipedia.org/wiki/Pays_les_moins_avanc%C3%A9s, consulté le 30 mars 2022.
- Quelles sont les Différences entre le Cannabis Indica et le Cannabis Sativa : https://www.royalqueenseeds.fr/blog-quels-sont-les-differences-entre-les-cannabis-indica-et-sativa-n49, consulté le 09 avril 2021.
- Route de la Soie https://fr.wikipedia.org/wiki/Route_de_la_soie, consulté le 14 juin 2021.
- Sciences Post, « La Liste des Pays du Monde où le CBD est Légal. Quid de la France ? », 2019. https://sciencepost.fr/la-liste-des-pays-du-monde-ou-le-cbd-est-legal-quid-de-la-france/, consulté le 09 avril 2021.
- Statista, Classement des pays ayant le plus faible produit intérieur brut (PIB) par habitant dans le Monde en 2019 (en dollars des États-Unis courants) https://fr.statista.com/statistiques/917055/pays-les-plus-pauvres-monde/, consulté le 12 février 2022.
- Statista, Coût de Construction par Kilomètre des Lignes à Grande Vitesse (LGV) en France en 2014 https://fr.statista.com/statistiques/505205/cout-construction-lignes-lgv-par-kilometre-france/, consulté le 12 février 2022.
- Sindzingre, Alice, « Les trappes à pauvreté existent-elles ? » https://www.lemonde.fr/international/article/2006/01/06/les-trappes-a-pauvrete-existent-elles-par-alice-sindzingre_726277_3210.html, consulté le 02 mai 2020.
- Stratégie du Collier de Perles, Wikipédia, https://fr.wikipedia.org/wiki/Strategie_du_collier_de_perles, consulté le 19 février 2023.
- Studio Sifaka, https://www.studiosifaka.org/articles/actualites/item/4290-recherche-et-developpement-des-ambitions-mais-pas-de-moyens.html, 2021, consulté le 04 mai 2023.
- The Economist Intelligence Unit, EIU https://www.eiu.com/n/campaigns/democracy-index-2024/, consulté le 31 mars 2025.
- Tony Blair Institute for Global Change https://institute.global/insight/co-existence/five-steps-eradicating-boko-haram, consulté le 07 mai 2020.

- Typologie de la Pauvreté, https://fr.wikipedia.org/wiki/Pauvreté, consulté le 20 mars 2020.
- UNECA (United Nations Economic Commission for Africa), Commission Economique des Nations Unies pour l'Afrique (2022), https://www.uneca.org/sites/default/files/keymessageanddocuments/fr-afcfta-infographics-french_v05.pdf, consulté le 17 avril 2023.
- Union Africaine, 2022. https://au.int/fr/agenda2063/odd, consulté le 17 avril 2023.
- USAID : Agriculture et sécurité alimentaire https://www.usaid.gov/fr/madagascar/agriculture-and-food-security, consulté le 12 avril 2023.
- Ventura, Tim, « Is Moore's Law Evidence for a New Stage in Human Evolution? » https://medium.com/predict/is-moores-law-evidence-for-a-new-stage-in-human-evolution-2b073fff2767, consulté le 18 mars 2020.
- WHO Expert Committee on Drug Dependence Critical Review: CBD https://www.who.int, consulté le 21 Février 2023.
- World Happiness Report (WHR) https://happiness-report.s3.us-east-1.amazonaws.com/2025/WHR+25.pdf, consulté le 31 mars 2025.
- Wikipedia, Traite des êtres humains, https://fr.wikipedia.org/wiki/Traite_des_êtres_humains, consulté le 10 avril 2023.
- Wikipédia, Energie du Point Zéro. https://fr.wikipedia.org/wikienergie_du_point_zero, consulté le 23 mars 2024.
- Wikipéedia, Zetabyte era, https://en.wikipedia.org/wiki/Zettabyte_Era, consulté le 04 Juin 2024.

Liste des Tableaux

Tableau 1: Valeurs, relatives, à Madagascar, de quelques indices de développement. 36
Tableau 2: Situation selon le seuil de pauvreté de 1,90 USD/ par jour. 41
Tableau 3: Comparaison des situations infrastructurelles en matière d'énergie 135
Tableau 4: Comparaison des moyennes en matière d'infrastructures de télécommunication et Internet. 136
Tableau 5: Estimation du coût de construction du réseau ferroviaire national 139
Tableau 6: Comparaison des disponibilités infrastructurelles en matière de transport. 140
Tableau 7: Comparaison des Moyennes en matière d'infrastructures sociales. 141
Tableau 8: Comparaison des moyennes d'investissements en adduction d'eau. 142
Tableau 9: La Courbe en « J » reliant le taux d'ouverture d'une nation et la stabilité. 150
Tableau 10: Synthèse des Facteurs de Croissance (Facteurs Internes). 260
Tableau 11: Synthèse des facteurs de croissance (Facteurs externes). 261
Tableau 12: Tableau Récapitulatif des Ressources et Filières Stratégiques. 285

Liste des Figures

Figure 1: Historique, sur la période allant de 1960 à 2020, du PIB par habitant de Madagascar (en dollars US constants de 2015). 26
Figure 2: Pourcentage de la population pauvre disposant de moins de 1,90 par jour (USD PPA 2011). 42
Figure 3: Évolution de la croissance économique de Madagascar durant les cinquante premières années d'indépendance. 54
Figure 4: Graphique de comparaison entre le PIB par habitant en 1960 et en 2019, en USD constant de 2010, des pays du Monde. 61
Figure 5: Courbe de l'évolution entre 1978 et 2020 de la moyenne des PIB par habitant des PMA. 62
Figure 6 : Phénomène d'homogénéisation simultanée. 65
Figure 7 : Evolutions du taux de croissance du PIB et du taux de chômage (1992-2020) 66
Figure 8 : Relation entre complexité et entropie. 190
Figure 9 : Processus de génération de la croissance économique à long terme. 316

Liste des Images

Image 1: Scène devenue chose courante en zones urbaines, à Madagascar. **28**
Image 2 : Parapets d'un pont entièrement sciés sur la RN6, à droite, et lampadaire dépouillé de sa plaque solaire et de sa batterie, à gauche. **172**
Image 3 : Délimitation (Officieuse) de la ZEE de Madagascar. **194**

Structures éditoriales du groupe L'Harmattan

L'Harmattan Italie
Via degli Artisti, 15
10124 Torino
harmattan.italia@gmail.com

L'Harmattan Hongrie
Kossuth l. u. 14-16.
1053 Budapest
harmattan@harmattan.hu

L'Harmattan Sénégal
10 VDN SICAP AMITIE 3
BP 45034 Dakar-Fann
direction@senharmattan.com

L'Harmattan Cameroun
Tsinga/Derrière polyclinique FECAFOOT
BP 11486 Yaoundé
Jacques.koukam@harmattan.fr

L'Harmattan Burkina Faso
Villa 281, secteur 23 623, rue 14.32
Ouagadougou
zagbie@outlook.fr

L'Harmattan Guinée
Almamya, rue KA 028 OKB Agency
BP 3470 Conakry
harmattanguinee@yahoo.fr

L'Harmattan RDC
185, avenue Nyangwe
Commune de Lingwala – Kinshasa
matangilamusadila@yahoo.fr

L'Harmattan Congo
219, avenue Nelson Mandela
BP 2874 Brazzaville
deunovmikhael@gmail.com

L'Harmattan Mali
Immeuble Mgr Jean Marie Cissé
Aci Hamadallaye
BP 145 Bamako
syllaka@yahoo.fr

L'Harmattan Togo
Djidjole – Maison Amela
face EPP BATOME
02 BP 20680 Lomé
didieramela11@gmail.com

L'Harmattan Côte d'Ivoire
Résidence Karl – Cité des Arts
Abidjan-Cocody
03 BP 1588 Abidjan
harmattan.ivoire@gmail.com

L'Harmattan Bénin
Rue 604, (Immeuble à l'entrée
de la rue UCAO- Cite de Saint-Jean)
Cotonou
stepcorpus@gmail.com

Nos librairies en France

Librairie internationale
16, rue des Écoles
75005 Paris
librairie.internationale@harmattan.fr
01 40 46 79 11
www.librairieharmattan.com

Librairie des savoirs
21, rue des Écoles
75005 Paris
librairie.sh@harmattan.fr
01 46 34 13 71
www.librairieharmattansh.com

www.ingramcontent.com/pod-product-compliance
Lightning Source LLC
LaVergne TN
LVHW011438061026
849535LV00004BA/850
* 9 7 8 2 3 3 6 4 8 9 3 7 7 *